PAS**S**AGEN 1
PAS**S**AGES

Transdisziplinäre Kulturperspektiven
Transdisciplinary Cultural Perspectives
Perspectives Culturelles Transdisciplinaires

PAS**S**AGEN
PAS**S**AGES

Transdisziplinäre Kulturperspektiven
Transdisciplinary Cultural Perspectives
Perspectives Culturelles Transdisciplinaires

Herausgeber / Editors / Éditeurs

Alfonso de Toro (Leipzig), Charles Bonn (Lyon),
Graham Huggan (Munich), William Luis (Nashville),
János Riesz (Bayreuth)

Wissenschaftlicher Beirat /
publishing board / conseil de publication

Raphaël Confiant (Fort-de-France),
Robert Dion (Montréal), Jean-Marc Moura (Lille)

Band 1

Claudia Gronemann
Postmoderne / Postkoloniale Konzepte der Autobiographie
in der französischen und maghrebinischen Literatur

2002
Georg Olms Verlag
Hildesheim · Zürich · New York

Claudia Gronemann

Postmoderne/Postkoloniale Konzepte der Autobiographie in der französischen und maghrebinischen Literatur

Autofiction – Nouvelle Autobiographie – Double Autobiographie – Aventure du texte

2002
Georg Olms Verlag
Hildesheim · Zürich · New York

Gedruckt mit freundlicher Unterstützung
der Geschwister Boehringer Ingelheim Stiftung
für Geisteswissenschaften in Ingelheim am Rhein

Das Werk ist urheberrechtlich geschützt.
Jede Verwertung außerhalb der engen Grenzen
des Urheberrechtsgesetzes ist ohne Zustimmung
des Verlages unzulässig und strafbar.
Das gilt insbesondere für Vervielfältigungen,
Übersetzungen, Mikroverfilmungen
und die Einspeicherung und Verarbeitung
in elektronischen Systemen.

Bibliografische Information Der Deutschen Bibliothek
Die Deutsche Bibliothek verzeichnet diese Publikation in der
Deutschen Nationalbibliografie; detaillierte bibliografische Daten
sind im Internet über http://dnb.ddb.de abrufbar.

Bibliographic information published by Die Deutsche Bibliothek
Die Deutsche Bibliothek lists this publication in the Deutsche
Nationalbibliografie; detailed bibliographic data are available in the
Internet at http://dnb.ddb.de.

☉ ISO 9706
© Georg Olms Verlag AG, Hildesheim 2002
www.olms.de
Alle Rechte vorbehalten
Printed in Germany
Gedruckt auf säurefreiem und alterungsbeständigem Papier
Umschlagentwurf: Lars Decker, Leipzig; Foto: Dörte Gronemann
Herstellung: Goldener Schnitt, Sinzheim
Druck: Druck Partner, Hemsbach
ISBN 3-487-11742-8
ISSN 1611-1354

Danksagung

Während der Entstehung der vorliegenden Arbeit, die am 16. Oktober 2000 als Inaugural-Dissertation an der Philologischen Fakultät der Universität Leipzig eingereicht wurde, habe ich von zahlreichen Seiten Hilfe erfahren.

Zuerst gilt mein Dank dem Betreuer der Dissertation, Herrn Prof. Dr. Alfonso de Toro, der alle Arbeitsphasen mit wertvollem Rat begleitet und mich stets unterstützt hat. Darüber hinaus danke ich Herrn Prof. Dr. Patrick Imbert für zahlreiche Hinweise, und Herrn Prof. Dr. Ernstpeter Ruhe für wichtige Impulse zur Untersuchung der maghrebinischen Literatur.

Für die vielen konstruktiven Anregungen möchte ich meinen Freunden und Freundinnen und besonders den Leipziger Kolleginnen ganz herzlich danken, stellvertretend für sie alle danke ich Christiane Maaß, Sarah Schmidt und Mirjam Gebauer für ihre Lektüren.

Für die finanzielle Unterstützung möchte ich mich bei der Studienstiftung des deutschen Volkes bedanken, die mein Forschungsprojekt mit einem zweijährigen Stipendium ermöglicht und darüber hinaus durch die Finanzierung eines Doktorandenkolloquiums gefördert hat.

Für die Endkorrektur des Manuskripts geht mein Dank an Cornelia Sieber und, für den letzten kritischen Blick darauf, an meine Mutter Marion.

Vor allem meiner Familie in Leipzig und Essen bin ich für alles sehr dankbar, ganz besonders Frank, für seine Liebe und Geduld.

Leipzig, 31. Mai 2002   Claudia Gronemann

INHALTSVERZEICHNIS

1. Einleitung 9
   1.1 Die Problematik der zeitgenössischen autobiographischen Praxis 9
   1.2 Ziel, Begründung des Ansatzes und Vorgehen 15

2. Die Autobiographie: Vom literarischen Genre zum Metadiskurs 21
   2.1 Die traditionelle Autobiographie: Theoretische und
       historische Aspekte 21
   2.2 Metaphysischer Subjektbegriff und autobiographischer Pakt 26
   2.3 Aspekte eines nachmetaphysischen Autobiographie-
       Verständnisses 29
   2.3.1 Das Ich in der Signifikantenkette: Lacans Dezentrierung des Ich ... 31
   2.3.2 Die Tropologie des autobiographischen Diskurses:
         Zum Problem der Referenzialität (de Man, Derrida) 34

3. Zur literarischen Konstitution des autobiographischen Subjekts
   in Serge Doubrovskys *Autofiction* 42
   3.1 Zum Autor 42
   3.2 Zur Problematik des autofiktionalen Textes 46
   3.3 Lejeunes "cases aveugles": Das autofiktionale Prinzip
       in gattungstheoretischer Perspektive 50
   3.4 Zur Theorie der Autofiktion 55
   3.5 *Je suis aussi à la recherche de ma langue*: Das autofiktionale
       Prinzip in Serge Doubrovskys *Le Livre brisé* 57
   3.6 Die Autofiktion als Metatext zum Pakt 66
   3.7 Doubrovskys "roman vrai": Zum Begriff der Fiktionalität 70
   3.8 *Une œuvre de chair, ça s'écrit avec sa vie, avec son sang,
       avec son existence:* Schreiben als Existenzmodus 76

4. *Je n'ai jamais parlé d'autre chose que de moi* – Alain Robbe-Grillets
   Nouvelle Autobiographie 83
   4.1 Vom *Nouveau Roman* zur *Nouvelle Autobiographie* 83
   4.2 Zur poetologischen Relation von *Nouveau Roman*
       und *Nouvelle Autobiographie* 87
   4.3 Zur Ebene der Referenzialität in den *Romanesques* 93
   4.4 Die metafiktionale Strategie der *Romanesques* 94

4.5 *Comme producteur de récit*: Robbe-Grillets Identifizierung mit einem Literaturbegriff 108

5. Autobiographische Aspekte der maghrebinischen Literatur 117
   5.1 Die Problematik der Autobiographie in der maghrebinischen Literatur 119
   5.2 Exkurs in die Geschichte der maghrebinischen Kultur 123
   5.3 Schreiben in der Sprache des Anderen: Französisch als *belle et maléfique étrangère*, Bedeutung als *traduction permanente* 129
   5.4 Die französische Schrift als *langue natale du Je* 135

6. Assia Djebars *Double Autobiographie* als postkolonialer Text 140
   6.1 Zur Autorin 140
   6.2 Die autobiographische Wende 142
   6.3 *La tunique de Nessus*: Postkoloniale Aspekte der französischen Sprache 147
   6.3.1 Eintritt in die Sprache des Anderen: Aphasie und Geburt des Ich .. 148
   6.4 Subjektkonstitution als *réécriture* einer kollektiven Geschichte ... 153
   6.5 '*L'amour, ses cris*' ('*s'écrit*'): Rekodifizierungen des Körpers und transmedialer Text 158
   6.6 Die Re-Invention der anderen Sprache: Zur Fiktionalität eines postkolonialen Textes 165
   6.7 Der postkoloniale Text als Evokationsort der vermissten Identität 169

7. *Affolement de qui se découvre écrivant*: Abdelwahab Meddebs postkoloniale Autobiographie als Abenteuer des Schreibens 177
   7.1 Zum Autor 177
   7.2 Die Sprache des Anderen als "Talisman" 178
   7.3 Das autobiographische Ich als *siège de parole* 181
   7.4 Autobiographisches Schreiben und Ekstase 184
   7.5 *Signe*[s] *du dérangement*: Infinitiv, Parataxe, Paragrammatismus .. 187
   7.6 Kalligraphie des Textes: Linie, Ornament, Arabeske 189
   7.7 Lesen und Schreiben als *plaisir corporel* 192
   7.8 Die postkoloniale Autobiographie als *Aventure du texte* 195

8. Postmoderne/postkoloniale Konzepte der Autobiographie 198

9. Bibliographie 204

1. EINLEITUNG

1.1 Die Problematik der zeitgenössischen autobiographischen Praxis

Vor dem Hintergrund des immer wieder apostrophierten Postulats vom Ende des Subjekts scheint die zunehmende Produktion autobiographischer Texte und solcher Schriften, die sich mit dem Ich literarisch auseinandersetzen, zunächst erstaunlich. Die französischen Autoren des *Nouveau Roman* beispielsweise rufen Verwunderung hervor, als sie in den frühen 80er Jahren Autobiographien schreiben, die der Theoretiker Alain Robbe-Grillet analog zu seinem Erneuerungsprogramm des Romans *Nouvelle Autobiographie* tauft: "Comme il y a un 'nouveau roman', il faudra inventer une 'nouvelle autobiographie'" (Robbe-Grillet 1988: 91).[1] Der dem literarischen Genre der Autobiographie traditionell zugeschriebene Authentizitätsanspruch scheint auf den ersten Blick ganz und gar nicht dem Programm der *Nouveaux Romanciers* – z.B. Sarraute, Duras, Simon, Butor, Sollers, Olliers u.a.[2] – zu entsprechen, die Verlässlichkeit der Wahrnehmung und die Unhintergehbarkeit des Subjekts in Frage zu stellen sowie, im Anschluss an diese Überzeugung, die literarische Repräsentation als Resultat einer fehlbaren Subjektivität zu inszenieren. Der große Erfolg dieser autobiographischen Texte beim Publikum bestätigt offenbar die These einer Abkehr vom Innovationsanspruch der früheren Positionen. Die ungewohnte Lesbarkeit scheint sogar eine Hinwendung zu traditionelleren Schreibtechniken zu signalisieren, die zuweilen mit einer Rückkehr zur "referenziellen Ästhetik der Autobiographie" (Eakin 1990: 131) gleichgesetzt und als referenzielles Engagement gedeutet wurde. Hier wird allein die Tatsache, dass jene Autorengruppe die autobiographische Form aufgreift, als Bruch mit früheren ästhetischen Ansprüchen und als "desire to move away from avantgarde postures, and to reassert the claims of subjectivity" (Sheringham 1989: 27) verstanden oder auch missverstanden. Ist die Poetik des *Nouveau Roman* nun ihrerseits Objekt eines tiefen Misstrauens seitens der Autoren geworden (Ramsay 1996: 11) oder haben diese sich mit der Autobiographie lediglich ein neues Feld der Erprobung anti-mimetischer Darstellungsverfahren erschlossen?

Entscheidend für die Interpretation dieser autobiographischen Texte ist demzufolge nicht allein die Tatsache, dass ein traditionelles Genre aufgegriffen wurde,

---

1 Der von Robbe-Grillet hinsichtlich der eigenen Poetik entworfene Begriff "nouvelle autobiographie" (1987: 26; 1988: 91; 1992: 32f.) wird seither auch für Autoren im Umkreis des *Nouveau Roman* gebraucht (Ramsay 1992; 1996; Toonder 1997; van den Heuvel 1990a, 1992). Er wird darüber hinaus für die Diskussion um 'alte' und 'neue' Autobiographie auf einer epistemologischen Basis fruchtbar gemacht und in einen Zusammenhang mit den Konzepten von White (*metahistory*), der Gruppe Tel Quel, Lacan (*glissement*) und Derrida (*dissémination*) gestellt (A. de Toro 1999: 1413).

2 Vgl. hierbei relevante Textkorpora bei Toonder (1997, 1999) sowie Ramsay (1996) u.a.

sondern vor allem die Frage, *wie* und mit welchen Motiven der Rekurs auf die Autobiographie hier erfolgt. Vielleicht handelt es sich gar nicht um eine Rückkehr zum Referenziellen und das Ende einer anti-mimetischen Ästhetik, sondern vielmehr um deren bloße Übertragung auf die Autobiographie? Ist es möglicherweise nur Robbe-Grillets bekannte Prämisse "Raconter est devenu proprement impossible" (1963: 31), die provokativ auf die Darstellung der eigenen Vita gemünzt wird, wobei Referenzialität und Lesbarkeit lediglich durch autobiographische Versatzstücke vorgetäuscht werden? In jedem Fall deutet sich hier ein Konflikt zwischen dem traditionellen Verständnis der Autobiographie und den sprachlichen Polen von Referenzialität und Fiktionalität an, der Gegenstand unserer Auseinandersetzung über zeitgenössische autobiographische Formen sein wird.

Zunächst scheint jedoch die Skizze der französischen Entwicklung anhand einiger signifikanter Daten notwendig, um einen sich möglicherweise abzeichnenden Paradigmenwechsel markieren zu können. Zu den Wegbereitern des sich abzeichnenden "Break-up of Traditional Genres" (Brée 1973) in Frankreich gehören neben Proust, der eine entscheidende Rolle spielt,[3] Autoren wie Gide, Leiris[4] und Sartre aber auch Genet, Leduc u.a. Spätestens ab Mitte der 70er Jahre erhält das Autobiographische in der französischen Literatur eine neue Dimension. Im Jahr 1975 erklärt Barthes die Fiktion verschiedener Stimmen und Masken zu seiner Autobiographie und leitet einen radikalen Bruch mit traditionellen Genrevorstellungen ein:[5]

> Tout ceci doit être considéré comme dit par un personnage de roman – ou plutôt par plusieurs. Car l'imaginaire, matière fatale du roman et labyrinthe des redans dans lesquels se fourvoie celui qui parle de lui-même, l'imaginaire est pris en charge par plusieurs masques (*personae*), échelonnés selon la profondeur de la scène (et cependant *personne* derrière). (Barthes 1975: 123)

Auch der zu diesem Zeitpunkt weniger prominente französische Autor Serge Doubrovsky entwirft – zeitlich noch vor Robbe-Grillets *Nouvelle Autobiographie* – mit dem Konzept der *Autofiction* ein alternatives Modell zur mimetischen Lebensdar-

---

3   Prousts siebenteiliges Werk *À la recherche du temps perdu* lässt sich mit traditionellen Genrebegriffen nicht fassen. Vielmehr stellt die *multiplicité* des Text-Ich eine Form der Subversion autobiographischer Strukturen dar (Bengio 1981: 31). Zur Konstitution des literarischen Ich bemerkt Warning (1988: 468; 2000: 106), "daß das modellierende Ich selbst sich nicht aufschwingt zu einem vorgängig konstituierten Subjekt des Selbstbewußtseins, sondern Glied bleibt in der Kette der substitutiven 'moi de rechange'". Für Proust schien Realität allein in der Literatur als Effekt einer Wahrnehmung darstellbar (Link-Heer 1988: 322).

4   Über den Zusammenhang zwischen autobiographischen Texten von Leiris und 'neuer Autobiographie' bzw. die Fort- und Umschreibung der Genre-Geschichte vgl. Corbineau-Hoffmann (im Druck).

5   Nach Ramsay "the earliest work of the new genre" (1996: 39), wenngleich noch zu fragen ist, ob es sich hier tatsächlich um ein neues "Genre" oder eher einen Diskurs jenseits des traditionellen Genresystems handelt.

stellung und trägt damit einer sich offenbar abzeichnenden Umwertung der Relation von Wirklichkeit und Text Rechnung. Doubrovskys Prinzip ist nicht die traditionelle Fiktion, sondern vielmehr eine paradox anmutende "Fiction, d'événements et de faits strictement réel" (Doubrovsky 1977: vgl. Umschlag), die explizit an Ricardous Textkonzept eines *aventure du récit* (1971: 1743) anschließt und den Textkonstituierungsprozess sowie den Schreibakt zum Gegenstand der Autobiographie erhebt: "d'avoir confié le langage d'une aventure à l'aventure du langage, hors sagesse et hors syntaxe du roman, traditionnel et nouveau" (Doubrovsky 1977: Umschlag). Zum Verhältnis von *Autofiction* und Autobiographie äußert sich der Autor auch in seinem derzeit jüngsten Buch *Laissé pour conte* (1999):

> A l'inverse de l'autobiographie, explicative et unifiante, qui veut ressaisir et dérouler les fils d'un destin, l'autofiction ne perçoit pas la vie comme un tout. Elle n'a affaire qu'à des fragments disjoints, des morceaux d'existence brisés, un sujet morcelé qui ne coïncide pas avec lui-même. (Doubrovsky 1999: Umschlag)

Von einem gattungstypologischen Standpunkt aus betrachtet, stellt der autofiktionale Text ein Zwitterwesen dar, weil er zwar die für Autobiographien typische Namensidentität enthält, zusätzlich aber die Bezeichnung *Roman* trägt und somit mehrdeutige Signale hinsichtlich seiner Textsortenbestimmung sendet, d.h. nicht eindeutig zugeordnet werden kann (s. Kap. 3).

Im Anschluss an die von Barthes und Doubrovsky begonnene literarische Auseinandersetzung mit der Autobiographie folgen Robbe-Grillets Fragmente (1978, 1981),[6] die in die autobiographische Trilogie *Romanesques* (1984, 1987a, 1994) münden. Ähnlich wie Barthes stellt auch Robbe-Grillet zunächst das autobiographische Wahrheitspostulat in Frage, indem er seinen Ich-Erzähler die Möglichkeit aufrichtiger Darstellung bezweifeln lässt und einen diesbezüglichen Anspruch für unwichtig erklärt: "Je ne suis pas homme de vérité, ai-je dit, mais non plus de mensonge, ce qui reviendrait au même" (Robbe-Grillet 1984: 13). Darüber hinaus verhindert die fiktive Figur des Corinthe eine Rezeption als Autobiographie im herkömmlichen Sinne.

In den genannten Werken zeigt sich demnach eine erste Gemeinsamkeit: Sie alle scheinen, ausgestattet mit autobiographischen Bezügen, einen systematischen Zweifel an diesen von vornherein einzugestehen. Die Autoren scheinen ihre Texte geradezu absichtsvoll in Widerspruch zum traditionellen Genreverständnis zu stellen.

Auf der Basis des kanonisierten, im Bewusstsein des Lesers verankerten Wissens erzeugen sie damit eine nachhaltige Unschlüssigkeit. Während traditionelle Autobiographien zur Erfüllung ihres Anspruchs auf Aufrichtigkeit *sui generis* jede Form von Fiktionalität ausschließen oder zumindest jeden Anschein der Fiktion verdecken, artikulieren die genannten Autoren – andere wären zu ergänzen – gerade den fiktionalen Status ihrer autobiographischen Texte. Offenbar wird ihnen das Authentizitätspostulat zum Problem und scheint ihnen nicht nur im Einzelfall unerfüllbar, sondern prinzipiell

---

6 Ursprünglich waren beide Texte für die Reihe "écrivains de toujours" geplant, in der auch die erwähnte Autobiographie von Barthes veröffentlicht wurde.

obsolet. Die erkennbare Distanzierung vom autobiographischen Gattungsmuster sowie die damit einhergehende Thematisierung und Problematisierung poetischer Aspekte der Selbstdarstellung sind die Symptome für die gegenwärtig sich abzeichnende Neubestimmung des Autobiographischen. Im Rahmen postmoderner Diskurse, die vor allem Misstrauen gegenüber einem unreflektierten normativen Wahrheitsverständnis artikulieren, gerät nun offenbar die Autobiographie wegen ihres Anspruchs in Misskredit und entfaltet sich zu einem wichtigen Gegenstand literarischer Auseinandersetzungen.[7] Auf dem Prüfstand steht das epistemologische Fundament ihrer Konstituenten, die mit dem Wahrheitspostulat verknüpfte Referenzialität der Darstellung sowie prinzipiell das Projekt von Sinngebung hinsichtlich eines Lebensverlaufs.

Das Konzept der Autobiographie setzt eine Trennung der Seinsbereiche von Wirklichkeit und Fiktion, Leben und Schreiben voraus, die im Rahmen eines postmodern und poststruktural gewandelten Sprach- und Wirklichkeitsverständnisses problematisch wird.[8] Wenn sich ein Text jedoch nicht mehr konfliktfrei auf 'Wirklichkeit' zu beziehen vermag, weil sich deren objektive Bestimmung als unmöglich erweist, kann auch zwischen referenziellen und nicht-referenziellen Texten wie der Autobiographie und dem Roman nicht mehr – zumindest nicht substanziell – unterschieden werden.

In der französischen Praxis zeichnet sich ab Mitte der 70er Jahre eine verstärkte Auseinandersetzung mit dem traditionellen Autobiographiebegriff ab, die sich in Schreibkonzepten wie der *Anti-autobiographie* von Barthes (u.a. Kelly 1985; Whiteside 1981), der *Autofiction* von Doubrovsky (Kap. 3) der *Nouvelle Autobiographie* von Robbe-Grillet (Kap. 4) niederschlägt. Trotz Unterschieden in der konkreten literarischen Manifestation scheint ihnen eine erkenntnistheoretische Basis gemeinsam: Sie setzen sich mit der Frage nach dem Wirklichkeitsgehalt des Genres Autobiographie auseinander und entfalten daran ihr Verständnis von Literatur.

Die dargestellte Verunsicherung hinsichtlich der Problematik des Referenziellen schlägt sich nicht zuletzt in der Forschung zur Autobiographie nieder, die vor der komplexen Aufgabe steht, die als Fiktionen deklarierten "Autobiographien" nicht nur als Überschreitung eines traditionellen Genres, sondern zugleich als tiefgreifende Wandlung des herkömmlichen Literaturverständnisses zu beschreiben. Das Paradoxon dieser Texte besteht gerade darin, dass sie – obgleich sie keine Autobiographien im engeren Sinne mehr sind – sich doch auch über einen Bezug auf das traditionelle Genre

---

7   Auch wenn die Erfüllung des Wahrheitspostulats (spätestens mit Goethes *Aus meinem Leben: Dichtung und Wahrheit* ist auch die Dichtung selbst ein Weg zur Wahrheit) in traditionellen Autobiographien nicht tatsächlich beabsichtigt ist, wird es in irgendeiner Form stets erhoben. Dieses zumindest theoretische Postulat ist, wie noch zu zeigen sein wird, ein entscheidender Unterschied zum postmodernen Verständnis der Autobiographie.

8   Um Missverständnisse zu vermeiden: Nicht vorrangig die Wirklichkeit selbst verändert sich mit der Postmoderne, was sich kaum sinnvoll überprüfen ließe, sondern die Auffassung von Wirklichkeit wandelt sich.

konstituieren und damit auch vor dessen Folie erfassen lassen.⁹ Ein Ausweg aus diesem offensichtlichen Dilemma – Autobiographien entweder mit traditionellen, nicht mehr greifenden Begriffen oder aber als etwas völlig Neues und damit ebenso wenig Greifbares zu beschreiben – scheint darin zu bestehen, diese Widersprüchlichkeit, d.h. die Bedingungen eines "autobiographischen Schreibens nach dem Ende der Autobiographie"¹⁰ aufzuzeigen und dessen Komplexität nicht zugunsten einer handhabbaren begrifflichen Reduktion aufzuheben, sondern Widersprüchliches umfassend zu beleuchten. In der Arbeit wird daher der Versuch unternommen, die neuen Formen der Autobiographie vor dem Hintergrund einer westlichen Genretradition einerseits, vor allem aber unter Einbeziehung zugrundeliegender epistemologischer Fragen andererseits zu analysieren.

Um die Schwierigkeiten des Unterfangens deutlich zu machen, einen autobiographischen Diskurs zu beschreiben, der einerseits auf die Tradition der Autobiographie rekurriert, diesen Bezug jedoch andererseits zum Zwecke der Absetzung sucht, dienen einige Positionen der aktuellen Forschung als Beispiel. An ihnen soll die Problematik zunächst festgemacht werden, während eine eingehende Auseinandersetzung mit Theorien der Autobiographie dann im zweiten Kapitel erfolgt.

So deutet Grüter im Rahmen ihrer Auseinandersetzung mit dem Wirklichkeitsverständnis in *Nouveau Roman* und *Nouvelle Autobiographie* die *Romanesques* von Robbe-Grillet widersprüchlich, einerseits als "radikale Dekonstruktion [...] des autobiographischen Modells" und damit als Fortsetzung früherer Positionen des Autors. Zugleich sieht sie darin "eine Relativierung der selbstreferenziellen Ästhetik und eine gewisse Wiederentdeckung des Individuums", was jedoch in die umgekehrte Richtung auf einen Bruch mit jenen Positionen hindeutet (Grüter 1994: 318).

Andere Bewertungen des autobiographischen Spätwerks von Robbe-Grillet implizieren ebenfalls die den Texten selbst inhärente Widersprüchlichkeit: Blüher bezeichnet die *Romanesques* als "Wende zu einem 'postmodernen' Erzählen" (Blüher 1992: 13) und sieht darin gleichsam auch eine "Wiederherstellung der textinternen Autor-kompetenz" (ebd.: 14) sowie eine Infragestellung der Ästhetik der *antireprésentation*, wobei "der früher in die Anonymität einer sich scheinbar selbst generierenden Thematik verdrängte implizite Autor wieder eine durchaus menschlich-figürliche Gestalt" erhalte (ebd.: 13). Ist aber die postmoderne Problematik tatsächlich an eine Wiederkehr des "totgesagten Autors" geknüpft oder handelt es sich hier nur um die

---

9   Hierin spiegelt sich auch die Problematik des Gebrauchs metaphysischer Begriffe, die einerseits nicht durch andere ersetzbar sind, deren Gültigkeit aber zugleich hinterfragt werden muss. Derrida (1967a: 412) beschreibt diese Ambivalenz von Begriffen wie folgt: "[...] *il n'y a aucun sens* à se passer de la métaphysique pour ébranler la métaphysique; nous ne disposons d'aucun langage – d'aucune syntaxe et d'aucun lexique – qui soit étranger à cette histoire; nous ne pouvons énoncer aucune proposition destructrice qui n'ait déjà dû se glisser dans la forme, dans la logique et les postulations implicites de cela même qu'elle voudrait contester".

10 Dies der Titel von Fincks Dissertation (1999) und eine äußerst treffende Umschreibung der Problematik.

scheinbare, simulierte Wiederkehr, um ein Spiel mit autobiographischen Referenzen?[11] Wenn man die *Romanesques* als "teils echte autobiographische Texte, teils reine Fiktionen, teils literaturkritische Essays" (Blüher 1992: 15) beschreibt, rekurriert man nicht auf die Genretradition, der sich Robbe-Grillet gerade zu entziehen sucht?

Einen Beleg für die sich in literaturwissenschaftlichen Ansätzen spiegelnde Widersprüchlichkeit liefert die Arbeit von Toonder, die eine gewisse Rückkehr zu narrativen Konventionen in der autobiographischen Praxis der *Nouveaux Romanciers* erkennt und dies als Erneuerung des Genres der Autobiographie begreift:

> Il ne s'agit sûrement pas d'un simple retour aux conventions traditionnelles, mais bien d'un changement radical de perspective sur le genre; ce n'est pas spécialement la réapparition, mais LE RENOUVEAU DU GENRE AUTOBIOGRAPHIQUE qui importe. (Toonder 1997: 112, m.H.)

So führt Toonder die Fiktionalität dieser "Autobiographien" nicht auf ein spezifisches Sprach- und Wirklichkeitsverständnis zurück, sondern begreift das Eindringen der Fiktion in den autobiographischen Texten als Folge einer zunehmend dominierenden Autotextualität. Die von Autoren verfassten fiktionalen Texte werden als konstitutive Elemente ihrer Biographien verstanden, die lediglich in die Autobiographie integriert werden. Das Problem der Fiktionalität neuer Autobiographien liege damit, so suggeriert Toonder, nicht im Diskurs selbst,[12] sondern in jenen autotextuellen Bezügen:

> Les renvois autotextuels montrent que la vie et l'œuvre sont toujours liées dans une autobiographie littéraire [...] Par cette façon de procéder, les limites entre fiction et réalité sont dépassées et l'identité de l'auteur semble être LE MIEUX REPRÉSENTÉE par les personnages fictifs qu'il a lui-même crées. Ce n'est qu'à travers les renvois textuels que LA RÉALITÉ EXTRATEXTUELLE PEUT APPROXIMATIVEMENT ÊTRE DÉCRITE. (Toonder 1997: 121, m.H.)

Folgt man der Argumentation von Toonder, so scheint die Darstellung des Subjekts im Rahmen der *Nouvelle Autobiographie* nurmehr eingeschränkt, aber im Prinzip jedoch immer noch oder wieder möglich. So legen Toonders Formulierungen nahe, die Autoren halten die Repräsentation von Wirklichkeit – wenngleich für eingeschränkt – so doch prinzipiell für möglich ("le mieux représentée par les personnages fictifs"), was gerade den *Nouveaux Romanciers* nicht ohne weiteres unterstellt werden kann.

Für die vorliegende Arbeit ergibt sich daraus die Frage, ob zeitgenössische autobiographische Texte wie u.a. die der *Nouvelle Autobiographie* tatsächlich zum Referenziellen, d.h. zu jenen auf außertextuelle Wirklichkeit rekurrierenden Größen Individuum (Grüter), "textinterne Autorkompetenz" (Blüher) oder autobiographisches Genre (Toonder) "zurück-"kehren oder ob die Autoren möglicherweise in ihren "Autobiographien" ein neues Verständnis von Referenzialität entwerfen. Mit anderen Worten,

---

11 Blüher (1992: 14) spricht von einem "mit dem Autor identifizierbaren Erzähler".

12 Der Begriff bezieht sich auf die von Todorov entworfenen narrativen Kategorien 'discours' und 'histoire' (vgl. Todorov 1966).

von welchem Wirklichkeitsbegriff gehen die Autoren 'neuer Autobiographien', verstanden nicht mehr nur als Erscheinung des *Nouveau Roman*, aus?

1.2 Ziel, Begründung des Ansatzes und Vorgehen

Aus der skizzierten Problemlage ergibt sich der Ansatz der Arbeit, eine Auswahl von Texten auf einer epistemologischen Basis zu beschreiben, d.h. ausgehend von dem zugrunde liegenden Wirklichkeitsverständnis, und darin – mehr als in den formalen Aspekten – nach Ursachen für den autobiographischen Wandel zu suchen. Vor welchem erkenntnistheoretischen Hintergrund artikulieren zeitgenössische Autoren mehr und mehr die Suche und die prinzipielle Unzugänglichkeit des eigenen Ich anstelle des sich selbst bewussten Subjekts? Die These lautet, dass die zum sog. *linguistic turn* der 60er Jahre hinführende Vorstellung einer Interdependenz von Sprach- und Wirklichkeitskonstitution in entscheidendem Maße auch einen Wandel der literarischen Manifestation des Subjekts und der Literatur bedingt.[13] Die gegen Ende der 60er Jahre beginnende poststrukturale Theoriebildung kann demzufolge als Ausgangspunkt einer Beschreibung dieses literarischen Wandlungsprozesses dienen, in dessen Folge – mit dem Ende traditioneller Subjektvorstellungen – auch die Geschichte des Genres umgeschrieben wird. Diese Konzepte, auf die ich in der Arbeit zurückgreifen möchte, verstehe ich in erster Linie als Schlüssel zum Korpus, d.h. sie ermöglichen – indem sie Subjekt und Sprache problematisieren – deren epistemologisches Verständnis.

Die Problematik neuer autobiographischer Formen sollte daher nicht auf den gattungstheoretischen Kontext der Autobiographie beschränkt bleiben, denn sie erweist sich spätestens mit der Frage nach den Möglichkeiten einer textuellen Einschreibung von Subjektivität als Problem jedes literarischen Textes, welches sich nicht nur im Wandel des Autobiographiebegriffs, sondern auch in einer Umformulierung der Begriffe Autorschaft, Mimesis, Fiktionalität und Identität niederschlägt.

Viele zeitgenössische Autoren setzen sich besonders mit der Autobiographie auseinander, weil diese den Zusammenhang von Literatur und Wirklichkeit explizit macht und Kategorien ins Blickfeld rückt, "die *angeblich* ihre Teilhabe an der Wirklichkeit betreffen, wie zum Beispiel Selbst, Mensch, Gesellschaft" (de Man 1988: 31, m.H.). Die Problematik der literarischen Manifestation des Autobiographischen erweist sich damit als Teilbereich einer weit komplexeren und übergreifenderen Fragestellung nach dem Verhältnis von Fiktionalität und Referenzialität. Im Zuge einer postmodernen Metaphysikkritik wird dabei vor allem auf die Grenzen der Sprache in punkto Wirklichkeitsdarstellung verwiesen, werden Geschichte und Subjekt weniger als Wirklichkeitsformen, sondern vielmehr als Produkte spezifischer Diskurse begriffen.

---

13 Manfred Frank (^{2}1984), der sich in mehreren Studien mit Schleiermacher beschäftigt hat, sieht in dessen Denken nicht nur "die Keimzelle des *linguistic turn* der gesamten neueren Philosophie" (ebd.: 275), sondern eine epistemologische Voraussetzung, "die der Neostrukturalismus mit der Hermeneutik (seit Schleiermacher) und mit der analytischen Philosophie teilt: nämlich ein Denken zu sein am Leitfaden der Sprache" (ebd.: 274).

Eine entscheidende Neubewertung der Fundamente von Erkenntnis, die unter dem Schlagwort *linguistic turn* die zunehmende Bewusstwerdung eines Denkens am Leitfaden der Sprache, d.h. die Erkenntnis eines generellen In-Sprache-Seins des Denkens beschreibt,[14] verändert in entscheidendem Maße auch die Bedingungen der literarischen Kommunikation. In der Konsequenz findet eine Umformung traditioneller Darstellungsverfahren statt, die hier am Beispiel des autobiographischen Schreibens und mit Hilfe poststrukturalistischer Ansätze nachvollzogen werden soll.

Eine umfassende Diskussion über das komplexe Problemfeld von Subjektivität und Sprache soll und kann in diesem Zusammenhang nicht geführt werden, es sei jedoch darauf verwiesen, dass sich ausgehend von verschiedenen erkenntnistheoretischen Prämissen konträre Ansätze zur Beschreibung ein und desselben epistemologischen Prozesses ergeben: die Perspektiven auf dieses In-Sprache-Sein, einerseits die poststrukturale Verabschiedung des ermächtigten Subjekts und andererseits der hermeneutische Rückbezug auf diese Sinninstanz, könnten unterschiedlicher nicht sein. Deren Vermittlung jedoch, wie sie beispielsweise von Frank (^{2}1984) oder Forget (1984) unternommen wird, zeigt Berührungspunkte auf und verdeutlicht den Konflikt, den die Erkenntnis über den stets diskursiven Charakter von Sinnstrukturen hervorruft:

> Wie kann man einerseits der fundamentalen Tatsache gerecht werden, daß Sinn, Bedeutung und Intention – die semantischen Fundamente jedes Bewußtseins – sich nur in einer Sprache, einer sozialen, kulturellen und ökonomischen Ordnung, bilden können (in einer Struktur)? Wie kann man andererseits den fundamentalen Gedanken des neuzeitlichen Humanismus retten, der die Würde des Menschen an den Gebrauch seiner Freiheit bindet und nicht duldet, daß man der faktischen Bedrohung menschlicher Subjektivität durch den Totalitarismus der Regelsysteme und sozialen Codes moralisch Beifall spendet? (Frank ^{2}1984: 12)

Die Kluft zwischen hermeneutischen und strukturalistischen bzw. poststrukturalistischen Modellen sowie den daraus hervorgehenden Interpretationen lässt sich nicht überbrücken, aber zumindest formulieren.[15] So zeichnen sich in der literaturwissenschaftlichen Forschung auf der Basis der genannten methodischen Fundamente gegenteilige Perspektiven auf die Autobiographie ab: Auf der einen Seite eine hermeneutisch-idealistische Perspektive, die Autobiographien als sinnhafte, bedeutungsrelevante Entwürfe versteht und deren jeweils individuelle Signifikanz erschließt. Man setzt hier

---

14 Die Idee sprachvermittelter Erkenntnis geht, wie erwähnt, in ganz unterschiedliche Theorien – etwa die *ordinary language school* (Searle) oder die hier zugrunde gelegte poststrukturalistische Richtung – ein, wo sie jeweils völlig unterschiedlich interpretiert wird. Während man einerseits versucht, durch Struktur und Funktion von Sprachen zu analytischer Klarheit der Begriffe zu gelangen, signalisieren auf der anderen Seite poststrukturalistische Konzepte eine tiefe Skepsis gegenüber dieser Möglichkeit von Erkenntnis.

15 Frank (^{2}1984) weist der Philosophie Schleiermachers eine derartige Vermittlungsrolle zu. Sein Verdienst besteht m. E. darin, sich gleichermaßen auf hermeneutische wie poststrukturalistische Fortführungen dieses Denkens am Leitfaden der Sprache eingelassen, deren Unterschiede verständlich gemacht zu haben.

voraus, dass die Intentionalität der autobiographischen Darstellung Identität erfasst und ermöglicht. Dem Autor wird ein intentionales Bewusstsein unterstellt, welches die Textbedeutung – in welcher Umsetzung auch immer – ursächlich hervorbringt. Ausgehend von einem repräsentationslogischen Modell der Sprache gehen diese Ansätze generell von der Möglichkeit einer Trennung von Welt und Text, von einer prinzipiell möglichen Übersetzung gesellschaftlicher in textuelle Realität aus. Mit anderen Worten, sie sehen einen Zugang zur Realität gegeben, der dann wiederum ein bestimmtes Verständnis des Realen bedingt.[16]

Auf der anderen Seite bestimmt eine zweite jüngere Forschungsrichtung poststrukturaler bzw. neostrukturaler Provenienz textuelle Phänomene und damit auch die Autobiographie aus einer gänzlich anderen Perspektive.[17] Die Existenz von Geschichte und Subjekt als dem Text vorgängige und substanzialisierbare Größen wird hinterfragt. Deren Entfaltung sei nur im Rahmen von Diskursen möglich, wobei sie vom jeweiligen Diskursiv affiziert werden. Ein Zugang zum Ich, so die Konsequenz, erfolgt immer durch dessen Einbettung in bestehende Deutungsmuster.

Mit anderen Worten, der Text bildet das Ich nicht in sekundärer Instanz ab, sondern bringt es primär deutend erst hervor. Das Ich, so die etwa bei Derrida und Foucault artikulierte radikale Fassung dieses Gedankens, gibt es jenseits spezifischer Deutungskonzepte gar nicht, d.h. es existiert immer nur innerhalb von Diskursen und unterliegt mithin auch deren Wandel. Es ist damit keine essenzielle, sondern eine dynamische Kategorie, die sich innerhalb je spezifischer Diskurse immer neu entfaltet. Damit müssen freilich auch der autobiographische Zugriff auf das Ich sowie seine Identität neu bestimmt werden. Unter dem Einfluss eines poststrukturalen Denkens, vor allem der Idee dezentrierter Subjektivität, wie es im Anschluss an Lacan von Derrida und Foucault in den 60er Jahren sowie in den Textkonzepten der französischen Gruppe *Tel Quel* entworfen wurde (vgl. Frank ^{2}1984), entsteht ab Ende der 70er Jahre auch im Anschluss an Paul de Mans Arbeit (1979) ein dekonstruktivistischer Ansatz der Autobiographieforschung (Sturrock 1977; de Man 1979; Ryan 1980; Sprinker 1980; Jay 1982, 1987; Derrida 1980; Grüter 1994; Finck 1999 u.a.).[18] Deren Vertreter gehen davon aus, dass Autobiographien prinzipiell unmöglich sind, weil es ein Subjekt, verstanden als die einer Aussage zugrunde liegende Größe (lat.: subiectum), gar nicht gibt. Subjektivität entfalte sich stets in Diskursen und somit könne das Ich auch nicht jenseits seiner Vertextung gedacht bzw. erkannt werden. Autobiographisches Schreiben, so lautet die Schlussfolgerung daraus, resultiere daher gerade aus der Suche nach diesem entzogenen bzw. vorsprachlich gar nicht "existierenden" Ich.

Obgleich die umfangreiche Diskussion hier nur verkürzt wiedergegeben werden konnte, wird doch der schmale Grat zwischen beiden Ansätzen der Forschung deutlich: Während sich auf der Basis eines hermeneutischen Sinnpostulats Subjekt und mithin

---

16   Vgl. hierzu die in Niggl (1989) vertretenen Ansätze.

17   Frank definiert den Neostrukturalismus auch als ein Denken "unter den Bedingungen der Nachmoderne" (^{2}1984: 29).

18   Vgl. hierzu auch die Zusammenfassung in Wagner-Egelhaaf (2000: 70-82).

das Genre der Autobiographie bestimmen lassen, wird deren Substanzialisierung bzw. Existenz außerhalb bestimmter Diskurse in der poststrukturalen Theorie negiert. Die Wahl des analytischen Instrumentariums – in unserem Fall werden dies vor allem poststrukturale Literaturkonzepte sein – sollte daher von einer Reflexion entsprechender epistemologischer Prämissen begleitet sein. Damit sind auch die Grundlagen dieser Arbeit umrissen, der Ort sozusagen, von dem aus gesprochen wird. Nicht um die Verabsolutierung eines Ansatzes geht es dabei, sondern darum, unser Vorgehen nachvollziehbar zu machen.

Der Konflikt moderner Subjektivität entfaltet sich zwischen der Vorstellung ihrer Verfasstheit als Autonomie einerseits und seines nur In-Sprache-Seins andererseits, d.h. das Subjekt wird in Abhängigkeit von der Sprache und ihrem System gedacht. Ausgehend von einem derartigen Subjektverständnis ist eine Rekonstruktion von Subjektivität, wie sie durch repräsentationslogische Modelle vermittelt wird, schlicht ausgeschlossen. So spricht der französische Philosoph Derrida, der im Anschluss an Lacan die französische poststrukturale Theorie in entscheidendem Maße prägt (vgl. 2.4), von der Unmöglichkeit einer Autobiographie im klassischen Sinne. Erst mit dem Schreiben, so begründet er seine These, konstituiere sich der Zugang zum Ich und kann sich Subjektivität überhaupt entfalten:

> Eine Autobiographie setzt zumindest eines voraus, dass das Ich weiß, wer es ist, dass es sich vor dem Schreiben selbst identifiziert. Das setzt aber bereits eine gewisse Identität voraus. Die Möglichkeit, in einer Sprache Ich-Sagen zu können, eröffnet überhaupt erst die Möglichkeit, schreiben zu können. (Derrida 1999)[19]

Derrida sieht im Schreiben primär den Ausdruck dafür, dass das Ich sich seiner selbst nicht gewiss ist und sich demzufolge unmöglich nach einem realen Vorbild darstellen kann.[20] In den für die Arbeit ausgewählten autobiographischen Texten manifestiert sich diese Unmöglichkeit der Repräsentation auf vielfältige Weise. Allen Texten gemeinsam ist der von Derrida artikulierte Zweifel an der Vorgängigkeit eines Ich, das sich nachträglich im Text darstellen ließe. Genau genommen wird nicht das Ich selbst "brüchig", wie vielfach in der Forschung formuliert, sondern die Vorstellung der Entstehung von Subjektivität ändert sich im Rahmen eines übergreifenden erkenntnistheoretischen Zusammenhangs.

Wie die kurze Bestandsaufnahme der autobiographischen Literatur in Frankreich vor allem in den 70er und 80er Jahren belegt, findet eine zunehmend intensive Auseinandersetzung mit dem Subjekt, verbunden mit einer Fiktionalisierung des Ich

---

19 Da nur die synchronisierte Fassung des Films zugänglich war, kann der Originaltext hier nicht zitiert werden.

20 Darüber hinaus entwirft Derrida (1980) ausgehend von Nietzsches autobiographischer Schrift *Ecce homo* das Konzept einer *Otobiographie* (ausgehend von den homophonen Präfixen 'auto' und 'oto'/das Ohr betreffend), in welcher nicht – wie in Lejeunes Modell – der Eigenname die bestehende Identität sichert, sondern der Eigenname vielmehr erst die Identität hervorbringt, weil sie dem Namen nachträglich zugeschrieben wird (vgl. auch Wagner-Egelhaaf 2000: 71f.).

und der Überschreitung traditioneller Genregrenzen statt. Die Problematik von Subjektivität wird, wie die Beispiele von Barthes, Robbe-Grillet bis hin zu Doubrovsky u.a. zeigen, innerhalb der französischen Literatur anhand einer Auseinandersetzung mit traditionellen autobiographischen Postulaten vorgetragen. Wenn der autobiographische Wandel, wie zu vermuten ist, jedoch nicht nur auf den intertextuellen bzw. architextuellen Bezug zum traditionellen Muster zurückzuführen ist, mit anderen Worten: ein reines Spiel mit dem Genre darstellt, sondern das Ergebnis eines übergreifenden epistemologischen Wandlungsprozesses darstellt, müsste sich die Problematisierung von Subjektivität auch in nichteuropäischen Literaturen niederschlagen, beispielsweise in zeitgenössischen Strategien der maghrebinischen Literatur. Vergleicht man die Tendenz zu einer Fiktionalisierung des Ich bei den genannten französischen Autoren mit den Formen der literarischen Subjektmanifestation im postkolonialen Kontext der maghrebinischen Literatur, so treten tatsächlich große Ähnlichkeiten zutage, die auf einen vergleichbaren Subjektbegriff verweisen, der das Ich – wie gezeigt – nicht mehr als substanzielle Kategorie fasst.[21] Ausgehend von dieser Feststellung untersucht die Arbeit einerseits Gemeinsamkeiten französischer und maghrebinischer Formen der Autobiographie auf einer epistemologischen Basis und andererseits die spezifischen Konkretisierungen in der literarischen Praxis.

Die postkoloniale Spezifik der französischsprachigen Literatur im Maghreb ergibt sich im Wesentlichen aus einer historisch bedingten, dem europäischen Kolonialprozess geschuldeten Form von Mehrsprachigkeit, die durch eine Verwendung der kolonialen Sprache bei gleichzeitiger Evokation der Muttersprache entsteht. Der Zusammenhang zwischen Subjekt und Sprachkonstitution lässt sich hier möglicherweise sogar noch deutlicher als in der französischen Literatur nachvollziehen. Das postkoloniale Subjekt vermag sich nicht in einem repräsentationslogischen Verständnis – als Abbildung eines sich selbst bewussten intentionalen Ich – zu entwerfen, weil es sich in der Sprache des Anderen nicht abbilden, sondern nurmehr die Abwesenheit des eigenen Ich in der kolonialen Sprache konstatieren kann. Es muss sich gewissermaßen in dieser Sprache neu entwerfen bzw. erfinden, beispielsweise durch die Evokation der verlorenen Muttersprache. Die Abbildung eines dem Text vorausgehenden Ich wird damit unmöglich, vielmehr konstituiert sich das postkoloniale Ich erst im Akt des Schreibens. Die Entscheidung maghrebinischer Autoren, in französischer Sprache zu schreiben, ist mit einem tiefgreifenden Identitätskonflikt verbunden und verweist auf eine jedem dieser Texte gewissermaßen von Beginn an inhärente autobiographische Dimension.

Einen epistemologischen Zusammenhang zwischen poststrukturalem, nachmetaphysischem und dem postkolonialen Subjektverständnis deutet Bhabha mit Bezug auf die These Derridas an, die "Geschichte des dezentrierten Subjekts [...] falle mit dem Auftauchen der Problematik kultureller Differenz in der Ethnologie zusammen" (Bhabha 1997: 117). Wenn der Wandel metaphysischer Subjektvorstellungen tatsächlich, wie es Bhabha im Anschluss an Derrida behauptet, von einer spezifischen Wahrnehmung anderer Kulturen ausgelöst und mit bedingt ist, so ist die Ähnlichkeit der

---

21 Ausführlich zur postkolonialen Literaturbetrachtung die Kap. 5-7.

aus diesem Wandel resultierenden literarischen Manifestationen nicht zufällig, sondern lässt sich aus einer postkolonialen Perspektive systematisch aufzeigen.

Die poststrukturalistische Perspektive auf die erwähnte, als *linguistic turn* bezeichnete Einsicht in die sprachliche Konstituiertheit subjektiven Erkennens bildet den methodischen Ausgangspunkt der Untersuchung autobiographischer Manifestationen der französischen und maghrebinischen Literatur. Die Texte werden als Diskursmenge im Sinne Foucaults, d.h. als Menge von Aussagen beschrieben, die innerhalb eines Formationssystems (*épistémè*) stehen und deren Formierung – mit Bezug auf ein spezifisches Wirklichkeits- und Sprachverständnis – bestimmte, vergleichbare Regeln zugrunde liegen.[22] Das gewählte kulturübergreifende Korpus soll nicht nur die Entgrenzung dieses diskursiven Feldes über die europäische Literatur hinaus, sondern auch die Vielfalt der poetologischen Umsetzungen demonstrieren. Darüber hinaus vereinfacht eine derart transkulturelle Perspektive auch die Beschreibung eines tiefgreifenden Wandels der Bedeutungsvorstellungen.

Die Textanalysen beschäftigen sich in erster Linie mit dem Problem der Subjektmanifestation in der *écriture*. Zunächst soll Doubrovskys Konzept der *Autofiction* diskutiert werden (Kap. 3), welches die Unmöglichkeit autobiographischen Schreibens im traditionellen Sinne artikuliert. Im Anschluss daran wird das Problem am Beispiel von Robbe-Grillets Trilogie *Romanesques* im Kontext von *Nouveau Roman* und *Nouvelle Autobiographie* dargestellt (Kap. 4). Die Untersuchung von Texten Assia Djebars und Abdelwahab Meddebs aus der maghrebinischen Gegenwartsliteratur bildet den zweiten Hauptteil der Textanalysen und ermöglicht den Einblick in alternative Identitätsentwürfe postkolonialer Prägung als eine Fortsetzung und Erweiterung der westlichen literarischen Praxis (Kap. 5-7).

Die hier diskutierte Problematik der Diskursgebundenheit von Erkenntnis wirkt sich nicht zuletzt auf die Gliederung der Arbeit selbst aus. Theorie und Textpraxis sind derart miteinander verwoben, dass eine klare Abtrennung der Bereiche kaum möglich ist und beides in den einzelnen Kapiteln zur Textanalyse zusammengeführt ist. Die dem traditionellen Modell der Autobiographie sowie dessen Dekonstruktion gewidmeten Kapitel bemühen sich um eine systematische Auseinandersetzung mit den Konventionen des Genres (Kap. 2). Die daran anknüpfenden Textanalysen beziehen sich nicht nur auf die Genreproblematik, sondern berücksichtigen auch andere bedeutsame Aspekte der jeweiligen Texte.

---

22 Foucault nennt dies Archäologie: "[...] en ce récit, ce qui doit apparaître, ce sont, dans l'espace du savoir, les configurations qui ont donné lieux aux formes diverses de la connaissance empirique. Plutôt que d'une histoire au sens traditionnel du mot, il s'agit d'une 'archéologie'" (Foucault 1966: 13). Frank (^{2}1984: 211) gibt – trotz einiger Widersprüche bei Foucault, die hier nicht näher thematisiert werden sollen – eine Defintion von Episteme: "[...] sie ist erstens unbewußt, und sie konstituiert zweitens als 'historisches Apriori' das Gesamt der Beziehungen, die zu einer gegebenen Epoche den diskursiven Praktiken und Wissensformen *Einheit* verleihen".

2. DIE AUTOBIOGRAPHIE: VOM LITERARISCHEN GENRE ZUM METADISKURS

2.1 Die traditionelle Autobiographie: Theoretische und historische Aspekte

Während die Praxis autobiographischer Äußerungen eine lange Tradition besitzt – sie reicht von der Antike (vgl. Misch 1907) über das Mittelalter und die Renaissance bis hin zur sog. klassischen Epoche der Autobiographie ab Ende des 18. Jahrhunderts –, entfaltet sich eine entsprechende gattungstheoretische Reflexion erst im Rahmen literaturwissenschaftlicher Diskurse des 20. Jahrhunderts. Ursache für diese relativ späte Wahrnehmung autobiographischer Texte in der Literaturbetrachtung war eine zuvor stets dominierende Fokussierung des historischen Status' der Autobiographie, die wegen ihres Gegenstandes und ausgehend von der Aristotelischen Scheidung fiktionaler und historischer Darstellungen eher als Geschichtsphänomen denn als literarische Form galt (Finck 1995: 284). Die Autobiographie wurde als Zweckform, d.h. nicht unter literarischen, sondern eher inhaltlichen Gesichtspunkten zur Kenntnis genommen.[23] Die Erkenntnisfunktion der Autobiographie bestand vorrangig darin, die Geschichte eines Einzelnen – vermittelt im zeithistorischen Kontext – zu erhellen und glaubhaft darzustellen. In diesem Kontext entstehen erste Äußerungen zur Autobiographie etwa von Herder oder Wieland, die den Autobiographen zum Geschichtsschreiber des eigenen Ich erklären, worauf Finck (1995: 284) in ihrem Überblick mit überzeugend kritischer Akzentuierung hinweist.

Auch die daran anschließende Forschung leitet die Bedeutung der Autobiographie aus dieser Erkenntnisfunktion ab. Sie ist jedoch weniger an historisch-objektivierbares Wissen, sondern vielmehr an eine hermeneutisch vermittelte Erkenntnis gebunden. So beschreibt Dilthey die Autobiographie als universales Paradigma des geisteswissenschaftlichen Verstehens. Für den Hermeneutiker war sie eine Form der "Objektivation des Geisteslebens" (Müller 1976: 10), da sie den Verlauf eines Lebens als "Urzelle der Geschichte" (ebd.: 11) darzustellen wusste und sich darin letztlich historisches, persönliches und geistesgeschichtliches Wissen kristallisierte: "Die Selbstbiographie ist die höchste und am meisten instruktive Form, in welcher uns das Verstehen des Lebens entgegentritt" (Dilthey ²1958: 199). Die Debatte um den literarischen Status der Autobiographie ging dann mit den Arbeiten Diltheys und seines Schülers Misch von Deutschland aus. Misch sieht den Nutzen der Autobiographie in der "objektive[n] Erkenntnis des Menschen" (Misch 1949, I, 1: 7). Geht Dilthey von einem individuell begründeten und geschichtlich entfalteten Lebenszusammenhang aus, von dem sich die

---

23 Autobiographien wurden in der frühen Forschung vorrangig nach ihrem Quellenwert befragt, so etwa bei Hans Glagau (1903): *Die moderne Selbstbiographie als historische Quelle*. Marburg, oder Werner Mahrholz (1919): *Deutsche Selbstbekenntnisse. Ein Beitrag zur Geschichte der Selbstbiographie von der Mystik bis zum Pietismus*. Berlin.

Universalgeschichte ableiten lässt, dient ihm die Selbstbiographie sozusagen als Begründung eines geisteswissenschaftlichen Verstehensparadigmas schlechthin, zielt das Lebenswerk von Misch auf die Historisierung, auf eine "Geschichte des menschlichen Selbstbewußtseins" (1949, I, 1: 11) sowie darauf, einen "Beitrag zur Geschichte der Menschheit" (ebd.: 4) zu leisten.[24] Misch geht dabei von einem entwicklungsgeschichtlichen Verständnis von Identität aus und verknüpft die Autobiographie mit dem Nachweis einer unverwechselbaren Identität:

> Misch meinte damit die sich einer organischen Metaphorik bedienende Vorstellung, daß sich das Individuum erst langsam und unter wechselnden Einflüssen entfalte und reife, wobei aber schon in der Jugend, im Keim gleichsam, die Anlagen der Persönlichkeit vorhanden seien. (Finck 1995: 285)

Die französische Kritik meldet sich 1948 mit Erscheinen von Georges Gusdorfs Dissertation *La découverte de Soi* zu Wort – entstanden während dessen Gefangenschaft 1940-45 –[25], die sich um eine weniger historische als literarische Bestimmung autobiographischer Formen bemüht und damit die gattungstypologische Debatte eigentlich initiiert. So wird Mitte der 50er Jahre die Diskussion um eine literarische Definition der Autobiographie belebt (Shumaker 1954; Gusdorf 1956; Pascal 1965) und eine literarische Aufwertung der Autobiographie in Gang gesetzt, die eine bis heute andauernde Gattungsdiskussion prägt. Sie ist jedoch – im Unterschied zur langen Tradition autobiographischer Äußerungen, die Misch in nicht weniger als sieben Bände fasst – jüngsten Datums.

Mit dem Interesse der Forschung an Gattungsfragen wandelt sich auch das Verständnis der Autobiographie, die nunmehr als Zwitterwesen, als Narration einer Vita verstanden wird, in der sich jene von Aristoteles getrennten historischen und poetischen Aspekte vereinigen. Mit Blick auf das literarische Genre wird auch der Wahrheitsanspruch der Autobiographie umformuliert und nicht mehr an historische Exaktheit, sondern vielmehr an die Manifestation ästhetischer Originalität geknüpft, in der sich zugleich die Authentizität spiegelt:

> Der Wert einer Autobiographie hängt letztlich von der Geistesart des Autors ab [...]. Damit wir das Wesen dieser im Mittelpunkt stehenden Persönlichkeit wirklich würdigen können, müssen sie [die dargestellten Ereignisse, A.d.V.] für uns ihren historischen Tat-

---

24 Die vielfältigen Formen der Selbstäußerung werden hier zu einer Universalgeschichte zusammengeführt: "Und keine Form ist ihr fremd. Gebet, Selbstgespräch und Tatenbericht, fingierte Gerichtsrede oder rhetorische Deklamation [...] – in all diesen Formen hat die Autobiographie sich bewegt, und wenn sie so recht sie selbst ist und ein originaler Mensch sich in ihr darstellt, schafft sie die gegebenen Gattungen um oder bringt von sich aus eine unvergleichliche Form hervor" (Misch, zit. in Müller 1976: 12). Der erste Band dieses monumentalen, in der Tradition des Lehrers Dilthey stehenden Werks, erschien bereits 1907.

25 Im Jahr 1951 folgt *Mémoire et personne* und 1956 der Festschriftbeitrag "Conditions et limites de l'autobiographie" (dt. Fassung in Niggl 1989).

sachencharakter abstreifen und dürfen uns nicht mehr als historische Dokumente die Frage nach der Akkuratesse ihrer Wiedergabe aufdrängen. (Pascal 1965: 32)

Doch auch dieser Authentizitätsanspruch, wie hier bei dem bekannten Theoretiker Pascal formuliert, referiert auf eine außertextuelle Größe, indem er die Selbstidentität sowie die Persönlichkeit eines Autors voraussetzt. Dem Subjekt des autobiographischen Diskurses wird – trotz des Verzichts auf Faktizität und der Einschränkung des Wahrheitsanspruchs – immer noch Autonomie und auch eine Möglichkeit der Vermittlung des Selbst zugesprochen. Der Unterschied zu den vormals an die Autobiographie herangetragenen historischen Wahrheitsansprüchen besteht lediglich darin, dass diese nunmehr literarisch umformuliert werden zu einem Anspruch auf "intuitive" Wahrheit:

> Während man so zuweilen von einzelnen Unwahrheiten sprechen kann, von absichtlicher oder unbewußter Verdrehung der Wahrheit, steht man im ganzen vor einer viel bedeutsameren Tatsache, die zum Wesen der Autobiographie gehört: vor der Vielschichtigkeit der Wahrheit, die auch dem scheinbar Sichersten, der intuitiven Selbsterkenntnis, anhaftet. (Pascal 1965: 88)

Die Vergegenwärtigung des Vergangenen bzw. die Herstellung einer Einheit des Lebens bedarf ganz selbstverständlich fiktionaler Verfahren, diese werden jedoch dem autobiographischen Modus unterstellt und als Formen betrachtet, die gänzlich im Dienste dieser "höheren Wahrheit" stehen, der "Vergangenheit wie sie seinem Geist erscheint, wie sie sich *jetzt* in seinem Geist spiegelt" (Pascal 1965: 89, H.d.A.). Vor diesem Hintergrund der literarischen Aufwertung autobiographischen Schreibens fokussiert die Forschung in einer weiteren Etappe etwa ab den 70er Jahren stärker auf die erzähltheoretischen Elemente wie u.a. den Stil (Starobinski 1970), die literarische Manifestation der Beziehung Autor-Erzähler-Protagonist (Lejeune 1971, 1975) sowie die Pragmatik der Autobiographie (Bruss 1976). All jene Begründungen führen letztlich immer wieder zum Entwurf eines Diskurses, den das Subjekt – in welcher Form auch immer – kontrollieren kann. Sie rekurrieren auf die traditionelle Vorstellung von Subjektivität, die die erwähnten zeitgenössischen Autobiographen nicht teilen.

Mit Bezug auf eine humanistisch-idealistische Tradition gründen jene Konzipierungen des Genres der Autobiographie auf der Vorstellung eines autonomen, einheitlichen, sich selbst bewussten und "ermächtigten", d.h. natürlich männlichen, europäischen und weißen Ich, welches die eigene Lebensgeschichte retrospektiv und als exemplarischen Sinnentwurf zu verfassen vermag.[26] Ein Blick in die Forschung belegt diese einseitige und geschlechtsspezifische Ausrichtung der Gattungstheorie, die – in der Tradition von Misch, Pascal bis hin zu Niggl (1989) – wie kaum eine andere "an der normativen Vorstellung des männlichen Individuums und des männlichen Lebenslaufs

---

26   Dies wird in weiten Teilen der Autobiographie-Forschung unhinterfragt vorausgesetzt und ändert sich erst mit jüngeren Studien zur weiblichen Autobiographie. So stellt etwa Stanton (1987) fest, dass von Frauen verfasste Autobiographien in der gattungstheoretischen Diskussion seit den 70er Jahren tendenziell gar nicht berücksichtigt werden. Vgl. hierzu auch die aufschlussreiche Diskussion in Finck (1999: 109ff.).

ausgerichtet" ist (Finck 1999: 110f.). Sogar innerhalb der dekonstruktivistischen Auseinandersetzung wird dieser männliche Blick perpetuiert, Finck nennt hier u.a. Jay, Sprinker, Sturrock und de Man.

Die Einheit des gestalteten Lebens wird im Rahmen ästhetischer Vorstellungen entworfen, dargestelltes und berichtendes Ich werden dem Authentizitätspostulat folgend in ein Gleichgewicht gebracht. Linearität, Kohärenz und Intentionalität der Darstellung führen zu einer Übereinstimmung beider Horizonte und formen die Identität einer Persönlichkeit literarisch aus. Die auktoriale Erzählweise sowie eine überwiegend chronologische Zeitstruktur als Folge des Erinnerns und Gestaltens aus dem Bewusstseinshorizont eines gegenwärtigen Ich bilden die Strukturmomente des traditionellen autobiographischen Erzählens. Die hierin verankerte Autobiographie entwirft Sinn im Hinblick auf eine dem Text vorausgehende Vita und wird daher auch als referenzielles, d.h. ein wirklichkeitsbezogenes Genre bezeichnet.[27]

Mit dem Terminus 'Referenzialität' wird die Funktion sprachlicher Zeichen erfasst, auf Kategorien und Ereignisse zu verweisen, die der außersprachlichen Wirklichkeit angehören. Die Referenzialität der Autobiographie liegt in ihrem Bezug auf das Subjekt und die Biographie eines Autors, die damit als außersprachliche, in der Wirklichkeit angesiedelte Größen konzipiert werden. Wirklichkeit wird als etwas vom Text Geschiedenes begriffen, d.h. Welt und Text werden gedanklich voneinander getrennt. Die Zeichen sind nicht die 'Wirklichkeit', sondern haben eine realitätsbehauptende Funktion und setzen die Existenz dieses Realitätsbereichs außerhalb der Textbedeutung voraus. Referenzielle Texte sind daher in der Regel an ihrem konkreten Bezug auf außertextuelle Bezüge erkennbar.

Der einschlägig bekannte Theoretiker Lejeune, mit dem ich mich eingehender im Abschnitt 2.2 auseinandersetzen werde, spricht hinsichtlich der Autobiographie von einem referenziellen Pakt, den der Autor mit seinem Leser abschließt und der die Bedeutung des Textes über dessen Bezug zum Lebensverlauf begründet. Auf der Basis dieser Sprachfunktion, d.h. der Relation von Zeichen und Referenz in der Wirklichkeit, wird der von Lejeune entworfene autobiographische Pakt geschlossen. Die Bedeutung des Textes hängt von einem in der außertextuellen Welt verankerten Wahrheitsbegriff ab und wird letztlich – wie auch immer die konkrete Umsetzung erfolgt – daran gemessen. Der Wahrheits- bzw. Authentizitätsanspruch traditioneller autobiographischer Texte wird demnach über eine spezifische Zeichenfunktion hergestellt, die die Möglichkeit einer Verifizierung impliziert. Grundlage hierfür ist die Trennung der Größen 'Realität' und 'Text', d.h. die Zeichen stehen stellvertretend für eine außertextuelle Welt, die sie in sekundärer Funktion repräsentieren. Der in traditionellen Autobiographien erhobene Wahrheitsanspruch ist an dieses Zeichenmodell geknüpft, d.h. er basiert auf der Vorstellung, dass sprachliche Zeichen eine außersprachliche Wirklichkeit überhaupt darstellen können. Wie auch immer die jeweilige Umsetzung erfolgt, stets erscheinen die Zeichen dieser gegenüber sekundär. Das Wahrheitspostulat der Autobiographie setzt demnach ein repräsentationslogisches Zeichenmodell voraus.

---

27 So Lejeunes autobiographischer Pakt als Absprache über eine bestimmte Referenz (^{2}1996: 36).

Der Authentizitätsanspruch traditioneller Autobiographien bezieht sich auf den Autor, der eine seinem Verständnis nach authentische Darstellung abzugeben versucht. Dabei geht es nicht um eine Identität von Zeichen und Referenz, die faktisch unmöglich ist, sondern darum, dass dieser Beziehung des Zeichens zu seiner Referenz (Signifikat) Vorrang vor dem Signifikanten eingeräumt wird. Jede Art eines textuell erhobenen Wahrheits- oder Authentizitätsanspruchs, der auf der Referenzialisierbarkeit des Erzählten basiert, ist somit an einen zuverlässigen Erzähler gebunden. Es wäre jedoch ein Irrtum zu glauben, Referenzialität impliziere eine minutiöse Wiedergabe von Details, vielmehr intendiert sie die Etablierung eines Ganzen, etwa einer als sinnhafte Einheit gestalteten Lebensgeschichte. Analog zum realistischen Autor zielt der Autobiograph auf die Herstellung von textueller Kohärenz, um Authentizität zu erlangen, "nicht um die semantische Erfüllung des Wahrheitsgebots geht es ihm [gemeint ist der Autor eines sog. realistischen Textes, A.d.V.], sondern um die Etablierung der Wahrheit auf syntaktischer Ebene des Kunstwerks" (Kohl 1977: 194).

Die an der außertextuellen Welt orientierte Kategorie der Referenzialität eröffnet die Möglichkeit eines Authentizitätsanspruchs. Dabei bezieht sich der das Genre legitimierende Wahrheitsanspruch wohlgemerkt nicht auf die Wiedergabe konkreter biographischer Ereignisse, sondern insinuiert vielmehr deren plausible Zusammenfügung – den sog. *plot* (White) – zu einer Lebensgeschichte, die als gewonnene Selbsterkenntnis figuriert. White zufolge ist diese Narrativität poetischen wie historischen Texten gleichermaßen inhärent, so dass die Legitimation eines Textes nicht von seiner Referenz abgeleitet werden kann.

Der Prozess einer autobiographischen Sinngebung gelingt durch die Herstellung einer kohärenten Lebensgeschichte aus der Kontingenz des biographischen Materials. Einem Geschehen wird in einem sprachlichen Akt Bedeutung zugeschrieben, es wird in einen übergreifenden Zusammenhang gestellt. Gelingt es dem Autobiographen, seinem Leben in dieser Form nachträglich Bedeutung und seinem Ich eine Identität zu verleihen, so gilt das autobiographische Projekt gemeinhin als gelungen.

Eine auf Sinngebung ausgerichtete Kontinuität wird dem Leben somit nachträglich, nämlich in Form von textueller Kohärenz verliehen. Anhand einer mimetischen Darstellung verschafft sich der Autor eine literarische Repräsentation seiner Lebensgeschichte, wobei die aufrichtige Absicht in der Darstellung vorausgesetzt wird. Das *fundamentum inconcussum veritatis* liegt im Autorsubjekt, welches eine verlässliche Textinstanz als Stellvertreter einsetzt und damit seine Verankerung in einer idealistischen Subjektvorstellung markiert. Das idealistische Subjekt, das einem Denken der Einheit verpflichtet ist, spiegelt sich auch in der Kommunikationssituation traditioneller Autobiographien wider, in der Selbstbewusstsein als Möglichkeit der Identifizierung des Ich mit sich selbst, als Selbstpräsenz und Transparenz des Subjekts notwendige Voraussetzungen für die angestrebte Wahrhaftigkeit der autobiographischen Darstellung bilden. Auf dem Fundament der cartesianischen Unterscheidung von erkennendem Subjekt (*res cogitans*) und Objekt der Wahrnehmung (*res extensa*) wird das Ich erst zum Autor. Es scheint sich bei der Betrachtung nicht in das Objekt selbst zu verstricken und kann somit über Wirklichkeitsaussage oder Fiktion selbst entscheiden. Ein poststruktural begriffenes Ich dagegen ist unauflösbar mit dem Akt seiner Konstitution verknüpft und bildet sich als solches erst im Verlauf seiner Wahrnehmung heraus, gewissermaßen unabhängig von der Autorintention. Damit "verliert" der Autor die alleinige Verfügungsgewalt über seine Darstellung. In dem Moment, in dem sich seine Intention als unerfüllbar erweist, wird dann auch das Genre als repräsentationslogisch gedachte Manifestation des Ich zum Problem. Denn um das autobiographische Genre als solches begreifen und begründen zu können, muss Lejeune beispielsweise auf ein metaphysisches, zuverlässiges Subjekt rekurrieren, was im folgenden Abschnitt näher zu erläutern ist.

2.2 Metaphysischer Subjektbegriff und autobiographischer Pakt

Lejeunes Bestimmung der literarischen Autobiographie liegt ein Subjektverständnis zugrunde, welches das Ich im Anschluss an Descartes als ein intentionales Bewusstsein beschreibt. Sein Postulat des autobiographischen Pakts soll im Folgenden stellvertretend für eine der idealistischen Subjekttradition verhafteten Richtung der Autobiographieforschung problematisiert werden. Einige zentrale Punkte dieser Theorie sollen daher als Folie für die metatextuelle Auseinandersetzung mit dem Genre in zeitgenössischen autobiographischen Texten skizziert werden.

Lejeune zufolge gelingt die Kommunikation im Rahmen des Genres mit Hilfe einer vertraglichen Vereinbarung zwischen Autor und Leser. Das Kriterium für den Abschluss bzw. die Einhaltung des Vertrages ist die Namensidentität: Der Eigenname des Autors ist die Textsignatur, die die Identität der Referenz sicherstellt, nämlich dass Erzähler und Protagonist denselben Bezugspunkt haben, den Autor. Da eine Verifikation von Aussagen jedoch prinzipiell unmöglich ist und die vereinbarte Referenzialität allein noch kein Kriterium für die Autobiographie darstellen kann,[28] bezieht Lejeune den Begriff der *ressemblance* als sekundäres Merkmal (Ebene der Aussage) in den autobiographischen Pakt ein:

> L'autobiographie étant un genre référentiel, elle est naturellement soumise en même temps à l'impératif de ressemblance au niveau du modèle, mais ce n'est qu'un aspect secondaire. Le fait que *nous* jugions que la ressemblance n'est pas obtenue et accessoire à partir du moment où nous sommes sûrs qu'elle a été visée. (Lejeune ²1996: 40)

Zur Markierung der Ähnlichkeit sind jedoch außertextuelle Referenzen notwendig, die Lejeune als "modèle" im Sinne eines "réel auquel l'énoncé prétend *ressembler*" bestimmt (Lejeune ²1996: 36f.). Genau diese Bedingung aber – auch wenn Lejeune die Ähnlichkeit einschränkt – offenbart, dass er vom Zugang des Subjekts zu seinen Lebensäußerungen ausgeht und deren sprachliche Darstellung für möglich hält, er letztlich einem metaphysischen Subjektdenken folgt: "les vestiges du sujet métaphysique subsistent" (Havercroft 1995a: 166). Das einzige Kriterium für den Referenz- bzw.

---

28 Vgl. die Auseinandersetzung mit Lejeune in A. de Toro (1999: 1416-1419).

Lektürepakt ist die Namensidentität,[29] abgesichert auf dem "niveau global de la *publication*" durch den Autornamen,[30] also letztlich ein formales Merkmal, das über eine bestimmte Schreibweise und Lektüre entscheidet (Lejeune [2]1996: 45). Der Leser kann entscheiden, ob er dem Autor vertraut oder nicht; eine grundsätzlich ambivalente Position bleibt ihm aufgrund der Binarität des Paktes verwehrt. Lejeunes Modell kann damit gerade jene autobiographischen Diskurse nicht erfassen, denen der Autor als intentionales Bewusstsein nicht mehr vorausliegt und die – weil in ihnen "Realität" immer nur in bereits bestehenden Diskursformen über das Reale zugänglich ist – Referenzialität und Fiktionalität unauflösbar miteinander verquicken. Lejeunes Ansatz erscheint aus heutiger Sicht gewissermaßen anachronistisch, weil er aufgrund seiner Definition der Autobiographie in Abgrenzung zu fiktionalen Texten gerade diejenigen Ansätze autobiographischen Schreibens nicht erfasst, die auf eine Aufhebung bzw. Hinterfragung tradierter Gattungsgrenzen abzielen. Autoren wie beispielsweise Serge Doubrovsky bezwecken quasi die Nichterfüllung des Paktes bzw. die Unentscheidbarkeit und das Verharren in einer konstitutiven Ambivalenz, wenn sie ihre Erzähler fiktionalisieren und aufspalten, fiktive Personen einbinden oder den autobiographischen Text (trotz Namensidentität) ganz einfach "Roman" nennen. Sie suchen das Autobiographische jenseits formaler, pragmatischer und sonstiger Bestimmungen jenseits von Sprache, nämlich in der Sprache selbst.

Auf der Basis einer per Unterschrift abgesicherten Referenzialität hat Lejeune die Abgrenzung des Genres Autobiographie in Opposition zum Roman begründet.[31] Diese Polarisierung wird in den neuen autobiographischen Texten hinterfragt, weil sie dem veränderten Wahrnehmungshorizont des Subjekts kaum angemessen scheint. Lejeunes Definition der Autobiographie,

> Récit rétrospectif en prose qu'une personne réelle fait de sa propre existence, lorsqu'elle met l'accent sur sa vie individuelle, en particulier sur l'histoire de sa personnalité [...] (Lejeune [2]1996: 14),

---

29 Eine derartige Identität zwischen Autor und Erzähler bezieht sich jedoch stets auf eine außertextuelle Welt und setzt deren – zumindest ansatzweise – Übersetzbarkeit in den Text voraus: "L'identité auteur/narrateur n'est posée qu'en dehors du texte; fondée dans le hors-texte, elle ne peut qu'éclater dans le texte" (Bénard 1991: 82f.).

30 Lejeunes Formulierung bleibt unklar: Er will sich weder auf die außertextuelle noch die textuelle Ebene festlegen. Wenn aber die Signatur nicht als Verweis auf die empirische Person des Autors verstanden werden darf, worauf bezieht sie sich dann? Darüber gibt Lejeunes Theorie keine Auskunft: "La problématique de l'autobiographie ici proposée n'est donc pas fondée sur un rapport, établi de l'extérieur, entre le hors-texte et le texte – car un tel rapport ne pourrait être que de ressemblance, et ne prouverait rien. Elle n'est pas fondée non plus sur une analyse interne du fonctionnement du texte, de la structure ou des aspects du texte publié; mais sur une analyse, au niveau global de la *publication*, du contrat implicite ou explicite proposé par l'*auteur* au *lecteur* [...]" (Lejeune [2]1996: 44).

31 Noch einmal Lejeune: "Dans l'autobiographie il est indispensable que le pacte référentiel soit *conclu*, et *tenu*: mais il n'est pas nécessaire que le résultat soit de l'ordre de la stricte ressemblance" ([2]1996: 37).

fordert damit gerade zu einer Überschreitung heraus (vgl. 3.2). Das Modell einer retrospektiv erzählten, auf Identität und Kohärenz gestützten individuellen Persönlichkeitsentwicklung ist problematisch, weil es ausgehend von einem konstitutiven Authentizitätsanspruch das Autorsubjekt als intentionales Konstrukt, als Urheber, Autorität und Sinninstanz des Textes entwirft. Persönlichkeit und Lebenserfahrung ermächtigen den (traditionellen) Autobiographen, seinem individuellen Werden Bedeutung zu verleihen und somit dem eigenen Ich nachträglich Sinn zu geben, seinem Leben Einheit zu verschaffen, ohne dass diese in der Realität vorhanden ist: "Wir *leben* nicht Geschichten (stories), auch wenn wir unserem Leben dadurch Sinn verleihen, daß wir ihm nachträglich die Form einer Geschichte verleihen" (White 1994: 139).

Der Schlüssel zum Genre, will sagen, seine konstitutive Bedingung, ist demzufolge stets die Autorität eines Schreibenden, der nach Gutdünken über den textuellen Stellvertreter verfügt und eine mehr oder weniger konkrete biographische Realität auf der Basis eines mimetischen Sprachverständnisses entwirft. Die Autobiographie im engeren Sinn beschreibt demnach eine Auseinandersetzung des Ich mit der Wirklichkeit, in deren Verlauf dargestelltes und darstellendes Ich miteinander vermittelt werden. Ihr Wert, so Pascal, bestehe darin, "daß sie zu erzählen vermag, wie ein Mensch mit der Wirklichkeit übereinkommt, wie er den Weg zu dem realisierten Ich gefunden hat" (Pascal 1965: 207).

Die hier zu untersuchenden Autoren äußern Zweifel an einem derart unverstellten Blick auf die eigene Lebensgeschichte. Die Wahrhaftigkeit, die das autobiographische Genre erfordert, erscheint ihnen ein Kunstgriff, der lediglich über einen Mangel an Kausalität des Lebensverlaufs hinwegtäuscht, den es jedoch rückhaltlos – im Sinne einer "aufrichtigen" Darstellung – lückenlos aufzudecken gilt. Die Konsistenz und Plausibilität traditioneller Lebensgeschichten bilde, ihnen zufolge, lediglich einen Ersatz für das nicht vorhandene Ich und kompensiere die fundamentale Mehrdeutigkeit von Erfahrungen.

Der Wandel autobiographischer Manifestationen steht demnach im Zeichen eines epistemologischen Wandlungsprozesses von der klassischen Bewusstseinsphilosophie zum Paradigma der Sprache. Im Rahmen einer Ablösung vom Modell sprachlicher Repräsentation sowie vom Reflexionsmodell des Subjekts kommt es zu einer Umformulierung der Beziehung von Sprache und Subjektivität,[32] die einen sprachabhängigen Realitätsbegriff impliziert. Da auch die Konstituenten der Autobiographie wie Subjekt, Sprache und Wirklichkeit diesem Wandel unterliegen, kommt es zu einer fundamentalen Transformation der Konzeption des Autobiographischen und darüber hinaus der Literatur. So können klassische Prämissen autobiographischen Schreibens wie die Aufrichtigkeit mit dem Anspruch auf eine authentische Darstellung innerhalb dieses neuen Paradigmas autobiographischen Schreibens nicht mehr eingelöst werden. Stattdessen wird die unmögliche Einlösung traditioneller Vorstellungen vorgeführt und

---

32 Das Paradigma der Reflexion geht von einer nur vorübergehenden Spaltung des Ich aus, das durch symbolische Vermittlung zu einer Identität gelangt, so dass es durch den über Zeichen vermittelten Sinn wieder Zugang zu seinen Lebensäußerungen erhält.

als letzter Versuch verstanden, der Wahrheit – die sich als unerreichbar erweist – sich zumindest insofern anzunähern, als man diese Unerreichbarkeit einräumt. Damit wird die zentrale Frage der gegenwärtigen Autobiographie-Debatte aufgeworfen: Signalisieren die neuen Formen autobiographischen Schreibens nun das Ende der Autobiographie oder können sie dem Anspruch auf eine Erneuerung gerecht werden, die einem gewandelten Verständnis von Literatur Rechnung trägt?

2.3 Aspekte eines nachmetaphysischen Autobiographie-Verständnisses

> Aber wir haben wenig zu verlieren, da wir wissen, daß die Sinnauslegung das Poetische in einem entscheidenden Merkmal verfehlt. [...] Wir sollten uns, unter diesen Umständen, einmal die Frage vorlegen, ob die Literatur uns Angst macht, wenn sie uns den Notanker der Semantik aus der Hand schlägt... (Frank ²1984: 606)

Im folgenden Abschnitt soll der epistemologische Wandel der Autobiographie anhand einiger ausgewählter poststrukturalistischer Konzepte, die die Relation von Subjektivität und Sprache erfassen, skizziert werden. Die Doppelrolle der Sprache, einer Sprache, die das autobiographische Ich mit seiner Erschaffung auch (in seiner Substanzialität) auslöscht, steht dabei im Vordergrund und wird beschrieben ausgehend von Lacans These, dass sich jedes Subjekt auf der Basis von Signifikanten sowie einer Supplementarität von Zeichen konstituiert. Wenn sich das autobiographische Subjekt Lacan zufolge als ein *glissement incessant du signifié sous la chaîne des signifiants* manifestiert (Lacan 1966: 260), muss das Projekt der Sinngebung, d.h. das Erzählen einer Geschichte und die Darstellung einer Lebensgeschichte, aufgegeben werden. Die Konsequenzen aus dieser Einsicht in die veränderten Bedingungen autobiographischen Schreibens, das Verständnis von Fiktionalität und Literatur im Besonderen, sollen in einem zweiten Schritt anhand der von Paul de Man vorgeschlagenen Entgrenzung des Autobiographiebegriffs problematisiert werden.[33]

Zeitgenössische Autobiographen tragen dem Wandel der literarischen Bedingungen Rechnung, indem sie sich nunmehr solcher Verfahren bedienen, die die Einseitigkeit referenzieller Diskurse und deren Verkürzung des Bedeutungsprozesses auf das Signifikat vorführen. Die 'Authentizität' ihres Diskurses lässt sich gerade nicht mehr an einer gelingenden Sinngebung messen, sondern an der Vermittlung des Widerspruchs zwischen Bedeutungskonstitution einerseits bei gleichzeitiger *De*konstitution durch

---

33 Die Debatte um Paul de Mans in früher Jugend verfasste pro-nazistische und antisemitische Artikel soll und kann hier nicht fortgeführt werden (diese Texte sind abgedruckt in Hamacher et al. 1988): Im Jahr 1987, vier Jahre nach dem Tod de Mans, hatte ein belgischer Student die journalistischen Texte entdeckt und einen heftigen Skandal ausgelöst, der in der Folge auch zur Diskreditierung der literaturwissenschaftlichen Arbeiten de Mans geführt hat. Es ist weder möglich, sich dieser Bewertung ohne weiteres anzuschließen noch ist eine Auseinandersetzung in unserem Rahmen sinnvoll, weshalb de Man im Folgenden ohne eine Vertiefung dieses persönlichen Aspekts diskutiert wird. Eine detaillierte, zugleich kritische und differenzierte Auseinandersetzung mit dem Thema bietet Kaplan (1997).

Prozessualität und Unabgeschlossenheit des Bedeutungsaktes andererseits. Die Frage der Wahrheit des Diskurses wird damit nicht mehr an eine – wie auch immer geartete – außertextuelle Referenz gekoppelt, sondern an den Akt des Schreibens selbst, so dass die einzige noch vermittelbare Wahrheit die der Irreduzibilität sprachlicher Zeichen, der Unhintergehbarkeit der Schrift ist. Erst das damit mögliche Bekenntnis zur Unmöglichkeit, 'authentisch' zu schreiben, verleiht den Autoren wiederum eine *ex negativo* gewonnene Wahrhaftigkeit, die darin besteht, dass sie die prinzipielle Unerfüllbarkeit von Wahrheitsansprüchen artikulieren. Die Wahrheit eines Textes ist vor diesem Hintergrund nicht an außersprachlichen Faktoren messbar, sondern liegt in der semantischen Unentscheidbarkeit der Zeichen, dort, wo sie sich erst konstituieren kann und zugleich auch auflöst. Sie ist letzten Endes nurmehr im Schwanken oder Gleiten des Sinns zu vernehmen.

Die Konstituenten des autobiographischen Genres, welches "Wahrheit" auf der Basis eines autonomen Subjekts, einer transparenten Sprache und einer gegebenen, d.h. fassbaren Wirklichkeit zu erlangen meint, werden erschüttert. Aufrichtigkeit und Transparenz als Prämissen der traditionellen Autobiographie sowie die angestrebte Ähnlichkeit der dargestellten Lebensgeschichte mit der Vita des Autors verlieren unter diesen Umständen ihre Funktion.[34] Mit dem Wandel der epistemologischen Kategorien setzt eine tiefgreifende Veränderung auch der ästhetischen Vorstellungen ein und bedingt einen umfassenden literarischen Paradigmenwechsel. Bleibt die Frage, ob ein Autor Autobiographisches vermitteln kann, indem er z.B. im Rahmen eines Metadiskurses etwas über die Spezifik der Sprache mitteilt.

Damit würde der Vorstellung Rechnung getragen, dass sich das autobiographische Ich im Moment des Schreibens konstituiert und zugleich auch *de*konstituiert. Neue autobiographische Texte, indem sie den Prozess der Diskursivierung des Ich nachvollziehen, versuchen dieser zeichentheoretischen Umwertung gerecht zu werden. Subjektivität kann hier primär erst mit dem Akt der Versprachlichung hervorgebracht werden und entpuppt sich als Resultat eines Deutungsprozesses, was nicht zuletzt der enge Zusammenhang zwischen Psychoanalyse und Schreiben belegt. Lacans These, dass ein imaginäres Ich (*Moi*) Zugang zu seinem Selbst sucht und in eine symbolische Ordnung eintritt, die ihm eine sprachliche Form zur Verfügung stellt (*Je*), es jedoch gleichsam dezentriert, so dass jedes Erkennen mit einer symbolischen Spaltung (Verkennen) verbunden ist, scheint für die Deutung zeitgenössischer Autobiographie eine entscheidende Voraussetzung.

---

34 Alain Robbe-Grillet (1987a: 23f.) hält dazu fest: "Bruchstücke meiner Existenz [...] es gelingt mir nicht, sie in eine Ordnung zu bringen". Marguerite Duras (1984: 14) schreibt lapidar: "L'histoire de ma vie n'existe pas".

2.3.1 Das Ich in der Signifikantenkette: Lacans Dezentrierung des Ich

Spätestens mit der Psychoanalyse Lacans und frühestens mit Freud prägt die Debatten um das Subjekt weniger die Frage nach reflexiver Selbstgewinnung oder präreflexivem Selbstbesitz, sondern vielmehr das Problem seiner inneren Pluralität und Heteronomie bis hin zu einer paradigmatischen Transversalität (Welsch 1996: 831). Bereits seit den 30er, verstärkt jedoch ab den 50er Jahren hatte der französische Psychoanalytiker Jacques Lacan in seinen Thesen immer wieder die Interdependenz von Subjektivität und Sprache hervorgehoben, was später in eine radikale Kritik der neuzeitlichen Bewusstseinsphilosophie mündete.[35] Die konstitutive Rolle sprachlicher Strukturen für den Prozess der Ich-Ausprägung herausgestellt zu haben, macht Lacan für die Untersuchung und das Verständnis neuer autobiographischer Literatur bedeutsam. Die hier konzipierte diskursive Verankerung des Ich führt in der Folge zu einer Neuformulierung des autobiographischen Projekts und dem, was unter dem Autobiographischen zu verstehen ist. Mit der Koppelung des Subjekts an Signifikanten umfasst sein Konzept die gesamte Ebene der literarischen Bedeutungskonstitution und bewirkt gewissermaßen eine Umkehrung der Kausalität des Signifikationsprozesses. Das Ich, indem es selbst zum Effekt der Signifikanten wird, verliert seine Rolle als Urheber, was die Ebene der Bedeutungskonstitution nachhaltig verändert. Sinn entsteht ferner nicht mehr allein im Rahmen eines subjektiven Aktes der Verleihung von Sinn, sondern in einem unabschließbaren Prozess der sprachlichen Semiose, eine Konsequenz des Lacanschen Denkens, die nicht zuletzt in die gesamte poststrukturalistische Texttheorie Eingang gefunden hat und eine Relativierung des Autorbegriffs zur Folge hatte, deren Verständnis im Lauf der Arbeit zu klären ist (vgl. 4.4).[36]

Im Unterschied zu den traditionellen Verfahren der Psychoanalyse geht es Lacan weniger um eine Freilegung der unbewussten Schichten des Subjekts – was eine dem Sprechen vorausgehende Form von Subjektivität implizieren würde –, sondern um die zentrale Rolle der symbolischen Ordnung für die Konstitution des Imaginären. Die Sprache selbst wird zur Ursache einer folgenschweren Dezentrierung: "c'est en tant qu'il est engagé dans un jeu de symboles, dans un monde symbolique, que l'homme est un sujet décentré" (Lacan 1978: 63).

Mit dem Eintritt in die Sprache entäußert sich das Subjekt gleichsam an deren symbolische Ordnung und findet sich nunmehr "verkannt" wieder, d.h. gespalten dadurch, dass sich die Symbole als die eines Anderen erweisen. Ein literarischer Text kann demzufolge weder das Ich sprachlich wiedererlangen noch repräsentieren, denn seine sprachlich-symbolische Ordnung verstellt jeglichen Zugang. Die symbolischen

---

35 Gekle (1996: 31) bemerkt, dass diese Kritik vorrangig auf die französische Denktradition zu beziehen ist: "Der gesamte deutsche Idealismus hingegen dechiffriert das Ich bereits als eine sich permanent aus der Entzweiung herstellende Einheit".

36 Barthes ersetzt den Autor durch einen *scripteur*: "succédant à l'Auteur, le scripteur n'a plus en lui passions, humeurs, sentiments, impressions, mais cet immense dictionnaire où il puise une écriture qui ne peut connaître aucun arrêt: la vie ne fait jamais qu'imiter le livre, et ce livre luimême n'est qu'un tissu de signes, imitations perdue, infiniment reculée" (Barthes 1994: 494).

Zeichen affizieren die Intention des Produzenten derart, "daß seine selbstgesprochene Botschaft ihm in der fremden Gestalt einer ihm vom Ort des Anderen aus zugesprochenen Nachricht zurückkommt" (Frank 1989: 337). Das traditionelle autobiographische Subjekt ist demnach nur vermeintlich im Besitz seines Selbst und eines ihm vorausgehenden Sinns, d.h. es wird so dargestellt, als sei es im souveränen Besitz der Autorschaft. Mit Lacan gesprochen muss es seine Autorität an die Tätigkeit der Signifikanten abtreten: "Unmöglich könnte sich das sprachlose und gleichsam unbeschriebene Subjekt der symbolischen Ordnung anvertrauen, ohne ipso facto von ihren Sektionen, Gliederungen, Distinktionen und Brüchen zerstückelt zu werden" (ebd.: 338).

Weder das Subjekt des Autors noch das des Textes können das organisierende Zentrum der Sinnbeziehungen sein. Die Subjektivität eines dezentrierten Ich ist nurmehr ein Effekt differenzieller Zeichenbeziehungen. Über de Saussure hinaus, der die Differenz zwischen Signifikat und Signifikant betonte, entwirft Lacan Differentialität als Prinzip der Signifikanten, die nicht mehr voneinander trennbar, sondern in einer Signifikantenkette wahrgenommen werden können, demzufolge jenseits dieser Verknüpfung nicht existieren, sondern immer nur in Beziehung zu anderen Signifikanten stehen und erst in deren Kontext 'Sinn' ergeben.[37] Demnach besitzt kein einzelnes Element der Signifikantenkette für sich allein eine semantische Konsistenz. Sinnstrukturen gehen damit nicht punktuell von einem Zeichen aus oder entfalten sich im Sinne de Saussures durch die Differentialität der Zeichen, sondern sind in einem dynamischen Prozess begriffen, den Lacan als stetes Gleiten der Signifikate unter der Signifikantenkette beschreibt: "c'est dans la chaîne du signifiant que le sens *insiste*, mais qu'aucun des éléments de la chaîne ne *consiste* dans la signification dont il est capable au moment même" (Lacan 1966: 260). Das Prinzip der Unabgeschlossenheit, des *glissement incessant du signifié* (ebd.), steuert auch die Konstitution eines Ich im Text, welches sich diesem Zugriff der Signifikanten nicht zu entziehen vermag. Das Subjekt verschwindet jedoch nicht, wie es die Metapher vom "Tod des Subjekts" suggeriert, sondern "überlebt als die Ordnung der Symbole, die ja ohne den Effekt der 'subjektiven Lücke' bare insignifikante Lettern blieben, sinnlos wie Steine und ebenso stumm" (Frank 1989: 342). Das Subjekt als solches wird in den dynamischen Prozess der Sprache eingebunden und zu einer diskursiven Größe umformuliert, d.h. es lässt sich damit nicht mehr mit Bezug auf eine außersprachliche Größe substanzialisieren.

Die Figuren sprachlicher Bedeutungskonstitution wie beispielsweise Metapher und Metonymie werden in den von Lacan beschriebenen Prozess der Subjektkonstitution einbezogen. Bei der metaphorischen Substitution eines Signifikanten nimmt ein Signifikant die Position eines anderen in der Kette ein, so dass jener andere – obwohl faktisch abwesend – metonymisch präsent bleibt. Diese Evokation des jeweils Abwesenden provoziert ein Gleiten des Sinns, ein permanentes Hin- und Herpendeln

---

37 Der Signifikant geht in die Signifikation ein: d.h. Bedeutung konstituiert sich nicht allein durch die Konsistenz eines Signifikats auf paradigmatischer Ebene (jedem einzelnen Zeichen werden Bedeutungen zugeordnet), sondern auch auf der syntagmatischen Ebene, auf der die Signifikanten zu einer Kette verknüpft werden.

der Signifikate zwischen An- und Abwesenheit, zwischen evoziertem und vorhandenem Signifikanten. Die Sinnkonstitution ist damit nicht mehr resultativ, sondern wird zum fortlaufenden unabgeschlossenen Prozess einer permanenten Spannung zwischen Metapher und Metonymie. Der Zusammenschluss von Signifikat und Signifikant zu einer Bedeutungseinheit ist ausgeschlossen, da sie – angesiedelt auf unterschiedlichen Ebenen – durch ihre Bewegung jegliche Sinnfixierung verhindern. Auch das Subjekt kann – im Sinne Lacans – diese beiden Bedeutungspole nicht auflösen und unterliegt einer konstitutiven Heteronomie, indem es die Differentialität sprachlicher Strukturen in sich aufnimmt und an der Supplementarität der Zeichen teilhat.[38] Mit seiner Unterwerfung unter diese supplementäre Struktur der Sprache wird dem Subjekt anstelle der bis dato entworfenen Autonomie eine Dezentrierung zugeschrieben, womit es eine fundamentale Umwertung erfährt, die häufig als Auflösung des Subjekts und damit als Bedrohung menschlichen Seins betrachtet wird.[39] Eine "Depotenzierung der herrscherlichen Subjektimagination", wie Welsch im Zusammenhang mit epistemologischen Fragen der Postmoderne meint (Welsch [4]1993: 316), verbirgt sich dahinter in jedem Fall.

Für das autobiographische Subjekt bedeutet diese Diskursivität gewissermaßen eine Einschreibung in die "Maschen" des Textes und zugleich die Auflösung seiner Substanzialität in der Partikularität der Zeichen, so dass seine Rückkehr zu einem Ursprung oder zu seiner Bedeutung immer wieder aufgeschoben und damit negiert wird:

> Le sujet écrivant de la nouvelle autobiographie est une production purement textuelle et imaginaire, qui dévoile l'illusion d'un "je" univoque, doté d'un référent fixe. Un sujet vide, ex-centrique, en pleine métamorphose, un texte où l'accent est mis sur son propre langage et sur ses potentialités, où il existe un enlèvement au moins partiel du "bio" de l'autobiographie [...]. (Havercroft 1995b: 36)

Die eigentlich paradoxe Situation, "daß der Aufschub, das Aussetzen, das konstitutive Verstummen der Signifikanz gerade das Subjekt vorstellen (repräsentieren), insofern das Subjekt nichts ist als das 'Être au dela de toute communication'" (Frank 1989: 342), könnte zu einer grundlegenden Neubestimmung des Autobiographischen führen, das gerade in der paradoxen Manifestation des Subjekts als sinngebende Lücke eine neue Form erhält: "Ce n'est pas un sujet mais un trou, le manque à partir duquel se constitue le sujet" (Derrida 1980a: 465). Die Einschreibung eines autobiographischen Ich in den Text vollzieht sich nach diesem Befund nicht mehr nur referenziell, sondern zugleich sprachlich-figurativ, d.h. das Ich verbindet mit seiner textuellen Konstruktion zugleich seine Dekonstruktion, seine Auslöschung und vermag derart, seine eigene sprachliche Konstitution offen zu legen und im Rahmen des Diskurses zu reflektieren.

---

38 Das Supplement stellt eine ständig sich fortsetzende Ergänzung (z.B. eines anwesenden durch einen abwesenden Signifikanten) dar.

39 Auf die daran anknüpfende philosophische Diskussion um das Ende des Subjekts soll hier nicht näher eingegangen werden, vgl. dazu Gekle (1996: 23f.) und Frank ([2]1984: 376-399).

Daraus resultiert eine gewisse Umkehrung der Grundstruktur autobiographischen Erzählens, die sich in zeitgenössischen wie den hier ausgewählten Texten manifestiert. Dem Autobiographen, der mit diesem Problem der Sprache konfrontiert ist und die Unzugänglichkeit seines Ich verspürt, kann Selbsterkenntnis im traditionellen Verständnis nur misslingen. Der einzige Ausweg, dennoch etwas über sich zu vermitteln, besteht darin, diese Konfrontation mit dem unfassbaren Ich für den Leser im Rahmen gewandelter sprachlicher Verfahren erfahrbar zu machen. Statt einer Lebensgeschichte wird dem Leser die Erfahrung der Undeutbarkeit des Ich kommuniziert und die ebenso unentwegte wie vergebliche Suche nach dessen Substanz: "La quête n'est pas menée dans le but d'expliquer, de donner une signification à ce qui est ou a été, mais de montrer l'inexplicable" (van den Heuvel 1990: 89).

2.3.2 Die Tropologie des autobiographischen Diskurses: Zum Problem der Referenzialität (de Man, Derrida)

Ausgehend von Lacans These, dass sich jedes Subjekt auf der Basis von Signifikanten konstituiert und an der Supplementarität der Zeichen teilhat, wird nun die Sprachstruktur für Fragen der Subjektkonstitution bedeutsam. Für die Frage des Status' zeitgenössischer autobiographischer Formen – referenziell, fiktional oder beides gleichermaßen – wird damit der tropologische Aspekt der Sprache relevant. Dies führt innerhalb der Autobiographie-Forschung zu einer eigenartigen Patt-Situation:

> The study of autobiography is caught in this double motion, the necessity to escape from the tropology of the subject and the equally inevitable reinscription of this necessity within a specular model of cognition. (de Man 1979: 923)

Ein substanzielles autobiographisches Subjekt lässt sich einerseits nur jenseits sprachlicher Tropen fassen, andererseits manifestiert es sich im poststrukturalen Sinne gerade in jener tropologischen Struktur der Textes. Erfasst man einerseits die Autobiographie als Projekt der Sinnstiftung hinsichtlich einer Person, wird der figurative Aspekt der Sprache reduziert. Berücksichtigt man andererseits die figurative Struktur von Subjektivität, muss jedes an eine Autorintention gekoppelte Projekt wie das autobiographische eigentlich aufgegeben werden. Vor dem Hintergrund derartiger sprachtheoretischer Überlegungen entfaltet de Man einen extrem entgrenzten Begriff des Autobiographischen, dessen Problematisierung zum Ausgangspunkt der Untersuchung genommen werden soll.

Aufgrund der Betonung ihrer tropologischen Struktur wird der Literatur traditionell ein fiktionaler Status zugeschrieben. Sie wird nicht an ihrem Wirklichkeitsbezug gemessen, d.h. sie hat ihre Referenz nicht in einer außersprachlichen Wirklichkeit,[40] sondern in einer imaginären Welt und entfaltet damit ein anderes, nicht an die außer-

---

[40] Der Aristotelische Begriff der Mimesis impliziert die Parallelität von Dichtung und Fiktionalität, insofern die Wahrheitsfrage zur Frage nach der Wahrscheinlichkeit wird.

textuelle Welt geknüpftes Wahrheitsverständnis.[41] Paul de Man ordnet der Sprache zwei unterschiedliche Funktionen zu, die der Referenz des sprachlichen Kodes einerseits und die Eigendynamik der Tropen im Dienste einer Figurierung andererseits. Manifestiert sich das Ich nunmehr diskursiv und als konstitutive Lücke der Signifikanten, dann hat es nicht nur an der Referenzialität der Zeichen teil, sondern ebenso an ihrer Nicht-Eindeutigkeit innerhalb eines infiniten sprachlichen Verweissystems. Eine gewisse referenzielle Produktivität wird von de Man damit auch der strukturellen Ebene des Textes zugewiesen, so dass der autobiographische Text mit der Eröffnung dieser weiteren Ebene den Bezug zur außertextuellen Wirklichkeit erst erhält. Die Redefigur produziert also ihrerseits Referenzialität:

> And since the mimesis here assumed to be operative is one mode of figuration among others, does the referent determine the figure, or is it the other way around: is the illusion of reference not a correlation of the structure of the figure, that is to say no longer clearly and simply a referent at all but something more akin to fiction which then, however, in its own turn, acquires a degree of referential productivity? (de Man 1979: 920f.)

Übertragen auf die Autobiographie heißt dies, nicht die Anzahl der Referenzen oder die Intensität eines sprachlichen Bezuges auf die als außertextuell apostrophierte Welt erzeugen den Modus der Referenzialität, sondern der Diskurs, d.h. die Redefiguren selbst bringen eine referenzielle Rede hervor. Erst ein spezifischer Umgang mit Sprache löst demzufolge den Wirklichkeitsmodus in der Literatur und insbesondere auch in der Autobiographie aus. Somit ist die referenzielle Qualität der Autobiographie nicht an die Wiedergabe konkreter Fakten gebunden, sondern in erster Linie ein Resultat der Vertextung. Damit ist allen Texten eine referenzielle Dimension eigen und diese kann nicht mehr im Sinne der Genre-Theoretiker als Konstituente autobiographischer Texte sowie zu deren Abgrenzung ins Feld geführt werden. Die von de Man hier bezüglich der Autobiographie aufgeworfene Problematik der Narrativität von Texten,[42] wird in neuen autobiographischen Texten reflektiert. Das Referenzobjekt *bios*, entscheidend für die Entstehung der klassischen Vorstellung von Autobiographie wird sekundär, statt dessen rückt die Diskursivität, die Versprachlichung subjektiver Erfahrungen ins Zentrum. Auch die im Sinne von Lejeunes Pakt an den referenziellen Bezug gekoppelten autobiographischen Konstituenten müssen nun an der Sprache gemessen und – mit Blick auf ihre prinzipielle Unerfüllbarkeit – umformuliert werden.

In der Konsequenz ändert sich der bis dato vorherrschende Begriff des Autobiographischen grundlegend: Das autobiographische Moment lokalisiert sich weniger im

---

41 Ihnen wird bezüglich des Wahrheitsanspruchs ein Sonderstatus beigemessen, wobei dieser in der Literaturgeschichte jeweils unterschiedliche Bewertungen erfahren hat. Der Begriff der Fiktion ist erst seit dem 18. Jahrhundert fester Bestandteil des Literaturbegriffs. Mit der Theoretisierung des Genres 'Autobiographie' beispielsweise geht eine Hinterfragung dieses Sonderstatus einher.

42 Hayden White (1994) entwirft die Problematik im Hinblick auf die Geschichtsschreibung.

Bezug auf eine Lebensgeschichte als vielmehr in der Manifestation einer linguistischen Struktur (de Man 1979: 922) bzw. einer Textstrategie, die die referenzielle Lektüre nahelegt, jedoch nicht absolut setzt.[43] Die Fiktion, synonym für die Unabgeschlossenheit tropologischer Strukturen, hält unweigerlich Einzug in jeden, nicht nur den autobiographischen Text und wird ihrerseits zum konstitutiven Bestandteil des literarischen Diskurses: "The structure of all reference is contaminated by fiction [...]. There is nothing in autobiographical writing which guarantees that it might not be read as fiction, or vice versa" (Ryan 1980: 6).

In dieser Argumentation wird die Problematik einer Unterscheidung fiktionaler und nichtfiktionaler Diskurse deutlich: Wenn Referenzialität lediglich das Produkt einer diskursiven Strategie darstellt, kann man zwar anhand der Redefiguren im Text graduell – an der Quantität und Qualität des Bezugs – zwischen referenziellen und nichtreferenziellen/fiktionalen Texten unterscheiden, substanziell aber kann man den "autobiographischen Gehalt" eines Werks nicht bestimmen. Er kann beispielsweise im Genre des Romans wesentlich höher sein als in der Autobiographie. Referenzialität lässt sich über die tropologische Struktur zwar herstellen, Garant für eine adäquate Vermittlung einer Vita wird sie damit nicht. Zwischen den traditionell geschiedenen Modi von Referenzialität und Fiktionalität bestehen, de Man zufolge, demnach fließende Grenzen. Dieser transgressive Textbegriff und der Verzicht auf eine für den literaturwissenschaftlichen Gegenstand selbst konstitutive Trennung fiktionaler und referenzieller Texte, birgt einen unauflösbaren Konflikt:

> It appears, then, that the distinction between fiction and autobiography is not an either/or but that it is undecidable [...]. Autobiography, then, is not a genre or a mode, but a figure of reading or of understanding that occurs, to some degree, in all texts. (de Man 1979: 921)

In der Konsequenz dieses Ansatzes, der zwar der tropologischen Struktur des Subjekts gerecht wird, aber damit tradierte Genrevorstellungen negiert, wird die Autobiographie nicht mehr als Genre, sondern als eine rhetorische Verstehensfigur verstanden. Diese Definition – in derartiger Radikalität erstmals von de Man beschrieben – ist zwar im Kontext eines poststrukturalen Denkens sowie der Lacanschen Subjektvorstellung nachvollziehbar und sinnvoll, weil sie die symbolischen Ordnungen aufwertet und ihre sekundäre Rolle aufhebt, birgt aber die Gefahr einer Nivellierung gradualer oder formaler Unterschiede zwischen fiktionalen und autobiographischen Darstellungen.

---

43 In diesem Sinne wäre Lejeunes Kriterium des Eigennamens durchaus akzeptabel, nämlich als Teil einer rhetorischen Strategie. Da er den Namen jedoch an die 'wahre', d.h. bürgerliche Identität des Autors knüpft und davon eine Identität von Autor-Erzähler-Protagonist ableitet, wird dieser ungewollt doch zum Kriterium empirischer, also nicht nur rhetorisch postulierter Authentizität. Paul de Man (1979: 923) hält dazu fest: "From specular figure of the author, the reader becomes the judge, the policing power in charge of verifying the *authenticity* of the signature and the consistency of the signer's behavior, the extent to which he respects or fails to honor the contractual agreement he has signed".

Aber die formulierte Absicht der Selbstdarstellung, auch wenn sie sich im Text letztendlich als unerfüllbar erweist, scheint ebenso wie der implizite Bezug auf das Genre der Autobiographie, für das Textverständnis doch auch entscheidend. Wenn nämlich Autoren wie Doubrovsky oder Robbe-Grillet ihre Texte bewusst mit den Untertiteln "Roman" und "Romanesques" versehen, so ist dieser Akt des "Fingierens" (Iser ^{2}1993) epistemologisch keineswegs gleichzusetzen mit einem gewöhnlichen Roman. Dahinter verbirgt sich vielmehr eine ganz entscheidende Aussage über das eigene Verständnis von Subjektivität und Wahrheit. Diese Ansätze einer dekonstruktivistischen Praxis der Autobiographie würden missverstanden, setzte man die Texte traditionellen Romanen gleich, da die Motive von denen traditioneller Romanciers grundlegend differieren.

De Mans Ansatz ist dort fruchtbar, wo er die tropologisch bedingte Doppelstruktur jedes Textes, also auch des autobiographischen, herausstellt. Er bestimmt die Prosopopöie als Figur der Autobiographie, die dem Leblosen ein Gesicht verleiht. Sie ist durch eine doppelte Geste der Maskierung (Setzung der Redefigur) und der De-Maskierung (gleichzeitige Abwesenheit des Bezeichneten) gekennzeichnet, die auf eine Irreduzibilität und generelle Unabgeschlossenheit der Bedeutungsstruktur verweist (dies entspricht dem Begriff *différance*: Aufschub/Differenz im Derrida'schen Vokabular):

> Da die Autobiographie nach der Trope der Prosopopöie funktioniert, ist sie ebenso ein Nehmen, ein Rückzug oder Verwischen des Gesichts, wie dessen Verleihen: Eben mit demselben Gestus, mit dem das Ich (des Textes) sich 'setzt' und sich (im Text) ein 'Gesicht' gibt, entzieht es sich, tötet es sich, unterstellt es den eigenen Tod. (B. Menke 1993: 39)

Als eine "Fiktion der Stimme-von-jenseits-des-Grabes" geht sie zurück auf die antike rhetorische Figur der Prosopopöie,[44] die das Sprechen toter oder abwesender Personen als Phantasierede bezeichnete. Die Stimme im Text monumentalisiert das abwesende Ich, sie verleiht dem Gesichtslosen (abwesenden Ich) ein Gesicht. Diese Setzung bleibt auch in der Autobiographie in gewissem Maße fiktiv, da sie in einer referenziellen "Illusion" gründet, d.h. das Gesicht ist kein Gesicht, sondern eine rhetorische Figur bringt das Gesicht hervor:

> In der Autobiographie und dem Text als 'Autobiographie' instituiert sich der Dichter selbst, indem er sich selbst ein Epitaph setzt, lesend/schreibend den Text und sich als 'Stimme' des Textes im Text monumentalisiert, der ihm als Prosopopöie Figur oder Gesicht verleiht und es (eben damit) verwischt oder entzieht. (B. Menke 1993: 39)

Der Autobiograph markiert mit seiner Repräsentation zugleich seine Nichtanwesenheit im Text, er entzieht sich in dem Maße, wie er sich selbst mit dem Text ein Gesicht verleiht. So inszeniert er mit dem textuellen Ich auch dessen Verschwinden und damit die Problematik sowie sein Verständnis der Repräsentation:

---

44 De Man spricht von "the fiction of the voice-from-beyond-the-grave" (1979: 927).

> To the extent that language is figure (or metaphor, or prosopopeia) it is indeed not the thing itself but the representation, the picture of the thing and, as such, it is silent, mute as pictures are mute. Language, as trope, is always privative. (de Man 1979: 930)

Die eingesetzte Stimme als Monument des Textes, die de Man "Stimme von jenseits des Grabes" nennt, verweist einmal mehr auf die generelle Unvereinbarkeit des "author in the text" und "author of the text" (ebd.: 923), die in traditionellen Autobiographien aufgehoben bzw. angeglichen wird. Aus dieser Perspektive stellen sich gerade konventionelle Texte als in hohem Maße illusionsstiftend und unauthentisch heraus, weil sie die Mehrdimensionalität sprachlicher Zeichen zugunsten referenzieller Eindeutigkeit reduzieren.

Wollen zeitgenössische Autoren unter diesen Bedingungen noch einen Anspruch auf Authentizität aufrecht erhalten, müssen sie der konstitutiven Widersprüchlichkeit von referenziellem und rhetorischem Modus in der Prosopopöie Rechnung tragen. Die Figur zielt nicht nur auf eine referenzielle Darstellung ab, d.h. auf Sinngebung, sondern macht zugleich die Rhetorik des Textes sichtbar, die den Verstehensakt beeinträchtigt und ein Aufgehen des Sinns in der Sprache verhindert. Jeder an die Referenz einer außertextuellen Welt geknüpfte Anspruch auf Authentizität wird hier *ad absurdum* geführt, denn "Authenticity is always a lie in relation to the impersonal constituents of 'personality'. One of these constituents is language" (Ryan 1980: 9).

Da das Subjekt keinen unverstellten Zugang zu seinen Lebensäußerungen besitzt, demzufolge auch keinem prä-etablierten Sinnentwurf mehr zu folgen vermag, liegt ein umformulierter Authentizitätsanspruch in der Aufdeckung der unmöglichen Authentizität bzw. der Nicht-Authentizität, indem die spezifische Konstitution von Subjektivität im Prozess einer sprachlichen Semiose vorgeführt wird. Dies gelingt mittels der geschilderten Doppelstrategie: Der Anspruch auf Authentizität wird im Text erhoben und zugleich dekonstruiert, d.h. seine prinzipielle Unerfüllbarkeit wird aufgedeckt. Dies kommt einer radikalen Umformulierung des autobiographischen Projekts gleich:

> The interest of autobiography, then, is not that it reveals reliable self-knowledge – it does not – but that it demonstrates in a striking way the impossibility of closure and of totalization (that is the impossibility of coming into being) of all textual systems made up of tropological substitutions. (de Man 1979: 922)

Der außertextuelle Bezug, sei es die Biographie des Autors oder eine als vorgängig angenommene Identität, verliert seine konstitutive Funktion für die Autobiographie, und die mit der Tropologie des Textes einhergehende Fiktionalisierung als Teil jedes Schreibakts rückt in den Vordergrund, wird gewissermaßen zum genuinen Gegenstand autobiographischer Texte, zu deren Protagonistin die Sprache wird. Authentizität kann jenseits von Sprache nicht eingelöst werden, und im Rahmen der Neubestimmung des Autobiographischen wird sie – gebunden an die Unmittelbarkeit der Schrift – auch negiert.

Das autobiographische Subjekt manifestiert sich als *glissement incessant du signifié*, d.h. die Wiedererlangung eines ursprünglichen Sinns, des Zugrundeliegenden ist unmöglich. Das Ich löst sich in den Maschen des Textes auf und besteht als gleitendes Signifikat innerhalb einer Signifikantenkette. Mit dieser Instabilität des autobiographischen Subjekts löst sich die Referenzialität der Autobiographie zugunsten partikulärer Zeichen auf. Mit Derrida formuliert, gründet die Identität des Subjekts nicht mehr im *logos*, sondern in der Supplementarität der Schrift, sie bildet sich in der Sprache als ein Effekt differenzieller Beziehungen heraus.

An dieser Stelle sei ein Exkurs zur Klärung des hier zugrunde liegenden Textbegriffs eingefügt. Mit dem Begriff der *différance*, den Derrida in seinem vielfach kritisch diskutierten Frühwerk *De la grammatologie* (1967: insbes. 65-142) entworfen hat, wird die Beherrschbarkeit sprachlicher Effekte und Bedeutungsstrukturen grundlegend in Frage stellt. Derrida formuliert das Sprachmodell de Saussures um und beschreibt Sinn – offenbar im Anschluss an Lacan – nicht nur als Produkt der Differenzialität sprachlicher Elemente, sondern radikalisiert den Gedanken im Rahmen seiner Metaphysikkritik (der Präsenz des Seins), indem er eine zeitliche Dimension in den Prozess des Bedeutens einführt.[45] Das Zeichen artikuliert demnach stets etwas Abwesendes, macht es damit aber nicht präsent – was dem Repräsentationsmodell entspräche –, sondern als abwesend sichtbar, indem es die zeitliche Verschiebung zwischen anwesendem Zeichen und abwesender Referenz erkennbar werden lässt, anstatt sie im Dienste einer Monosemierung auszulöschen und den Bedeutungsprozess, ergo den Text abzuschließen. Sinnstrukturen allgemein, Texte, Konzepte, Begriffe, werden in diesem Modell stets als unabschließbare dynamische Prozesse begriffen.

Mit diesem Konzept von Bedeutung ist – im Unterschied zum abendländischen Schriftmodell der Repräsentation – eine Aufwertung der Schrift verbunden: Diese ist nicht mehr sekundäre Manifestation eines anderswo bestehenden Sinns, sondern der primäre Ort, an dem sich Sinn – freilich als irreduzible Differenz zwischen diesem Anderswo (*ailleurs*) und dem *hic-et-nunc* der Zeichen – zu entfalten vermag. In diesem Sinne bedeutet ein "grammatologisches" Vorgehen, stets das Andere der Schrift mitzulesen und als Teil der Bedeutungsproduktion sichtbar zu machen.

Écriture im Sinne dieser Grammatologie von Derrida lässt sich nicht mehr auf Sprache in einem linguistischen Verständnis eingrenzen: Schrift impliziert vielmehr eine transgressive Bewegung zwischen den (vermeintlichen) Realia und deren Aneignung durch einen Text. Keine außertextuelle Realität, weder die des Körpers noch die der Stimme (Phonozentrismus) wie in der klassischen Sprachvorstellung, geht dem Bewusstsein voraus. Dieses wird nicht als Urheber eines Diskurses vorgestellt, sondern als Effekt bereits vorhandener Diskurse, an denen es teilhat. Die Schrift im Sinne Derridas entfaltet sich schlechthin "als *der* Name für den Text, der nicht von einem Autor kontrolliert wird und nicht einem, von ihm intendierten, Sinn untersteht" (B. Menke 1997: 243) und steht in engem Zusammenhang mit der hier verhandelten Problematik des Subjekts, dessen Einheit sich lediglich als Produkt einer vorläufigen Abschließung des Bedeutungsprozesses erweist und damit immer nur vorübergehend fassbar ist. Anders als es die traditionelle Einheit des Subjekts impliziert, argumentiert Derrida im Rahmen seiner Kritik am Logozentrismus gegen die Annahme jedweder

---

45   Er definiert das Zeichen als "restance non-présente d'une marque différentielle coupée de sa prétendue 'production' ou 'origine'" (Derrida 1972a: 378).

Präsenz.[46] Die *écriture* verweise – indem sie den zeitlichen Aufschub kenntlich macht – auf die Abwesenheit des Sinns und damit auf sein Anderes. Dafür führt Derrida einen weiteren Begriff ein, auf den ich im Laufe der Analysen zurückkommen werde: Die unentwegte Fortsetzung und Vervielfältigung von Bedeutungen, die durch eine stete Markierung von Differenzen entsteht, bezeichnet er als *dissémination*:

> [L]'horizon sémantique qui commande habituellement la notion de communication est excédé ou crevé par l'intervention de l'écriture, c'est-à-dire d'une *dissémination* qui ne se réduit pas à une *polysémie*. L'écriture se lit, elle ne donne pas lieu, 'en dernière instance', à un déchiffrement herméneutique, au décryptage d'un sens ou d'une vérité [...]. (Derrida 1972a: 392)[47]

Mit dem Konzept der Sinnstreuung übt Derrida Kritik an einer Reduktion des Bedeutungsprozesses auf Wiederholung und Variation vorhandener Muster. Zwar sei Verständigung, wie Derrida einräumt, nur auf der Basis der Wiederholbarkeit von sprachlichen Zeichen möglich (Iterabilität), sie darauf jedoch zu reduzieren, hält er für falsch.[48] Er kehrt die Perspektive auf den Bedeutungsprozess einfach um: Nicht im Rahmen der Wiedererkennung semantischer Elemente entfaltet sich demzufolge Bedeutung, sondern durch die Verschiedenheit dieser Wiederholungen, die aufgrund des zeitlichen Faktors nie identisch ausfallen können und somit auch nicht wiedererkannt, sondern immer nur als andere Formen erkannt werden können. Erst die Wahrnehmung der *différance* ermögliche gewissermaßen Verständigung.[49] Die Sinnstreuung bewirkt eine Zergliederung einzelner semantischer Elemente und verweist – indem sie die Kohärenz und Eindeutigkeit stört – auf die Struktur des Diskurses. Mit dem Konzept der Sinnstreuung werden Ungesagtes, Zwischenräume und Leerstellen betont, das Andere, das im Text Abwesende wird – im Sinne seines zeitlich-räumlichen Aufschubs – sichtbar gemacht. Jede

---

46 Die Kritik Derridas bzw. sein Konzept der Dekonstruktion bezieht sich auf die mit metaphysischen Konzepten verbundene Vorstellung einer reinen Präsenz, die sich in einer binären Begriffsanordnung niederschlägt: "On pourrait montrer que tous les noms du fondement, du principe ou du centre ont toujours désigné l'invariant d'une présence (*eidos, archè, telos, energeia, ousia* (essence, existence, substance, sujet) *aletheia*, transcendantalité, conscience, Dieu, homme, etc.)" (Derrida 1972a: 411). Vgl. dazu auch den Beitrag von B. Menke (1995: 116f.).

47 Derrida setzt sich hier mit der Sprechakttheorie auseinander und löst damit eine noch heute anhaltende Debatte aus. Er kritisiert ihr pragmatisches Fundament, welches Sprechen und Schreiben als Sprechakte ausweist, anstatt sie als Produkte von Sprechakten zu begreifen.

48 Dass jedes Bedeutungskonzept, auch das der *dissémination* letztlich auf semantische Übereinstimmungen rekurrieren muss, hat Derrida in seinen Werken ab den 70er Jahren hinsichtlich vielfältiger Kritik an seinem Text *De la grammatologie* (1967) eingeräumt.

49 Dass der Aufschub als solcher nur vor dem Hintergrund einer zumindest potenziellen Identität der Bedeutung erkannt werden kann, haben v.a. Linguisten gegen Derrida eingewandt. Auf einzelne Argumente und umstrittene Punkte in der diesbezüglich geführten Debatte kann hier nicht näher eingegangen werden (vgl. z.B. Kailuweit 1998).

Vereindeutigung käme einer Tilgung der *différance* gleich.

Aus dieser Vorstellung einer unbegrenzt fortlaufenden und damit schließlich undeutbaren, sich unendlich "rückfaltenden" Schrift lässt sich folgern, dass sie nie zu einem Ursprung (dieser bleibt entzogen) zurückkehren kann und letztlich die Uneinholbarkeit des Sinns supplementiert, indem sie immer wieder einen Bedeutungsprozess initiiert. Die Logik der Identität wird nunmehr durch die Logik der Supplementarität erweitert und bedingt damit eine Umwertung vorhandener Bedeutungskonzepte. Auf die hier zunächst skizzierten Konzepte wird im Verlaufe der Arbeit im Rahmen der Textanalysen näher eingegangen.

Der theoretische Ausgangspunkt der Textanalysen sei noch einmal kurz zusammengefasst: Poetologisch lässt sich eine ontologische Differenz zwischen Fiktion und Wirklichkeit, welche die Basis einer mimetischen Sprache darstellt, offenbar nicht mehr aufrechterhalten. Das literarische Ich verweigert sich eindeutiger Referenzialisierbarkeit und manifestiert seine Dezentrierung, indem es die Auflösung einer sinngebenden Autorinstanz vorführt. Wenn Lacan das Ich als einen Ort der Verkennung charakterisiert, als Ich, das sich nur im ständigen Rekurs auf die Sprache symbolisch zu rekonstruieren vermag, dann ist Authentizität jenseits von Sprache unmöglich. Dennoch, so die These, bedeutet dies nicht das Ende, sondern zugleich eine Neubestimmung des Autobiographischen. Eine mit Endprädikatoren und Überwindungs- bzw. Verfallsvorstellungen operierende Forschung scheint die innovativen Aspekte einer De*konstruktion* des Genres 'Autobiographie' sowie deren vielfältige und gewandelte Gestaltungsmöglichkeiten lediglich zu verkennen.[50] Dagegen soll die Auseinandersetzung mit dem für die Autobiographie so zentralen Verhältnis von Sprache und Wirklichkeit, die sich hinter der formalen Ablösung vom traditionellen Genre verbirgt, aufgezeigt werden. Dieser Wandel des Autobiographischen wird anhand von vier unterschiedlichen *écriture*-Konzepten vorgeführt. Die gewählten Texte, so die Hypothese, stehen im Zeichen des skizzierten epistemologischen Wandels vom Paradigma des Bewusstseins zu dem von Sprache und Zeichen (Frank [2]1984: 279f.), in dessen Verlauf nicht nur das sprachliche Repräsentationsmodell das Fundament der Reflexion abgelöst, sondern die Beziehung zwischen Sprache und ihrer Referenz umformuliert wird als erfahrungskonstitutives und nicht mehr repräsentatives Verhältnis. Eine als sprachabhängig entworfene Subjektivität impliziert einen veränderten Realitätsbegriff und bedingt einen allgemeinen Wandel der literarischen Ausdrucksformen. Die einer Abbildung der außertextuellen Realität dienende Funktion sprachlicher Zeichen (Repräsentation) tritt zugunsten einer realitäts- d.h. erfahrungs*konstitutiven* Funktion in den Hintergrund.

---

50 In diesem Zusammenhang muss die später genauer zu analysierende postkoloniale Autobiographie genannt werden, deren Erscheinungsformen ebenfalls auf eine Dekonstruktion autobiographischer Muster hindeuten. Systematisch dazu Mathieu (1996), Hornung/Ruhe (1998, 1999) u.a.

3. ZUR LITERARISCHEN KONSTITUTION DES AUTOBIO- GRAPHISCHEN SUBJEKTS IN SERGE DOUBROVSKYS *AUTOFICTION*

3.1 Zum Autor

Ende des 20. Jahrhunderts scheint ein Autor, der noch Tabus zu brechen vermag, die Ausnahme. Der französische Autor Serge Doubrovsky (geb. 1928) provoziert und spaltet das Publikum durch eine beispiellose literarische Offenlegung intimster Vorgänge, an der sich die Frage nach einer Verflechtung referenzieller und fiktionaler Diskurse neu und mit ungeheurer Brisanz entzündet. Für den vom Verlag als "livre monstre" beworbenen Text *Le Livre brisé* erhält Doubrovsky 1989 den Prix Médicis.

Das vorliegende Kapitel befasst sich mit dem Autor als Begründer einer neuen Textsorte, der Autofiktion, in der Fiktion und Autobiographie verknüpft sowie die an Sprache gebundene Fiktionalisierung des Ich als Scheitern von Selbstdarstellung inszeniert werden. Während eine Autobiographie als Privileg bedeutender Persönlichkeiten "au soir de leur vie, et dans un beau style" verfasst werde, so Doubrovsky, verstehe er – worauf bereits in der Einleitung verwiesen wurde – unter Autofiktion eine "Fiction, d'événements et de faits strictement réels" (1977: Umschlag). Dieses dem herkömmlichen Gattungsverständnis zuwiderlaufende Konzept ist erklärtermaßen das Schaffensprinzip des Autors, der Anfang der 70er Jahre damit begonnen hatte – parallel zum Beginn einer Psychoanalyse –, Abschnitte seines Lebens zu erzählen:[51]

> C'est vrai, je ne suis pas sûr pourquoi j'ai pris l'habitude, depuis des années, de mettre ma vie en récits. D'en faire, par tranche, des sortes de romans. J'ai appelé ça, faute de mieux, mon 'autofiction'. (Doubrovsky 1994: 20)

Der Auseinandersetzung mit diesem noch immer ungewöhnlich scheinenden Prinzip sollen zum Verständnis einige Bemerkungen über den Autor und dessen Werk vorangestellt werden. Seit Mitte der 50er Jahre unterrichtete Serge Doubrovsky an amerikanischen Universitäten. Er lehrte als Professor für französische Literatur von 1980-83 in Paris VII, seit 1983 an der Universität von New York und pendelte regelmäßig

---

51 Doubrovsky (1993: 45) gibt zu diesem Zusammenhang Auskunft: "Psychoanalysis made me want to tell my own story". In *Laissé pour conte* (1999: 400), u.a. einer Abrechnung Doubrovskys mit seinem Analytiker Robert Akeret (Tepperberg i. D.), präsiziert er den Einfluss der Analyse: "cette expérience m'a donné, non pas le désir d'écrire (je l'avais déjà avant et j'avais déjà publié), mais la matière et la manière, qui m'ont permis de créer mon 'autofiction'". Der Autor liefert ein weiteres Argument für die Relation zwischen autofiktionalem Schreiben und Psychoanalyse: "Je crois que c'est la psychanalyse qui m'a ... 'séduit' [...] pourquoi aller inventer des personnages romanesques [...] alors que toute vie est romanesque si l'on descend suffisamment profond en soi" (zit. in Lejeune 1992: 70).

zwischen Paris und den U.S.A. Neben seinem autofiktionalen Werk[52] hat er zahlreiche literaturwissenschaftliche Arbeiten, so zu Proust, Corneille, Racine und der *Nouvelle Critique* veröffentlicht.[53] Trotz der Zweitsprache Englisch versteht er sich als französischer Autor und betrachtet das Französische als seine Literatursprache.

Nach einem ersten Erzählband, *Le Jour S* (1963), verarbeitet der französische Jude aus zweiter Immigrantengeneration – sein Vater war Ukrainer, die Mutter Elsässerin – die Zeit des Holocaust und der Besatzung Frankreichs in seinem ersten Roman, *La Dispersion* (1969), dessen zweite Ebene die unglückliche Liebe des Erzählers zu einer jungen Tschechin bildet. Doubrovsky als "Überlebender der Apokalypse" vermittelt das Kriegstrauma und die Verfolgung seiner Familie aus der Perspektive eines namenlosen Ich-Erzählers in Romanform.[54]

Der erste autofiktionale Text erscheint 1977 unter dem mehrdeutigen Titel *Fils* [Fäden/Sohn].[55] Dieser umfasst in Anlehnung an die klassische Tragödie einen Tag im Leben des Romanistikprofessors "J. [Julien] S. [Serge] D. [Doubrovsky]", dessen Selbstbefragung – ausgelöst vom Tod der Mutter – gleich auf mehreren Ebenen stattfindet. So unterzieht sich der Erzähler einer Psychoanalyse und untersucht parallel dazu in seinem Literaturseminar Racines *Phèdre*. Schauplatz der biographischen Projektion von Erinnerungen, Selbstanalysen und Lektüreeindrücken ist das Bewusstsein des Erzählers. Das hieraus hervorgehende Bewusstseinskontinuum sowie dessen spezielle Umsetzung im Druck – Verzicht auf Interpunktion, freie Typographie – wird zu einem unverwechselbaren Kennzeichen für Doubrovskys Stil, der 1982 mit dem autofiktionalen Text *Un amour de soi* fortgeführt wird.[56]

Mit *Le Livre brisé* (1989),[57] das im Zentrum dieser Untersuchung steht, gelangt das autofiktionale Prinzip zu einem tragischen und zugleich literarischen Höhepunkt. Doubrovskys zweite Ehefrau "Ilse" übernimmt realiter und im Text die Rolle einer aktiven Leserin und wird über ihre Kommentare an der Textproduktion beteiligt. Im Verlauf dieser literarischen Ko-Produktion findet sie unter ungeklärten Umständen 1987 den Tod. Doubrovsky muss sich nun als Autor und Erzähler fragen, ob möglicherweise der literarische Tabubruch – ein Kapitel des *Le Livre brisé* bringt intime Details der Ehe ans Licht – einen Anlaß für den Tod seiner Frau herbeiführt. Die Grenzen zwischen der unmittelbar gelebten Realität und dem Niederschreiben des

---

52 *Fils* (1977); *Un amour de soi* (1982); *Le Livre brisé* (1989); *L'Après-Vivre* (1994); *Laisser pour conte* (1999).

53 Neben zahlreichen Artikeln erscheinen die Bände 1963a; 1966; 1974; 1980 und 1988.

54 Doubrovsky betrachtet den Text als einen autobiographischen Roman (Doubrovsky 1993: 44).

55 Der Autor selbst bemerkt dazu: "My first venture into autofiction is *Fils* (1977)" (vgl. Ireland 1993: 44).

56 War der Intertext in *Fils* eine Tragödie Racines, so ist es hier unverkennbar die Proustsche *Recherche*.

57 Im folgenden abgekürzt *LB*.

Textes sind fließend: In dem Moment, in dem "Ilse", Doubrovskys Ehefrau und Protagonistin des Buches, an der Realität zerbricht, die der Text ihr vor Augen führt, ist auch das Leben des Autors zerstört. Über den Tod seiner jungen Frau vermag er nurmehr schreibend hinwegzukommen. Das autofiktionale Prinzip wird für den Autor zu einer Existenzbedingung. Seine Texte geben nie abschließende Antworten, sondern gestalten in immer neuen Varianten die Suche nach dem Ich, nach Identität und Sinn des Lebens, artikuliert als vergebliche Recherche einer Sprache, die eine sich als unfassbar erweisende Realität nicht nur zu umschreiben, sondern erfahrbar zu machen vermag.

Die auf das *Livre brisé* folgenden Autofiktionen *L'Après-Vivre* und *Laissé pour conte*[58] widerspiegeln den ebenso verzweifelten wie erfolglosen Versuch des Umgangs mit dieser Einsicht. Sie beschreiben das Abhandenkommen des Schreibgegenstandes und artikulieren die Unfassbarkeit als Todeserfahrung:

> [...] c'est écrire ou crève, pas d'autre choix, ou je me flanque en l'air, écrire quoi [...] j'ai l'existence suspendue, avant, pendant dix ans avec Ilse, délices et délires, exécrations et extases, de quoi écrire, à présent, écrire quoi, comment raconter sa vie quand elle s'est évaporée, raconter sa volatilisation, voilà, une fois de plus, je me retrouve coincé dans les mâchoires de l'entre-deux, une vie qui n'est plus, une mort qui n'est pas encore, la mort dans la vie, on appelle ça une survie, moi, je nomme ça l'après-vivre. (Doubrovsky 1994: 26)

Nach dem Prinzip, welches der Autor bereits in *Le Livre brisé* formuliert, "Si on raconte sa vie pour de vrai, ça vous refait une existence" (*LB*: 328), bewältigt der Autor schreibend die Lebenskrisen und knüpft sein Überleben an die Literatur. Retrospektiv vermag er festzuhalten, dass jeder seiner Texte durch ein konkretes Trauma ausgelöst und zugleich zum Ort von dessen Bewusstwerdung geworden war. Die Texte sezieren das eigene Ich in schonungsloser und außergewöhnlich selbstironischer Weise:

> Une histoire d'amour brisée, qui rappelle du fin fond mes souvenirs de guerre, *la Dispersion*. L'histoire de ma psychanalyse, qui fait surgir des tréfonds de la tripe ma mère, c'est *Fils*. Les affres de la quarantaine, passion, divorce, enfants, avec les années 70 à l'arrière-plan des gesticulations individuelles. Ç'aura été *Un amour de soi*. Je me découpe, de décennie en décennie, je me débite en tranches de vie. Ma femme veut la sienne. Nous avons même, là-dessus, passé un pacte. J'écris, elle lit, elle juge, j'incorpore à mon texte ses jugements, un livre à deux, déposé sur deux registres. Notre vie, notre livre, seulement c'est moi le scribe. (1994: 20)

Doubrovskys Texte sind aufgrund ihrer sprachlichen Komplexität kaum übersetzbar.[59] Bis auf wenige Auszüge in englischer Sprache liegen bis heute keine Übertragungen

---

58 Der Titel *Laissé pour conte* [etwa: Was an Geschichten bleibt] basiert ebenfalls auf der Homophonie mit *Laissé pour compte* [Außenseiter, Ladenhüter] und knüpft damit an Doubrovskys Prinzip der Titelgebung an.

59 Doubrovskys Erzähler dazu in *L'Après-Vivre* (1994: 31): "Je me suis même arrangé pour que ce que j'écris soit strictement intraduisible, inexportable. L'inverse de moi".

vor.[60] Vergleichbar der von Leiris entworfenen "Literatur als Stierkampf", die sich als Bestandteil der Realität und sogar als Bedrohung entpuppt,[61] stehen Doubrovskys einzigartige autofiktionale Texte für eine Literatur "aus Fleisch und Blut":

> La littérature, c'est aussi une œuvre de chair, ça s'écrit avec sa vie, avec son sang, avec son existence, – en ce sens-là je suis sartrien jusqu'à la moelle-, c'est le dévoilement d'un être-au-monde, pas uniquement un être de langage. (Doubrovsky 1992: 133)

In diesem Sinne ist auch die Entstehung autofiktionaler Literatur – hier knüpft Doubrovsky an seinen "père spirituel" Sartre (*LB*: 96) an – untrennbar mit dem Leben und der sozialen Wirklichkeit verbunden, nur manifestiert sich dies sprachlich bei Doubrovsky in gänzlich anderer Form und er geht in der Konsequenz seiner Haltung über Sartres Konzept hinaus. Dem Sartre'schen Existenzprinzip setzt Doubrovsky mit der *Autofiction* – der sich gleichwohl mit *Les mots* auseinandersetzt und den autofiktionalen Status dieser Autobiographie in einem Beitrag (1991) erläutert – die Unfassbarkeit und Undeutbarkeit seiner Existenz entgegen:

> L'existence n'est pas faite pour. Elle déborde sans cesse, par-dessous, par-delà. Une gélatine intime qui poisse ne peut tenir dans le cadre d'une doctrine. Elle s'affaisse, s'écrase, dégouline. Une substance amorphe, polymorphe. Très pervers, une existence. (*LB*: 135)

Serge Doubrovsky, dessen Auseinandersetzung mit dem Begriff der Autobiographie hier nachvollzogen werden soll, äußert Zweifel an einem unverstellten Blick auf die eigene Lebensgeschichte, die Wahrhaftigkeit des Genres erscheint ihm ein Kunstgriff, der über den Mangel an Einheit und Kausalität eines Lebensverlaufs nur hinwegtäuschen soll: "La vérité", so formuliert er seine Vorstellung mit Blick auf Sartres *Les mots*, "n'est pas à entendre au sens de 'copie conforme', adéquation référentielle inattaquable" (Doubrovsky 1991: 26). Die Konsistenz der 'Geschichte' bildet nur den Ersatz für eine gelebte und am eigenen Leib erfahrene fundamentale Mehrdeutigkeit:

> L'autobiographie n'est pas un genre littéraire, c'est un remède métaphysique. [...] enfin une vie solide comme du roc, bâtie sur du Cogito: *j'écris ma vie, donc j'ai été*. Inébranlable. Si on raconte sa vie pour de vrai, ça vous refait une existence. (*LB*: 328)

Doubrovskys Ablehnung des traditionellen Modells der Lebensdarstellung – formuliert anhand einer Auseinandersetzung mit der Tradition des autobiographischen Diskurses

---

60 Vgl. Dawn Cornelio (1997): "Le Livre brisé: Extraits/Excerpts", *Sites: The Journal of 20th Century French Studies/Revue d'études françaises* 1: 2, 407-411; Armine Kotin Mortimer (1993): "Excerpts from Le Livre brisé", *Genre* 26: 1, 13-26; Logan Whalen/John Ireland (1997): "Autobiographiques (Extrait/Excerpt)", *Sites: The Journal of 20th Century French Studies/ Revue d'études françaises* 1: 2, 411-414.

61 Vgl. den Essay in der zweiten Auflage von *L'âge d'homme*, 1946 (hier: Leiris 1994). Über das Doubrovsky'sche Prinzip einer "Autobiographie als Stierkampf" vgl. Jouan-Westlund (1997).

– steht wie auch andere aktuelle Phänomene der Autobiographie im Zeichen eines epistemologischen Wandlungsprozesses von der klassischen idealistischen Bewusstseinsphilosophie zu einem Paradigma der Sprache. Im Rahmen einer Ablösung vom Modell sprachlicher Repräsentation sowie vom Reflexionsmodell des Subjekts kommt es zu einer Neuordnung der Beziehung von Sprache und Subjektivität, die einen neuen, sprachabhängigen Realitätsbegriff impliziert. Da auch die Konstituenten der Autobiographie wie Subjekt, Sprache und Wirklichkeit diesem Wandel unterliegen, wird auch die Konzeption des Autobiographischen transformiert. So können klassische Prämissen autobiographischen Schreibens wie die Aufrichtigkeit mit dem Anspruch auf eine authentische Darstellung innerhalb des neuen Paradigmas nicht mehr eingelöst werden.

3.2 Zur Problematik des autofiktionalen Textes

Obgleich der französische Autor Serge Doubrovsky in zahlreichen Literaturlexika nicht einmal aufgeführt wird,[62] ist seine Bedeutung für den gegenwärtig sich abzeichnenden Wandel der autobiographischen Praxis – zumindest innerhalb der französischen Literatur, wenn nicht sogar darüber hinaus – in der Forschung unbestritten.[63] Insbesondere seine originelle metadiskursive Auseinandersetzung – narrativer und reflexiver Diskurs sind miteinander verflochten – mit Fragen der autobiographischen Darstellung stellt ihn in eine Reihe mit zeitgenössischen Autobiographen. Was der Autor in seinen literaturwissenschaftlichen Beiträgen zur *Autofiction* formuliert, findet sich in seinem literarischen Diskurs und umgekehrt, so dass wir Doubrovsky hier nicht zufällig als Literaten und Theoretiker bzw. Kommentator der eigenen Texte heranziehen können. Dieses Phänomen ist, wie bereits erwähnt, nicht zuletzt die Folge eines postmodernen bzw. poststrukturalen Textverständnisses, bei dem die diskursive Verfasstheit jeder Erkenntnis hervorgehoben wird und anstelle der traditionellen Scheidung nunmehr die (diskursive) Übergängigkeit zwischen literarischen und theoretischen Diskursen betont wird. Das hohe Textbewusstsein des Autors und sein Verständnis von *Autofiction* manifestiert sich daher nicht nur in Form einer stets dominierenden Metatextualität, sondern wird von dem Literaturprofessor Doubrovsky darüber hinaus sogar in drei eigenen theoretischen Beiträgen konkretisiert (1979; 1980; 1993a).

Das hier entworfene Konzept der *Autofiction* charakterisiert sich durch einen zunächst ambivalenten, unter bestimmten Voraussetzungen sogar paradoxen Status hinsichtlich der Textsorte: Einerseits tragen autofiktionale Texte die Genrebezeichnung "Roman", geben sich aber zugleich als autobiographische, also referenzielle Texte zu erkennen. Auch wenn der Rekurs auf Fiktionalität oder das Romaneske in der autobiographischen Praxis nichts Ungewöhnliches darstellt, so ist bei Doubrovsky hin-

---

62 Genannt sei exemplarisch *Kindlers Neues Literatur Lexikon*.

63 Buisine (1992); Chiantaretto (1992); Gronemann (1999); Ireland (1993); Jaccomard (1993, 1993a); Kingcaid (1993a); Lejeune (1986); Miguet (1989, 1991); Mortimer (1993); Robin (1997); Spear (1993); Tepperberg (1997); A. de Toro (1999); Waller (1994) u.a.

sichtlich dieses Zwitterprinzips doch eine andere Absicht erkennbar. Sein Postulat eines referenziellen und zugleich fiktionalen Textes geht nicht mehr von einer Opposition beider Diskurse aus, sondern entwirft sie, so die These, als generell untrennbar, was einen Text, der im traditionellen Verständnis autobiographisch zu sein beansprucht, verhindert. Interpretationen, die aufgrund der bei Doubrovsky vorhandenen Namensidentität einen autobiographischen Pakt im Sinne Lejeunes vermuten oder gar eine "retour au genre", sollten daher hinterfragt werden. So reicht es nicht, formale Kriterien wie Namensidentität oder referenzielle Bezüge in Betracht zu ziehen, auch die zugrunde liegenden epistemologischen Vorstellungen müssen mit berücksichtigt werden. Erst diese ermöglichen beispielsweise das Verständnis der widersprüchlichen autofiktionalen Textstrategie. Die *Autofiction* scheint – unter Berücksichtigung epistemologischer Aspekte – weniger Indiz der Wiederaufnahme traditioneller autobiographischer Techniken, sondern greift zur Vermittlung eines spezifischen Wirklichkeitsverständnisses – darin besteht wiederum ihr Erkenntnisanspruch – auf eine "ruse du récit" (Doubrovsky 1980: 90) zurück.[64] Sie vermittelt die Vorstellung, dass die Größe 'Realität', ausgehend von einem Sein in Sprache, prinzipiell nie außerhalb ihrer jeweiligen Vertextung, d.h. eines je spezifisch konzipierten Diskurses über sie, zugänglich ist. 'Authentizität' im traditionellen Verständnis ist somit unerfüllbar. Der mit dieser Einsicht ausgestattete Autobiograph vermag seiner Aufrichtigkeit nur noch Ausdruck zu verleihen, wenn er nicht mehr die Echtheit seiner Darstellung beglaubigt, sondern stattdessen deren Fiktionalität einräumt. Dieser komplexe Gedanke soll uns im Laufe dieses Kapitels weiter beschäftigen. Es geht dabei vor allem um die Frage, warum Doubrovsky in seinen autofiktionalen Texten die Unzugänglichkeit des Ich, die Unfassbarkeit seiner Erfahrung sowie die Unmöglichkeit sprachlicher Selbstdarstellung artikuliert: "La réalité de l'auto-regardant, c'est son irréalité, sa pure 'image' flottante, errante, qui plus est" (Doubrovsky 1980: 88).

Im Kontext dieses gewandelten Wahrheitsverständnisses – welches Aussagen nicht von ihrer symbolischen Manifestation abkoppelt und an die außersprachliche Referenz bindet, sondern gerade ihre Gebundenheit an Zeichen und damit ihre Medialität hypostasiert – steht der von Doubrovsky entworfene Neologismus *Autofiction*.[65] Der Autor versucht anhand einer Umformulierung konventioneller literarischer Prämissen, die Unerfüllbarkeit des autobiographischen Authentizitätsanspruchs vorzuführen und damit dem Wandel der Erkenntnisbedingungen in besonderer Weise Rechnung zu tragen. Jeder überzeitliche oder einseitige Geltungsanspruch von Wahrheit wird hier negiert und Authentizität darin gesehen, den veränderten Aussagebedingungen gerecht zu werden und sich mit der Unfassbarkeit des Realen und der generellen Unzugänglichkeit des eigenen Ich literarisch wie poetologisch auseinander zu setzen. Doubrovskys Überlegungen, die in den erwähnten Beiträgen dargelegt wurden, scheinen uns als Aus-

---

64   Vgl. Lecarme (1993: 227): "l'autofiction devient-elle, par l'effet d'une petite ruse transparente, une autobiographie déchaînée".

65   In seinem Beitrag über Sartre erklärt Doubrovsky (1991: 17): "j'ai proposé, par opposition à l'autobiographie classique, le vocable d'autofiction".

gangspunkt für eine erste Annäherung an dieses Konzept von Selbstdarstellung geeignet.

Der Begriff *Autofiction* markiert eine fundamentale Skepsis gegenüber dem referenziellen Diskurs der Autobiographie und dessen Wahrheitsanspruch, von dem sich Doubrovsky mit Hilfe dieses aporetischen, bewusst als Opposition zur Autobiographie installierten Begriffs abzusetzen sucht.[66] Parallel zu Barthes (1975) eröffnet Doubrovsky anhand dieser neuen Terminologie die Auseinandersetzung mit der Diskurstradition der Autobiographie und entwirft – bereits mit *Fils* – einen Text, der generische Abgrenzungen intentional überschreitet und zur Dekonstruktion des autobiographischen Genres ansetzt: "D'un côté, le texte s'inscrit dans la pure tradition autobiographique [...]. Soudain cette quête presque caricaturale d'intimisme est violemment déportée vers le romanesque" (Doubrovsky 1993a: 209).

Doubrovsky ruft damit jedoch nicht nur das traditionelle Genre des Romans auf, sondern tarnt seine "Autobiographie" gewissermaßen als Fiktion. Sie entspricht jedoch nicht der Fiktion im traditionellen Sinne, weil die Referenzialität des Textes eben nicht suspendiert, sondern im Sinne de Mans durch mimetische Tropen erst hervorgebracht wird. Fiktionalität bedeutet hier nicht Erfindung eines textuellen Ich nach realem Vorbild, sondern wird vielmehr auf den Akt der sprachlichen Konstitution individueller Erfahrung gemünzt. Mit der Betonung der Textualität wird gleichermaßen der Nexus von Sprache und Subjektivität herausgehoben. Der Autor fasst diese Doppelstrategie bzw. die Verschmelzung von Referenzialität und Fiktionalität zu einem Diskurs zusammen:

> [...] j'ai inscrit 'roman' en sous-titre sur la couverture, fondant ainsi un pacte romanesque par ATTESTATION DE FICTIVITÉ, simplement parce que je m'y suis trouvé contraint, malgré L'INSISTANCE INLASSABLE DE LA RÉFÉRENCE HISTORIQUE ET PERSONNELLE [...]. En bonne et scrupuleuses autobiographie, tous les faits et gestes du récit sont littéralement tirés de ma propre vie; lieux et dates ont été maniaquement vérifiés. (Doubrovsky 1980: 89, m.H.)

Das Interesse des Autors verschiebt sich dabei zunehmend von der eigenen Lebensgeschichte hin zu der Frage, wie und ob diese überhaupt darstellbar ist, und unter welchen Bedingungen Schreiben generell und insbesondere autobiographisches Schreiben möglich wird und inwiefern Sinngebung stattfinden kann. Nicht die biographischen Referenzen werden fokussiert, sondern die Diskursform, in der diese in der Regel zu einer Persönlichkeitsgeschichte geformt werden, wird zum Gegenstand der Autobiographie. Die Rede vom "Ende der Autobiographie" – häufig ohne die dazu gehörigen epistemologischen Beweggründe vorgetragen – wird in diesem Kontext postmoderner Bedingungen und Vorstellungen der Bedeutungskonstitution verstehbar. Die mit postmodernen Diskursen verbundene Verwendung derartiger End-Prädikatoren trägt m. E. häufig nicht zum Verständnis der Phänomene bei. Mit der Formel vom "Ende der Autobiographie" lässt sich gerade die Art und Weise der Bezugnahme zeitgenössischer Dis-

---

66 Er selbst sieht sich zwar als Schöpfer des hierfür gebrauchten Begriffs, nicht aber des Phänomens selbst, das bereits von Colette, Genet oder Céline praktiziert wurde (vgl. Doubrovsky 1999a).

kurse auf das traditionelle Genre der Autobiographie nicht klären. Darüber hinaus impliziert sie, dass mit dem Genre jede autobiographische Praxis zu Ende geht, was nicht zutrifft. Im Gegenteil, die dekonstruktivistische Auseinandersetzung mit dem Begriff des Autobiographischen und der hierin manifestierte Bezug zu einer Tradition sind vielmehr ein Indiz für deren Umformulierung. Ohne die Referenz auf das traditionelle Genre ließe sich die Problematik von Subjektivität in zeitgenössischen Diskursen gar nicht beschreiben und sie würde ebenso wenig entstehen. Die Absetzung von einer literarischen Tradition und die Überschreitung von Genregrenzen kommt daher nicht dem Verschwinden einer autobiographischen Literatur gleich, sondern ist vielmehr eine *conditio sine qua non* der Fortsetzung, freilich unter anderen Vorzeichen. Autoren wie Doubrovsky eröffnen mit ihren provozierenden Praktiken entscheidende Debatten über die Konstitution und Darstellbarkeit von Subjektivität, über Wahrheit, Authentizität sowie die problematische Trennung fiktionaler und autobiographischer Texte.

Interessant scheint darüber hinaus, dass die literarische Auseinandersetzung mit der Autobiographie in Frankreich etwa bei Autoren wie Barthes, Doubrovsky und Robbe-Grillet u.v.a. nahezu zeitgleich mit Lejeunes gattungstheoretischen Entwürfen stattfindet.[67] Offenbar ist weniger das Autobiographische als vielmehr dessen generische Begründung zum Problem geworden, auf welches Theoretiker und Autoren jeweils unterschiedlich antworten: Während Theoretiker wie Lejeune eine Unschärfe der Definition unterstellen und diese durch die Neubestimmung des Referenzkriteriums zu überwinden versuchen, nutzen gerade die Autoren diese Unschärfe und entfalten aus der Überschreitung traditioneller Bestimmungen und Darstellungsformen neue autobiographische Diskurse. So betont Doubrovsky, dass sein Konzept mit Lejeunes generischen Überlegungen unmittelbar in Verbindung steht:

> In fact, it was certainly during an exchange of letters that Lejeune one day asked the question: could someone write a text in which the protagonist has the same name and characteristics as the author and yet call it a novel? (Doubrovsky 1993a: 44)

Was Lejeune zum damaligen Zeitpunkt für unmöglich hält, was demnach als 'Leerstelle' in seinem Textschema erscheint, das praktiziert Doubrovsky in seinen autofiktionalen Texten aus spezifischen, im Folgenden zu diskutierenden Beweggründen.

In der Autofiktion besteht eine grundsätzliche Divergenz zwischen der vom Autor paratextuell vorgenommenen Klassifizierung als Roman und der auf der Textebene formulierten Intention, Biographisches mitzuteilen. Ausgehend von dieser konstitutiven Ambivalenz, die Doubrovsky mit der Bezeichnung *Autofiction* poetologisch begründet, bildet sich eine neue metadiskursive Strategie autobiographischen Schreibens jenseits von tradierten Gattungsgrenzen heraus. Sie beruht nicht darauf, fiktionale Strukturen in den autobiographischen Diskurs einzubinden, sondern besteht darin, den literarischen Akt selbst als einen Akt des Fingierens zu kennzeichnen und für den Leser als solchen auch sichtbar zu machen, was letztlich dem Anspruch von Aufrichtigkeit entspricht. Die

---

67 Bereits 1971 erscheint seine erste umfassende Studie zur französischen Autobiographie.

biographischen Referenzen werden damit nicht suspendiert, sondern ihre Versprachlichung wird – im Rahmen eines Bedeutungskonzeptes, welches den Aufschub des Sinns, die *différance* nicht reduziert – als Fingierung offengelegt, um daran die prinzipielle Unerfüllbarkeit des traditionellen Authentizitätsanspruchs, wie ihn z.B. Lejeune postuliert, vorzuführen:

> [...] quand on écrit son autobiographie, on essaie de raconter son histoire, de l'origine jusqu'au moment où l'on est en train d'écrire, l'archétype étant Rousseau; dans l'autofiction, on peut découper son histoire en prenant des phases tout à fait différentes et en lui donnant une intensité narrative d'un type différent de ... l'histoire, – qui est l'intensité romanesque. (Doubrovsky, zit. in Lejeune 1992: 70)

Wenn jede Referenz bei ihrer Darstellung immer schon vom darstellenden Medium affiziert ist, vermag sich auch kein Autobiograph mehr für ihre "Reinheit" oder "Wahrheit" zu verbürgen.

3.3 Lejeunes "cases aveugles": Das autofiktionale Prinzip in gattungstheoretischer Perspektive

Aus Doubrovskys Perspektive entzieht sich der autofiktionale Text – aus den bereits erwähnten Motiven – einer konventionellen Textklassifizierung. Er erfüllt im System Lejeunes sowohl das autobiographische Kriterium der Namensidentität wie auch das eines Romans durch einen Paratext bzw. die metatextuellen Kommentare. Jeder in diesem Sinne autofiktionale Text erfüllt diesen doppelten Anspruch vor der Folie einer Abgrenzung von Autobiographie und Roman, und artikuliert damit auch Widerspruch hinsichtlich eines bestimmten Textbegriffs und hinterfragt die Trennbarkeit referenzieller und fiktionaler Diskurse. Der Streit unter Literaturwissenschaftlern, ob es sich hier vorrangig um einen autobiographischen Text handelt, der sich einer fiktionalen Strategie bedient, oder um einen Roman, in dem autobiographische Elemente nur eine Alibi-Funktion besitzen, scheint vor diesem Hintergrund irrelevant: Wird nämlich einer dieser Diskurse favorisiert, impliziert dies, man könne sie durchaus unterscheiden. Damit wäre das Kriterium der Autofiktionalität nicht mehr erfüllbar und traditionelle Textvorstellungen, die Doubrovsky gerade auszuhebeln versucht, würden quasi durch die Hintertür wieder eingeführt.

Da auch Lejeune einen Textbegriff zugrunde legt, der die Trennung fiktionaler und referenzieller Diskurse für möglich erachtet, belegen autofiktionale Texte in seinem Gattungsmodell aus dem Jahr 1975 eine Leerstelle, wo sie mangels adäquater Begrifflichkeit als "cases aveugles" bezeichnet werden (Lejeune [2]1996: 31ff.). Lejeune zählt hierzu ebenso den Roman, dessen Protagonist wie der Autor heißt, wie den als Autobiographie deklarierten Text mit einem nicht namentlich identischen Protagonisten (ebd.: 31f.). Für den ersten Fall – der rein formal die Vermutung des Autofiktionalen zulässt – konstatiert Lejeune, er sei äußerst selten und breche mit gewohnten Lesererwartungen. Der Leser glaube an einen Irrtum, was durchaus "interessante Effekte" bewirken könne (ebd.: 31). Zu diesen Effekten und den zugrunde liegenden Motiven äußert sich Lejeune bedauerlicherweise nicht. Das Phänomen der *Autofiction*, so lässt sich aus seinen Bemerkungen schließen, war für die Gattungsdiskussion der Autobiographie, zumindest in der Vergangenheit, wenig relevant.[68] Lejeune (1992: 48) spricht noch im Jahr 1992 von einem "no man's land théorique". Dies hat auch dazu geführt, dass epistemologische Fragen des autofiktionalen Schreibens – bis auf Ausnahmen (vgl. 3.4) – kaum zum Gegenstand literaturwissenschaftlicher Untersuchungen gemacht wurden. Lejeune (1992: 62) widmet der Problematik des Autofiktionalen einen Artikel, in dem er aus Anlass der Fernsehsendung *Apostrophe* (13.10.1989) den Umgang der Medien mit Litcratur und die Gier nach Texten mit autobiographischen Bezügen kritisch kommentiert. Er schreibt dem Pakt hier eine lediglich "imaginäre Konsistenz" zu, die sich zwar auf den Eigennamen und eine gewisse *ressemblance* stütze, aber darüber hinaus keinerlei Garantie biete – de facto revidiert er seine Autobiographie-Kriterien:

> Mais je n'avais croisé, sommairement, que deux paramètres. Peut-être est-il imprudent de donner une consistance imaginaire à cet entre-deux en le transformant en un genre, qui serait identifié par un nom. (Lejeune 1992: 47f.)

Trotz dieser Relativierung seiner einflussreichen Definition kehrt er doch stets implizit zu seinen ursprünglichen Kategorien zurück, die der textuellen Konzeption des Autofiktionalen nicht gerecht werden. Typisch für das autofiktionale Prinzip sei der Widerspruch zwischen Autorintention und Rezeption, schreibt er (1992: 48),[69] ohne zu berücksichtigen, dass die im autofiktionalen Prinzip intendierte Unentscheidbarkeit zwischen referenziellen und fiktionalen Elementen im Text zugleich auch eine Autorintention unmöglich macht. Demnach kann es auch keinen Widerspruch zwischen Autor und Leser geben, sondern nur einen möglichen Widerspruch zwischen unterschiedlichen Textbegriffen, wenn beispielsweise der Leser den Text "generisch" liest. Folgt er hingegen Doubrovskys metadiskursiver Intention, was sicher nicht der Normalfall ist, ergibt sich jedoch kein Widerspruch. Anders als in seinen früheren Arbeiten zum Pakt gesteht Lejeune zumindest eines ein: "Un texte peut fort bien à la fois être et ne pas être une autobiographie" (ebd.: 60). Dass dies aber einen fundamental gewandelten Begriff von Wirklichkeit und Sprache voraussetzt, erfährt man nicht.

So findet die entscheidende Charakteristik autofiktionaler Texte in gegenwärtigen Debatten wenig Beachtung, dass sich nämlich hinter ihrer gattungs- und textsortenspezifischen Hybridität nicht nur ein Spiel mit der literarischen Tradition verbirgt, sondern zugleich ein neuer Textbegriff entfaltet und eine Aussage hinsichtlich der Wahrheitsfähigkeit von Texten getroffen wird. Auch Doubrovskys Motiv für die Bezeichnung seines autobiographischen Textes als Roman (Doubrovsky 1980: 89; s.o.) ist darin zu vermuten, dass sein Problem mit dem Genre der Autobiographie in erster Linie

---

68   Doubrovsky (1980: 89) nimmt direkt Bezug auf jene Leerstellen bei Lejeune: "A cet égard, tout se passe comme si *Fils* avait été écrit pour remplir cette case aveugle!".

69   Lejeune (1992: 63) formuliert dies auch am Schluss seines Beitrags: Der abgeschlossene Lektürepakt und die Verwendung des Namens stünden in einem Widerspruch zueinander.

ein Problem des damit implizierten Wirklichkeits- und Literaturverständnisses ist. Die einseitige Betonung des referenziellen Aspekts der Autobiographie, die vor allem in der Autobiographieforschung und den Diskursen der Geschichte als distinktives Kriterium herangezogen wird, erscheint Autoren wie Doubrovsky als unzulässige, weil illusionsstiftende Reduktion anderer Dimensionen des sprachlichen Zeichens. Vielmehr inszeniert Doubrovsky im Rahmen seiner autofiktionalen Texte die Erfahrung, dass 'Wirklichkeit' keine intersubjektive, dem Text vorausgehende Kategorie darstellt, sondern sich stets mehrdeutig und vorläufig im Zusammenspiel mit subjektiven, medialen u.a. Faktoren konstituiert, mithin auch immer neuen Revisionen unterliegt. Wahrheit, so die Konsequenz seiner autofiktionalen Darstellung, ist außerhalb ihrer Figurierung im Text nicht fassbar. Damit steht jede mimetische, ein Autor-Ich sprachlich nachbildende Selbstdarstellung in Frage. Der Autor kann nur noch auf die Grenzen seiner eigenen sprachlichen Darstellung verweisen und inszeniert – indem er nicht nur Bedeutung ent- und verwirft, sondern damit in Grenzbereiche menschlichen Fassungsvermögens vordringt – zugleich sein Wahrheitsverständnis.

Inwiefern jeder an einen Text herangetragene Wahrheitsanspruch problematisch werden muss, zeigt das folgende Beispiel, bei dem die Kategorie 'Wahrheit' eine ethisch-moralische Bewertung zur Folge hat. Lejeune unterscheidet auf der Basis eines Bedeutungspakts, der Wahrheit an die Referenzen bindet, zwischen dem Anspruch des Romanciers, dazu zählt er Doubrovsky, und dem des Autobiographen, dem er ethische Motive zuweist:

> Reste que Doubrovsky est certainement de la RACE DES ROMANCIERS et non de celle des autobiographes, à la Leiris, hantés par un souci éthique de la vérité. Dans ce texte provocant, la 'VÉRITÉ' EST RÉDUITE À L'ÉTAT DE MOYEN, et l'ensemble du système qui permet le fonctionnement de la littérature autobiographique est utilisé comme un 'TROMPE-L'OEIL'. (Lejeune 1986: 68f. m.H.)

Doch mit welcher Begründung spricht er Doubrovsky den "souci éthique de la vérité" ab? Verkennt Lejeune durch seine gattungstheoretisch verengte Perspektive nicht, dass Doubrovsky mit jener "ruse du récit" seine Zweifel an der Transparenz von Sprache und seine Skrupel hinsichtlich mimetischer Darstellungen offen legt und gerade hierin die letzte Chance 'authentischer' Darstellung sieht? Lejeunes Urteil zeigt, wie problematisch die Literaturinterpretation ohne Einbeziehung epistemologischer Überlegungen sein kann. Sein Fazit kann Doubrovskys Text m. E. nicht gerecht werden, weil die an den Fiktionsanspruch gekoppelte Reflexion auf Bedingungen und Grenzen autobiographischer Literatur sowie deren Erkenntnisanspruch unberücksichtigt bleibt.

Im Kontext der *Autofiction* als einer Form der 'neuen Autobiographie' wird deutlich, dass eine ethische Wertung fiktionaler und nichtfiktionaler Texte unzulässig, wenn nicht gar absurd ist.[70] Der referenziell-fiktionale Zwitterstatus der *Autofiction*

---

70 Dies räumt Lejeune indirekt auch ein, wenn er entgegen seiner früheren Aussage, Doubrovsky sei "romancier", nunmehr dessen Umformulierung – offenbar im Anschluss an Lecarme – des traditionellen autobiographischen Projektes anerkennt: "la fiction au service d'un projet qui reste autobiographique" (Lejeune 1992: 48).

stellt zwar die Existenz einer außertextuellen Wahrheit in Frage, gibt aber die Suche nach Wahrheit und Sinnstrukturen nicht auf, sondern führt sie vielmehr unter gewandelten Bedingungen in diskursiver Form fort. Wird die Wahrheit an ihre symbolische Gebundenheit geknüpft und als Diskurs aufgefasst, werden all jene Texte obsolet, die Wahrheit oder Authentizität – mit welchem Kriterium auch immer – per Definition beanspruchen. Autofiktionale Texte negieren die Erfüllbarkeit des Wahrheitsanspruchs und beanspruchen zugleich eine Authentizität unter negativem Vorzeichen: Ausgehend von der Auffassung, dass Wahrheit außerhalb von Diskursen nicht existiert, legt Doubrovsky anstelle eines autobiographischen "Gehaltes" die Diskursform offen, in der sich dieser als Kohärenz erst zu konstituieren vermag, und beschreibt die vermeintlich autobiographische Substanz als Effekt einer textuellen Strategie.

Eine Ausweitung des Paktmodells auf den autofiktionalen Text ist wenig sinnvoll, weil Doubrovsky von einem anderen Textbegriff ausgeht und damit die Basis der Lejeune'schen Definition außer Kraft setzt. Alle Versuche scheitern daher an der prinzipiellen Inkompatibilität der auf verschiedenen erkenntnistheoretischen Fundamenten fußenden Konzepte von Autobiographie und Autofiktion: Während das Modell des Paktes die Möglichkeit einer vom Text unabhängigen Referenz voraussetzt, entsteht der autofiktionale Diskurs erst mit der Einsicht in die Fragilität des Referenten und die diskursive Einbettung jeder Aussage. Autofiktionale Texte können sich damit nurmehr metatextuell mit den Konstitutionsbedingungen von 'Wirklichkeit', Referenzialität und Authentizität auseinandersetzen.

Mit ihrer Erweiterung des Paktbegriffs übernimmt daher Jaccomard (1993: 82f.; 1993a) die Probleme der Lejeune'schen Theorie. In Anlehnung an den Gattungstheoretiker postuliert sie den "pacte autofictif" (Jaccomard 1993: 190) und verwischt den epistemologischen Grenzverlauf zwischen den Textsorten Autobiographie und Autofiktion. Sie suggeriert einen autofiktionalen Pakt, obwohl jene Texte gerade darauf angelegt sind, die Basis jeder Art von Abmachung – da ihr der Gegenstand stets entzogen ist – in Frage zu stellen und dessen Unerfüllbarkeit zu illustrieren.[71] Zwar zeigt Jaccomard den konstitutiven Widerspruch des autofiktionalen Prinzips auf und spricht von einem "pacte oxymoronique" (1993: 81ff.), doch die zugrunde liegende Einsicht in die Unhintergehbarkeit sprachlicher Zeichen und die Diskursivität von Wahrheit bleibt in dem Modell ähnlich wie bei Lejeune weitgehend ungeklärt.

Jaccomards Terminologie löst darüber hinaus ein Missverständnis hinsichtlich der Spezifik autofiktionaler Texte aus. Sie legt die Möglichkeit eines gelingenden Paktes nahe, obgleich das autofiktionale Prinzip mit seiner Betonung des Fiktionscharakters von Sprache die Prämissen des Paktes als unerfüllbar enthüllt. Damit verschleiert der Begriff "pacte autofictif" eher das Verständnis der autofiktionalen Strategie, die die souveräne und für die Bedeutung des Textes bürgende Instanz unterläuft. Einseitig erscheint auch Jaccomards These – hierin Lejeune treu –, dem Autor Doubrovsky eine Moral abzuerkennen und die Verpflichtung auf Wahrheit nur an einen sog. "reinen Pakt" zu knüpfen: "Chez Serge Doubrovsky, cela revient à un refus des responsabilités

---

71   Der in *LB* abgeschlossene Pakt endet mit "Ilses" Tod (vgl. 3.6).

morales et juridiques qui accompagnent le PUR PACTE autobiographique" (Jaccomard 1993: 98). Der hier ins Spiel gebrachte Begriff "pur pacte" scheint einmal mehr zu bestätigen, dass man im Fall der *Autofiction* nicht mehr von einem Pakt sprechen kann, sondern dass es sich im wahrsten Sinne des Wortes um einen "unreinen" Pakt, d.h. keinen echten Pakt handelt. Jaccomards Arbeit führt an die Grenzen des Lejeune'schen Konzeptes vom autobiographischen Pakt, welches spätestens mit Anwendung auf das Konzept der *Autofiction* seine Widersprüche und Grenzen offenbart. Jaccomard gelingt es zwar, Lejeunes Modell mit Hilfe der Kategorie des 'impliziten Lesers' (Iser 1972) zu präzisieren, zugleich legt diese Erweiterung aber alle Probleme des Konzeptes frei und macht darüber hinaus allgemeine Probleme der Rezeptionstheorie sichtbar. Deutlicher als Lejeunes undifferenzierter Begriff des Lesers verweist die Kategorie des impliziten Lesers darauf, dass jede Rezeption in der Textstrategie selbst und nicht außerhalb des Textes angelegt ist und sich weder am Namen des Autors noch irgendeiner biographischen Ähnlichkeit festmachen lässt.

Auch wenn Lejeune sein Urteil über den "cas Doubrovsky" (1986: 62-79) inzwischen relativiert hat (vgl. 1991: 60f.) und der *Autofiction* innovative Aspekte zugesteht,[72] scheint seine stets an Gattungsfragen orientierte Perspektive an den entscheidenden Aspekten einer dekonstruktivistischen Praxis der Autobiographie und den zugrunde liegenden Wahrheitsvorstellungen vorbeizugehen (Kap.3). In seinem Modell überwiegen formale Kriterien (Namensidentität oder Romandeklaration), die Fragen nach dem Verständnis von Authentizität und Wahrheit oder nach den Ursachen der Fiktionalisierung offen lassen. Lejeune entgeht m. E. die Motivation jener Texte, die die Grenzen des Genres bewusst, nämlich in Bezug auf einen umformulierten Wahrheitsbegriff überschreiten und damit auch den traditionellen Fiktionsbegriff, der auf Abgrenzung von nichtfiktionalen Diskursen zielt, dekonstruieren.

Vor diesem Hintergrund hat unsere Argumentation stets zum Ziel, die Bedingungen zu skizzieren, unter denen ein als Fiktion deklarierter Text 'authentisch' zu sein vermag. Die von Autoren wie Doubrovsky beanspruchte Fiktionalität artikuliert keine Rückkehr zum traditionellen Roman, sondern demaskiert den Prozess der Versprachlichung biographischer Erfahrungen. Diese Defigurierung scheint das Resultat eines umformulierten und dekonstruierten Authentizitätsanspruchs, der mit der Ablösung von Gesetzen des Genres einhergeht, und daher zeigen wir den neuen autobiographischen Diskurs gerade nicht aus einem verfallsgeschichtlich-abwertenden Blickwinkel, sondern versuchen, die hinter der Genrediskussion verborgene Auseinandersetzung mit epistemologischen Fragen hervorzukehren. Autofiktionale Texte sind keine Autobiographien im engeren Sinne, weil sie die Grenzen traditioneller Genres überschreiten. Sie können aber dennoch als Formen einer autobiographischen Praxis bezeichnet werden, die dem gegenwärtigen Wandel von Erkenntnisvorstellungen Rechnung trägt.

---

72 Dazu Lejeune: "Entre autobiographie et fiction. Un entre-deux plein de tensions, de contradictions fécondes, d'ambiguïtés inévitables, et d'innovations" (1992: 47).

3.4 Zur Theorie der Autofiktion

Obgleich Doubrovsky den Begriff der *Autofiction* bereits 1977 in *Fils* umreißt, wird dessen innovatives Potential zunächst nicht wahrgenommen. Die Diskussion setzt erst mehr als zehn Jahre darauf mit der Arbeit von Colonna (1989) ein, die sich jedoch von Doubrovskys Konzept völlig absetzt, seinen Begriff aus den epistemologischen Bezügen herauslöst und verallgemeinert. Ein Blick auf die Forschung zeigt, dass der Begriff *Autofiction* bereits 1982 in der Forschung neben dem Sammelbegriff "Indécidables" auftaucht und ohne Problematisierung seiner Grundlagen als "étranges 'romans' dont le protagoniste porte le même *nom* que le narrateur et l'auteur" definiert wird (Lecarme/Vercier 1982: 150). Später spricht Lecarme von einer Epoche der Pseudo-Autobiographien und erkennt – zu einer Zeit, wo das Phänomen die Forschung verunsicherte – bereits eine Akzeptanz beim Leser:

> On perçoit des évolutions à l'intérieur du genre: après l'époque des romans pseudo-autobiographiques, voici venir les autobiographies pseudo-romanesques; le para-texte médiatique fait lire comme un récit de vie le texte baptisé roman par commodité; les autofictions et les récits indécidables sont désormais acceptés par la plupart des lecteurs. (Lecarme 1988: 34)

Den ersten umfangreichen Beitrag in Form einer Monographie zur Autofiktion stellt die bereits erwähnte, von Genette betreute und bis heute unveröffentlichte Dissertation von Vincent Colonna dar, dessen Autofiktionsbegriff sich für unsere Diskussion als wenig relevant erweist. Autofiktionalität wird hier als ein überzeitliches, weder an bestimmte Diskurstraditionen wie die der Autobiographie noch an Epochen oder epistemologische Entwürfe gebundenes literarisches Phänomen einer Fiktionalisierung des Selbst begriffen und "pour désigner des œuvres totalement étrangères au projet autobiographique" (Colonna 1989: 13). Damit wird das Konzept der Autofiktion von seinem Bezug auf einen ganz konkreten Textbegriff und die diskursive Tradition der klassischen Autobiographie abgelöst. Zugleich spricht der Verfasser im Rahmen seiner Umformulierung des Begriffs Doubrovskys *Autofiction* – im Anschluss an Lejeune – einen autobiographischen Anspruch ab, "L'autofiction, elle, est une pratique qui utilise le dispositif de la fictionnalisation auctoriale pour des raisons qui ne sont pas autobiographiques" (Colonna 1989: 390). Auch berücksichtigt er nicht, dass es der Autor vor der Folie des traditionellen Projekts der Autobiographie entwickelt hat und keinen überzeitlichen Geltungsanspruch erhebt, sondern vielmehr epistemologische Fragen im Kontext des zeitgenössischen Wirklichkeitsverständnisses aufwirft.

Colonnas Definition der *Autofiction* als eine literarische Praxis "par laquelle un écrivain se transforme en personnage imaginaire" (1989: 3) scheint in gewisser Weise für jeden literarischen Text zutreffend und klärt nicht über das epistemologische Verständnis dieser Fiktionalisierung auf, welches beispielsweise bei Autoren wie Doubrovsky oder Robbe-Grillet zugrunde liegt. Damit verzichtet er auf die Möglichkeit, autofiktionales Schreiben als einen autobiographischen Diskurs zu betrachten und bestätigt indirekt Lejeunes Paktmodell, dessen Unerfüllbarkeit Doubrovsky gerade vorführt.

Wenn Colonna in Bezug auf Doubrovskys erste Autofiktion meint, "Malgré les déclarations d'intention autobiographique, *Fils* a beaucoup d'un roman et se donne à lire comme une fiction" (Colonna 1989: 17), scheint er nach wie vor von einer Möglichkeit der generischen Unterscheidung auszugehen, was Doubrovsky allerdings in Frage stellt. Die bloße Abgrenzung autofiktionaler Texte von Autobiographie oder Roman bringt keine Erkenntnisse hinsichtlich ihres Status'. Vielmehr sollte man nach den Ursachen dieses hybriden Diskurses fragen, der weder gänzlich jenseits noch diesseits traditioneller Genrevorstellungen anzusiedeln ist. Setzt man wie Colonna dessen Fiktionsanspruch mit dem des Romans gleich, wird der Status des Dazwischenseins, der Hybridität aufgehoben und mit ihm der Grundgedanke des autofiktionalen Prinzips.

Colonna stellt Autoren der verschiedensten Epochen wie Dante, Cervantes, Proust oder Céline nebeneinander und nivelliert unhistorisch damit das jeweilige Verständnis von "erfinden", von einer "Fiktionalisierung des Selbst" oder einer "imaginären Figur". Lecarme etwa wirft Colonna vor, die jeweiligen Spezifika des Selbstbezugs kaum thematisiert zu haben: "il reste bien peu d' 'auto', et il paraît quelque chose qui déborde de partout la fiction et qui pourrait être la littérature" (Lecarme 1993: 228f.). Problematisch scheint darüber hinaus, dass kaum eine Erläuterung der Begriffe Fiktion und Imagination im Kontext der historischen Diskurse erfolgt, so dass Colonnas Arbeit ein überzeitliches Literaturverständnis suggeriert. Auf welcher Basis er etwa Serge Doubrovskys Begriff der *Autofiction* mit den Selbstdiskursen in der Literatur der Renaissance z. B. Dantes oder Cervantes' vergleicht, wird nicht deutlich. Da Colonna sich zwar Doubrovskys Terminologie bedient, dessen autofiktionales Prinzip jedoch völlig aus seinen diskursiven Bezügen reißt, scheint seine Arbeit für die Debatte um 'neue' bzw. spezifisch zeitgenössische Formen der Autobiographie nicht wirklich relevant zu sein.

Ausgehend von den bereits erwähnten eigenen theoretischen Ausführungen Doubrovskys zur *Autofiction* besteht jedoch – abgesehen von kleineren Abweichungen – innerhalb der Forschung ein Konsens darüber, dass das autofiktionale Prinzip formal betrachtet die Namensidentität zwischen realem Autor und Erzähler beinhalte, während der Text zugleich Fiktionalität beanspruche,[73] wobei das zugrunde liegende Fiktionsverständnis nur zum Teil problematisiert wird.

Darieussecq bestimmt die Autofiktion in direktem Anschluss an Doubrovsky als: "récit à la première personne, se donnant pour fictif [...] mais où l'auteur apparaît homodiégétiquement sous son nom propre" (1996: 369f.). Zwar erkennt sie im Unterschied zu Lejeune die autofiktionale Reflexion auf das Verständnis von Authentizität und Wahrheit als entscheidendes Motiv des Textes und als Ursache für dessen Unentscheidbarkeit an, dennoch scheinen ihre Erläuterungen nicht unproblematisch. Wenn sie von einem Text spricht, "qui fictionnalise l'expérience vécue, et Doubrovsky, tout en aménageant une vraisemblance très forte, ne pose aucune limite théorique à cette fic-

---

73 Vgl. u.a. Havercroft (1995: 174-175); Lecarme (1986; 1993: 227); Darieussecq (1996); Stoltzfus (1996: 153); Jaccomard (1993); Doubrovsky/Lecarme/Lejeune (1993, entstanden im Rahmen einer Arbeitsgruppe, "Récits de vie", an der Universität Paris X).

tionnalisation" (Darieussecq 1996: 379), impliziert dies wiederum eine prinzipielle Möglichkeit, Erfahrung und textuelle Manifestation zu trennen:

> L'autofiction, en se situant ENTRE DEUX PRATIQUES D'ÉCRITURES à la fois pragmatiquement contraires et syntaxiquement indiscernables, met en cause toute une pratique de lecture, repose la question de la présence de l'auteur dans le livre, réinvente les protocoles, nominal et modal, et se situe en ce sens au carrefour des écritures et des approches littéraires. (Darrieussecq 1996: 379, m.H.)

Die Autorin sieht keine syntaktische, aber immerhin eine pragmatische Unterscheidungsmöglichkeit fiktionaler und autobiographischer Textpraxis, d.h. sie vermag zwischen beiden Diskursen – zumindest hypothetisch – zu unterscheiden und rekurriert damit offenbar auf einen traditionellen Fiktionsbegriff. Dass Doubrovskys Buch jedoch gerade an der nicht mehr gegebenen Möglichkeit einer Unterscheidung des Authentischen und Fiktionalen "zerbricht", kann damit nicht nachvollzogen werden.

Die im autofiktionalen Text Doubrovskys beanspruchte Fiktionalität enthält ein anderes poetologisches Programm: Jede textuelle Manifestation wird hier als 'Fiktion der Sprache' inszeniert und die Behauptung, fiktionale und nichtfiktionale Diskurse seien trennbar – ob auf semantischer, syntaktischer oder pragmatischer Ebene –, wird systematisch in Frage stellt. Somit erhält die ungewöhnliche, widersprüchlich anmutende Terminologie *Auto-Fiktion* eine neue Bedeutung: sie widerspiegelt die Erkenntnis der Unentscheidbarkeit des autobiographischen und fiktionalen Diskurses. Dieser konstitutive Widerspruch markiert die Kluft zwischen dem Erkenntniswillen und der Erfahrung, dass Wahrheit durch Sprache immer wieder neu und anders entsteht und nicht außersprachlich fixierbar ist. Aus dieser Einsicht leitet Doubrovsky die doppelte Bestimmung der Autofiktion als "roman vrai" ab (vgl. 3.7), der einen Anspruch auf Authentizität zu erheben sucht, diesen Anspruch aber im Text nicht mehr erfüllen, sondern nur noch durch die metadiskursive Beschreibung seiner Unerfüllbarkeit eine Einsicht artikulieren kann, was im Folgenden an Textbeispielen gezeigt werden soll.

3.5 *Je suis aussi à la recherche de ma langue*: Das autofiktionale Prinzip in Serge Doubrovskys *Le Livre brisé*

Das wie erwähnt mit dem Prix Medicis (1989) ausgezeichnete Werk *Le Livre brisé* stellt die Geschichte der zweiten Ehe von Doubrovsky ins Zentrum, die mit dem tragischen Tod seiner knapp 36-jährigen Ehefrau, Mitprotagonistin und Ko-Autorin "Ilse" endet. Mit den Worten "Pour Ilse, Par Ilse, Son Livre" widmet es der Autor seiner verstorbenen Frau, die das Buch nicht nur maßgeblich geprägt hat, sondern deren unbegreiflicher Tod sich metonymisch im *Zerbrechen* des Buches fortsetzt und die Doubrovskys Weiterschreiben veranlasst.

Diese persönliche Tragödie manifestiert sich – anders jedoch als man vermutet – im Buch, indem sie es in zwei Hauptteile spaltet: *Absences* wird von Mai 1985 bis zu Ilses Tod im Oktober 1987 verfasst und lässt dies auf der Ebene der Schreibgegenwart erkennen. Der zweite Teil, *Disparition*, wird nach dem Verlust der Ehefrau zwischen

Dezember 1987 und Mai 1988 geschrieben. Der Text konstituiert sich auf der Basis von zwei, sich im Bewusstsein des Erzählers überlagernden Zeitebenen, der Ebene der Schreibgegenwart (ZE I) und der Ebene der Erinnerung (ZE II), die bis in das Jahr 1945 zurückreicht. Wie im ersten Abschnitt erwähnt, gestaltet sich der Text als Bewusstseinskontinuum dieser beiden Ebenen, wobei implizite Analepsen und Prolepsen eine zuweilen verwirrende Dechronologisierung bewirken und beide Zeitebenen als ineinander übergehende Räume kennzeichnen. Neben der monologischen Struktur des Bewusstseins, welches Erinnerungen und Psychoanalyseprotokolle in Form von Gedankenströmen verarbeitet,[74] konstituiert sich der Text aus Gesprächsberichten und Dialogprotokollen der Ehepartner. Die Wiedergabe des Bewusstseins ist typographisch hervorgehoben durch den Verzicht auf Interpunktion, Absatzgliederung, durch Auslassungen oder Hervorhebungen, während direkte Rede zumeist durch Kursiva kenntlich gemacht wird.[75]

Der Text setzt mit der Schreibgegenwart, Mai 1985, des Ich-Erzählers ein.[76] Am Vorabend der Feierlichkeiten zum 40. Jahrestag der Befreiung vom Faschismus wird der jüdische Erzähler in seinem Pariser Appartement an die eigene Vergangenheit erinnert. Im Fernsehen verfolgt er eine Sendung über das jüdische Mädchen Anne Frank und sieht sich unvermittelt mit dem eigenen Erleben des Holocaust konfrontiert.

Dieser Abend, an dem der Erzähler allein im Pariser Appartement eine Flasche Châteauneuf-du-pape trinkt (*LB*: 323 u.a.) und sich in Tagebuchform seine Vergangenheit zu vergegenwärtigen sucht, konstituiert die Schreibgegenwart (ZE I) im ersten Textteil. Übergangslos kreist der Erzähler zwischen Erinnerung und Schreibgegenwart, immer wieder kehrt er gedanklich zu jenem Abend in Paris zurück, so finden sich die den Abend betreffenden Zeitangaben über die Kapitel verteilt (*LB*: 84, 134, 252, 265, 280, 325 u.a.). Der Erzähler ruft sich die Holocausterfahrung ins Gedächtnis: "Après tout, j'ai été au premières loges. Des mois et des mois, sans bouger de notre logis" (*LB*: 9). Man erfährt, dass das Versteck der jüdischen Familie verraten wurde und sie sich, von einem Landsmann gewarnt, vor der Deportation retten kann. Nach diesem Rückblick beschließt der Erzähler, an einer öffentlichen Parade anlässlich der Feierlichkeiten zum 40. Jahrestag der Befreiung in Paris teilzunehmen.

Was wie der Einstieg einer exemplarischen Autobiographie anmutet – ein Ereignis der Gegenwart wie der Aufmarsch in Paris provoziert die retrospektive Aufarbeitung der Vergangenheit –, scheitert jedoch an der Unzuverlässigkeit des Gedächtnisses oder genauer der Unzugänglichkeit des Vergangenen. Der Erzähler vermag sich an die Er-

---

74 Doubrovsky über den Zusammenhang zwischen Fiktion und Psychoanalyse: "[...] l'autofiction, c'est la fiction que j'ai décidé en tant qu'écrivain de me donner moi-même, y incorporant, au sens plein du terme, l'expérience de l'analyse, non point seulement dans la thématique mais dans la production du texte" (Doubrovsky 1980: 96).

75 Die lediglich nachempfundenen Dialoge umschreibt Doubrovsky (zit. in Lejeune 1992: 71) als Fiktion: "c'est une fiction, parce que j'ai choisi des épisodes de..., j'ai choisi de les raconter au gré de dialogues imaginaires...".

76 Der Bezug zum Autornamen wird bereits im ersten Kapitel hergestellt (*LB*: 11, 21).

eignisse des 8. Mai 1945 nicht zu erinnern. Erst die Bewusstwerdung gravierender Erinnerungslücken – im übrigen ein autobiographischer Topos – führt zu einer Reflexion über den Erinnerungsprozess, in dessen Verlauf der Erzähler seine Absichten wandelt. Das erste Kapitel wird zu einem Metatext über die Begrenztheit des eigenen Erinnerungsvermögens:

> Aujourd'hui, 8 mai 85, je commémore. 8 mai 45, j'essaie de remémorer. J'ÉTAIS OÙ. J'AI FAIT QUOI. Coi. En moi, que du silence. Du noir. Sur le petit écran portatif dans ma caboche, pas une image n'apparaît. Au lieu du spectacle son et lumière, rien. Ma projection intérieure est en panne [...] Désespérément, je sonde, je fouille. Pas un reste, pas une trace. Tout a disparu en un absolu naufrage. Comme une épave, je suis là, pétrifié, sur le terre-plein de l'Étoile, devant ce désastre. 8 MAI 45: TROU DE MÉMOIRE. (*LB*: 32)

Dieser erste Versuch eines Rückblicks scheitert nicht nur, sondern wirft Fragen nach dem Zugang zur eigenen Vergangenheit auf, für die der Erzähler verzweifelt nach Anhaltspunkten sucht und die er sich zu vergegenwärtigen bemüht. So versucht er sich die ersten sexuellen Erfahrungen wieder vor Augen zu führen und lässt seine früheren Geliebten Revue passieren. Doch die erste Frau in seinem Leben vermag er nicht auszumachen: "De trou en trou" konstatiert der Titel des zweiten Kapitels das Scheitern aller Erinnerungsversuche: "Un homme indigne, qui ne se souvient pas des instants qui l'ont fait l'homme. N'importe qui à ma place, pourrait le dire aussitôt" (*LB*: 50).

Erst im dritten Kapitel erscheint "Ilse", indem der Ich-Erzähler ihre Kommentare zu den beiden vorangegangenen Kapiteln in den Text aufnimmt. Ihre Rezeption wird zum Gegenstand des folgenden, mit "Roman conjugal" überschriebenen Kapitels. Die Ehefrau protestiert vehement gegen die Rückwendung in die Vergangenheit und gegen die Wiederbelebung von Erinnerungen: "- Il y a, il y a que j'en ai marre de toutes tes histoires de bonnes femmes! Ta Tchèque, après Rachel, maintenant tu vas chercher tes premières putes! Et *moi*, tu n'écris jamais sur *moi*!" (*LB*: 55). Alternativ zur Aufarbeitung der früheren Beziehungen ihres Mannes schlägt sie ihm vor, seinen autobiographischen Versuch in die unmittelbare Gegenwart des ehelichen Alltags zu verlagern und provoziert damit, anstelle der früheren Frauen selbst zum Gegenstand des Textes zu werden. Der Erzähler erkennt die Gefahr, die eine derart distanzlose Darstellung birgt. Er räumt ein, dass ein autobiographischer Wahrheitsanspruch unter diesen Bedingungen unmöglich zu realisieren sei: "Dire la vérité sur sa vie vraie, la quotidienne, la réelle ... Difficile, peut-être impossible" (*LB*: 60), und wird von seiner Frau herausgefordert: "Justement, essaie. Tu t'es pas mal déballé dans *Un amour de soi*, ça n'a pas eu l'air de te faire peur [...]. Michel Contat a écrit que, dans tes romans, tu reculais 'les limites du dicible'.. Eh bien, recule-les encore!" (*LB*: 60).

Der Erzähler erklärt sein Dilemma, das bis dato praktizierte therapeutische Schreiben im Dienste der Bewältigung traumatischer, vor allem auf Frauen bezogener Verlusterfahrungen, welches zugleich der Aufarbeitung der Lebenskrisen diente, nun zugunsten eines gegenwartsbezogenen Tagebuchs der Ehe aufgeben zu müssen. Drastisch artikuliert er seine Praxis, "si j'écris, c'est pour tuer une femme par livre" (*LB*: 60), ohne eine Ahnung, dass sich genau diese Worte später mit dem Zerbrechen des Ehe-Buches tatsächlich "bewahrheiten" werden. Vielmehr stellt er es so dar, als ob der Erzähler damit den Plan seiner Frau abwenden wolle. In seinen Augen gibt es für eine Hinwendung zur Gegenwart keinen Grund: "Ma femme, je n'ai pas envie de la dissiper par écrit, de l'effilocher dans les volutes stylistiques" (*LB*: 60). Die Erzählstrategie zielt darauf ab, vor allem "Ilse" für diese Hinwendung zum Ehealltag verantwortlich zu machen, indem der Erzähler suggeriert, lediglich aus Angst vor dem Verlassenwerden auf ihren "gefährlichen" Vorschlag eingegangen zu sein:

> Mais si je continue à consacrer la flamme du souvenir aux autres, elle en est capable, à la longue, possible qu'elle me plaque. Si je dis vrai sur elle, sur moi, si j'écris nos quatre vérités, possible qu'elle me quitte. (*LB*: 60f.)

Ob diese Angst unbegründet und lediglich eine Schutzbehauptung oder aber tatsächlich angemessen war, lässt sich nicht ergründen. In jedem Fall lässt sich der Erzähler auf den Vorschlag ein und setzt seinen zunächst autobiographischen Versuch als Ehe-Roman fort. Der Erzähler ahnt die Gefahr eines derart an der Gegenwart orientierten Projektes und schließt mit "Ilse" über das Procedere einen Pakt (vgl. 3.6): "Elle veut que je nous expose. Épouse-suicide, femme-kamikaze" (*LB*: 61). Doch er scheint sich dem Drängen der Ehefrau zu fügen und überlässt es ihr, die Publikation später zu autorisieren: "Au moins, il y aura une censure. Ainsi je ne dépasserai pas les bornes. Lu et approuvé, ce sera une édition autorisée. Pour mes voyages au royaume des souvenirs conjugaux, j'aurais mon visa. J'avise" (*LB*: 61). Obgleich die Dialoge der Ehepartner den Text des *Livre brisé* durchziehen und "Ilse" zur Ko-Autorin wird, ist ihre Sprache stets das Produkt einer – sicher nicht unbewusst entworfenen – Erzählstrategie und ihre Aussagen sind durch das Bewusstsein des Erzählers gebrochen, d.h. sie erhält keine eigenständige, vom Erzähler und dessen Strategie unabhängige Perspektive.

In den Kapiteln *Sartre*, *Fondement*, *Maîtrise* problematisiert Doubrovsky den autobiographischen Diskurs ausgehend von einer Relektüre der Texte *Les mots* und *La nausée* seines literarischen Vorbildes und "geistigen Übervaters" Sartre (s.u.).[77] Die übrigen Kapitel des ersten Teils widmen sich u.a. den Stationen der zweiten Ehe (Heirat mit Ilse in *L'anneau nuptial*), der ersten Ehe des Erzählers, "Ilses" Beziehung zu den Stiefkindern (*Suppositoire*), "Ilses" Korrektur des Hochzeitsberichts, "Claudias" Abtreibung, Geburt der ersten Tochter (*Au coin du bois*), "Ilses" Abtreibung und Fehlgeburten (*Avortements*). In den Kapiteln *In vino, L'autobiographie de Tartempion* dominiert der Metadiskurs zur Autobiographie. Der Erzähler kehrt noch einmal zum Ausgangspunkt seines Schreibprozesses zurück:

> Aujourd'hui 9 mai 1985, à l'âge, requis pour cette entreprise, de cinquante-sept ans, j'aimerais tenter d'esquisser le récit de ma vie. Je me rends parfaitement compte qu'un tel récit ne saurait avoir un seul titre: *L'Autobiographie de Tartempion*. Je sais aussi, par définition, que Tartempion n'a aucun droit à un tel récit. (*LB*: 330f.)

---

77 Tepperberg (1997: 538) deutet das autofiktionale Schreiben Doubrovskys als literarische Fortsetzung eines politischen Engagements bzw. als "eine andere Art des politischen Engagements [...] als sein geistiger Übervater Sartre".

Im zweiten Hauptteil des *Livre brisé* wiederholt der Erzähler die Worte "J'AURAIS DÛ" (*LB*: 416, 503, 506) leitmotivisch und rekapituliert die Ehe mit "Ilse". Auf die dreizehn Kapitel des ersten Teils folgt eine posthume Biographie der Ehefrau, verflochten mit der Schilderung des Begräbnisses, die zugleich die Ebene der Schreibgegenwart darstellt.

Retrospektiv stellt er seine eigene Blindheit gegenüber ihren Bedürfnissen fest: "quand quelque chose ne va pas n'est pas normal VEUX PAS SAVOIR quand un malheur me crève les yeux je les ferme ma spécialité L'AVEUGLEMENT VOLONTAIRE" (*LB*: 504). Zu spät erkennt er "Ilses" verzweifelte Suche nach Wärme und Anerkennung sowie die tragische Verflechtung seiner Beschreibung des ehelichen Alltags mit ihrem Tod. Das Ziel einer vorbehaltlosen Offenlegung der Beziehung vor Augen, schildert der Ich-Erzähler erschütternde Szenen der Ehe und seziert minutiös – das Geschriebene erscheint hier vorbewusst – die jahrelange Auseinandersetzung des Paares über den Kinderwunsch der Frau (*Beuveries*). Der Sehnsucht der mehr als zwanzig Jahre jüngeren Ehefrau nach einer eigenen Familie setzt "Serge" eine rationale und nüchterne Betrachtung entgegen. Als über 50-Jähriger und Vater zweier Mädchen plädiert er gegen ein gemeinsames Kind, um die verbleibende Kraft in das Schreiben investieren zu können. Was retrospektiv als wenig sensible, ja unmenschliche Reaktion erscheint, ist in der Aufzeichnung eine nüchterne, "aufrichtige" Betrachtung der Tatsachen: "Ce qui me reste de puissance, je veux le garder pour produire, pas pour reproduire", *LB*: 297). Als "Ilse" dennoch schwanger wird, überzeugt er sie schließlich gegen ihren eigenen Willen zu der Abtreibung. Die Ausmaße des hier einsetzenden psychischen Traumas der jungen Frau, die aufgrund von Komplikationen mehrere Fehlgeburten erleidet und deren Sehnsucht nach Familie und Geborgenheit unerfüllt bleibt, erkennt der Protagonist zu diesem Zeitpunkt nicht, was ihm selbst erst durch den Text bewusst wird (s.o.).

Im zentralen, die Tragödie auslösenden Kapitel *Beuveries* (das nach Paris übersandte Kapitel) hatte er die Flucht "Ilses" in den Alkohol sowie verbale Entgleisungen und eine tätliche Auseinandersetzung eingestanden. Auch "Ilses" Tablettenkonsum und ihre Suizidversuche werden erstmals erwähnt. Dem Erzähler bleibt jedoch die Bedeutung, die dieses Kapitel für eine andere Person – hier seine Partnerin – hat, völlig verborgen. Er deckt ihre Probleme durch den unerfüllten Kinderwunsch, den physischen und psychischen Verfall pietätlos auf, ohne die eigene Verantwortung daran zu reflektieren und nimmt – ohne sich dessen im Schreiben bewusst zu sein – "Ilses" Tod damit vorweg. Indem er die im Pakt besiegelte Aufrichtigkeit völlig ausreizt und mit jenem Kapitel Tabus bricht, bewirkt er – nachdem aus der beabsichtigten Autobiographie ein Ehebuch geworden war – nun ein völliges Umschlagen des Textes, der mit dem Tod der Protagonistin "Ilse" gleichsam zerbricht.

Wegen ihrer abgelaufenen Aufenthaltserlaubnis bleibt "Ilse", so erfährt der Leser, allein in Paris zurück, wohin ihr der Autor-Erzähler das Kapitel zur Lektüre schickt. Ihr erneuter Griff zum Alkohol, so legt er in seiner Aufarbeitung des Geschehens im zweiten Textteil nahe, kann ohne weiteres mit der Lektüre dieses schockierenden Kapitels in Verbindung gebracht werden. Die Lektüre des Textes könnte in "Ilse" das alte

Trauma wachgerufen und sie in die Verzweiflung getrieben haben. Der Erzähler rekonstruiert: "début novembre, lui expédie ma séquence, conséquence, mi-novembre, se remet à boire, quand on parle boisson, la déprime, pour noyer la déprime, elle boit" (*LB*: 508). Unabhängig von der Frage, ob ihr Tod durch Selbstmord oder durch eine Vergiftung ausgelöst wurde, wird der Zusammenhang zwischen dem Tod und ihrer Lektüre des tabubrechenden Kapitels von Doubrovsky – wenngleich erst allmählich – im Text enthüllt, womit er ein weiteres Tabu, seine eigene Schuld betreffend, bricht. Zugleich führt der Autor damit – dies allein ist für die Interpretation relevant, weil über die Schuldfrage niemand zu urteilen vermag – die Untrennbarkeit von Leben und Schreiben vor, das die Übergänge zwischen Wirklichkeit und Text problematisiert.

Die zwischen den Protagonisten vereinbarte tabulose Offenlegung der Privatsphäre aus zwei Perspektiven mündet in "Ilses" Tod. Der Ehe-Roman, der aus dem Versuch einer Autobiographie hervorgegangen war, endet mit dem Tod der Ko-Autorin: "le chapitre 'Beuveries' l'a liquidée, mon encre l'a empoisonnée, jeu de la vérité parfois mortel" (*LB*: 508). Der Erzähler räumt die Verantwortung für diese – zuvor unabsehbaren – Konsequenzen seiner textuellen Wahrheitssuche ein, die unfreiwillig traditionelle Grenzen von Literatur und Wirklichkeit weit überschritten hat. Das Zerbrechen des Textes macht die Uneinholbarkeit, den Verlust des Autors über den Bedeutungsprozess auf tödliche Weise sichtbar. Die Unzugänglichkeit von Sinn reicht über den Text hinaus in die Wirklichkeit: das vermeintlich Reale erweist sich als unfassbar und unbeherrschbar. Es ist stets Ausdruck unmittelbar gelebter Erfahrungen, deren Deutung dem Erlebenden erst nachträglich in einem symbolischen Akt bewusst werden kann:[78]

> [...] la pire frappe, pas celle des mains, celles des mots, à ma machine, moi, suis là, à écrire, elle, seule à Paris en crise, UN CRIME, lui envoie 'Beuveries' aussi sec [...] je crie son secret à la cantonade, j'écris A LA FACE DU MONDE, à ses yeux, ÇA LA DÉFIGURE (*LB*: 509f.)

Erst nachträglich vermag der Erzähler die Bedürfnisse seiner Partnerin zu erkennen und die Widersprüche der Ehe, die zur Katastrophe führen, auszudrücken: "elle avait besoin de racines [...] elle s'est accrochée à une âme errante" (*LB*: 523).

Während "Ilses" Aufenthalt in Paris plant der Erzähler – in Erwartung ihrer Rückkehr – das letzte Kapitel seines Buches, das zur Hymne auf die Ehe werden sollte: "pour célébrer notre hymen je l'écrirai quand elle sera à mes côtés de retour" (*LB*: 424). Mit ihrem Tod zerbricht dieser Plan, die Grenzen zwischen Literatur und Leben werden überschritten. Das Erzählen des Vergangenen wird zur Überlebenspraxis, an die die Texte *L'Après-Vivre* (1994) und *Laissé pour comte* (1999) anschließen.

---

78   Vgl. hierzu das auf Freud zurückgehende Konzept der Nachträglichkeit bei Finck, welches verdeutlicht, dass das Erleben stets durch eine nachträgliche symbolische Vermittlung gedeutet wird und erst dadurch zum Bewusstsein gelangt, mithin wirklichkeitskonstitutiv wird. Finck illustriert die These am Beispiel einer Erzählung von Schwab (*Der Reiter und der Bodensee*), die vom Ritt eines ahnungslosen Mannes über den gefrorenen See berichtet. Dieser gelangt unverletzt an, stirbt aber just in dem Moment, in dem er von der Existenz des Sees und der Gefahr seiner Reise erfährt (vgl. Finck 1999: 101).

Das Prinzip eines Schreibens-um-zu-Überleben, das in den auf *Le Livre brisé* folgenden autofiktionalen Texten immer manifester wird, unterstreicht die Entfernung des Autors Doubrovsky vom "überlegenen Bewusstseinsstand" (Picard 1989: 520) eines traditionellen Autobiographen. Mit dem sukzessiven Kontrollverlust des Erzählers über den Text – parallel zum Kontrollverlust über das eigene Leben – werden die Konventionen autobiographischen Erzählens – im Unterschied zu den Texten Robbe-Grillets – unbeabsichtigt und ohne eine präfigurierte Textstrategie *ad absurdum* geführt. Anstelle eines dem Text enthobenen Standpunktes in der Gegenwart verliert der Autobiograph jede Übersicht. Die einzig mögliche Form seiner Authentizität besteht darin, diesen Kontrollverlust über den Bedeutungsprozess einzuräumen, statt ihn zu kaschieren, und sich der Unzugänglichkeit des eigenen Ich zu stellen, indem er sie inszeniert. Doubrovskys *Livre brisé* führt die Unmöglichkeit vor, der unmittelbaren Gegenwart Herr zu werden, d.h. sie zu deuten und damit die Kontrolle über die Ereignisse zu behalten. Vielmehr kann "Serge" den Versuch einer Deutung der Ereignisse sowie seinen Pakt mit "Ilse" nicht länger beherrschen und wird von den Konsequenzen vollkommen überrumpelt. Der semantische Prozess ist unbeherrschbar und der "Notanker der Semantik" (Frank) wird dem Autor aus der Hand geschlagen: "Un livre, comme une vie, se brise. Ma vie, mon livre, se sont cassés net" (*LB*: 403).

In diesem Kontext muss auch der Fiktionsanspruch des autofiktionalen Textes von Doubrovsky interpretiert werden. Mit dem Untertitel "Roman" nimmt der Autor Bezug auf ein traditionelles Genre und macht seine "Autobiographie" als Fingierung kenntlich. Im Unterschied zur traditionellen Fiktion bezieht sich Doubrovsky damit jedoch nicht nur auf das Erfinden oder Ergänzen von Tatsachen, sondern auf die Sprache selbst als Ursache einer Verfremdung im Sinne Lacans.[79] Im Rahmen des Fiktionsanspruchs wird der fortschreitende Verlust der Kontrolle über die Deutung von Wirklichkeit aufgezeigt und jeglicher, an eine Möglichkeit adäquater Wirklichkeitsdarstellung geknüpfte Wahrheitsanspruch negiert. Die einzige "Wahrheit" besteht vielmehr darin zu zeigen, dass die sprachlichen Zeichen das Wirkliche (vrai) lediglich in seiner Unzugänglichkeit manifestieren und Sinn als Zuschreibung, als ständige Bewegung zwischen Konstruktion und Dekonstruktion produzieren.[80]

Das "Zerbrechen" des Textes *Le Livre brisé*, symbolisch für die Undeutbarkeit des biographischen Geschehens, ist daher auch in einem poetologischen Sinn zu verstehen. Es umschreibt nicht nur das Scheitern eines autobiographischen Projektes, manifestiert in einem unerfüllten Erzählanspruch, sondern erfasst auf der semantischen Ebene die Bedeutungskonstitution als unendlichen Prozess, der keine abschließende Sinngebung zulässt und stellt damit zugleich einen alternativen Bedeutungsentwurf im Sinne von Derridas *dissémination* vor. Da das Misslingen endgültiger Sinngebung stets mit dem

---

79   Auch wenn Doubrovsky der Subjekttheorie Lacans eher skeptisch gegenüber steht, was er mehrfach formuliert hat, ist m. E. ein Zusammenhang zwischen seinem Schreibkonzept und den Vorstellungen Lacans von der Entfaltung des Subjekts in der Schrift unübersehbar.

80   Tepperberg (1997: 523) spricht mit Bezug auf den Text *Fils* sehr treffend von der "*Sprachwirklichkeit des Selbst(er)finders*".

Entwurf neuer Bedeutungen verbunden ist, konstituiert die derart inszenierte Eigendynamik Bedeutungen im Prozess, indem sie die Mechanismen der Signifikation offenlegt. Der Text zerbricht, was eine gewisse Einheit voraussetzt, das 'Zerbrechen' ist demnach stets mit einem Bestehenden verbunden, das zerbrechen kann. Dieser poetologische Bezug lässt sich ebenso auf die Rezeptionsseite übertragen, wo der Text zum Objekt unendlicher Auslegungsmöglichkeiten wird (A. de Toro 1999: 1414). Insofern verdeutlicht Doubrovskys Metaphorik des Zerbrechens zugleich das Prinzip der Dekonstruktion, die Aspekte der Konstruktion und Destruktion im Bedeutungsprozess zu vereinbaren, d.h. Referenzialität als notwendige Voraussetzung des Bedeutens und zugleich Fiktionalität als Reflex auf die Rhetorik des Textes ineinander zu weben:

> [...] je sens que lorsque j'écris, je louche, parce que mon œil d'un côté regarde vers le référent – l'histoire qui m'est arrivée – et l'autre œil, en même temps, regarde le jeu des mots, la manière dont ils s'accouplent, s'assemblent. Et c'est à l'intérieur de ce jeu de mots que je glisse le référent. (Doubrovsky 1999a)

Anstelle eines Wahrheitsanspruchs, der sich als uneinlösbar erweist, bekennt sich der Erzähler zu einer unmöglichen Form von Authentizität, die ihren einzig möglichen Ausdruck in der Bezeichnung 'Fiktion' findet: Sie liegt nicht mehr in der außersprachlichen Referenz eines Textes, sondern in den sprachlichen Zeichen selbst.

'Fiktionalität' ersetzt diesem Verständnis nach nicht mehr 'Wahrheit', wie es die Goethe'sche Suche nach dem "Grundwahren" artikuliert oder wie es Lejeunes (1991b: 58) Formulierungen, "n'avoir d'autre vérité que la fiction" bzw. die einer "symbolischen Wahrheit" (Lejeune 1992: 49) implizieren,[81] sondern bedingt eine Auflösung der Binarität von Wahrheit und Fiktion. Die Diskursivität jeder Referenz – Vertextung bzw. Organisation der Zeichen – wird mit dem Ziel hervorgehoben, einen "unversehrten" Zugang, sprich reine Referenzialität, generell zu hinterfragen.

Die Hypostasierung von Fiktionalität und Textualität im autofiktionalen Text geht somit nicht mehr von einer Opposition zwischen Fiktion und Nichtfiktion aus, sondern artikuliert die Unmöglichkeit einseitiger textueller Ansprüche, autobiographische, historische, philosophische o.ä. zu sein. Die derart gewandelte Fiktionalität erhält ihre Funktion dadurch, dass die Reflexion auf Wahrheit in Gang gesetzt sowie das Bewusstsein für die Sprachlichkeit von Wahrheit und deren reale Folgen geschärft wird.

Doubrovskys Fiktionalisierung führt vor, dass die Kategorie der Wahrheit als Produkt sprachlicher Handlung nicht allein in der Referenz, also außerhalb der Sprache liegt und niemals objektiv fixiert werden kann. Ausgehend von dieser Einsicht in die Konstitution von Wahrheit, vermag der aufrichtige Autor nur noch einzugestehen, dass jeder Anspruch, der an die Darstellung einer außertextuellen Kategorie wie etwa Wahrheit, Geschichte, Subjekt geknüpft ist, unerfüllt bleiben muss. Diese Unerfüllbarkeit

---

81   Mit dieser radikalen Aufgabe des Wahrheitsanspruchs erfolgt ein für zeitgenössische autobiographische Manifestationen ausschlaggebender Wandel. Zwar formulierte bereits Goethe den Zusammenhang von "Dichtung und Wahrheit", beansprucht aber im Unterschied zu derzeitigen Ausprägungen noch eine spezifische, höhere Wahrheit, nämlich im Rahmen der Dichtung das "Grundwahre" enthüllen zu können (vgl. Müller 1976).

wird im autofiktionalen Text durch die Kennzeichnung der Darstellung als Fiktion umgesetzt, d.h. das "engagement d'authenticité" (Lejeune 1991b: 62) wird gerade durch das Eingeständnis unmöglich zu gewinnender Wahrheit realisiert. Die Widersprüchlichkeit des autofiktionalen Prinzips ist epistemologisch kein Widerspruch, sondern Ausdruck einer spezifischen Sprach- und Wirklichkeitserfahrung.

Diese Erfahrung lässt sich jedoch nicht mehr im Rahmen eines traditionell auf Sinngebung angelegten autobiographischen Projektes vermitteln, welches dem Leben eines Autors Bedeutung verleiht. Vielmehr lässt sie sich nurmehr als Scheitern jeglicher autobiographischer Darstellung und Suspendierung aller Wahrheitsansprüche artikulieren. So gewinnt Doubrovsky seinen autofiktionalen (Gegen-)Entwurf aus der Unmöglichkeit, das geplante "projet autobiographique" einzulösen. Die Unfassbarkeit von "Ilses" Tod ist nicht mehr durch Sinngebung vermittelbar: Ihr Tod zerstört nicht nur das Leben des Autors, sondern stellt die Deutung der Ehe durch den Erzähler in Frage bzw. enthüllt dessen unbewusste Schichten. Diese Erfahrung lässt sich durch die Inszenierung einer unmöglichen Sinnstiftung aufzeigen und nachvollziehbar machen. In dem Moment, in dem Sprache ihr Deutungsmonopol über die Wirklichkeit verliert und damit auch traditionelle Grenzen zwischen Wirklichkeit und Fiktion – verstanden im Sinne von Original und Abbildung – durchlässig werden, kann dieser Verlust in der Verknüpfung von Konstitution und *De*konstitution der Sinnstrukturen adäquat formuliert werden:

> Je ne perçois pas du tout ma vie comme un tout, mais comme des fragments épars, des niveaux d'existence brisés, des phases disjointes, des non-coïncidences successives, voire simultanées. C'est *cela* qu'il faut que j'écrive. Le goût intime de mon existence, et non son IMPOSSIBLE HISTOIRE! (*LB*: 224, m.H.)

Die Vita des Autors lässt sich letztlich nur noch als Projekt einer "unmöglichen Autobiographie" vermitteln. Am Leitfaden der Lücken, anhand der Inszenierung von Sprache und ihrer unhintergehbaren Zeichenhaftigkeit gewinnt der Autobiograph eine Gewissheit: Dass das Autobiographische letztlich unsagbar bleibt und lediglich in immer neuen Versionen vergegenwärtigt und temporär angeeignet werden kann. Die klassische Form der Autobiographie, die dem Leben nachträglich Bedeutung in Form einer ästhetischen Einheit verleiht, erscheint vor diesem Hintergrund unaufrichtig und trügerisch, weil sie die sprachliche Transformation auszublenden sucht und vorgibt, Referenzen zu vermitteln:

> Autobiographie, roman, pareil. Le même truc, le même trucage: ça a l'air d'imiter le cours d'une vie, de se déplier selon son fil. On vous embobine [...] une autobiographie est encore plus truquée qu'un roman [...] Lorsqu'on relate son existence, la suite, par définition, on la connaît. Plus que du pseudo-imprévu, des attentes controuvées, des hasards refabriqués de toutes pièces. Même en voulant dire vrai, on écrit faux. On lit faux. Folie. Une vie réelle passée se présente comme une vie fictive future. Raconter sa vie, c'est toujours le monde à l'envers. (*LB*: 91f.)

Die einzige Möglichkeit, sich das uneinholbar Vergangene wieder anzueignen, besteht in dessen sprachlicher Vergegenwärtigung, die aufgrund der symbolischen Unabschließbarkeit unendlich viele Versionen erlaubt. Jeder in diesem Sinne 'authentische' Text muss seine Repräsentation, verstanden als Supplement eines stets Abwesenden, explizit kennzeichnen, um den Eindruck reiner Referenzialität zu verhindern. So formuliert auch Doubrovsky die Vielfalt der möglichen Formungen von *bios*, die Versionen seiner Lebensgeschichte und die Potentiale der Sinnstiftung:

> Une enfance peut se mettre à toutes les sauces. Je puis l'accommoder en poème lyrique, me transformer moi-même en moi-mythe, à la Rousseau. Si j'en ai le talent. Je puis en faire un apologue moral, à la Gide. Si j'ai la plume adéquate. Je peux la cuisiner à la Freud, la mitonner à l'Akeret. Mais je peux aussi l'épicer à la Marx. La saveur Sartre. Dans une enfance, il y en a pour tous les goûts. (*LB*: 347)

Autofiction geht von der prinzipiellen Unerfüllbarkeit jedes an Referenzialität gebundenen Anspruchs aus und artikuliert diese Unmöglichkeit, indem er Fiktionalität – freilich in gewandeltem Verständnis (vgl. 3.7) – vorgibt. Jene Fiktion steht jedoch nicht mehr im Widerspruch zur biographischen Referenzialität, negiert oder suspendiert diese nicht, sondern legt deren sprachlichen Charakter offen: "je n'ai nullement coupé le cordon ombilical avec le "bio", je n'ai nullement rompu avec le pacte référentiel de Philippe Lejeune" (Doubrovsky 1993a: 212). Gerade deshalb "zerbricht" das Buch.

3.6 Die Autofiktion als Metatext zum Pakt

> To write of 'I' is to discover that the attempt to fix subjectivity in writing erases that subjectivity, con-structs a new subject. (Stoltzfus 1996: 135)

Im Unterschied zu Lejeunes Pakt zwischen Autor und Leser schließt der Erzähler des *Livre brisé* einen Pakt mit seiner Partnerin, der Protagonistin "Ilse" ab und verpflichtet sich zu absoluter Aufrichtigkeit. Zu Beginn des Kapitels *Beuveries* (*LB*: 359-361) versichert er sich – vielleicht ist dies nicht ganz zufällig an dieser Stelle eingefügt – noch einmal des Einverständnisses seiner Partnerin: "la vérité sans fard, sans slip, sans cache-sexe?" und diese bestätigt : "Il y a longtemps que je t'ai donné le feu vert. C'est toi qui hésite?" (*LB*: 361). Lejeunes Terminologie des Paktes aufgreifend, verpflichtet sich "Serge" gegenüber seiner Partnerin zu Aufrichtigkeit und bezieht darüber hinaus zur Untermauerung seines Anspruchs "Ilses" Kommentare und Korrekturen in seinen Text quasi als Korrektiv ein:

> [...] notre entente, notre PACTE, L'AUTOBIOGRAPHIE, FAUT QUE ÇA SOIT VRAI, TOTAL, ou pas l'écrire, si on raconte sa vie, pas de cache-cache, de cache-sexe, faut qu'on exhibe, cœur et corps mis à nu, ou faut se taire, elle a voulu que je parle, de nous, d'elle [...]. (*LB*: 507, m.H.)

Mit diesem modifizierten Pakt zwischen Erzähler und impliziter Leserin ("J'écris, elle lit") zeichnet sich eine Radikalisierung des autofiktionalen Prinzips bei Doubrovsky ab: Erst die neue Form des Paktes offenbart dessen zwangsläufiges Scheitern sowie die Unmöglichkeit – wohlgemerkt ausgehend von einem spezifischen Wirklichkeitsverständnis – Vereinbarungen hinsichtlich einer bestimmten Referenz einzuhalten. Doubrovskys Text führt in einzigartiger Form die Unzulänglichkeit formaler Kategorien wie der Namensidentität von Erzähler und Autor sowie der Ähnlichkeit von Referenzen für die Bestimmung einer autobiographischen Darstellung vor. Mit "Ilse" kreiert er eine zweite Textinstanz, die nicht nur Fehler und Erinnerungslücken korrigiert, sondern die Sicht des Erzählers durch eine weitere Version ergänzt und quasi fortschreibt. Obwohl die Ehefrau den Text selbst nicht mit verfasst, wird sie durch die Einbeziehung ihres Urteils zur Ko-Autorin.[82] Ihre Einbindung wird derart intensiv, dass Doubrovsky in einem Interview die stilistische Ausgestaltung ihrer Rede betont: "Ilse's part was totally refashioned by the narrative, Ilse spoke French, of course, but would never have been capable of a lot of the word-play generated by the writing" (1993a: 46).

Anstatt in der Manier des traditionellen Autobiographen seine Glaubwürdigkeit abzusichern, wird die Version des Erzählers zunehmend durch die Kommentare der Leserin in Frage gestellt. Anhand der aufgedeckten Ungereimtheiten, Lügen, Auslassungen und Entstellungen ("il y a tant d'erreurs et d'omissions dans ton récit!", *LB*: 359) führt der Erzähler vor, wie selbst ein um Aufrichtigkeit bemühter Autobiograph keine endgültige Version liefern kann, ihm stattdessen der eigene Text immer wieder entgleitet: "Mon texte me file soudain entre les doigts" (*LB*: 360).

Das Scheitern endgültiger Bedeutungskonstitutionen – trotz angestrebter Aufrichtigkeit – wird durch das Fiktionalitätspostulat hervorgehoben. Doubrovskys Text verdeutlicht die Problematik, Autor und Erzähler gleichzusetzen und die sprachliche Konstrukthaftigkeit des Text-Ich zu leugnen. Er betont die unüberwindbare Spaltung von Erzähler, als rhetorischer Instanz, und dem nur vermeintlich textenthobenen Autor, der jedoch die Kontrolle über diese Instanz verliert. Diese Strategie richtet sich gegen die realistischen Verfahren traditioneller Autobiographien, die im Sinne eines Authentizitätspostulats das *sujet de l'énonciation* und das *sujet de l'énoncé* anzunähern suchen. Doubrovsky versteht sich nicht als souveräner Urheber seines textuellen Ich, der sich selbst mit Hilfe einer transparenten Sprache und nach eigenen Vorstellungen im Text entwirft, der einem Erzähler die sprachliche Form(ulier)ung sowie die Bürgschaft für das Gesagte überträgt. Wahrheit und Authentizität können in diesem Fall nur daran gemessen werden, ob eine der Vorstellung des Autors gemäße Umsetzung in sprachliche Ausdrücke erfolgt ist. Den Akt der Umwandlung in ein symbolisches System, den die Referenzen durchlaufen, vermögen realistische Erzählverfahren nicht zu reflektieren. Brüche und Transformationen werden nicht hervorgehoben, sondern im

---

82   Diesbezüglich erscheint mir aber dennoch Doubrovskys (1999b: 2) persönliche Bewertung übertrieben, die Frauen "Ilse" und "elle" seien am literarischen Akt gleichberechtigt beteiligt gewesen: "Ce ne sont pas des victimes, mais des partenaires. Des partenaires de l'acte littéraire qui ont eu leur mot à dire, en rectifiant pour *Le livre brisé* ou en censurant pour *L'après-vivre*".

Namen der Authentizität über eine gezielte Rhetorik verdeckt: "Normal, l'histoire d'une vie, elle est, par définition, réaliste. On exhume la réalité. On hume l'ex-réalité" (*LB*: 129). Gerade die vermeintliche Anwesenheit eines doch Entzogenen, die Transformation des Vergangenen durch sprachliche (Ver-)Formungen konstituieren eine autobiographische "Wahrheit", was Autoren wie Doubrovsky als unauthentisch und Verfälschung der Wirklichkeit verstehen. Doubrovsky kennzeichnet seinen Text von Beginn an als Fiktion, um dessen sprachlichen Konstruktcharakter und die unvereinbaren Systeme von Existenz und Diskurs zu verdeutlichen.

Der Pakt zwischen den Protagonisten des *Livre brisé* und der autobiographische Pakt im Modell Lejeunes sind nicht vergleichbar bzw. werden aus jeweils unterschiedlicher Perspektive beleuchtet. Doubrovsky greift Lejeunes Begriff auf, doch der Pakt scheitert mit "Ilses" Tod.[83] Sein Vorgehen könnte demnach als eine Inszenierung des Scheiterns jeglicher Bedeutungspakte verstanden werden.

Bei Lejeune spiegeln sich in der Identität von Autor, Erzähler und Protagonist die Bemühungen eines Autors um subjektive Wahrheitsfindung wider, d.h. um die sprachliche Vermittlung seiner Vorstellungsinhalte. Der eheliche Aufrichtigkeitspakt bei Serge Doubrovsky hingegen ist ein gefährliches Unterfangen, weil er weitreichendere Fragen nach dem Verständnis und der Möglichkeit, Wahrheit(en) zu finden, aufwirft und letzt-lich die Unvereinbarkeit von Wahrheit und Mehrdimensionalität der Sprache aufdeckt. "Ilse" verkörpert die implizite Leserin, ist Teil der Textstrategie, und ihre Perspektive ist immer schon durch den Erzählerstandpunkt gebrochen. Sie wird stets mitgedacht und samt ihrer Rezeption in den Text "hineingenommen". Durch den Authenti-zitätsanspruch, "notre pacte, l'autobiographie, FAUT QUE ÇA SOIT VRAI" (*LB*: 507, m.H.), wird sie wie der Leser einer Autobiographie zum Mitautor und beteiligt sich an der Bedeutungskonstitution. Doubrovsky hinterfragt diese Rolle, situiert beide Figuren in einem fiktionalen Text und bricht deren Pakt: Erst die radikale Einhaltung und Umsetzung des Aufrichtigkeitsgebotes bewirkt "Ilses" Ende. Mit anderen Worten, erst dadurch, dass das Ehepaar zum Gegenstand selbst des Textes und damit auch einer Interpretation wird, gerät die Tragik in Gang.

Damit steht nicht mehr die Vermittlung autobiographischer Wahrheit im Zentrum des Textes, sondern die Frage der Wahrheit wird konsequent problematisiert, indem die Paktierenden *in actu* um ihre unterschiedlichen Wahrnehmungen des Geschehens streiten. Der Text setzt sich nicht nur mit der Biographie auseinander, sondern fragt nach Wahrheitsvorstellungen und Bedingungen, unter denen eine biographische Darstellung möglich ist, womit er sich zu einem Metatext wandelt. Im Verlauf der Problematisierung wird die Möglichkeit, zu einer fixierbaren Bedeutung zu gelangen, nachdrücklich angezweifelt. Unter diesen Bedingungen kann die "Authentizität" des Sprechers nur darin bestehen, die Unerfüllbarkeit sowie die Unzulänglichkeit traditioneller Wahrheitspostulate aufzuzeigen. Wenn die Wahrheit selbst nicht feststellbar ist, kann die Authentizität einer Aussage nur noch in der Mitteilung dieser Unerfüllbarkeit liegen: "Même en voulant dire vrai, on écrit faux" (*LB*: 92).

---

83 Gendertheoretisch interessant wäre darüber hinaus der Topos einer durch die Schrift des Autors gewaltsam ausgelöschten Protagonistin.

Trotz dieser Erfahrung verteidigt Doubrovsky auch in späteren Texten vehement seinen Versuch, aufrichtig zu sein. Als die neue Partnerin von "Serge", die nicht namentlich erscheinende Protagonistin des Buches *L'Après-Vivre* "elle", Zweifel an der Aufrichtigkeit des Erzählers äußert, versucht dieser sie von seinen Prinzipien zu überzeugen und hält rückblickend fest:

> Une condition que j'exige de mes récits est leur véridicité, même si elle se retourne contre moi. Je donne toujours la parole à l'autre, même si cette parole me flagelle. La règle du jeu: les quatre vérités, sinon à quoi bon se raconter. Inutile est malhonnête. L'autobiographie a son éthique. Seulement, elle a une double pente, savonneuse, on glisse souvent d'une vérité à son contraire. (Doubrovsky 1994: 67)

Voraussetzung für die Einlösung einer derart radikalen Verpflichtung auf Wahrheit, wie sie Doubrovsky in *Le Livre brisé* gemeinsam mit der Ehefrau eingeht, ist die Bereitschaft, alles offenzulegen und auch das zu erzählen, was gemeinhin verschwiegen wird, wie beispielsweise alltägliche, subtile Formen von Machtausübung, hier vor allem von der männlichen Seite ausgehend. Der ungewöhnliche Pakt zwischen "Serge" und "Ilse" provoziert die Darstellung intimster Schichten der komplexen Paarbeziehung sowie aller Facetten, ohne sie auf *eine* Version zu reduzieren. Beide Sichtweisen ergänzen sich nicht, sondern stellen widersprüchliche Wahrnehmungen der Ereignisse dar und verdeutlichen die Unmöglichkeit, eine "Wahrheit" bzw. die ultimative Deutung der ehelichen Tragödie zu finden. Da sich beide Versionen als unvereinbar erweisen, stellt sich die Unerfüllbarkeit dieses Anspruchs auf einer metatextuellen Ebene dar. Zugleich wird damit auch der in der Regel an einen Wahrheitsanspruch gekoppelte Machtanspruch hinterfragt.

Im Unterschied zum autobiographischen Pakt dient also das autofiktionale Prinzip der Offenlegung eines unmöglichen Anspruchs und versteht die Thematisierung dieser Unerfüllbarkeit als einzig mögliche Form der Aufrichtigkeit. Der Pakt wird bei Serge Doubrovsky auf der textuellen Ebene installiert, um seine Uneinlösbarkeit sowie das Zerbrechen autobiographischer Intentionen zu demonstrieren, die sich auf Referenzialität gründen.

Unter diesen Bedingungen, denen die Einsicht in die "Unerfüllbarkeit" von Bedeutungspakten vorangeht, kann die Glaubwürdigkeit des Autors lediglich darin liegen, das Scheitern aller Vermittlungsansprüche zu inszenieren und seine Botschaft auf die Meta-Ebene zu verlagern. Die Auseinandersetzung mit der Rolle von Sprache bei der Produktion von Wahrheit ersetzt die Wahrheitsfindung, indem sie den als unerfüllbar begriffenen Anspruch kompensiert und die Problematik in immer neuen Versionen vorführt. Demnach können autofiktionale Texte – dem gewandelten Sprachverständnis entsprechend – nur in dem Maße "authentisch" sein, wie sie ihre Fiktionalität bekennen und damit der sprachlichen Konstitution von vielschichtigen und stets im Wandel begriffenen *Wahrheiten* gerecht werden.

3.7 Doubrovskys "roman vrai": Zum Begriff der Fiktionalität

> Si j'essaie de me remémorer, je m'invente. Sur pièces, de toutes pièces. JE SUIS UN ÊTRE FICTIF. (*LB*: 274)

Die gewandelte Auffassung der Wirklichkeit impliziert zugleich ein neues Verständnis des Fiktionalen. Während die dem traditionellen Gattungsverständnis entlehnte Definition der Autobiographie eine Möglichkeit der Unterscheidung beider Bezugsformen impliziert, werden Fiktionalität und Referenzialität im autofiktionalen Text als untrennbare sprachliche Komponenten irreduzibel aufeinander bezogen. Doubrovsky beschreibt dieses Phänomen, das mit einer Fiktion im traditionellen Verständnis nicht vergleichbar ist, mit Blick auf *Fils* wie folgt:

> Un curieux tourniquet s'instaure alors: fausse fiction, qui est histoire d'une vraie vie, le texte, de par le mouvement de son écriture, se déloge instantanément du registre patenté du réel. (Doubrovsky 1980: 90)

Geht man vom traditionellen Begriff der Fiktion aus, stellt sich Doubrovskys "fausse fiction" als Tautologie dar, denn fiktional ist das, was sich den üblichen Wahrheitskriterien entzieht und daher nicht falsch sein kann. Der Begriff impliziert ja gerade den spezifischen Wahrheitsanspruch von Dichtung und markiert einen besonderen Darstellungsmodus. Zunächst bezeichnet Fiktion (lat. *fingere*: erdichten, bilden, gestalten) im traditionellen Verständnis einen Text, der einen Anspruch auf Referenzialisierbarkeit im Dienste einer ästhetischen Freiheit bewusst ablegt. Er ist nicht in einer empirischen Welt, sondern in einer literarisch-imaginären (Gegen-)Welt fundiert, welche nach dem Aristotelischen Kriterium der Wahrscheinlichkeit das wiedergibt, "was geschehen könnte" (*Poetik* 1451b), was vorstellbar und auch möglich ist. Damit unterscheidet der Aristotelische Fiktionsbegriff die poetische von der historischen Erzählung und erklärt die Fiktionalität zum Spezifikum jeder Literatur. Literarische Texte lassen sich damit unabhängig von ihrem Wahrheitsanspruch bewerten. Sie stehen jedoch stets im Kontext spezifischer Wirklichkeitsvorstellungen.

Die genannte Aristotelische Scheidung wird mit dem Konzept der *Autofiction* in Frage gestellt, d.h. die Möglichkeit einer Trennung literarischer und historischer Texte wird bestritten. Doubrovsky legt offenbar andere als die traditionellen Maßstäbe für seine Form der Fiktionalität zugrunde und formuliert mit Reflex auf eine spezifische Sprach- und Wirklichkeitsvorstellung das traditionelle Konzept der Fiktion um. Er verleiht damit der Erfahrung Ausdruck, dass die Vergangenheit erst im Modus der Sprache zugänglich und nirgendwo anders als in der Versprachlichung verstanden, d.h. "erfahren" werden kann. Historische Referenzialität, so die Konsequenz, lässt sich also nicht von ihrer symbolischen Manifestation abgrenzen. Demzufolge muss ein neuer Fiktionsbegriff, den Doubrovsky Autofiktion nennt,[84] sowohl Referenzialität wie auch Fiktionalität gleichermaßen aufrecht erhalten und nicht die eine gegen die andere Form

---

84 Doubrovsky (1993a: 45) verwendet beide Begriffe synonym: "autofiction is fiction".

ausspielen. Mit anderen Worten, der neue Fiktionsbegriff grenzt sich nicht mehr von einem referenziellen Darstellungsmodus ab, sondern unterstreicht vielmehr die Untrennbarkeit der von Aristoteles unterschiedenen Erzählweisen.

Doubrovskys *Autofiction* ist demnach nicht Fiktion im traditionellen Sinne, sondern in jenem Verständnis "fausse fiction", weil sie den Anspruch auf biographische Referenzialität nicht suspendiert, sondern im Modus der Fiktionalität aufrecht erhält. Der Autor verdeutlicht damit, dass sich die "histoire d'une vraie vie" (Doubrovsky 1980: 90) nur im Rahmen einer fiktionalen, d.h. einer Darstellung, die ihre eigene Diskursivität reflektiert, einlösen lässt.

Unter Fiktionalisierung versteht er demnach keine intentionale Entscheidung eines Autors für die Verfremdung, Erfindung oder Ergänzung des Realen – dies würde die Erkennbarkeit des Realen voraussetzen –, sondern die Reflexion des mit jedem sprachlichen Akt einhergehenden Aufschubs des Realen (im Sinne von Derridas *différance*). Damit wird die Unmöglichkeit chiffriert, des Realen in irgendeiner nichtsymbolischen Form habhaft zu werden. Das Doubrovsky'sche Prinzip der *Autofiction* artikuliert die Unhintergehbarkeit sprachlicher Zeichen und verlagert diese Unentscheidbarkeit zwischen Referenzialität und Fiktionalität in den Text – weder Autor noch Leser vermögen darüber zu entscheiden.

Dieser Fiktionsbegriff ist gekoppelt an die Auffassung des Bedeutungsprozesses als erfahrungskonstitutiv:[85] Schreiben ist hier nicht mehr eine nachträgliche Repräsentation der Referenzen und deren sekundäre Manifestation, sondern der Schreibakt selbst stellt eine primäre Welterfahrung dar:

> Cette existence, qu'on a vécue dans le désordre, l'imprévu, l'agitation, secouée d'incontrôlables hasards, étirée à l'infini flasque des jours, bornée d'horizons fluctuants, la voilà, soudain, dense, compacte, cohérente, en un mot, mise au net: noir sur blanc [...] par écrit, notre vie prend sens. Nos actes sont légalisés, certifiés, conformes. Seules, comme on sait, les écritures authentifient. (*LB*: 331)

Erst mit der Vertextung werden die Erinnerungen zugänglich, indem sie ihren Sinn auf das erlebende Ich projizieren, wodurch erst eine bewusste Aneignung stattfinden kann. Die Erfahrung, so lautet die mit einem postmodernen Sprachbegriff einhergehende Umformulierung, wird mit Hilfe symbolischer Zeichen erst hervorgebracht und ist nicht – metaphysisch begriffen – verankert in einer diesen Zeichen vorgängigen Größe. Weder Autor noch Leser, weder Subjekt noch das Dargestellte selbst lassen sich jenseits des Textes prästabilisieren:

> Pour l'autobiographe, comme pour n'importe quel écrivain, rien, pas même sa propre vie, n'existe *avant* son texte; mais la vie de son texte, c'est sa vie *dans* son texte. (Doubrovsky 1979: 105)

---

85 Dies beschreibt, an anderen Beispielen, auch Finck (1999: 57-76) überzeugend mit Bezug auf Freuds Theorie des Unbewussten, vgl. Fn. 78.

Doubrovsky inszeniert in seinem Text vor dem Hintergrund dieser Konzeption den Kontrollverlust des Erzählers über den Bedeutungsprozess und beschreibt die Funktion des Autors im Anschluss an Barthes als die eines *scripteur*, der dem Bedeutungsprozess enthoben und als diskursives Subjekt selbst als Teil davon entsteht: "le procédé de l'écriture institue un processus indéfiniment actif, dont la maîtrise, en soi, échappe au scripteur" (Doubrovsky 1979: 107). Mit dieser Souveränität über den Akt der Sinnstiftung wird jedoch auch die freie Verfügbarkeit über das literarische Projekt, dessen Bestimmung als Roman oder Autobiographie aufgegeben. Doubrovskys autofiktionale Texte sind ebensowenig Romane im traditionellen Sinn wie sie Autobiographien sind.

Die Bezeichnung "roman", die der Autor autofiktionaler Texte wie bereits erwähnt als eine "ruse du récit" versteht (Doubrovsky 1980: 90), lässt sich vor diesem Hintergrund nur im Zusammenspiel mit der autobiographischen Referenzialität des Textes deuten. Erst auf der Basis der generischen Unentscheidbarkeit nämlich vermag Doubrovsky den Bedeutungsprozess als Erfahrung des Verlustes zu reflektieren. Während der traditionelle Romancier stets dem Text enthoben ist und Souveränität über die Sprache behält, ist der Schreiber der Autofiktion von Beginn an in den Text involviert und verliert jegliche Kontrolle über die Sinngebung, weil sich im Verlauf des Schreibens Sinn nicht wie für den Romanautor als gegeben erweist, sondern vielmehr dessen Abwesenheit offenbart:

> Romancier est maître chez soi, il est maître de la vie et de la mort. Mais s'il raconte sa vie, l'écrivain n'est plus maître. Il ne peut se mettre au jour où il veut, quand il veut [...]. Seulement, sur le personnage qu'il fut, l'écrivain a un unique, immense avantage: il *voit* ce que l'autre ne *pouvait voir*. (*LB*: 200)

Diesen Übergang vom "maître" zum "scripteur" illustriert das *Livre brisé* verbunden mit der persönlichen Tragik, die sich aus der "Blindheit" des Protagonisten ergibt. Zugleich verdeutlicht der Tod von "Ilse", dass dieser weit mehr als nur ein textuelles Konstrukt darstellt und dem Text keineswegs enthoben ist, d.h. ihn zu beherrschen versteht. Die Nichtbeherrschbarkeit der Zeichen impliziert zugleich ein Entgleiten des Realen, welches sich nur im Modus des Literarischen noch als zugänglich und verstehbar erweist: "Elle [une vie passée, A.d.V.] devient un vrai roman. UN ROMAN VRAI" (*LB*: 80):

> Mais une vie romancée, même la sienne, devient une vie imaginaire. Ça ne veut pas dire qu'elle soit fausse: elle n'existe que dans l'imagination. Si je me transforme en Julien Sorel, j'existe comme lui. Je veux exister COMME MOI. Ressaisir enfin ma VRAIE vie. Au lieu de m'halluciner en personnage, ressusciter ma VRAIE personne. Ce qui en subisse. Fragments, débris, détritus, peu importe: au moins, ce seront de VRAIS restes [...] Mais un roman fait l'opération inverse: avec un être réel, il fabrique un être fictif. Et moi, je suis devenu tellement fictif: je souffre d'évanouissements incessants [...] Je me reconstruirai sur d'authentique fondements. Comme Cuvier, grâce à mon histoire véritable, je reconstituerai mon squelette. Je cesserai d'être un néant invertébré. L'autobiographie n'est pas un genre littéraire, c'est un remède métaphysique. (*LB*: 328)

Am Beispiel der Doppelrolle Sartres als Romancier *und* Autobiograph beschreibt Doubrovsky die textuellen Überschneidungen und entfaltet erstmals das Konzept autofiktionalen Schreibens: "on voit le roman compénétrer l'autobiographie, ou encore, dans la terminologie que j'ai jadis proposée, l'autobiographie se transmuer sous nos yeux en *autofiction*" (Doubrovsky 1991: 23). Ein "Engagement" des Autobiographen kann hier nicht mehr an seiner Verpflichtung gegenüber einer referenzialisierbaren Wahrheit festgemacht werden, weil deren "reine", also vom Sprachprozess nicht affizierte Existenz negiert werden muss. Vielmehr kann es nur noch darin bestehen, sich die Bedingungen von Sinngebung offenzulegen. *Autofiction* wird damit zu einem Metadiskurs, einer metatextuellen Artikulation, die jene für den traditionellen Textbegriff spezifische Scheidung von Welt und Text hinterfragt, indem sie die Unterscheidung nicht ontologisch als gegeben, sondern als eine mögliche Deutung des Verhältnisses betrachtet. 'Aufrichtigkeit' wird hier demnach nicht mehr an die Konstitution einer derartigen Sinnversion, sondern vielmehr metadiskursiv an die Offenlegung ihres Zustandekommens geknüpft. Mit anderen Worten, gerade in der Weigerung eines Autors, eindeutige Sinnstrukturen zu entwerfen, manifestiert sich seine 'Authentizität':

> La "vérité" ici, ne saurait être de l'ordre de la copie conforme, et pour cause. Le sens d'une vie n'existe nulle part, n'existe pas. Il n'est pas à découvrir, mais à inventer, non de toutes pièces mais de toutes traces: il est à *construire*. Telle est bien la "construction" analytique; *fingere*, "donner forme", fiction que le sujet s'incorpore. [...] L'autofiction, c'est la fiction que j'ai décidé, en tant qu'écrivain, de me donner de moi-même, en y incorporant, au sens plein du terme, l'expérience de l'analyse, non point seulement dans la thématique mais dans la production du texte. (Doubrovsky 1980: 96)

So lässt sich Doubrovskys autofiktionales Prinzip trotz des Verzichts auf abschließende Sinngebung zu einem autobiographischen Projekt umformulieren: Das Engagement hinsichtlich der Autobiographie besteht hier darin, die Fundamente von Wahrheit und Subjektivität sichtbar zu machen, indem gerade jene Diskursformen aufgedeckt werden, in denen sie sich primär konstituieren. Nicht mehr der Entwurf eines "Sinns des Lebens" steht damit im Zentrum autobiographischen Schreibens, sondern die Frage der 'graphie', der Diskursivierung. In der Offenlegung der sprachlichen Mechanismen eines derartigen Lebensentwurfs manifestiert sich gleichwohl ein Versuch von Aufrichtigkeit, dessen notwendiges Scheitern jedoch von Beginn an eingestanden wird. Dem Wahrheitsanspruch traditioneller Autobiographien wird damit zugleich eine Absage erteilt, denn Authentizität lässt sich lediglich *ex negativo* umsetzen: 'Aufrichtig' schreiben kann nurmehr heißen, jeden generellen, von seiner jeweiligen Diskursform abgekoppelten Wahrheitsanspruch zu demaskieren.

Lecarme behauptet in diesem Zusammenhang, Doubrovskys Prinzip sei nur ein Umweg zur Wahrheit: "le paratexte doubrovskien assume clairement cette idée d'une fiction feinte [...] qui servirait de détour à la vérité" (1993: 229). Genau genommen handelt es sich hier jedoch nicht um einen Um*weg* der Wahrheit – dies würde die Möglichkeit und Existenz von Wahrheit implizieren –, sondern vielmehr die generelle Unerfüllbarkeit unreflektierter Wahrheitsansprüche. Um jenem umformulierten Anspruch auf Authentizität zu entsprechen, muss die Diskursivierung jeder Wahrheitsvorstellung mit gedacht und geschrieben werden – weshalb der autofiktionale Text zum Metatext wird. Dies bedeutet jedoch zugleich, dass man sich dem Anspruch auf Wahrheit entzieht:

> Mais le jeu de la vérité est un jeu de massacre... C'est pour cela que les romanciers traditionnels s'abritent derrière des personnages fictifs. Moi, je veux jouer sans masque autre que l'écriture qui est la recréation du réel dans le langage. (Doubrovsky 1999b: 3)

Die Spezifik von *Le Livre brisé* besteht letztlich darin, dass Doubrovsky mit Hilfe des Versuchs, einen Pakt zu installieren, das notwendige Scheitern des Wahrheitswillens vorführt: Jede literarische Darstellung, die ihren Wahrhaftigkeitsanspruch von einer dem Text vorausgehenden Größe ableitet, vermag der narrativen Konstitution von Wirklichkeit(en) nicht ausreichend Rechnung zu tragen. Die einzig mögliche Erfüllung des Gebots liegt nun – und dies ist eben kein Paradoxon – in dessen Nichterfüllung: Erst mit dem Eingeständnis der Unmöglichkeit jeder sprachlichen Repräsentation von Wirk-lichkeit bzw. eines lediglich symbolisch möglichen Zugangs zum Realen vermittelt der Text eine Wahrheit, die der unmöglichen Wahrheit und der Unhintergehbarkeit von Zeichen gerecht wird.

Die mit dem symbolischen Akt der Sprache einhergehende Subjektdezentrierung wird reflektiert, indem der Keil zwischen der rhetorischen Instanz des Erzählers und dem Autor nicht aufgehoben, sondern offengelegt wird. Das Scheitern der Sinngebung wird im Rahmen von Sinnstreuung in Szene gesetzt. Doubrovskys Wortspiele, lyrische Elemente wie Alliterationen und Assonanzen machen – trotz biographischer Referenz ("22 mai 1928 – Naissance à Paris [...]", *LB*: 333) – die Sprache zur Protagonistin des Textes: "La personnalité et l'existence en question ici sont *les miennes*, et celles des personnes qui partagent ma vie" (Doubrovsky 1993a: 212). In jenen sprachlichen Zeichen und ihrer Irreduzibilität ist Subjektivität verortet, welche sich nicht auflöst, sondern vielmehr ohne metaphysische Verankerung im Bedeutungsgewebe des Textes aufscheint und die symbolische Spaltung des Ich – die Konstitution des Subjekts im Schreibakt – erst sichtbar macht.[86]

Diese Doppelfunktion von Sprache, von referenzieller und fiktionaler Funktion, wandelt den autobiographischen Text in einen Metatext. Die Sprache selbst wird zum Gegenstand eines autobiographischen Diskurses, der den Wahrhaftigkeitsanspruch allein mit der Offenlegung der Produktionsmechanismen von Wahrheit erfüllt sieht und damit der subjekt- und erfahrungskonstitutiven Rolle von Sprache Rechnung trägt.

Die Suche nach Identität wird hier zu einer Suche nach der Sprache, die das Unfassbare des Realen noch auszudrücken und zu vermitteln vermag: "Je suis aussi à la recherche de ma langue" (Doubrovsky 1992: 134). Anstelle einer gelingenden Repräsentation, die sich in jedem Akt der Sinngebung kristallisiert, verkörpert der autofiktionale Text die unabschließbare Suche nach Identität und Wahrheit, die nicht mehr

---

[86] So geht Tepperberg (1997) auf die Körper-Geist-Teilung ein, die der Autor nur schreibend, mittels einer "Schriftkörper-Performanz" (ebd.: 523) aufzuheben vermag und verweist damit auf Symptome einer Subjektwerdung in der *écriture* (ebd.: 535).

als Sinnpostulate entworfen, sondern in einer räumlich-graphischen Spur greifbar werden, die der Bedeutungsprozess auf dem Papier hinterlässt und in dessen Verlauf sich eine narrative Identität herauskristallisiert (Robin 1992: 234, 260).

Die damit verbundene Betonung des figurativen gegenüber dem referenziellen Aspekt von Bedeutung erschwert die Abgrenzung literarischer Genres, so beispielsweise die Trennung von Roman und Autobiographie. Auch traditionell benachbarte Genres wie Memoiren, Brief, Tagebuch, autobiographischer Roman u.a. können aufgrund ihrer diskursiven Ähnlichkeit nicht mehr substanziell von der Autobiographie als Genre geschieden werden.

Autoren wie Doubrovsky verstehen ihre autobiographischen Texte ausgehend von diesem Sprachbegriff gerade dann als "authentisch", wenn die beschriebene Doppelfunktion der Sprache mit zum Ausdruck gelangt und sowohl das Figurieren (Referenzialität) wie auch das Defigurieren (Fiktionalität) in einem irreduziblen Akt sichtbar gemacht werden können. Der Akt der Bedeutungskonstitution wird damit in seiner dekonstruktiven Dynamik von Sinnsetzung und Sinnauflösung beschrieben, in dessen Verlauf sich Entwurf und Auflösung von semantischen Strukturen gegenseitig bedingen. Die Autobiographie als Metatext sprengt jedoch konventionelle Genrebegriffe. Sie ist nicht mehr nur dem Verstehen der Biographie gewidmet, sondern reflektiert die literarische Subjektkonstitution in ihrer Abhängigkeit von Sprache auf der Ebene der *écriture*:

> L'autofiction produira, par le canal de l'écriture, son propre texte. Et cette écriture sera résolument romanesque, au sens moderne, ouverte à des énonciations différentes, déviantes, poétiques, "l'aventure du langage", comme je l'ai appelée. (Doubrovsky 1993a: 213)

Für das Konzept eines autofiktionalen Textes im Sinne Doubrovskys lassen sich folgende Spezifika zusammenfassen:

1) Ausgehend von der Dominanz der Schreibgegenwart, ein typisches Merkmal des Tagebuchs, ist der autofiktionale Text im Unterschied zur retrospektiven Ausrichtung traditioneller Autobiographien stärker prospektiv auf die Gegenwart des Schreibenden bezogen.
2) Der Erzähler rekurriert immer wieder auf den Prozess der Vertextung und legt diesen anhand einer Inszenierung des Sprechens als Fiktionalisierung offen.
3) Indem er diese sprachlich-rhetorische Transformation des Referenziellen zum Objekt seiner eigenen Recherche macht, dekonstruiert der autofiktionale Text seinen eigenen Authentizitätsanspruch und wird zu einem Metatext.
4) Der Autor vermag nun die Bedeutung nicht aus den Ereignissen seines Lebens oder von seiner Persönlichkeit abzuleiten ("L'autobiographie, ce panthéon des pompes funèbres, l'accès m'en est interdit", *LB*: 327), sondern entfaltet sie aus der Spezifik seiner *écriture*:

> Si l'on n'*est* pas intéressant, il va s'agir, par le biais de l'écriture, de *se rendre* intéressant, comme le romancier rend intéressants ses personnages [...]. Il s'agit, par la vertu du verbe poétique, et notamment de l'écriture consonantique longuement expérimentée dans *Fils*,

de conférer ses lettres de noblesse à la platitude, voire l'échec, du pur vécu référentiel. (Doubrovsky 1993a: 209)

Doubrovskys autofiktionales Schreiben erweist sich als fortlaufendes Projekt, welches nicht mit dem einzelnen Buch endet, sondern als Schreibpraxis, die fester Bestandteil seines (Über-)Lebens geworden ist (vgl. 3.8). Vergleichbar mit Prousts *Recherche*, in der Barthes einen gelungenen Versuch der ontologischen Umkehrung von Literatur und Leben sieht (Barthes 1968/1994: 492), zeigt Doubrovsky nicht nur sein Leben im Text, sondern schafft sich einen Zugang nach der Vorlage seiner Bücher. Das Leben verstanden als eine Imitation von Büchern bzw. die Wirklichkeit als Produkt der Zeichen – erinnert sei hier an die Texte von Jorges Luis Borges, die dies in einzigartiger Weise vorführen (vgl. A. de Toro 1994, 1999b) – zeugt von einer grundlegenden Verschiebung der Seinsbereiche von Text und Welt, die hier nicht mehr als Gegenwelten fungieren, sondern vielmehr ein Kontinuum darstellen.

3.8 *Une œuvre de chair, ça s'écrit avec sa vie, avec son sang, avec son existence:* Schreiben als Existenzmodus

Die in Doubrovskys autofiktionalen Texten gezeigte Überlagerung von Subjekt- und Sinnkonstitution, verstanden als irreduzibler Prozess, manifestiert sich nicht zuletzt in der existenziellen Bedeutung, die das Schreiben für den Autor bekommen hat: "je suis condamné à écrire. Je n'ai pas le droit. C'est mon devoir" (Doubrovsky 1994: 24). Ähnlich wie für Leiris, der die materielle Bedrohung der Literatur mit der Gefahr eines Stierhorns vergleicht,[87] bedeutet Schreiben für Doubrovsky mehr als eine von der Lebenswelt abgetrennte ästhetische Beschäftigung: Sie ist sein Existenzmodus, mehr noch, eine Frage des Überlebens. Das Schreiben provoziert *und* kompensiert die Sinnkrise: "Der Buchstabe jedoch überlebt und rettet den Autor auch im nächsten Werk vor Altersangst, Sinnkrise und suizidaler Existenzverzweiflung" (Tepperberg 1997: 528). In seinem späteren Text *Laissé pour conte* nimmt der Autor explizit auf das Schreiben, gewissermaßen die Fertigstellung des *Livre brisé* Bezug: "écrire était une réparation, une restitution, opération miracle, tant j'écrivais, je ressuscitais une morte, une disparue" (1999: 46). Autofiktionales Schreiben ist gleichsam ein Synonym für Existieren – "l'écrit me compose, la vie me décompose" (Doubrovsky 1999: 238) – es garantiert dem Verfasser weder Sinn noch Wahrheit, sondern verleiht ihm das Gefühl, am Leben zu sein, eröffnet ihm einen Raum des Lebendigseins:

---

87 Leiris reduziert das Engagement eines Autors nicht auf konkrete Bezugnahmen auf die Realität, sondern sieht im Schreiben selbst eine echte Bedrohung: "Wenn es in dem Vorgang, ein Werk zu schreiben, nicht etwas gibt, das [...] dem entspräche, was für den Stierkämpfer das spitze Horn des Stieres ist? Denn einzig und allein diese materielle Bedrohung verleiht seiner Kunst eine menschliche Realität und bewahrt sie davor, nichts weiter zu sein als eitle Grazie einer Ballerina" (Leiris 1994: 8). Vgl. dazu Corbineau-Hoffmann (im Druck).

> Comment est-ce que j'arriverai à vivre, si je ne racontais pas ma vie [...] Mon existence, elle me pèse souvent une tonne sur la poitrine, elle m'écrase, j'étouffe dedans, elle me gêne. En l'écrivant, je l'oxygène. En faire le récit l'aère. Chaque matin, séance de réanimation. (*LB*: 326)

Mit der Überschreitung der Intimität und der tabubrechenden Veröffentlichung des *Livre brisé* als Tagebuch einer Ehe verschafft sich Doubrovsky eine Existenz als Autor, die jene des Ehemannes ersetzt, indem er aus der schreibenden Verarbeitung seiner persönlichen Tragik und der seiner Frau literarischen Ruhm gewinnt. Ein Satz aus dem frühen autofiktionalen Text *Un amour de soi* bewahrheitet sich unerwartet: "Ma vie ratée sera une réussite littéraire" (Doubrovsky 1982: 90). Diese Devise seines Œuvre (vgl. Doubrovsky 1993a: 209) umschreibt gleichsam den literarischen Modus des Seins der Person Doubrovsky.

Die in *Le Livre brisé* von der Gegenspielerin "Ilse" geforderte Hinwendung zur Gegenwart, wird vom Autor in späteren autofiktionalen Texten weitergeführt. Was Doubrovsky in *Le Livre brisé* hinsichtlich von Ilses Rolle niederschreibt, wird zur tragischen Gewissheit: "pas pour vivre que j'ai besoin d'elle. Pour autre chose: pour exister. J'ai le Cogito tordu, empêtré dans le pour-autrui: *elle pense à moi, donc je suis*, voilà ma formule" (1989: 195). Nur im Schreiben kann der Autor die unerträgliche Leere ertragen und Interesse an seinem Fortleben, einen Sinn seines Lebens finden:

> [...] le projet autofictif est compensation par le biais de la fictionnalisation, d'un profond ENNUI, voire DÉGOÛT DE SOI, d'un rejet de sa propre existence, à laquelle il va falloir refaire sinon une beauté, du moins retrouver un intérêt [...]. (Doubrovsky 1993a: 214)

Ireland sieht in Doubrovskys Schreiben nicht nur den Versuch der Selbstdarstellung, sondern auch eine ästhetische Form der Wiederbelebung, eine "aesthetic resurrection" (Ireland 1993: 10): "autofiction's purpose, ultimately, is not to represent his life but redeem it" (ebd.: 5).[88]

Hierin bestätigt sich noch einmal die Relevanz der biographischen Referenzialität für den autofiktionalen Text, die – wie gezeigt – zugleich an die Unmöglichkeit von Sinngebung geknüpft ist. Der Autobiograph musste seine überlegene Perspektive aufgeben und räumt im Zuge eines neuen Authentizitätsverständnisses die Unbeherrschbarkeit – hinsichtlich der unmittelbaren Gegenwart – ein. Aus dem Geschehen selbst lässt sich kein Zusammenhang ableiten, Erklärungen für die tragischen Ereignisse gibt es nicht, so bleiben nur die zahlreichen Versuche des Erzählers, Deutungen für das Unfassbare zu finden. Die Metapher "tuer une femme par livre", mit der der Erzähler auf die Möglichkeit der literarischen Verarbeitung von Lebenskrisen anspielt, wird durch die Entstehung des *Le Livre brisé* bestätigt und unerwartet durch die Ereignisse selbst ins Wörtliche gekehrt: Der Text ist Bestandteil der Realität geworden, auf deren Darstellung er ursprünglich abzielte, deren Abbildung er aber immer weniger zu leisten vermag.

---

88 Tepperberg spricht von einem "Rebirthing-Exerzitium aus Rhythmus und Klang" (1997: 537).

Die Wahrheit liegt nicht hinter, sondern in den Zeichen selbst, die als solche nicht zu transzendieren sind. So endet die schreibend vorgeführte Bewusstwerdung folgerichtig mit der Erkenntnis, dass Wahrhaftigkeit jenseits von Sprache unmöglich ist und der Autobiograph, will er "aufrichtig" sein, sich dieser Spezifik von Sprache stellen – statt sie zu leugnen – und zum Gegenstand seines Textes erheben muss. Der Anspruch auf Wahrhaftigkeit liegt hier in dem Versuch, den Aufschub bzw. die Kluft zwischen Realem und Zeichen, die Inkommensurabilität von Referenz und Zeichen aufzudecken, anstatt sie durch syntaktische Kohärenz zu verdecken.

Der autofiktionale Text verwandelt die biographische Referenz und zeigt diese Transformation zugleich paratextuell an, indem er die Textualität markiert und den Text als (Auto-)Fiktion kennzeichnet: "Ce n'est donc pas de l'autobiographie. C'est une transformation à partir du matériau de ma propre vie, ce que j'appelle, d'un terme un peu barbare, sa textualisation" (Doubrovsky 1999b: 1). Die Opposition zwischen Roman und der Autobiographie als einem eher referenziellen Diskurs, die auch Lejeunes Paktbegriff zugrunde liegt, verliert ihre konstitutive Bedeutung für die autofiktionale Methode der Selbstdarstellung. Dennoch erweist sich die Einsicht in die unmöglich gewordene Autobiographie für Doubrovsky als tragisch, weil sie weniger aus einer literaturtheoretischen Reflexion wie beispielsweise im Falle Robbe-Grillets heraus erwächst, sondern eine am eigenen Leib erfahrene Konsequenz einschließt: "En fait d'autobiographie, la seule représentation improbable qui reste de moi, c'est l'autofiction" (Doubrovsky 1993a: 211). Mit dieser Auflösung der traditionellen Opposition von Leben und Schreiben umreißt der Autor nicht zuletzt auch seinen Literaturbegriff (vgl. auch Doubrovsky 1992: 133):

> De l'autobiographie toute chaude, à vif, qui saigne, mais recomposée selon les normes propres de l'écriture. Ma vie, mais pour aboutir à des livres. Qui se lisent comme une œuvre romanesque. Je ne l'ai jamais prémédité, ce n'est en rien l'effet d'une quelconque doctrine. (1994: 20)

Das teleologische Prinzip einer linearen und kohärenten Darstellung im Sinne der Erfüllung eines der Sprache vorgängigen Authentizitätsgebots verliert seine Relevanz ebenso wie der daran gekoppelte zuverlässige Ich-Erzähler. Das Autobiographische konstituiert sich nicht durch den retrospektiven Blick eines bewusstseinsmäßig überlegenen Erzählers, welcher imstande ist, dem vergangenen Leben Sinn zu verleihen, sondern durch die Rückbindung von Sinnstiftung an die Unmittelbarkeit der *écriture*, was letztlich in eine Sinnstreuung und eine Vielzahl von Möglichkeiten des Sinnentwurfs mündet.

Während traditionelle Darstellungsverfahren der Autobiographie auf der Basis des Widerspiegelungsparadigmas von einer prinzipiellen Übersetzbarkeit sozialer wie psychischer Realität ausgehen und das Subjekt in diesem Rahmen als prätextuelle Einheit fassen, zielt die Strategie eines umformulierten autobiographischen Diskurses wie Doubrovskys *Autofiction* gerade darauf, die Unübersetzbarkeit von subjektiven Erfahrungen in ein tropologisches System aufzuzeigen. Der Begriff der Autofiktion könnte daher sinnvoll an die von de Man entworfene Problematik der Tropologie gekoppelt und als Ausdruck ihrer doppelten Bestimmung und Widersprüchlichkeit bzw. ihrer konstitutiven Ambivalenz aufgefasst werden: 'auto' als die Autor-Referenz (Referenzialität), 'fiction' als Ausdruck der Unmöglichkeit ihrer Repräsentation innerhalb eines tropologischen Systems (Figuration). Die Autofiktion postuliert eine Übereinstimmung des Eigennamens, um diesen sogleich als Zuschreibung und referenzielle Illusion bloßzustellen.

Die Intention einer derartigen Strategie ist es, die Verformungen und Deformationen, die der sprachliche Figurationsversuch mit sich bringt, ins Zentrum des autobiographischen Aktes zu stellen und diesen, mit dem Begriff der Fiktion, an den Rändern der traditionellen Gattungstypologie zu situieren. Daraus ergibt sich auch die Schwierigkeit der Klassifizierung dieser autobiographischen Texte, die sich bekannten Kategorien entziehen. Ihr besonderes Verdienst im Rahmen einer Erneuerung des Autobiographischen besteht darin, den Anspruch der Aufrichtigkeit und Authentizität, der die Autobiographie konstituierte, als Paradoxie offenbart zu haben, nämlich dass "Autobiography veils a defacement of the mind of which it is itself the cause" (de Man 1979: 930). Zugleich steht die Aufdeckung dieser Unmöglichkeit im Dienste eines nachmetaphysisch gewendeten Verständnisses von Authentizität.

Daher sollte nicht nur die Preisgabe des traditionellen Authentizitätsanspruchs genannt, sondern auch die (epistemologischen) Ursachen dafür erläutert werden. Wenn beispielsweise Waller (1994: 185) argumentiert, dass "das für eine traditionelle Autobiographie typische Primat der Authentizität [...] schon lange vor Doubrovsky aufgegeben wurde", so scheint dabei verkannt zu werden, dass sich die Texte gerade durch Aufzeigen des unerfüllbaren Anspruchs mit Bedingungen des autobiographischen Schreibens auseinander setzen und sich somit architextuell noch immer auf das traditionelle Genre beziehen. Vielmehr stellt die Negation des Anspruchs einen letzten Versuch dar, durch Eingeständnis der Unerfüllbarkeit zumindest *ex negativo* wahrhaftig zu sein. Somit ist die Aufgabe des Anspruchs auf Authentizität durchaus in einem epistemologischen Sinne wiederum Zeichen einer neuen 'Authentizität'. Spricht man hier von einer prinzipiellen Aufgabe des autobiographischen Anspruchs, wird man m. E. dem Anspruch dieses Schreibens nicht gerecht: Wenn Authentizität prinzipiell keine Rolle mehr spielt, laufen genau genommen auch die Bemühungen um Offenlegung diskursiver Strukturen und sprachlicher Fiktionen ins Leere.

Im literaturwissenschaftlichen Diskurs dominiert ein traditioneller Fiktionsbegriff, der sich auf die Opposition Fiktion – Authentizität gründet und Fallstricke in der Betrachtung neuer autobiographischer Formen schafft, weil deren Terminologie sich als Umformulierung traditioneller Begriffe erweist. So geht auch Waller stets von einem tradierten Begriff der Fiktion aus. Wenn er bezüglich Doubrovsky von einer "kunstvollen Verknüpfung von Fiktion und authentischen Erlebnissen" (Waller 1994: 185) spricht, setzt er die Unterscheidbarkeit von Fiktion und Erfahrung voraus. Dies jedoch scheint Doubrovsky zu bestreiten, indem er die Aufhebung der Opposition inszeniert und zum zentralen Thema seiner Autofiktionen erhebt.

In diesem Kontext habe ich versucht aufzuzeigen, dass es sich bei Doubrovskys *Autofiction* durchaus um ein autobiographisches Projekt handelt, wenngleich in neuer Fassung und auch dann, wenn er Wahrheit an die sprachliche Manifestation dezentrierter Subjektivität koppelt. Obgleich der Text gänzlich neue Darstellungsverfahren nutzt, die auf die Irreduzibilität und Ambivalenz der Bedeutung gerichtet sind, begibt er sich immerhin auf die Suche nach Wahrheit, Authentizität und Sinn, ohne dass diese im Text zu einem anderen Resultat fände als ihrer eigenen Unabschließbarkeit.

Der Anspruch jedes Autobiographen, sich selbst zu ergründen, wird auch von Doubrovsky formuliert, im Schreibakt jedoch kann er nur noch das permanente Entgleiten des Selbst und das Scheitern seines erzählerischen Anspruchs konstatieren. Als einziger Ausweg bleibt ihm die Flucht in die Autofiktion, die es ihm ermöglicht, ähnlich wie Sartre die eigene Geschichte als Fiktion zu erzählen: "le pseudo-épisode des *Mots* réinventé de toutes pièces est plus 'vrai', dans la pure fiction, d'être plus riche, de nous révéler davantage de l'intimité de Sartre" (Doubrovsky 1991: 26).

Mit Bezug auf die Fiktion und deren Umformulierung referieren autofiktionale Texte auf die Bedingungen, unter denen Sinn im autobiographischen Diskurs hervorgebracht werden kann. Damit enthalten sie indirekt eine autobiographisch motivierte Textstrategie, in der die offengelegte Fiktion quasi "Aufklärung" leistet. Die Fingierung steht hier im Dienste eines autobiographischen Diskurses, der sich selbst unterlaufend die eigene Unmöglichkeit herausstellt. Die Strategie der Fiktionalisierung des Ich hebt Referenzialität nicht auf, aber supplementiert diese mittels Fiktion und hebt sich dadurch vom traditionellen Roman ab: "Dans un roman, on a affaire à des êtres imaginaires, on peut en faire ce qu'on veut. [...] Moi, j'ai affaire à des êtres réels. De façon radicale, cela change le problème" (Doubrovsky 1994: 70).

Das autofiktionale Prinzip stellt damit ein – im Sinne des neuen Wirklichkeitsverständnisses – adäquates Instrument der Selbstdarstellung dar. Mit seiner Hilfe ist der Autobiograph in der Lage, die Erfahrung der Nichtfassbarkeit von Wirklichkeit außerhalb von Diskursen aufzuzeigen. Somit lässt sich sowohl für als auch gegen die These vom "Ende der Autobiographie" argumentieren und für die Logik Derridas des Sowohl-als-auch plädieren: Einerseits für das Ende des traditionellen Genres, dessen Konstituenten in autofiktionalen Texten systematisch dekonstruiert werden, andererseits ist gerade das Prinzip der *Autofiction* Beispiel eines neuen Paradigmas von Autobiographie, welches sich aus der thematischen Auseinandersetzung mit autobiographischen Konstanten ergibt. Die Neuverortung des Autobiographischen in einer Überlagerung fiktionaler und referenzieller Strukturen widerspiegelt m. E. gerade den Versuch, die Dezentrierung moderner Subjektivität im autobiographischen Diskurs zu reflektieren. Das Subjekt wird damit nicht als vorgängig und repräsentierbar gefasst, sondern als eine sich im Prozess der Sprache herausbildende Größe.[89] Traditionelle autobiographische Gattungsmerkmale werden damit aufgehoben, nicht aber der Versuch, Autobiographisches zu (be-)*schreiben*. Man könnte autofiktionale Texte daher – auch wenn sie autobiographisches Erzählen formal gesehen aufgeben – in ihrer epistemologischen Auseinandersetzung als Um- bzw. auch Fortschreibung autobiographischer Diskurstraditionen deuten.

Die ontologische Differenz zwischen Wirklichkeit und Fiktion, zwischen Realität und Text ist für Doubrovsky nicht mehr wahrnehmbar, sie existiert nicht mehr: Ähnlich

---

89   Bei Doubrovsky finde sich "Sprache als Droge" (Tepperberg 1997: 530).

wie Robbe-Grillet kann er sie nirgendwo festmachen.⁹⁰ Sein semantisch offener Text imitiert die ständige Neuschreibung sowie die diskursive Rekonstruktion eines autobiographischen Subjekts:

> Pour moi, il n'y a plus de frontière entre le vécu et l'écrit: ils passent sans trêve l'un dans l'autre, ils sont en communication, en communion incessantes. [...] Un pied dans l'un, un pied dans l'autre, comme ça que je reste debout. Soudain perdu pied. (Doubrovsky 1994: 21)

Der Schreibprozess ist Teil seiner Realität, und wie sein Leben ist er ein Prozess der ständigen Neuschaffung autobiographischer Schichten, die sich einer endgültigen und eindeutigen Bedeutungszuweisung entziehen, ja für den Autobiographen selbst unzugänglich bleiben. Schreiben ist kein Akt ohne Konsequenzen, sondern wird bedrohlich, indem er das sprachlich freilegt, was dem Autor entgeht: "Si on joue le jeu de la vérité, vraiment: ça devient un jeu de massacre" (*LB*: 362).

Fern eines distanzierten Lebensrückblicks zerbricht dem Autor der eigene Text, zerfällt in Bruchstücke einer nicht greifbaren Existenz, die dem Autobiographen entgleitet und dessen Selbsterkenntnis verhindert. Nur das Weiterschreiben macht die bloß noch fragmentarisch erfahrene Wirklichkeit überhaupt erträgbar: "Je transforme mon existence exsangue en texte construit" (*LB*: 326). Nur als Abenteuer der Sprache vermag der Autobiograph die Fiktionalität seines Daseins zu erfassen und wandelt seine Autobiographie zur auto*graphie*:

> [...] le mouvement et la forme même de la scription sont la seule inscription de soi possible, la vraie "trace", indélébile et arbitraire, à la fois entièrement fabriqué et authentiquement fidèle. (Doubrovsky 1979: 105)

Die Unmöglichkeit einer konsistenten Ich-Geschichte mündet in eine zeichenhafte Suche, die diese Unmöglichkeit als Symbol einer gelebten Unmöglichkeit beschreibt. Die einzige Gewissheit des Erzählers besteht in seinem Wissen um die tiefgreifende Gespaltenheit des Daseins. In diesem Zusammenhang wird der Text zur Dekonstruktion der traditionellen Autobiographie, da er diese Unmöglichkeit immer in Bezug auf deren traditionelle Bedingungen formuliert und reflektiert. Doubrovsky negiert explizit sowohl die Sinnkonstitution sowie herkömmliche Totalitätsannahmen wie die Ausrichtung auf Einheit und gelingende Identität innerhalb des Genres der Autobiographie. Stattdessen inszeniert sein autofiktionales Textprinzip eine Unentscheidbarkeit hinsichtlich der traditionellen Genre-Annahmen. Seine Problematisierung und Subversion der generischen Konventionen schafft vielmehr ein Bewusstsein für die Entstehung von Genres und die damit häufig einhergehende Eigenproduktivität bzw. Verselbständigung der Muster, deren Substanzialisierung vor allem in der autobiographischen Gattungstheorie stattfindet. Diese Vereinseitigung hebt Doubrovskys autofiktionales Modell hingegen wieder auf, indem er traditionelle generische Grenzen auf-

---

90 Doubrovsky (1993b: 210) spricht von einer "valeur de subversion ontologique".

bricht und den transtextuellen Charakter der Literatur im Sinne Genettes (1993) wieder sichtbar zu machen sucht. Er bestreitet dabei keineswegs die Existenz literarischer Genres. Vielmehr betont er im Unterschied zu Theoretikern wie Lejeune deren transgressiven Charakter, wie es beispielsweise Derrida (1986: 264; vgl. auch 4.4) mit dem Gesetz einer *écluse du genre* artikuliert, die sich in jeweils eine Richtung öffnet und das Andere nicht ausschließt. Entscheidend für die damit einhergehende Umformulierung des traditionellen Fiktionsbegriffs scheint der von Doubrovsky vorgeführte fatale Zusammenhang von Leben und Schreiben, in welchem die traditionelle Opposition von Fiktion als Gegenwelt zur Lebenswelt aufgehoben wird. Der Autobiograph ist damit seinem Text nicht länger enthoben und verliert die Souveränität über den Bedeutungsprozess, quasi die Deutungsgewalt über das eigene Leben. So erschließt sich "Serge" die Bedeutung seines Satzes erst nachträglich ("si j'écris, c'est pour tuer une femme par livre", *LB*: 60) und das traditionelle Verständnis einer Selbstdarstellung wird radikal umgekehrt: Der Autor geht hier dem Text nicht voraus und verfasst aus der Distanz seine Lebensgeschichte, sondern er entfaltet sein Ich erst mit dem Text, der ihn gleichsam erst nachträglich zum Autor macht.

4. *JE N'AI JAMAIS PARLÉ D'AUTRE CHOSE QUE DE MOI* – ALAIN ROBBE-GRILLETS *NOUVELLE AUTOBIOGRAPHIE*

4.1 Vom *Nouveau Roman* zur *Nouvelle Autobiographie*

Wie bereits in der Einleitung dargestellt, beginnt der französische Autor und Theoretiker des *Nouveau Roman* Alain Robbe-Grillet Mitte der 80er Jahre eine mit autobiographischen Zügen versehene Trilogie. Trotz der hier erstmals offen eingeräumten autobiographischen Dimension, der "valeur autobiographique directe" (Salgas 1985: 6), gibt der Autor seinen Texten bei Erscheinen des zweiten Bandes den Untertitel *Romanesques*: "pour insister sur la visée romanesque des souvenirs autobiographiques" (Brochier 1988: 91).[91] Die auf den ersten Blick ungewöhnliche Hinwendung eines Autors, der für seine anti-mimetische und autoreferenzielle Ästhetik bekannt ist, zum autobiographischen Schreiben, verdeutlicht das auf den ersten Seiten der Trilogie gelieferte poetologische Programm: "Je n'ai jamais parlé d'autre chose que de moi" (*Miroir*: 7, 10; Robbe-Grillet 1978: 2). Der Autor versteht sein gesamtes Werk als autobiographisch, wobei dessen konkrete Referenzen bis zum Erscheinen der *Romanesques* zwar vorhanden, aber verdeckt sind. Die nunmehr offen als autobiographisch deklarierte Trilogie könne, so der Autor, nur dann als Autobiographie bezeichnet werden, wenn auch alle anderen Texte vom Leser als solche betrachtet würden (Salgas 1985: 6). Diese zunächst provozierend anmutende Aussage hat jedoch eine entscheidende Auseinandersetzung mit der Problematik von Referenzialität und Fiktionalität zum Hintergrund.

Bevor ich diese Auseinandersetzung darlegen möchte, soll ein kurzer Überblick über das Werk von Robbe-Grillet gegeben werden: In den 50er Jahren entstehen seine ersten, heute als klassisch geltenden Texte des *Nouveau Roman* unter dem Einfluss phänomenologischer Ansätze. Neben *Le régicide* (1949, 1978 erschienen) gehören die Texte *Les gommes* (1953), *Le voyeur* (1955) und *La jalousie* (1957) zum Frühwerk, welchem bekanntlich einige französische Literaturkritiker literarischen Antihumanismus vorwarfen.[92] Im Rahmen einer kritischen Revision des realistischen Romans, vor allem des Paradigmas von Balzac, verabschiedet Robbe-Grillet insbesondere jene Darstellungsverfahren, die vorgeben, eine Wirklichkeit nachbilden zu können und rückt stattdessen ein wahrnehmendes subjektives Bewusstsein ins Zentrum seiner Texte,

---

91 Die Trilogie besteht aus den Texten *Le miroir qui revient* (1984), *Angélique ou l'enchantement* (1987), *Les derniers jours de Corinthe* (1994), im Folgenden abgekürzt mit *Miroir*, *Angélique* und *Jours*. Den Begriff *Romanesques* verwendet Robbe-Grillet erstmals in einem Interview: "Je vois le *Miroir* comme le premier volet d'un ensemble dont le titre général pourrait être *Romanesques*" (Salgas 1985: 6). Zum Begriff des Romanesken vgl. A. de Toro (1999: 1425f.), der damit die Unzuverlässigkeit des Erzählers namens "Robbe-Grillet" und den Text als "Reise ins Ungewisse" umschrieben sieht.

92 Der Autor selbst schreibt rückblickend, man habe aus ihm "eine Art Monstrum der Unmenschlichkeit" gemacht (Robbe-Grillet 1987a: 5).

wobei das Wahrgenommene selbst einer abschließenden Deutung entgeht. Der Autor entwirft vor der Folie eines (vielleicht gänzlich missverstandenen) Realismus à la Balzac, erklärtermaßen sein Antipode, einen neuen anti-mimetischen und anti-realistischen Roman, dessen Poetik er in einem 1963 erschienenen Essayband ausführlich kommentiert.[93] Anstelle kohärenter logischer Geschichten zeigen Robbe-Grillets frühe Texte das Geschehen stets kommentarlos aus der Perspektive einer einzelnen Figur, die dem Beobachteten ausgeliefert ist und, anstatt Zusammenhänge zu deuten, nur deren visuelle Wahrnehmung vermitteln kann. Diese Eindrücke bleiben jedoch höchst disparat und ergeben kein zusammenhängendes Bild, vielmehr entstehen eklatante Widersprüche, was die Darstellung eines Tausendfüßlers in *La jalousie* exemplarisch verbildlicht: Von normaler Größe wächst das Tier durch die Obsession des Wahrnehmenden und erscheint monströs. Jeder Anhaltspunkt für die Konstituierung einer kohärenten Geschichte – ein Verbrechen in *Les gommes*, die Vergewaltigung in *Le voyeur* oder die Dreiecksgeschichte in *La jalousie* – wird durch widersprüchliche Versionen im Text unterlaufen, so dass sich eine Geschichte letztlich als Produkt des Leserbewusstseins, als Konstrukt entfaltet, welches immer wieder anders oder eben nicht gedeutet werden kann.

Mit *Dans le labyrinthe* (1959) wird in der Regel der Übergang zu einer zweiten Phase eines *Nouveau Nouveau Roman* angesetzt,[94] die ihren Höhepunkt 1965 mit *La maison de rendezvous* erreicht. Typisch hierfür ist die Umsetzung filmischer und kompositorischer Techniken wie etwa seriell-aleatorischer Verfahren, die zu einer Auflösung der Objektebene und einer dominierenden Metatextualität führen. Parallel dazu beginnt Robbe-Grillets Arbeit an einem *Nouveau Cinéma*, beginnend mit *L'année dernière à Marienbad* (1961), *L'immortelle* (1963), *Glissements progressifs du plaisir* (1974) bis hin zu *La Belle Captive* (1983).[95] Schließlich wird der für den Autor Robbe-Grillet charakteristische Innovationsanspruch in einer vierten, bis heute letzten Phase auf das Genre der Autobiographie übertragen, dem sich der Autor mit Erscheinen zweier Textfragmente 1978 und 1981 zuwendet und damit eine für unseren Zusammenhang entscheidende Diskussion über die Grenzen literarischer Selbstdarstellung mit eröffnet. Beide autobiographischen Fragmente werden mit dem Kommentar "abandonné sans cesse au profit de tâches qui me paraissaient plus urgentes" im

---

93 Der Band entstand als Reaktion auf die negativen Reaktionen der Literaturkritik, die dem Autor zufolge auf einem Missverständnis beruhen, das es zu klären gilt. Inwieweit Robbe-Grillets eigener Entwurf des "anti-réalisme" auf einer Verkürzung von Balzacs Konzeption des realistischen Romans beruht, der im Rahmen seiner Wirklichkeitsdarstellung eine fundamentale Auseinandersetzung mit dem klassischen Literaturbegriff vollzieht, soll hier nicht weiter thematisiert werden (zum Realismusbegriff der französischen Literatur des 19. Jahrhunderts vgl. Höfner 1980).

94 Der Begriff wird auf dem Kolloquium von Cerisy-la-Salle erst 1970 geprägt und umschreibt die von den Konzepten der Gruppe *Tel Quel* inspirierte Radikalisierung der Verfahren des *Nouveau Roman*.

95 Zur Systematisierung des Werks von Robbe-Grillet vgl. z.B. Houppermans (1993: 7f.).

ersten Band der Trilogie wieder abgedruckt (*Miroir*: 7; 10-36). Paradoxerweise beginnt der erste "autobiographische" Text Robbe-Grillets programmatisch mit einer Entsubstanzialisierung des Genres, indem er die Autobiographie *sui generis* negiert und sein Werk als autobiographisch deklariert. Ähnlich wie Doubrovsky unterläuft Robbe-Grillet hiermit die traditionelle Opposition von Roman und Autobiographie, womit er seine Kritik am sprachlichen Repräsentationsmodell – zuvor ausgehend vom realistischen Roman – diesmal anhand des autobiographischen Genres artikuliert. Im Grunde bleibt dies aber ein und dieselbe Kritik an den realistisch-mimetischen Darstellungsverfahren, die ihren genuinen Platz eben nicht nur im realistischen Roman, sondern auch in der Autobiographie im traditionellen Sinne haben, weil beide mit dem Anspruch auf sprachliche Darstellbarkeit von Wirklichkeit auftreten.

Andererseits verwirrt die in den *Romanesques* erkennbare Zunahme narrativer Strukturen. Ist mit ihnen eine Rückkehr zum autobiographischen Genre, d.h. zu einer referenziellen Darstellung verbunden, wie Lejeune behauptet?[96] Mutet es nicht wie eine Revision früherer Positionen an, wenn der für eine dezentrierte Erzählinstanz bekannte Autor (Blüher 1992: 77-99) nun einen gleichnamigen Ich-Erzähler mit auffallend biographischen Zügen installiert? Die in den *Romanesques* enthaltene "Einladung" zu einer referenziellen Lektüre, die durch zahlreich enthaltene biographische Elemente bestätigt zu werden scheint, mutet ungewöhnlich an für einen Autor, der Mimesis stets abgelehnt hat und dem Text Autonomie gegenüber der Wirklichkeit zumisst:

> Contrary to everything that he has said before, Robbe-Grillet now invites his audience to engage in a psychoanalytic and/or biographical interpretation of his work. This explains his apparent and surprising desire to undermine 'nouveau roman' aesthetics – an aesthetics based on the autonomy of the text and on specular structures that deny mimesis – and of which he was once (and may still be) the champion. (Stoltzfus 1988: 389)

Sollte der "Meister" des metafiktionalen Schreibens zur Transparenz einer mimetischen Sprachverwendung zurückgekehrt sein und seine Kritik an einer vorgeblich abbildenden Sprache revidiert haben? Dafür spricht, dass er sich offenbar von einigen früheren, dogmatisch erstarrten Positionen auf den ersten Seiten von *Miroir* distanziert. Mit der Annahme eines autobiographischen Auftragswerks – nach dem Buch von Barthes sollte ein Band "Robbe-Grillet par lui-même" in der Seuil-Reihe "Écrivains de toujours" erscheinen (Salgas 1985: 6) – nähert sich Robbe-Grillet scheinbar wieder den traditionellen, zuvor negierten Begriffen 'Autor' und 'Intention'. Der Autobiograph Robbe-Grillet scheint sich von der postulierten Anonymität jenes *scripteur* der *Nouveaux Romans*, der das seriell-aleatorische Spiel gleichsam "wie eine Maschine" organisiert, zu verabschieden: "simple jeu combinatoire qui pourrait à la limite être confié à une machine" (*Miroir*: 11). Er lässt seinen Ich-Erzähler relativierend sagen: "J'ai moi-même beaucoup encouragé ces rassurantes niaiseries" (ebd.). Genau genommen entdeckt der Erzähler hinter dem von ihm und anderen wie der Gruppe *Tel*

---

96 Die Feststellung Lejeunes lautet im Original: "Les troupes de Robbe-Grillet franchissent la frontière et envahissent le territoire autobiographique" (Lejeune 1991b: 70).

Quel im Anschluss an Kristevas Intertextualitätskonzept (1969) vertretenen Postulat vom Verschwinden des Autors einen Wahrheitsanspruch,[97] dessen dogmatischen Charakter hinsichtlich der Anonymität des Autors und einer Eigenproduktivität des Textes er ablehnt. In der Tat scheint es sich hier um den Autor selbst und um eine offensichtlich verlässliche Aussage hinsichtlich der poetologischen Vorstellungen Robbe-Grillets zu handeln. Dies ist insofern gut nachvollziehbar, da der Autor seine Theoreme stets öffentlich diskutiert hat, gleichwohl versteht er sich nicht in erster Linie als Theoretiker: sein theoretisches Werk beginnt mit dem Satz "Je ne suis pas un théoricien du roman" (Robbe-Grillet 1963: 7). Der Autor artikuliert diese nicht mehr im Rahmen von Essays, sondern integriert sie – ähnlich wie Doubrovsky – in seinen literarischen Diskurs, in dem referenzielle, fiktionale und metatextuelle Äußerungen nurmehr graduell zu unterscheiden sind und demnach stets "autobiographisch" sind. Die referenzielle Verbindung zwischen Autor und Erzähler wird durch die Formulierung poetologischer Vorstellungen hergestellt: Der Erzähler verkörpert hier nicht die menschliche Gestalt des Autors und seine Lebensgeschichte, sondern vielmehr dessen Literaturkonzeption.[98] Der in den *Romanesques* erkennbare und autobiographisch lesbare Erinnerungsdiskurs ist demnach beides, sowohl referenziell im autobiographischen Sinne als auch metatextuell, indem er sich als eine der "nouvelles impostures" (Praeger 1992: 69-77) des Autors erweist.

Zunächst kann man festhalten, dass Robbe-Grillet mit den *Romanesques* offenbar zwei Formen der Rezeption nahelegt, eine autobiographisch-referenzielle Lektüre ("Lesbarkeit") sowie eine, die darin lediglich die Mimesis autobiographischer Vertextungsverfahren,[99] d.h. eine vom Autor aufgestellte Falle sieht.[100] Daher verdient gerade die Tatsache Aufmerksamkeit, dass sich die traditionellerweise getrennten Diskurse von Referenzialität und Fiktionalität unauflösbar miteinander verbinden. In diesem Sinne unterscheiden sich *Nouveau Roman* und *Nouvelle Autobiographie* nur dadurch,[101] dass die autobiographischen Referenzen in letzterer explizit gemacht werden, ohne dass damit Sinngebung oder ein autobiographisches Projekt verbunden wären. Damit stellt die *Nouvelle Autobiographie* keine Rückkehr zum Genre der Autobiographie bzw. zu traditionellen Erzählverfahren dar, sondern artikuliert analog zur poetologischen

---

97 Die Problematik der Sinnproduktion sowie die Rollen von Autor und Leser sind gleichwohl in den *Romanesques* präsent. Die Metapher des Todes wird hier auf den Leser gemünzt (s.u.): "ta mort à toi, lecteur, c'est-à-dire aussi la mort de moi" (*Miroir*: 28).

98 In einem Interview spricht Robbe-Grillet selbst vom Entwurf einer ganzen Literaturtheorie in *Miroir* (Brochier 1988: 94); vgl. auch die Auseinandersetzung mit Barthes' Textbegriff (*Miroir*: 37f.; 67f.).

99 Dieses Kapitel knüpft an die Arbeit von A. de Toro (1999: 1424-1434) und seinen Vortrag im Rahmen der Ringvorlesung "Memory-Memoria: Fiktionalität, Geschichte und das Ich" der Philologischen Fakultät der Universität Leipzig an (SS 1997).

100 Vgl. Robbe-Grillet (1987a: 16) zum poetologischen Verständnis der *pièges*.

101 Zur Verwendung des Begriffs *Nouvelle Autobiographie* vgl. Fn. 1.

Konzeption des *Nouveau Roman* die Unerfüllbarkeit des Wahrheitsanspruchs, der sich hinter einer Sinngebung verbirgt. Anders formuliert, der Bezug zum literarischen Genre der Autobiographie dient hier, wie Saigh Bousta (1992: 208) formuliert, als *prétexte* für die Fortführung der bekannten Sinnkritik, d.h. Robbe-Grillets Kritik am repräsentationslogischen Modell der Sprache. Folgerichtig werden die in den *Romanesques* verwendeten autobiographischen Elemente mit Hilfe von Verfahren der Sinnsubversion, bekannt aus den Texten des *Nouveau Roman*, fiktionalisiert, d.h. ihre sprachliche Umwandlung bei der Vertextung wird durch Offenlegung der Verfahren kenntlich gemacht. Sie werden "romanesk" und fiktional im Zusammenhang mit ihrer Versprachlichung und existieren nicht jenseits ihrer Textualität. Mit anderen Worten: In Robbe-Grillets Trilogie wird zwar ein referenzieller Diskurs entfaltet, mit der Offenlegung der Narration wird jedoch der damit verknüpfte Anspruch auf Authentizität systematisch unterlaufen. Der Unterschied zum *Nouveau Roman* besteht allein im Erzähler namens "Robbe-Grillet". Analog zu der These A. de Toros (1987: 32) hinsichtlich der Vertextungsverfahren im *Nouveau Roman* ließe sich auch für die *Nouvelle Autobiographie* behaupten, dass Strukturen der *histoire*-Ebene auf die Narrationsebene überführt werden. Die Referenzen erhalten einen meta-narrativen Status und werden Bestandteil der Diskursebene. Auf Robbe-Grillets Beitrag zum *Nouveau Roman* und zu dessen Theoretisierung soll zum Verständnis dieses Zusammenhangs kurz eingegangen werden.

4.2 Zur poetologischen Relation von *Nouveau Roman* und *Nouvelle Autobiographie*

Seit mittlerweile über 40 Jahren artikuliert der "pape du Nouveau Roman" Robbe-Grillet wie kaum ein anderer Autor sein Misstrauen gegenüber einer vorgeblich transparenten Sprache sowie eine tiefe Skepsis gegenüber jeder narrativ hergestellten Kohärenz mit der Begründung, sie würden den sprachlichen *effet de réel* als Wirklichkeitsdarstellung ausgeben und damit nicht "tiefe Bedeutungen freilegen", sondern lediglich "mythes de la 'profondeur'" produzieren, die nun ihrerseits freizulegen wären (Robbe-Grillet 1963: 22). Den Terminus eines *Nouveau Roman* versteht der wortführende Autor als "Überwindung" eines traditionellen, realistisch-mimetischen Romankonzepts:

> [...] une appellation commode englobant tous ceux qui cherchent de nouvelle formes romanesques, capables d'exprimer (ou de créer) de nouvelles relations entre l'homme et le monde, tous ceux qui sont décidés à inventer le roman, c'est-à-dire à inventer l'homme.
> (Robbe-Grillet 1963: 9)

Um den illusionsbildenden Effekt des sog. traditionellen Romans – wofür er Balzacs Romane anführt – nachhaltig zu verhindern, greift Robbe-Grillet auf anti-mimetische Vertextungsverfahren wie *mise en abyme*, *thèmes générateurs* und *description créatrice* zurück (Dällenbach 1977; Ricardou 1971),[102] mit Hilfe derer er sprachliche Zeichen nicht zu Sinneinheiten verknüpft, sondern sie nach mathematischen Mustern organisiert, wie sie beispielsweise der seriell-aleatorischen Musik zugrunde liegen (A. de Toro 1987: 33f.). Nicht mehr die Vermittlung von Geschichten steht im Vordergrund einer derart anti-mimetischen Ästhetik, sondern die Darstellung und Problematisierung derjenigen Narrationsverfahren, die für die Organisation von Texten im Sinne realistischer Darstellungsprinzipien der Kohärenz und Linearität verantwortlich sind. Robbe-Grillet thematisiert damit den Bedeutungsprozess und reflektiert mit Hilfe der genannten Verfahren das Zustandekommen von Bedeutung, so dass sich seine Texte in Metatexte bzw. Metafiktionen im Sinne von Waugh verwandeln:

> [...] fictional writing which self-consciously and systematically draws attention to its status as an artefact in order to pose questions about the relationship between fiction and reality. In providing a critique of their own methods of construction, such writings not only examine the fundamental structures of narrative fiction, they also explore the possible fictionality of the world outside the literary fictional text. (Waugh 1984: 2)

Der *Nouveau Roman* Robbe-Grillets kann bereits als eine grundlegende Auseinandersetzung mit dem repräsentationslogischen Wirklichkeitsbegriff verstanden werden. Seine Kritik gilt all jenen Narrationsverfahren, die Wirklichkeit vorgeblich objektiv darstellen wollen. Zugleich kritisiert er den damit verbundenen Realismusbegriff, impliziert aber durch den eigenen Innovationsanspruch, mit der *anti-représentation* eine adäquate Vorstellung des Realen entwerfen zu können. Daraus ergibt sich die Frage, *wie* Robbe-Grillet seinerseits das Reale konzipiert, und ob sein Anspruch auf literarische Erneuerung dem widerspricht, weil er damit durch die Hintertür wieder einen Wahrheitsanspruch einführt.

Zunächst zur Wirklichkeitskonzeption, die der Autor in erster Linie aus einer Auseinandersetzung mit dem sog. realistischen Roman des 19. Jahrhunderts, konkret aus der Analyse mimetischer Erzählstrukturen im Werk Balzacs entfaltet.[103] Hinter dessen auktorialer Darstellung, die sich in einem allwissenden, im *passé simple* sprechenden Erzähler manifestiert (Robbe-Grillet 1992: 18f.), sei Robbe-Grillet zufolge eine spezifische Auffassung von Wirklichkeit verborgen, die die Welt als beschreibbar und deutbar, d.h. auch als erkennbar wiedergebe. Dieses Bewusstsein von einer Wirklichkeit, die sich als geschichtliches Kontinuum entfaltet, sei jedoch spätestens seit der Nachkriegszeit abhanden gekommen.[104] Das Wirkliche sei, so Robbe-Grillet, unfassbar geworden

---

102 Diese Verfahren sind von *Les gommes* (1953) an bis hin zu *Projet pour une révolution à New York* (1970) "mit unterschiedlicher Dominanz *immer* präsent" (A. de Toro 1987: 32).

103 Robbe-Grillet äußert sich dazu vor allem in den Aufsätzen von 1963, 1987a und 1992, die die Grundlage der vorliegenden Auseinandersetzung mit seinem Wirklichkeitsverständnis bilden.

104 Offenbar geht Robbe-Grillet (1987a: 18) nicht nur von einem Wandel der Vorstellung von Wirklichkeit, sondern von einem Wandel der Wirklichkeit selbst aus, wenn er sich auf die Nachkriegszeit bezieht und apodiktisch formuliert: "in diesen Jahren wurde der Wahrheitsbegriff in Frage gestellt".

und manifestiere sich in der Literatur dadurch, dass – etwa in Sartres *La nausée* – "jemand anfängt, von der Welt zu sprechen, weil er sie nicht versteht" (Robbe-Grillet 1987a: 10) und Autoren wie Camus in *L'Étranger* auf einen souveränen Erzähler à la Balzac verzichteten.
Mit jener Balzac zugeschriebenen Konzeption einer erklärbaren Welt, die sich "in Geschichte verwandeln läßt" (Robbe-Grillet 1992: 23), sei jedoch auch das System des Realismus in der Literatur überholt und mimetisches Erzählen unmöglich geworden: "Raconter est devenu proprement impossible" (1963: 31), so lautet das pointierte Fazit der Robbe-Grillet'schen Poetik eines *Nouveau Roman*, in der die Techniken des "alten" als "notions périmées" verabschiedet werden:[105]

> Tous les éléments techniques du récit – emploi systématique du passé simple et de la troisième personne, adoption sans condition du déroulement chronologique, intrigues linéaires, courbe régulière des passions, tension de chaque épisode vers une fin, etc. –, tout visait à imposer l'image d'un univers stable, cohérent, continu, univoque, entièrement déchiffrable. Comme INTELLIGIBILITÉ DU MONDE n'était même pas mise en question, raconter ne posait pas de problème. (Robbe-Grillet 1963: 31, m.H.)

Die konzeptuelle Basis des "neuen" Romans ist eine Umkehrung dieses Denkens, die Welt sei demnach weder erkennbar noch beschreib- und deutbar, sondern schlicht vorhanden: "Or le monde n'est ni signifiant ni absurde. Il *est* tout simplement. C'est là, en tout cas, ce qu'il a de plus remarquable" (Robbe-Grillet 1963: 18). Aus dieser Konzipierung des Wirklichen ergibt sich auch die charakteristische, durch die bekannten Theoreme vermittelte Bedeutungskonzeption des *Nouveau Roman*. Da die Bedeutung den Gegenständen nicht inhärent ist und stets nachträglich, von einer spezifischen Kondition ausgehend konzipiert wird, ist sie nie außerhalb oder unabhängig von diesem Diskurs zugänglich und entgeht auch nicht den damit einhergehenden Wandlungen. Das Wirkliche ist damit unzugänglich und entzieht sich jeder Deutung. Im Anschluss an Lacan umschreibt Robbe-Grillet das Reale als konstitutive Abwesenheit von Bedeutung: "le réel commence là où le sens vacille" (*Miroir*: 212; vgl. auch 1987a: 26). Das Reale existiert nicht vor dem Text, sondern konstituiert sich dort selbst im Rahmen einer symbolischen Ordnung. Das Wahre (*le vrai*) als das, was man begreifen kann, steht in Opposition zu dieser Realität, die sich der Deutung entzieht. Während repräsentationslogische Darstellungen bemüht sind, beide Seiten zu vermitteln und deren Existenz suggerieren, vermag Robbe-Grillet auch das Wahre nur als unmögliche Repräsentation zu zeigen, als das, was sich entzieht und mit den vorhandenen Verstehenskategorien nicht zu fassen ist (*anti-représentation*). Das Reale lässt sich nur mittels einer radikalen Umformulierung der traditionellen Vorstellung der Identität von Bedeutungen realisieren, d.h. an den Rändern der Sprache sichtbar machen.

---

105 Der 1957 verfasste Artikel trägt den Titel "Sur quelques notions périmées" (Robbe-Grillet 1963: 25-44).

Da jede Signifikation zugleich das Wahre konnotiert und demzufolge eine Ideologie darstellt, kann nurmehr die Zerstörung der Signifikation das Reale vermitteln. Die "Verwirrung" des Lesers im *Nouveau Roman* soll demnach die Grenzen des Verstehbaren (*intelligible*) aufzeigen und das Reale – im poetologischen Verständnis Robbe-Grillets – als das sprachlich nicht Fassbare nachvollziehbar machen.

Die Sprache ist hier nicht mehr Vehikel einer außersprachlichen Wirklichkeit, sondern evoziert im Rahmen ihrer unkontrollierten Dynamik eine spezifische Lektüreerfahrung. Das 'Reale' wird nicht beschrieben, vielmehr erlebt der Lesende die Grenzen des Verstehbaren sinnlich und durchläuft mit dem Text zugleich eine Erfahrung. Damit wird die Position des Lesers gestärkt, er wird als aktiver Part an der Textproduktion beteiligt, indem er nicht präfigurierte Bedeutungen auffindet, sondern die Verfahren, d.h. den Prozess der Bedeutungskonstitution selbst nachvollzieht und somit an der Kreation teilhat. Der Leser des Robbe-Grillet'schen *Nouveau Roman* entschlüsselt statt vorgegebener Sinnstrukturen die Funktionsweise der genannten kombinatorischen Verfahren, die den Sinn in einer Art *regressus ad infinitum* vervielfältigen und damit so unfassbar wie unfixierbar machen. Die Aufmerksamkeit des Rezipienten wird von vorgeblich hinter den Zeichen liegenden Bedeutungen (Signifikaten) weg und auf die Organisation der Zeichen (Signifikantenketten) gelenkt, so dass der Text vom Lesen koproduziert wird, indem sich das Lesen selbst als "Sprachabenteuer" erweist.

Vor diesem Hintergrund muss dann jede Literatur, die ein "univers stable, cohérent, continu, univoque, entièrement déchiffrable" vermittelt, als bloße "Täuschung" erscheinen, die mittels mimetischer Sprache nur den Anschein von Objektivität erweckt. Mit anderen Worten: In einer darstellenden Sprache werden die Mechanismen der Vertextung nur verhüllt, um einen Anspruch an den Text erheben zu können. Gegen diesen referenziellen Anspruch spielt Robbe-Grillet einen anderen aus: Sein intertextuelles Spiel zielt auf die Suspendierung der Referenz. Robbe-Grillets "neuer Realismus" besteht darin, den Zeichen in ihrer Erscheinung selbst gewissermaßen Realitätswert zu verleihen, und sie nicht nur als Stellvertreter einer außertextuellen Welt zu betrachten. In den Texten Robbe-Grillets findet diese Umformulierung der realistischen Darstellungsästhetik eine unmittelbare zeichentheoretische Umsetzung, zugleich wird der Anspruch – quasi *ex negativo* – wiederholt. Geht man davon aus, dass eine einseitige Akzentuierung der referenziellen Zeichenfunktion, also eine mimetische Sprache, die 'Natur' der Zeichen verdeckt, impliziert man, dass die Enthüllung der Tropologie zumindest das mit einiger Gewissheit offenbart, was Sprache nicht ist, nämlich nur Abbildung – sie ist selbst eine Ordnung. Abbildende und performative Funktion, Repräsentation und Autoreferenzialität gehören genau genommen zusammen.

Das Spiel mit den Signifikanten und die Aufspaltung bzw. Vervielfältigung der Referenzen, wie sie in *Nouveau Roman* und *Nouveau Nouveau Roman* praktiziert werden, leugnen Bedeutungen als vor einer Sprache gegebene Kategorien. Demzufolge wertet Robbe-Grillet jeden Wahrheitsanspruch sowie die Annahme eines den Objekten inhärenten Sinns als Ideologie der Bedeutung und führt stattdessen – um dieser Ideologie der Signifikation zu entgehen – die zuvor verborgenen sprachlichen Mechanismen der Diskursivierung vor.

Dabei stellte sich die Frage, ob eine Ausschaltung der Referenzen überhaupt möglich ist und die Offenlegung der Vertextungsverfahren solches bewirken kann. Laut der bekannten Formel vom "récit de l'aventure", welches sich mit dem modernen Roman zu einem "aventure du récit" (Ricardou 1971: 143) wandle, steht nicht mehr die *Geschichte*, sondern vielmehr deren diskursive Konstitution im Zentrum der literarischen Darstellung des Romans. Wie radikal Ricardou diesen Paradigmenwechsel und zugleich die Problematik literarischer Darstellung formuliert, zeigt seine These von der Produktivität der Sprache, die er im Zusammenhang mit seiner Theorie der Generatoren entwirft und die vor allem in den Textkonzepten der Gruppe *Tel Quel* ihren Niederschlag fand. Auf dem Kolloquium von Cerisy-la-Salle (1971) hatte Ricardou die textuelle Produktion als "travail à partir de rien" bezeichnet, also von einem Wirklichkeitsbezug gänzlich abgekoppelt, und damit eine Debatte um die Frage ausgelöst, ob Referenzialität durch die Eigendynamik der Sprache im Rahmen eines durch Selbstgenerierung entstandenen und demzufolge autoreferenziellen Textes tatsächlich abgekoppelt werden könne. Hempfer kritisiert diese Behauptung einer völligen *autogénération* (d.h. eines generativ erzeugten Textes) wegen ihrer Einseitigkeit und verweist darauf, dass dabei Struktur und Genese des Textes verwechselt würden (Hempfer 1973: 49; vgl. 22-27). Auch wenn die Textkonstitution nicht intentional erfolge (zumindest nicht durch Sinngebung), entfalte sie über ein "allegorisches Signifikat" dennoch eine Bedeutung, die sich nurmehr auf metatextueller Ebene als "Schreiben über das Schreiben", also metafiktional artikuliere (ebd.).

Die Ansätze dieser produktiven Texttheorie – vor allem in den Arbeiten der *Tel Queliens* artikuliert – ermöglichen gerade auch wegen dieser Brisanz neue Perspektiven auf das Verhältnis zwischen Referenzialität und Vertextung im *Nouveau Roman* wie auch im *Nouveau Nouveau Roman*. Sie werfen die Frage nach den Möglichkeiten reiner Zeichenproduktivität bei Ausschaltung der Autorintention oder eines koproduzierenden Lesers auf und sind somit auch für die Auseinandersetzung mit der *Nouvelle Autobiographie* relevant:

> Die telquelistische Texttheorie geht also insofern über die klassische Konzeption der Literatur hinaus, als für sie der 'Sinn' keine Gegebenheit ist, die nur noch mittels einer instrumentalen Zeichenstruktur 'darzustellen' wäre, sondern 'Sinn' wird im Text erst erzeugt, und zwar durch Transformation, Auflösung, Be- und Verarbeitung bereits bestehenden 'Sinns', der immer in Textform vorliegt; ein anderer Name für diese Auffassung von Sinnproduktion ist der Begriff *Intertextualität*. (Brütting 1976: 123)

Indem Robbe-Grillet anstelle einer Lebensgeschichte die Verfahren ihrer Konstitution darstellt, praktiziert er nicht nur die bereits seit dem *Nouveau Roman* bekannte Technik der Sinnsubversion, sondern wirft die Frage auf, ob die autobiographische Referenzialität damit aufgelöst wird. Diese Frage war im *Nouveau Roman* weniger brisant, weil die referenziellen Elemente nicht gekennzeichnet waren. Erst mit den *Romanesques* wird also das Problem der unauflösbaren Verknüpfung sowie die unmögliche Scheidung der Referenzen von ihrer Vertextung offenbar.

Die bereits angesprochene, für den *Nouveau Roman* charakteristische Verlagerung von Erzählelementen der Geschichts- auf die Diskursebene scheint in der Tat auch für die Konstitution der *Romanesques* relevant. Hier werden Elemente der Biographie nicht im Sinne einer traditionellen Vertextung zu einer kohärenten Lebensgeschichte zusammengefügt, sondern vielmehr auf die Diskursebene übertragen und dort in Biographeme umgewandelt (vgl. 4.3). Da dem Sinnverständnis des Autors zufolge auch die Vita keine apriorische Bedeutung enthält, kann letztlich nur die Auffassung vom Nicht-Sinn des Seins als autobiographisches Substrat kommuniziert werden. So erhebt auch der Autobiograph Robbe-Grillet nicht mehr den Anspruch, ein Verständnis seiner Biographie vermitteln zu wollen, sondern identifiziert sein Ich mit einer "manière de dire" und macht das autobiographische zu einem schriftstellerischen Projekt:

> Avant l'œuvre, il n'y a rien, pas de certitude, pas de thèse, pas de message. Croire que le ROMANCIER a 'quelque chose à dire', et qu'il cherche ensuite comment le dire, représente le plus grave des contre-sens. Car c'est précisément ce 'comment', cette manière de dire, qui constitue son projet d'écrivain, projet obscur entre tous, et qui sera plus tard le contenu douteux de son livre. (Robbe-Grillet 1963: 121)

Gibt es bei Robbe-Grillet nicht mit den Vertextungsverfahren doch etwas, was präfiguriert ist? Auch wenn sich der Autor dezidiert von jenem Wahrheitsanspruch, den Ricardou formuliert hat, distanziert,[106] scheint er doch mit dem *Nouveau Roman* zugleich einen Wahrheitsanspruch des traditionellen Romans zu konstruieren, den es faktisch nie gegeben hat. Im Zusammenhang mit dem *Nouveau Roman* bestreitet Robbe-Grillet das Vorhandensein einer Botschaft – jede nicht auf sich selbst verweisende Sprache schaffe potenzielle Wahrheitsansprüche hinsichtlich einer jenseits vom Text liegenden Referenz:

> L'art n'obéit à aucune servitude de ce genre, ni d'ailleurs à aucune autre fonction préétablie. Il ne s'appuie sur aucune vérité qui existerait avant lui; et l'on peut dire qu'il n'exprime rien que lui-même [...]. Ne pourrait-on avancer au contraire que le véritable écrivain n'a rien à dire? Il a seulement une manière de dire. (Robbe-Grillet 1963: 42)

Wenn es jedoch nur eine "manière de dire" und kein Objekt des Diskurses gibt, welches sich unabhängig gestalten ließe, gerät ein referenzielles Genre wie die Autobiographie an seine Grenze: Ein autobiographischer Text, der seine historische bzw. biographische Referenzialität unterminiert, lässt sich von anderen Texten zwar rhetorisch, nicht aber substanziell unterscheiden. Wenn Robbe-Grillet die *Nouvelle Autobiographie* vor dem Hintergrund der traditionellen Kategorie des Autobiographischen entwirft, akzeptiert er zumindest das Vorhandensein eines derartigen repräsentationslogischen Konzeptes, auf dessen Basis erst eine De*konstruktion* erfolgen kann.

---

106 Robbe-Grillet dazu: "Ich habe mich, obwohl ich, was den *nouveau roman* anbelangt, Jean Ricardou nahestand, in dem Augenblick von ihm getrennt, als er beanspruchte, die Wahrheit des *nouveau roman*, das heißt die Wahrheit des Textes, festzusetzen" (Robbe-Grillet 1987a: 20). Dies käme dem Anspruch realistischer Darstellungen gleich. Und Robbe-Grillet in einem Interview dazu weiter: "Si je me suis fâché avec Jean Ricardou, c'est que pour lui la théorie était vraie; pour moi, non" (Brochier 1988: 97).

Der Akt der Sinngebung – Voraussetzung für jede Interpretation von Welt oder Vita – wird in seinem Resultat negiert und vielmehr in seiner unabschließbaren Prozessualität dargestellt. Dies geht einher mit der Veränderung der Rahmenbedingungen der Bedeutungsprozesse, die sich nun auch im autobiographischen Bereich manifestieren. Robbe-Grillet geht es darum, die vielfältigen Möglichkeiten der Interpretation bzw. die möglichen Versionen der Modellierung von Welt aufzuzeigen und den Ort dieser Modellierung, den Schreibakt und die Vertextung, ins Zentrum der Darstellung zu rücken. Die *Nouvelle Autobiographie* schließt demzufolge an die Literaturkonzeption des *Nouveau Roman* an und muss im Rahmen einer Fortführung von dessen Sinnkritik jedes Engagement in Bezug auf einen autobiographischen Wahrheitsanspruch aufgeben:

> Du point de vue de l'autobiographie, SE PASSIONNER NON PLUS POUR LES ÉLÉMENTS, MAIS POUR LEUR ASSEMBLAGE, cela va représenter ce que l'on pourrait appeler la "nouvelle autobiographie". S'il existe un "nouveau roman", il doit exister quelque chose comme une "nouvelle autobiographie" qui fixerait en somme son attention sur le travail même opéré à partir de fragments et de manques, plutôt que sur la description exhaustive et véridique de tel ou tel élément du passé, qu'il s'agirait seulement de traduire. (Robbe-Grillet 1991: 50, m.H.)

4.3 Zur Ebene der Referenzialität in den *Romanesques*

Robbe-Grillet besteht auf einer autobiographischen Dimension seiner Werke: "même si les aventures qui y étaient racontées ne ressemblaient que partiellement à ma propre vie, elles avaient des points de contact, un ancrage crucial et précis" (Robbe-Grillet 1991: 40), was man als neue, gewissermaßen auch autofiktionale Dimension Robbe-Grillet'scher Texte bezeichnen kann (Stoltzfus 1996: 153). Zugleich postuliert er mit den biographischen Referenzen in seinem gesamten Werk – ausgehend von der Referenzialität des autobiographischen Genres – auch dessen "caractère autobiographique" (Robbe-Grillet 1991: 40). Im *Nouveau Roman* sind diese autobiographischen Versatzstücke jedoch nie erkennbar gewesen, demnach stellten sich auch keine "Fallen" (*pièges*) hinsichtlich einer referenziellen Lektüre.

Zahlreiche Hinweise auf den autobiographischen "Gehalt" und darauf, inwiefern die Elemente seiner Pseudo-Geschichten auf den Autor selbst zurückweisen, finden sich in den metatextuellen Kommentaren des Autors: Vgl. beispielsweise *Le voyeur* in Bezug auf die bretonische Kindheit, *La jalousie* auf die Bananenplantage, auf der der Agraringenieur Robbe-Grillet lebte und nicht zuletzt die sadistischen Elemente "aus [m]einem Kopf, aber gewiß doch" (Robbe-Grillet 1987a: 15).

Er verweist weiterhin auf die Beschreibung einer Tür in seinem Text *Projet pour une révolution à New York*, die autobiographisch inspiriert ist: Es handelt sich um die Tür seines Geburtshauses (1991: 38f.). Diesen entscheidenden Zusammenhang zwischen der im Text als fiktional erscheinenden Tür und ihrer Referenz in der Wirklichkeit stellt der Autor jedoch erst in einem viel später publizierten Artikel her (ebd.). Das Verständnis des Textes ist demzufolge nicht von der Kenntnis der 'wahren' Tür bzw. dem Erkennen einer Ähnlichkeit zwischen Zeichen und Referenz abhängig. Nicht die 'reale' Tür ist Gegenstand der Literatur, sondern ihre sprachliche Ausformung bewirkt eine Literarisierung und Fiktionalisierung und macht den Text – über seine außersprachlichen Referenzen hinaus – zu einem literarischen. Zugleich ist und bleibt die außersprachliche Referenz dieser Tür vorhanden, auch wenn sie nicht semantisiert wird. Die besagte Tür wird zwar in Anlehnung an die Tür des Geburtshauses des Autors beschrieben, für den Leser ist jene Übereinstimmung aber irrelevant, weil ihm keinerlei Glauben bezüglich der echten Tür abverlangt wird, vielmehr die Echtheit der Tür – im Unterschied zur Referenzvereinbarung im autobiographischen Pakt – keine Rolle spielt.

Das Beispiel zeigt Robbe-Grillets Problematisierung von Wirklichkeit und ihrer zeichenhaften Manifestation sowie das damit verknüpfte Wahrheitsverständnis, welches sich in der Textstrategie der *Romanesques* niederschlägt. Demnach lässt sich Wahrhaftigkeit, wie das Beispiel der Tür nahelegt, nicht durch den faktischen Bezug zur außertextuellen Welt belegen, sondern konstituiert sich erst in den Zeichen selbst und bleibt stets an die sprachlich-textuelle Wirklichkeit der Zeichen gebunden. Robbe-Grillet zufolge entscheidet nicht die Qualität der Referenzen über das Verständnis eines Textes, sondern vielmehr deren diskursive Exposition, was der autobiographische Diskurs exemplarisch belege. Um jedoch dessen Funktionsweise und die Konstitution autobiographischer "Wahrheiten" vorzuführen, kombiniert Robbe-Grillet unendliche Serien aus autobiographischen Lexemen (*thème*) und ahmt nicht mehr das vergangene Leben, sondern die sprachliche Konstitution seiner Erinnerungen nach. Dabei folgt er der *Nouveau-Roman*-Devise eines "construire en détruisant" (Robbe-Grillet 1963: 130) und führt mit der Dekonstruktion von Bedeutungsstrukturen zugleich jeden Anspruch eines Textes, etwas außerhalb seiner selbst darstellen zu können, und somit jeden Wahrheits- und Authentizitätsanspruch *ad absurdum*: "Was man in dieser 'Neuen Autobiographie', die ich meine, sieht, ist nicht Wahres, sondern Wirkliches. Und gerade dieses Wirkliche ist es, was die Leser so verwirrt" (Robbe-Grillet 1987a: 26).

4.4 Die metafiktionale Strategie der *Romanesques*

Es lässt sich festhalten, dass Robbe-Grillets Bekenntnis in den *Romanesques* zur biographischen Referenzialität offenbar keine Autobiographie im traditionellen Sinne intendiert und damit auch kein "retour au soi" (Lejeune 1991: 51) im Sinne eines Paktes verbunden ist. Der mittels Offenlegung der Referenzen – im Text selbst oder durch metatextuelle Äußerungen des Autors – implizierte Authentizitätsanspruch, so die These, wird vielmehr durch spezifische Vertextungsverfahren unterlaufen, die Gegenstand des folgenden Abschnitts sein werden. Es soll aufgezeigt werden, wie der Autor diese biographischen Elemente, die man auch als *thème* (Ausgangselement) bezeichnet, analog zum *Nouveau Roman* mittels kombinatorischer Vertextungsverfahren umwandelt: Damit unterläuft er ihren Realitätsbezug und stellt sie in einen unendlichen Verweisungszusammenhang. Dieser ist wiederum Ausdruck seines Bedeutungskonzeptes, welches Sinn nicht in erster Linie aus der Wiederholung identischer sprachlicher Formen hervorbringt, sondern vielmehr durch diverse Verweise der Zeichen aufeinander. Die dabei erfolgte Transformation biographischer Elemente wird mit Hilfe spezifisch metafiktionaler Strategien offengelegt, so dass die Wirkung intertextueller Beziehungen im Prozess der Bedeutungskonstitution hervorgekehrt wird. Die Sprache ist hier nicht mehr Instrument zur Darstellung ihres Anderen, hier des Vergangenen, und je nach Ersichtlichkeit dieses Bezugs bewertbar (als wahr oder falsch), sondern Bedeutung entfaltet sich aus den intertextuellen Beziehungen, aus Verweisen von Zeichen auf andere Zeichen, und kann somit weder als wahr noch als falsch gedeutet werden, Sprache an sich ist weder Garant des Realen noch des Fiktionalen.

Die Trilogie Robbe-Grillets illustriert diese Auffassung von der Bedeutungskonstitution ausführlich. Zunächst gilt es, die biographische Qualität der *Romanesques* – deren Titel ohne Wissen um die autobiographische Dimension tautologisch wäre – unter Beweis zu stellen. Im Gestus eines zuverlässigen Ich-Erzählers ("Si j'ai bonne mémoire, j'ai commencé l'écriture du présent livre...", *Miroir*: 7) werden biographische Details eingeflochten und jeder Leser mit zumindest oberflächlicher Kenntnis der Autobiographie – in zahlreichen Texten, Interviews usw. kommentiert – stellt eine Ähnlichkeit fest.[107] Im Text werden die Eltern genannt (rechtsanarchistische Pétain-Anhänger, *Miroir*: 112f.; 1987a: 16), Großväter und -mütter sowie einige Lebensstationen des Autors (Kindheit in der Bretagne, Arbeitsdienst in Nürnberg/*service du travail obligatoire*; vgl. 1987a: 17), auch die bekannten literaturtheoretischen Positionen sind unschwer erkennbar. Diese vom Autor angelegte und deutlich markierte referenzielle Spur der *Romanesques* wird von einem Beitrag noch überboten, der zeitliche und geographische Referenzen rekonstruiert: In seinem Kolloquiumsbeitrag erläutert Rybalka, selbst ein Bekannter des Autors, die Entstehung von *Angélique* und notiert Ereignisse des Schreibprozesses (Robbe-Grillet war u.a. in Buenos Aires, Patagonien, Saint-Louis, Mesnil-au-Grain/Bretagne, Greensboro, Kalifornien; vgl. Rybalka 1992: 93). Auch andere wissenschaftliche Beiträge widmen sich einer derartigen "Prüfung" und Offenlegung der Referenzen, bleiben damit jedoch unbeabsichtigt einem binären Modell von Wirklichkeit und Text verhaftet.[108]

Wie die vorausgehende Problematisierung im Zusammenhang mit dem *Nouveau Roman* gezeigt hat, lässt sich aus der *ressemblance* (Lejeune) kein autobiographisches Projekt ableiten. Wenn also den *Romanesques* im Unterschied zum *Nouveau Roman* nicht nur ein Ich-Erzähler namens Robbe-Grillet, sondern auch noch Übereinstimmungen mit der Biographie des Autors bescheinigt werden können, so sind diese für das Verständnis der Trilogie irrelevant. Indem Robbe-Grillet die Abwesenheit fester Sinnstrukturen inszeniert, muss er – auch hierin Doubrovsky ähnlich – einräumen, dass er die "Deutungshoheit" über sein Leben verliert. Dem verleiht er durch sein Spiel mit textuellen Mustern und literarischen Motiven Ausdruck, deren Deutung sich unendlich fortführen ließe (u.a. bei Ramsay 1992; Stoltzfus 1988a). Interessant ist jedoch die Strategie, die dieser Vertextung und Organisation der Elemente zugrunde liegt.

---

107 Vgl. hierzu das Interview mit Brochier (1988) und Salgas (1985).

108 Vgl. Grüter (1994: 82ff.) und Spear (1994: 75, Fn.30).

Zunächst ein kurzer Überblick: Die drei Bände der *Romanesques* von Robbe-Grillet setzen sich jeweils aus typographisch abgesetzten Teilen zusammen und enthalten am Textende ein Verzeichnis, das jedem Fragment einen Inhalt zuordnet. Bei näherem Vergleich entpuppt sich das Verzeichnis jedoch als Pseudo-Struktur, welches die Textfragmente nicht ordnet, sondern vielmehr eine Verwirrung stiftet: Aufgrund der Nichtidentifizierbarkeit von Inhaltsangabe und Fragment wird der Leser systematisch irregeführt (vgl. Robbe-Grillet 1987a: 24-26; 1991: 48-50).

Ein Ich-Erzähler eröffnet alle drei Texte der Trilogie. Die Struktur des ersten Bandes ergibt sich aus drei formal und inhaltlich voneinander abgrenzbaren Erzählsträngen: einem autobiographischen Diskurs (namensidentisches Ich), einem fiktionalen Diskurs über Corinthe in der 3. Person sowie einem weiteren autobiographischen, jedoch stark theoretisch-metatextuellen Diskurs. Die Ebenen durchziehen den Text alternierend.

Ab dem zweiten Band verschmilzt der Ich-Erzähler teilweise mit der Figur des Corinthe. Während der Ich-Erzähler des ersten Bandes noch behauptet, "Je n'ai pas connu personnellement, Henri de Corinthe" (*Miroir*: 22),[109] ist die hier dominante Corinthe-Ebene mit der autobiographischen verwoben. Im Erzählerbewusstsein wird zwischen realen und fiktionalen Elementen nicht unterschieden. Im letzten Band der Trilogie hingegen dominiert der (autobiographisch) metatextuelle Diskurs.

Die Trilogie verfügt weder über eine durchgehende Handlungsstruktur, noch existieren Raum- und Zeitkategorien außerhalb des Erzählerbewusstseins, so dass ein Lebenszusammenhang wie in traditionellen Autobiographien nicht erkennbar wird. Die einzelnen Fragmente konstituieren sich aus sog. "*images*", die der Erzähler in einen Zusammenhang zu bringen sucht, wie die folgende *mise en abyme* des Produzenten verdeutlicht:

> Pour qui donc est-ce que je raconte tout cela? CES IMAGES PLUS OU MOINS DÉCOUSUES DONT J'ESSAIE PATIEMMENT DE RENOUER LES FILS – rompus sans cesse à nouveau – je sais qu'elles viennent d'abord de mon enfance, construites dès cette époque dans ma mémoire à partir des récits fragmentaires et pudiques se rapportant à la terrible guerre, si vivante encore au foyer familial lorsque j'avais huit ou dix ans et sans doute aussi jusqu'à la fin des années 30 [...]. (*Angélique*: 104, m.H.)

Diese "*images*" prägen auch die thematischen Bereiche aller Texte, die enge Verbindungen mit der Biographie Robbe-Grillets aufweisen: sado-erotische Erzählerphantasien, biographisch-anekdotische Schilderungen, fiktional-mythische Geschichten um den Protagonisten Corinthe sowie literarische und theoretische Intertextualität. Robbe-Grillet bekannte sich in der Vergangenheit – von massiver Kritik begleitet – mehrfach offen zu seinen erotischen und sadistischen Phantasien, die er in den "chapitre[s] obsessionel[s]" (*Angélique*: 61) lustvoll inszeniert. Im Text selbst deutet er auf den biographischen Zusammenhang: "mon attention précocement spécialisée dans

---

109 Im Interview mit Brochier (1988: 94) behauptet der Autor hingegen, Fotos von Corinthe zu besitzen – eine Fortsetzung seines Verwirrspiels mit dem Leser, diesmal sogar über den literarischen Diskurs hinaus!

le sadisme" (*Angélique*: 54). Spear spricht vom "'autobiographical' origin of Robbe-Grillet's scenes of sexual victimization" (1994: 65) und darüber, dass Robbe-Grillets Frau Catherine unter dem Pseudonym Jeanne de Berg sado-erotische Literatur verfasst hat.[110]

Zahlreiche mythische Elemente der Corinthe-Erzählung stammen aus bretonischen Legenden und deuten auf die Kindheit des Autors. Doch der Erzähler der Trilogie streut von Beginn an systematische Zweifel an seiner Verlässlichkeit und konstituiert seinen Text auf der Basis einer fundamentalen Ambivalenz. Er verweist auf die Lücken in seiner Darstellung und auf möglicherweise erdachte bzw. hinzugefügte Ergänzungen:

> Mais les souvenirs personnels qu'il me semble parfois avoir gardés de ces brèves entrevues (au sens propre du mot: comme ENTRE LES DEUX BATTANTS DISJOINTS D'UNE PORTE accidentellement mal close) ont très bien pu avoir été forgés après coup PAR MA MÉMOIRE – MENSONGÈRE ET TRAVAILLEUSE – sinon de toutes pièces, du moins à partir seulement des récits décousus qui circulaient à voix basse dans ma famille, ou aux alentours de la vieille maison. (*Miroir*: 7f., m.H.)

Zentrale Hinweise auf die Prinzipien der Textkonstitution werden hier in Form einer *mise en abyme* der Vertextung geliefert, die sich "entre les deux battants disjoints d'une porte" vollzieht und eine semantische Unentscheidbarkeit zur Folge hat. Der Erzähler wird als unglaubwürdige Instanz etabliert.

Diese Unaufrichtigkeit wird metatextuell erzeugt, wobei die Technik der *mise en abyme* bei Robbe-Grillet eine herausragende Rolle spielt. Der Erzähler kommentiert und erklärt seine Haltung auf der metanarrativen Ebene. Er entwirft im Rahmen der *mise-en-abyme*-Technik nicht nur die Rolle des Textproduzenten und des Lesers, sondern äußert sich unablässig über den eigenen Text:

> Rien. Je ne retrouve rien. Je renoue inlassablement des fils interrompus sur une tapisseries qui en même temps se défait, si bien qu'on n'en voit plus guère le dessin. Bientôt, tout sera effacé. (*Miroir*: 219)

Im zweiten Band wird ein Manuskript kommentiert, an dem Corinthe bzw. der Ich-Erzähler arbeitet (*Angélique*: 25, 67, 126 u.a.). Während traditionelle Erzähltechniken den Aspekt der sprachlichen Formung zugunsten einer Illusion des Textes "vergessen machen", wird dieser hier durch die Dominanz der Metatextualität, die stets über den Text und seine Beschaffenheit reflektiert, hervorgehoben. Der Text wird als Text – nicht als Darstellung von Wirklichkeit – deklariert. Robbe-Grillet blendet den referenziellen Aspekt aus und muss daraus Konsequenzen für die Sinngebung ableiten (Spear 1994: 70).

Auf den ersten Seiten von *Miroir* erläutert der Ich-Erzähler sein Verständnis der Begriffe "moi", "intérieur" und "parler de" (10f.), die er aus ihrem biographischen und psychologischen Zusammenhang herauszulösen beabsichtigt. Diese Kategorien erlauben ihm die Kommentierung seiner Erzählstrategie, die auf eine systematische Unauf-

---

110 So beispielsweise *Cérémonies de femmes*. Paris: Grasset 1986 (vgl. Brochier 1988: 96).

richtigkeit abzielt. Bekannte Positionen Robbe-Grillets werden sichtbar, und der Erzähler vertritt sie hier mit einer allwissenden Geste: "toute réalité est indescriptible"; "je ne peux représenter ni ce que j'ai devant les yeux, ni ce qui se cache dans ma tête, ou dans mon sexe"; "La littérature est ainsi [...] la poursuite d'une représentation impossible" (*Miroir*: 17f.). Er zieht hieraus Konsequenzen in Bezug auf die Vertextung des eigenen Lebens: "Il me reste à organiser des fables, qui ne seront pas plus des métaphores du réel que des analogons, mais dont le rôle sera celui d'*opérateurs*" (*Miroir*: 18).

Die thematischen Elemente werden zu Operatoren, deren Referenzen durch generierende Vertextungsverfahren systematisch verschleiert werden. Dass das biographische Material vielmehr in Biographeme umgewandelt wird,[111] soll nun am Beispiel der zentralen textkonstitutiven Figur Corinthe gezeigt werden. Corinthe wird zunächst als literarische Figur im ersten Band der Trilogie eingeführt, und zwar derart, dass er eine Person sei, die dem Erzähler möglicherweise aus seiner Kindheit bekannt ist: "Qui était Henri de Corinthe? Je pense – ai-je déjà dit – ne l'avoir jamais rencontré moi-même, sauf, peut-être, lorsque j'étais encore un tout petit enfant" (*Miroir*: 7). Die tatsächliche Existenz einer Person namens Corinthe und die Begegnung des Erzählers mit ihm wird programmatisch offen gehalten. Der Name "Corinthe" erscheint zum ersten Mal als Lord Corynth in Robbe-Grillets Text *Souvenir du triangle d'or* (1978) und bezeichnet zudem eine Figur des Films *La belle captive* (1983). Der Name verweist nicht nur auf die Legende der Braut von Korinth (nach Michelets *La Sorcière*, vgl. Stoltzfus 1988a), sondern wird auch in Zusammenhang mit der in Leipzig erschienenen Autobiographie des Malers Lovis Corinth gebracht (*Angélique*: 156f.).[112] Corinthe wird bald als Freund des Vaters, bald als Vater selbst, Graf, Abenteurer, Reiter und Kriegsheld, bald identisch mit anderen Romanfiguren Robbe-Grillets dargestellt (Manneret, Jean Robin, Boris u.a.). Demzufolge handelt es sich weniger um eine Figur im traditionellen Sinne als um ein intertextuelles Konstrukt. Anhand des Graphems "Corinth[e]" inszeniert der Autor die Unabschließbarkeit des Bedeutungsprozesses und die Fähigkeit der Zeichen, aufeinander zu verweisen. Nicht Referenzialität, sondern Intertextualität wird dabei als Ursache der Bedeutung verstanden. Eine ursprüngliche Version über die Existenz Corinthes existiert hingegen nicht. Ab dem zweiten Band der Trilogie erscheint Corinthe als *alter ego* des Ich-Erzählers, der diesen Text hinsichtlich des "Maskenspiels" programmatisch einleitet: "Dans le dessein des choses immobiles, autour de moi, je vois sans cesse apparaître des visages" (*Angélique*: 7). Hier wird die Strategie der Fiktionalisierung biographischer Elemente sogar umgekehrt: Der noch im ersten Band als literarisch-mythische Figur konzipierte Corinthe erfährt im zweiten eine

---

111 Unter einem Biographem, wie es beispielsweise bei Barthes (1975) oder bei Perec (*La vie mode d'emploi*) gebraucht wird, verstehen wir die Umwandlung eines autobiographischen Fakts, z.B. der Bretagne (da Robbe-Grillet bekanntermaßen seine Kindheit dort verbrachte) in die graphische Struktur der Signifikanten, wobei das "Faktum" – trotz des biographischen Scheins auf der Oberfläche – von seinem außertextuellen Bezug abgekoppelt verwendet wird.

112 Zu weiteren möglichen Referenzen von "Corinth(e)" vgl. Salgas (1985: 6).

Art Referenzialisierung, indem er mit dem Autor verschmilzt. "Corinthe" ist also weder ganz real noch ganz fiktional, sondern ein Textelement.

Der schreibende Ich-Erzähler betrachtet sich im Spiegel: "c'est bien moi dont le reflet vient de surgir dans les profondeurs assombries du miroir" (*Angélique*: 13) und unmerklich geht sein Bild in das von Corinthe über: "prédicateur inspiré, visionnaire et dément, ainsi justement Henri de Corinthe était-il apparu..." (ebd.: 18). Dies scheint die Hirngespinste des Erzählers zu bestätigen. Er betrachtet sich im Spiegel ("je puis ainsi m'examiner de plus près", ebd.: 14). Seine Beschreibung hat große Ähnlichkeit mit dem Äußeren des Autors Robbe-Grillet selbst. Der Erzähler erwähnt auch dessen Texte (*Dans le labyrinthe*, ebd.: 9) und installiert sich zweifellos als autobiographischer Ich-Erzähler. Doch seine Gesichtszüge scheinen auch die Corinthes zu sein ("les traits sévères d'Henri de Corinthe", ebd.: 12) und dieser schien am gleichen Schreibtisch gesessen zu haben ("Le comte Henri a dû quitter sa table de travail", ebd.). Plötzlich verschmelzen beide Figuren, sie identifizieren sich auf sprachlicher Ebene, ohne dass diese Identität ein außertextuelles Äquivalent besitzt. Aber auch eine rationale Erklärung, die Figur im Spiegel als Halluzination des Erzählers, wird angeboten und verhindert die Deutung der merkwürdigen Vorgänge:

> Au-delà du bureau ainsi garni de feuilles en désordre qui forment par endroit un épais tapis, se dresse l'armoire à glace où se reflète mon image, si peu distincte dans la pénombre QU'IL M'A SEMBLÉ D'ABORD DÉCOUVRIR À L'AUTRE BOUT DE LA PIÈCE UN ÉTRANGER, qui se serait introduit là sans bruit tandis que j'avais le dos tourné vers la fenêtre. (*Angélique*: 13, m.H.)

Corinthe erscheint als das Andere des Erzählers, als Zeichen und Phantasma, er ist keine konsistente Figur, sondern entpersonalisiert – ein intertextuelles Konstrukt. Der Autor wird zum bloßen Zeichen ohne feststehende Bedeutung. Mit Hilfe dieser Maske seines Erzählers rückt der Autor die Zeichenhaftigkeit seines Text-Ichs ins Zentrum der Darstellung. Das Ich ist nicht der Autor, sondern seine Maske, die ihn zeichenhaft verkörpert und zugleich als Verkörperung – als nichtidentisch mit dem Autor – zu erkennen gibt. Im Vergleich zu anderen Autoren zeige er seine Maske offen, "Je montre mon masque", sagt Robbe-Grillet im Filmporträt von Frédéric Compain (1999).

Der Erzähler fragt nach der Identität Corinthes, "Qui était Henri de Corinthe?", und nicht nach der des eigenen Ich. Letztere würde ihn mit dem Autor als Referenz des Ich gleichsetzen und einen autobiographischen Pakt herstellen. Doch Robbe-Grillet bricht die Identität zwischen den Zeichen des Textes und dem, was sie bezeichnen, auf. Seine Zeichen verweisen nicht auf Personen und fungieren als deren Stellvertreter, sondern sind textuelle Körper. In Form eines "défilé des visages" (Houppermans 1993: 143) macht er den Zeichencharakter der Sprache sichtbar und inszeniert die Nichtidentität der Zeichen mit der außersprachlichen Welt. Er sprengt die im autobiographischen Pakt postulierte Identität und zeigt statt vermeintlicher Lebenswirklichkeit die Wirklichkeit der Zeichen. Vor dem Hintergrund einer traditionellen Figurenkonzeption, die Figuren nicht als literarische Konstrukte aufzeigt, sondern diese als mehr oder weniger konsistente Personen konzipiert, bewirkt das Konstrukt Corinthe eine Verwirrung. Bei Robbe-Grillet ist Corinthe eine von zahlreichen Masken des Erzählers, der sich selbst als literarisches Konstrukt und rhetorische Instanz inszeniert:

> Je me sens traversé sans cesse, dans mon existence réelle, par d'autres existences, tout aussi réelles sans doute: des femmes que j'ai connues, mes parents, des personnages historiques – écrivains, musiciens, guerriers – dont j'ai lu ou entendu raconter la vie, et encore les héros de roman, ou de théâtre, qui m'ont nourri de leur substance [...]. (*Angélique*: 69f.)

Der Wechsel von der ersten zur dritten Person boykottiert die autobiographische Erzählinstanz, unterminiert deren Auktorialität und weist eines der Grundmerkmale der Autobiographie zurück: die Identifizierbarkeit des Text-Ichs mit dem Autor-Ich. Ausgehend von der deiktischen Funktion der Personalpronomen untersucht Havercroft diesen Aspekt aus linguistischer Sicht. Das Spiel mit den Pronomen und ihre Überlagerung bewirken eine "confusion référentielle", die die Referenzialität des Ich ausblendet und stattdessen die Äußerungssituation ins Zentrum rückt (1995b: 39): "A la différence du 'je' de l'autobiographie canonique, ce 'je' n'existe que par rapport à ce texte, sans aucune relation à une chronologie extratextuelle" (Havercroft 1995b: 38).

Die autobiographische Signatur des Textes wird formal aufgehoben, und der namensidentische Signierer als Illusion entlarvt. Seine Unterschrift wird durch die Masken des Textes vervielfältigt, zu einem Zeichen unter vielen anderen gemacht und ist nicht mehr identifizierbar. Der Wechsel der Erzählperspektiven und der "Maskenwechsel" deuten auf eine vage Position des Autors, die Robbe-Grillet als "Gesichtslosigkeit" inszeniert: "L'auteur, c'est l'être qui n'a pas de visage, dont la voix ne peut pas passer que par l'écriture et qui 'ne trouve pas ses mots'" (*Angélique*: 30).[113]

Der Erzähler spricht von einem "effet de personnage", den die Sprache mit einem Eigennamen auslöse und der dann die Zeichenhaftigkeit verdeckt und als identisch mit der konkreten Person erscheine. Diese Identität scheint jedoch wieder aufgehoben, wenn der Ich-Erzähler Robbe-Grillet der Autor des angegebenen Textes zu sein scheint, sich aber zugleich "Jean Robin" nennt:

> J'aurai en somme seulement, depuis *Le miroir qui revient*, compliqué un peu plus la donne et proposé comme nouveaux opérateurs de nouvelles cartes truquées, en introduisant cette fois parmi les effets de personnages [...] un autre effet de personnage qui s'appelle moi, Jean Robin. (*Angélique*: 69)

Der Eigenname und die daran gekoppelte Identität wird als "fantasme de la propriété et du propre" (Houppermans 1993: 144) aufgedeckt, d.h. nicht als Besitz und substanzieller Teil einer Person konzipiert, sondern vielmehr als jederzeit wieder veränderbare Zuschreibung. Dieses Verfahren, das Robbe-Grillet als "effet de personnage" umschreibt, enthüllt zugleich die Illusionsbildung, die mit der Konzeption

---

113 Houppermans (1993: 144) deutet diese Defiguration als Kastration im Kontext der Theorie des Symbolischen, Realen und Imaginären von Lacan. Sie manifestiere den Entzug, den Mangel des Symbolischen.

literarischer Figuren durch Namenszuschreibung einhergeht und stellt deren sprachliche Beschaffenheit heraus. Der Eigenname sagt demzufolge nichts über eine tatsächliche Person aus, sondern ist eine sprachliche Zuschreibung. Der Text erzeugt analog zum "effet du réel" auch "reale" Personen, die sich als Effekte der Sprache erweisen. Mit Hilfe der vieldeutigen Benennungsstrategie legt Robbe-Grillet den Illusionscharakter seiner Figuren offen, er inszeniert sie als sprachliches Konstrukt und stellt damit ihre Sprachbeschaffenheit in den Vordergrund.

Neben "Corinthe" ist auch "Angélique" eine solche Signatur des Textes. Programmatisch erscheint ihr Name, der später vielfach variiert wird,[114] erstmals im Kontext einer *mise en abyme* des Autors und unter Verweis auf den Akt des Schreibens dieses Namens bzw. auf seine Existenz als Schriftzeichen: "accoudé de biais parmi les feuilles éparses de mes brouillons successifs, J'ÉCRIS maintenant le nom tremblant d'Angélica... Pourquoi me poursuit-il encore?" (*Angélique*: 8, m.H.).

Trotz zahlreicher Beschreibungen eines jungfräulichen Mädchens in weißem Gewand mit Blutflecken und dunklen Haaren, welches mehrfach Opfer von Vergewaltigung und Folter wird, verbirgt sich hinter dem Namen Angélique keine fassbare Figur. "Angélique" ist – in intertextueller Konzeption – wie de Sades Justine Opfer von körperlicher Gewalt und erleidet dabei unzählige Qualen,[115] zugleich wird sie aber auch als Verführerin gezeigt. Wie "Corinthe" ist auch "Angélique" keine Figur im Sinne eines anthropomorphen Konstrukts, sondern wird zur Pseudo-Figur. Der Name erweist sich als reines Produkt einer (sado-erotischen) Phantasie und dient hier nurmehr als *thème*.

Der weibliche Körper ist nicht nur Objekt zahlreicher eingehender Beschreibungen, sondern verkörpert zugleich 'Text': "Angélique" indiziert, die eigene sprachliche Beschaffenheit reflektierend, die Fiktionalität eines Textes, dessen Zeichen den Leser wie im Rausch illusionistisch "verzaubern":

> Robbe-Grillet's heroine, however, is not only a sexualized female body but also a PREDOMINANTLY LANGUAGE/FICTION. His works attempts to harness the explosive potential of the erotic to explore the character (real/fiction) both of the popular discourse (of ideology) and of his own fantasies and to examine the relation between the two. (Ramsay 1992: 219, m.H.)

"Angélique" verkörpert als "effet de personnage" in ihrer Unfassbarkeit und rein sprachlichen Beschaffenheit den Text selbst; wie "Corinthe" ist auch dieses Graphem textkonstitutiv und Zeichen für vieles andere: Opfer, Vampir, Phantasma, literarische Gestalt. Um jedoch die Unentscheidbarkeit in Bezug auf Angélique aufrechtzuerhalten, liefert der Erzähler am Ende des zweiten Bandes eine scheinbar rationale Erklärung für das Textkonstrukt "Angélique", dem nun auch ein "echtes" Vorbild zugeschrieben wird: "que la fillette du *Voyeur* avait existé bel et bien, comme d'ailleurs tout ce qui se

---

114 Neben "Angélique" tauchen folgende Namen auf: Angélica, Angelika von Salomon, Marie-Ange, Angèle, Manrica, Carmen, Carmina, Corinne.

115 Vgl. hierzu Robbe-Grillets eigene Ausführungen (Brochier 1988: 93).

trouve dans mes livres, qu'elle ne s'appelait ni Violette ni Jacqueline, mais Angélique, et que je dirais peut-être un jour sa vraie histoire" (*Angélique*: 237). Alle Namen im Text: Corinthe, Jean Robin, Manneret, Angélique, Angélica, Manrica, Carmina sind intertextuelle Konstrukte aus dem Werk Robbe-Grillets und stellen vielfältige Masken des Autors dar, die in den Dienst einer Enthüllung des lediglich aus Zeichen bestehenden Textes gestellt werden und von den außersprachlichen Bezügen der Zeichen wegführen. So wird die Raum-Zeit-Deixis durch die genannten Verfahren und die Verlagerung des Geschehens in das Bewusstsein des Erzählers immer wieder zerstört.

In ähnlicher Weise bewirken die Verfahren der *thèmes générateurs*[116] und der *mise en abyme* als postmoderne Tropen einer doppelten Einschreibung die Offenlegung der *effets de réel* sowie eine "semantisch-strukturelle Offenheit" (A. de Toro 1987: 34), die im Zuge der Illusionszerstörung die textuelle Produktion ins Zentrum ihrer Darstellung rückt. Allen Verfahren ist gemeinsam, dass sie den Akt der Sinngebung und die Identität der Bedeutungen unterlaufen, indem sie den disseminalen Charakter der Bedeutung inszenieren und damit auf die Undeutbarkeit von Erfahrungen verweisen.[117] Anstelle einer tiefen (idealen) Bedeutung enthüllen die Verfahren der Textgenerierung die "Tiefe" von Bedeutung als Mythos (Robbe-Grillet 1963: 22, s.o.) und zeigen stattdessen die Prozessualität und Unabschließbarkeit der Bedeutungskonstitution. Die auf Kohärenz und lineare Darstellung angelegte Narration scheint kein Schlüssel der Referenzen, sondern vielmehr eine Verhüllung der Tatsache, dass diese stets unzugänglich sind. Dennoch muss jeder Dekonstruktion von Sinn – entgegen Ricardous These vom "travail à partir de rien" – bekanntlich ein etabliertes Bedeutungssystem vorausgehen, welches dekonstruiert, also zum Gegenstand der Dekonstruktion erhoben wird.

So nimmt Robbe-Grillet das autobiographische Genre im Sinne von Saigh-Bousta (1992: 208) zum "prétexte" einer Dekonstruktion der repräsentationslogischen Vorstellung des autobiogaphischen Genres. Er zerstört dessen Elemente und entfaltet daraus, d.h. aus den "Ruinen von Wahrheit und Subjekt" seinen Text:

> Construire sur des ruines, en effet, ne signifie pas remettre debout quelque nouveau système de cohérence, de vérité, de verrouillage, comme si de rien n'était. C'est au contraire prendre l'état des notions ruinées et la notion même de ruine comme ferment d'une existence à inventer, légère et vacante. (*Jours*: 145)

---

116 Ricardou (1972: 380) definiert sie wie folgt: "Ailleurs j'ai appellé générateur d'éléments pour une fiction, le couple formé d'une *base* et d'une *opération*".

117 Derridas Begriff *dissémination* (Sinnstreuung) steht im Kontext seiner Kritik am Logozentrismus der abendländischen Schriftkultur und unterstreicht statt der Finalität die Prozessualität des Bedeutens (vgl. 2.3.2.). *Dissémination* meint eine systematische Unkontrollierbarkeit, d.h. eine primär angelegte Streuung von Sinnstrukturen ausgehend von der fundamentalen *différance* der Zeichen. Bedeutung geht demzufolge nicht auf einen ursprünglichen Sinn oder ein transzendentales Signifikat zurück oder von dort aus: "L'absence de signifié transcendantal étend À L'INFINI le champ et le jeu de la signification" (Derrida 1967a: 411, m.H.).

Er verweigert sich konsequent der Forderung nach Sinnzuschreibung, die er nach Lejeune als "principe positif et premier [...] de la quête autobiographique" betrachtet (*Angélique*: 67) und verdrängt die Referenzialität (vgl. Spear 1994: 67; Havercroft 1995b: 38). Durch die "referenzielle Konfusion" (Havercroft 1995b: 39) löst der Autor feste Sinnstrukturen auf und bewirkt mit dem Zerfall der semantischen Konsistenz seines Ich ganz bewusst das "Scheitern" seiner Autobiographie, indem er seinem Leben eine abschließende Sinnzuschreibung verweigert, Sinnstrukturen durch Dekonstruktion in permanenter Schwebe zwischen Kreation und Zerstörung belässt.

Die Verdrängung autobiographischer Referenzialität und die Dominanz von Metafiktionalität[118] führt zu einer Relativierung und Transformation des Wahrheitsstatus' und damit zur Subversion des autobiographischen Anspruchs, der von den Autoren anhand paratextueller Fiktionspostulate kenntlich gemacht wird. Während sich Doubrovsky zum fiktionalen Status seiner Texte mit der Bezeichnung 'roman' bekennt, nennt Robbe-Grillet seine Werke schlicht *Romanesques*. Aufgrund der vorgenommenen Fragmentierung und Fiktionalisierung des Ich, der metafiktionalen Auseinandersetzung mit Realität und Fiktion sowie einer dezentrierten, semantisch offenen *écriture*, können sie gleichermaßen – darüber herrscht weitgehender Konsens in der Forschung – als Autofiktionen im Sinne der im vorausgehenden Kapitel erläuterten Bedingungen bezeichnet werden (Havercroft 1995b: 175f.; Ramsay 1992: 53-54; Stoltzfus 1996: 153):

> Mixing his personal memories with artistic theories and invented obsessions, these *romanesques* texts are part autobiography, part fiction (i.e., novels) and part theory and thus fall into what I feel justified in calling 'autofiction'. (Spear 1994: 67f.)

Aus dem gewandelten Fiktionsverständnis bei Robbe-Grillet lässt sich auch die Genre-Zugehörigkeit seiner Texte bestimmen. Die in ihnen illustrierte semantische Unentscheidbarkeit deutet sprachliche Zeichen als Elemente, die als Teil einer Fiktion zugleich Realitäten konstituieren:[119] "Fiction, as the construction effected by the experience of analysis, appears to have as much validity as fact" (Ramsay 1996: 39). Derrida zufolge besteht das "Gesetz des Genres"[120] gerade in seiner Transgressivität, so dass jeder Text graduell an mehreren Genres teilhat und nicht nur einem Genre angehört. Aus dem Gesetz wird gewissermaßen eine in zwei Richtungen bewegliche *l'écluse du genre* (Schleuse):

---

118 Metafiktionalität wird als Sonderform von Metatextualität, die sich nicht auf Textgegenstände (*énoncé*), sondern auf die Textualität, den Produzenten oder den Rezipienten bezieht.

119 Derrida (1972: 260) umschreibt den Zustand der Unentscheidbarkeit bzw. den Ort der Transgression als *hymen*, welches sowohl innen als auch außen ist: "Le réferent étant levé, la référence demeurant, il ne reste plus que l'écriture du rêve, la fiction sans imaginaire, la mimique sans imitation, sans vraisemblance, sans vérité ni fausseté: de l'apparence sans réalité dissimulée, sans arrière-monde, donc sans apparence: 'apparence fausse'".

120 Vgl. Derridas gleichnamigen Aufsatz (1986).

[...] un texte ne saurait appartenir à aucun genre. Tout texte participe d'un ou de plusieurs genres, il n'y a pas de texte sans genre, il y a toujours du genre et des genres mais cette participation n'est jamais une appartenance [...]. En se marquant de genre, un texte s'en démarque. Si la remarque d'appartenance appartient sans appartenir, participe sans appartenir, *la mention de genre ne fait pas simplement partie du corpus*. (Derrida 1986: 264)

Robbe-Grillet versucht, die sprachlichen Mechanismen der Mimesis offenzulegen und erkennt das Fiktionale und "Täuschende" nicht mehr im Erfundenen, sondern vielmehr gerade in jenen Vertextungsverfahren, die vorgeben, eine Realität objektiv darzustellen.

Wird hingegen diskursive Textbeschaffenheit bewusst aufgezeigt, ist die Wirklichkeitsillusion beim Leser zerstört und dieser wird mit dem lesenden Nachvollzug der irreduziblen Bedeutungsstrukturen an der Textproduktion beteiligt. So steht Robbe-Grillets Todesmetaphorik ganz im Kontext derart metafiktionaler Überlegungen zum Schreib- und Leseakt, die vor allem auf die Essays von Barthes (1968/1994) und Foucault (1988) zurückgehen sowie umfassend in der Theorie der französischen Gruppe *Tel Quel* fundiert sind. Robbe-Grillets Todesmetaphern referieren auf das Ende eines spezifischen Textbegriffs, was kurz umrissen werden soll.[121] Ausgehend von der Infragestellung der traditionellen Autorschaft, die sich aus dem bereits dargestellten Begriff dezentrierter Subjektivität ergibt, wird in den Theorien von *Tel Quel* und *Nouvelle Critique* ein neues Textverständnis entworfen. Die Suspendierung des traditionellen Autors wird häufig als Ausschaltung des Autors missverstanden. Genau genommen wird hier nur die Unhintergehbarkeit des Autors, die Möglichkeit einer bewusst gesteuerten Textproduktion hinterfragt. Ähnlich bestimmt Foucault die Position des Autors als institutionalisierte Sprecherinstanz innerhalb der literarischen Kommunikation, die durch ein nominales Zuschreibungsverhältnis erst installiert wird. Der Text wird dem Autor zugeschrieben, ohne dass dieser den Text als intentionales Bewusstsein hervorgebracht hat. Foucaults Diskurskonzept folgend stellt der Autor eine von mehreren Instanzen des Diskurses dar. Er ist nicht an ein sich selbst bewusstes Ich gekoppelt.

Das poststrukturale Subjektdenken, welches "Subjektivität als etwas Eingesetztes", "in der Position eines durch eine symbolische Ordnung Instituierten" (Frank [2]1984: 197) denkt, hat auch einen gewandelten Autorbegriff zur Folge. Die Einheit von Autor und Werk wird aufgehoben, doch nicht die Position des Autors verschwindet, sondern lediglich dessen Souveränität über den Akt der Bedeutung. Stattdessen wird die Einbettung des Autor-Ich in bereits vorhandene Diskurse textuell inszeniert: Der Autor rückt aus seiner Schlüsselposition im Bedeutungsprozess, bleibt aber gleichwohl daran beteiligt.

Der "Tod des Subjekts" erweist sich demnach lediglich als Verschwinden einer spezifischen Vorstellung von Subjektivität, die dem Ich eine Existenz jenseits seiner

---

121 Symptomatisch für die Neubestimmung literarischer Konzepte ist Brüttings Hinweis auf den Anhang des *Dictionnaire encyclopédique des sciences du langage* von Todorov/Ducrot (1972), in dem für Begriffe wie *écriture, signe, texte, sémiotique* ein zweiter Eintrag angelegt werden mußte (Brütting 1976: 13).

diskursiven (Ver-)Formungen zuweist. Foucault postuliert – unter Hinweis auf jene symbolische Dezentrierung – die Ablösung von einem derartigen Subjektbegriff und reflektiert zugleich die mit dem Verlust subjektiver Gewissheit eintretende Verunsicherung:

> Ich weiß, was daran mißfällt, wenn man die Grenzen und die Notwendigkeiten einer Praxis erscheinen läßt, wo man gewöhnlich in reiner Transparenz die Mechanismen des Genies und der Freiheit sich entfalten sah. Ich weiß, wie provozierend es ist, jene Geschichte der Diskurse als Bündel von Transformationen zu behandeln, die bisher von den beruhigenden Metamorphosen des Lebens oder der intentionalen Kontinuität des Gelebten durchherrscht wurde. Ich weiß, wie unerträglich es schließlich ist, wenn man berücksichtigt, daß jeder in seinen eigenen Diskurs etwas von 'sich selbst' hineinlegen will, hineinzulegen denkt, wenn er zu sprechen beginnt [...]. (Foucault 1981: 299f.)

Für den autobiographischen Text ist diese aus dem Wandel der Subjektivität hervorgehende neue Autorposition besonders einschneidend, da sie die Grundvoraussetzungen einer autobiographischen Darstellung – unhintergehbare Subjektivität, die dem Ich Zugang zu den eigenen Lebensäußerungen und Autorität über die Sinneffekte gewährt – in fundamentaler Weise in Frage stellt. Der Autobiograph verliert damit die Herrschaft und das Urheberrecht über seinen textuellen Doppelgänger, er ist selbst in den Schreibakt involviert und nicht mehr Schöpfer seines Abbilds. Gerade die Leerstellen seines Textes sind sinnstiftend, sie "sprechen" im wahrsten Sinne des Wortes von jenem nicht mehr intentionalen Bewusstsein, d.h. vom Unbewussten und sichern das Überleben des Autors.

Die Metaphorik des Todes bezieht sich jedoch auf das Ende einer bestimmten Vorstellung vom Vorhandensein des Sinns. Robbe-Grillet, so scheint es, boykottiert – seinen früheren Ansätzen folgend – die Suche nach einem dem Text vorausgehenden Sinn. So wird der Tod des Zeichens und das *alter ego* des Autors "Corinthes" am Ende der Trilogie wirkungsvoll in Szene gesetzt, das Schreiben als "lutte à mort" (*Angélique*: 84) umschrieben und in Bezug auf die Rezeption gar vom "Töten" des Lesers gesprochen: "le romancier a en effet le droit de tuer le lecteur" (ebd.). Dies scheint eine Umschreibung für die unmöglich gewordene Kommunikation zwischen Autor und Leser: "incapacité fondamentale de communiquer avec autrui, désir meurtrier à tous les niveaux, tel est le signalement déplorable du dernier écrivain" (ebd.: 84f.). Ironischerweise mündet das "Ende der Kommunikation" in eine Beschreibung dieser Unmöglichkeit und markiert das Projekt des Autors Robbe-Grillet: Im Anschluss an seine metafiktionalen Neuen Romane entwickelt er die *Nouvelle Autobiographie* als einen Text, der den "effet d'autobiographie" des traditionellen Genres metafiktional enthüllt, der dem Namen Autobiographie daher nicht gerecht wird und als "romanesk" bezeichnet werden muss. Im Unterschied zur traditionellen Autobiographie vermag Robbe-Grillets *romaneske* Autobiographie nicht das Leben des Autors nachzubilden, sondern kann lediglich dessen Vertextung reflektieren. Unter veränderten Rahmenbedingungen der literarischen Kommunikation und der Konstitution von Sprache und Bedeutung artikuliert Robbe-Grillets 'autobiographischer' Text keine Wahrheit, kein Subjekt und keine außerhalb des Textes zugängliche Form der Vergangenheit, sondern inszeniert die Textualität jedes Zugangs zur Bedeutung von Ich und Sein.

Mit der Subversion der Bedeutungen wird die Konsistenz des literarischen Subjekts unterlaufen: Das Ich bindet seine Konstitution an den Schreibakt und entsteht als Subjekt-Effekt aus der Sprache. Nicht mehr an seiner Innerlichkeit oder seiner Geschichte ist der Autobiograph demnach zu erkennen, sondern die "manière de dire", d.h. seine Poetik macht ihn im Text erkennbar (vgl. 4.4). Diese lässt sich jedoch mit dem referenziellen Anspruch des Genres nicht mehr vereinbaren, welches auf der Basis eines Authentizitätsanspruchs die Ähnlichkeit (*ressemblance*) zwischen der Person des Autors und dem textuellen Konstrukt des Erzählers postuliert. Ähnlichkeit im Falle Robbe-Grillets besteht hingegen nicht auf der Objektebene, sondern lediglich auf der Ebene der Verfahren. Nur an den bekannten Vertextungsverfahren, die auf Sinnstreuung und Verwirrung des Lesers abzielen, vermag dieser den Autor "zu erkennen". Damit gelangt die Meta-Ebene ins Zentrum des Textes und eröffnet eine Auseinandersetzung mit den Mechanismen der Sinnproduktion und damit auch der Interpretation.

Robbe-Grillets Literatur ist unweigerlich "autobiographisch", gerade weil sie dem traditionellen Verständnis von Referenzialität eine Absage erteilt. Das autobiographische Unternehmen à la Robbe-Grillet ist demnach nicht nur ein "unmögliches", sondern ein stets unvermeidliches Projekt:

> A qui veut l'entendre, J'AFFIRME RÉCUSER L'ENTREPRISE AUTOBIOGRAPHIQUE, où l'on prétend rassembler toute une existence vécue (qui, dans l'instant, faisait eau de toute part) en un volume clos, sans manques et sans bavures, comme font ces vieux maréchaux qui remettent dans une ordonnance convaincante, pour les générations futures, leurs anciennes batailles mal gagnées, ou perdues. (*Miroir*: 58, m.H.)

Wie Doubrovsky erkennt auch Robbe-Grillet in der traditionellen Autobiographie eine Art "remède métaphysique" (Doubrovsky), welches Wahrheit nur postuliert, um über den fundamentalen Mangel an Sinn hinwegzutäuschen.[122] Vor diesem Hintergrund ließe sich die traditionelle Autobiographie als "trügerisch" und illusionsstiftend bezeichnen (Robbe-Grillet 1987a: 23f.). Beide Autoren lenken ihre Aufmerksamkeit auf die Verfahren der Darstellung, die sie als Ursache von Wahrheitsbehauptungen erkennen. So verleiht erst die Herstellung eines übergreifenden Lebens- und Sinnzusammenhangs dem traditionellen Autobiographen eine Identität, verschafft seinem Leben einen Sinn, den es zuvor nicht besaß. In diesem Zusammenhang wendet sich Robbe-Grillet explizit gegen Lejeunes Konzeption des autobiographischen Genres, welches ihm zufolge

> [...] insiste sur la cohérence obligatoire de l'autobiographie, sur son projet de cohérence. Certainement pas! L'autobiographie doit saisir la mouvance, se constituer de fragments qui bougent sans cesse. (Brochier 1988: 91)

---

[122] Robbe-Grillet (1987a: 23) stellt der *Nouvelle Autobiographie* ein recht vereinfachtes Modell von Autobiographie gegenüber: "Im allgemeinen will ein alter Schriftsteller oder ein alter General [...] seine Memoiren schreiben [...]. Was er gewinnt, ist die Dichte, die seinem Leben abgegangen ist."

Dies entspricht nicht seiner Vorstellung von "Authentizität": Glaubwürdigkeit, oder zumindest einen Rest davon, vermag der "neue" Autobiograph nur dann zu erlangen, wenn er den Anspruch auf Wahrheit aufgibt und stattdessen die Zeichenhaftigkeit der Sinnstrukturen vorführt.

In diesem Kontext lässt sich auch die in der Mitte des ersten Bandes eingefügte mythische Erzählung des wiederkehrenden Spiegels deuten, die vielfach als interpretatorische Matrix der *Romanesques* erörtert wurde (Allemand 1991; Houppermans 1993: 140f.). Corinthe erkennt sich im Spiegel, wobei das Bild der verstorbenen Verlobten hinzutritt und das eigene zurückwirft. Robbe-Grillet selbst hat diese Episode als eine Anspielung auf Lacans Selbsterkenntnismodell des Spiegelstadiums gedeutet (Salgas 1985: 6), wo sich das Kind erstmals selbst und zugleich im Anderen, in den Augen der Mutter, wiedererkennt und wo der Andere demnach für das Erkennen des Ich konstitutiv ist. Ein ähnlicher Gedanke findet sich bei Houppermanns, der dies auf die Struktur der Signifikation im Text überträgt und von einer Feminierung spricht. Durch die Einbindung des Anderen in den Bedeutungsprozess wird dieser schwächer, will sagen hybrider und weniger eindeutig: "Indirectement la féminisation va poétiser le texte et redéfinir ainsi sa littérarité autrement que par les clivages des genres" (Houppermans 1993: 140).[123]

Zweifelsohne lassen sich jedoch die Metaphern der Wiederkehr und des Spiegels im Sinne der Robbe-Grillet'schen Bedeutungskonzeption erklären. Der wiederkehrende Spiegel wirft kein klares Bild zurück, sondern verwischt die Formen und vereinigt mehrere Bilder durch seine ständige Hin- und Herbewegung (Prozessualität statt Resultat des Bedeutens). Zugleich wird hier verschlüsselt Kritik am Reflexionsmodell, d.h. an der Vorstellung eines sprachunabhängigen Selbstbewusstseins geübt. Die Metapher eines wiederkehrenden Spiegels scheint direkt auf jenen von Derrida beschriebenen Spiegel ohne Stanniol zu verweisen, welcher ein immer anderes Bild zurückwirft und damit auf die Nichtidentität von Sinn Bezug nimmt:

> [...] c'est remarquer que la prétendue simplicité de l'ouverture, de l'apérité, le laisser-être, la vérité qui lève le voile-écran – s'ordonne déjà à un miroir, et surtout à un miroir sans tain, un miroir en tout cas dont le tain laisse passer les 'images' et les 'personnes' en les affectant d'un certain indice de transformation et de permutation. (Derrida 1972: 382)

Dieser stanniollose Spiegel kann das Bild nicht zurückwerfen, sondern zeigt immer neue Versionen eines sich im Blick des Betrachters konstituierenden Objekts und bewirkt eine semantische Zerstreuung, mithin die Entstehung eines disseminalen Textes.[124]

---

123 Ob für die Vermittlung dieses Gedankens tatsächlich ein Rekurs auf Lacans Konzept der Feminisierung nötig ist, bleibt allerdings dahingestellt.

124 Vgl. die Erläuterungen von Frank (^{2}1984: 587-589).

4.5 *Comme producteur de récit*: Robbe-Grillets Identifizierung mit einem Literaturbegriff

Die Charakteristika der romanesken Trilogie von Robbe-Grillet lassen sich wie folgt zusammenfassen. Der Autor verwendet metafiktionale Verfahren im Dienst einer – die Sinnkritik früherer Texte fortführenden – semantischen Destabilisierung. Der Leser wird in eine unentscheidbare Situation bzw. "Konfusion" (vgl. Havercroft 1995b: 39) hinsichtlich der referenziellen Bezüge versetzt. Diese Unsicherheit lässt sich aber in dem Moment auflösen, in dem der Leser die spezifische Strategie der verwendeten Verfahren entschlüsselt hat. Sie zielen darauf, die Organisation des Diskurses mit Hilfe von referenziellen Versatzstücken aufzuzeigen und sind auf eine systematische Sinnstreuung hin angelegt. Robbe-Grillets Text ist nicht nur "doppelbödig" (Grüter 1994: S.73f., 97), sondern sinnstreuend im Sinne Derridas, d.h. er vervielfältigt die biographischen Referenzen in einer unendlichen intertextuellen Bewegung. Ein permanentes Gleiten des vielgesichtigen und zugleich nie greifbaren Erzählers zwischen Aussage- und Äußerungsebene verhindert das Zustandekommen einer eindeutigen Aussage. Die Botschaft findet sich gleichwohl auf der Meta-Ebene des Textes. Genau genommen besitzt dieser Text durch die beschriebene Fiktionalisierung der Referenzen und deren Umwandlung in Biographeme keine gesicherte Objektebene. Die Verfahren dekonstruieren deren Elemente und illustrieren, dass diese im Grunde unzugänglich und nie von der Meta-Ebene der Verfahren isolierbar sind. Die Elemente einer möglichen autobiographischen Geschichte werden durch die Offenlegung ihrer Vertextung umgewandelt, d.h. sie werden stets reflektiert und quasi kommentiert dargestellt. Statt eine gesicherte, die Lesbarkeit des Textes garantierende Objektebene aufzubauen, wird diese bei Robbe-Grillet mittels widersprüchlicher Textkommentare unterlaufen und in eine Meta-Ebene verwandelt bzw. nicht von dieser lösbar betrachtet.

Das Schwanken des Sinns wird dem präfigurierten Prinzip folgend durch eine ludische Sprache inszeniert, die mittels spezifischer Vertextungsverfahren jegliche Sinngebung verhindert und darin ihre Legitimation entfaltet. Dieses poetologische Prinzip der Sinnkritik wiederum illustriert Robbe-Grillets bereits erwähnte Auffassung von Realität: "By presenting it as elusive fragments of fact and fantasy, Robbe-Grillet's reality – and women in piecemeal – remains elusive of judgement" (Spear 1994: 69). Demzufolge ist auch das Prinzip, das seinen Sinnvervielfältigungsverfahren zugrunde liegt, nicht beliebig, sondern steht als solches im Dienst der Kritik an realistischen und illusionsstiftenden Darstellungsverfahren.

Hinter den oben erläuterten Verfahren verbirgt sich demnach Intentionalität, die sich jedoch nicht mehr in der Darstellung manifestiert, sondern lediglich auf der Ebene der Verfahren (Diskursebene). Robbe-Grillets destabilisierende *écriture* zielt darauf ab, dem Leser eine ganz spezifische Erfahrung von Wahrnehmung zu vermitteln: Im Verlauf der Lektüre vermag der Rezipient die Unfassbarkeit der Bedeutungsstrukturen nachzuvollziehen und sinnlich zu erfahren. Van den Heuvel spricht in diesem Zusammenhang von einer "intentionnalité profonde": Der Leser wird durch die eintretende Verwirrung aktiviert und vermag dadurch seine Imagination zu entfesseln ("libération de son imaginaire refoulé"; van den Heuvel 1992: 212). Mit anderen Worten, Robbe-

Grillet intendiert Unlesbarkeit im Sinne de Mans,[125] auf die der Leser durch den permanenten Entzug der einmal entworfenen Sinnstrukturen trifft. Im Rahmen der *Nouvelle Autobiographie* inszeniert Robbe-Grillet die Unfassbarkeit seines Ich in Form von Unlesbarkeit/Mehrdeutigkeit, die die unmögliche Deutung autobiographischer Fakten als Schreibabenteuer vorführt und das Schreiben selbst als "eine Suche nach dem" fixiert, "was das Ich ist" (Robbe-Grillet 1987a: 11).

Das Ich manifestiert sich im Text nicht mehr anhand einer Lebensgeschichte, sondern wird durch seine poetologische Konsistenz im Rahmen einer mehrdeutigen disseminalen *écriture* sichtbar (Houppermans 1993: 136), in deren Verlauf es Objekt und Subjekt des Textes ist. Es findet sich als "Elusive Self" (Spear 1994) in der Schrift dezentriert und wird als Zeichen, in seiner zeichenhaften Existenz und als Produkt von Sprache dargestellt. Bei Robbe-Grillet ist bezüglich der Wirkung seiner Verfahren sogar eine gewisse auktoriale Haltung erkennbar, die von Grüter als "Bekenntnis zu einem theoretischen Postulat" und als "Identifikation mit einer spezifischen Literaturkonzeption" (Grüter 1994: 106; 1994a: 213) bereits treffend umschrieben wurde.[126] Auch in Robbe-Grillets autobiographischer Form werden ähnlich wie bei Doubrovsky im Zuge einer Dekonstruktion die Textsorten Literatur und Theorie vermischt. Das theoretische Postulat, Referenzialität als Illusion zu entlarven, verfolgt der Autor konsequent und evoziert seine Erkenntnis, dass Wahrheit und Lebensgeschichte unmöglich darzustellen seien, auf der Ebene der Verfahren. Der Autor identifiziert sich mit dieser Intention und macht sich poetologisch durchaus wiedererkennbar. Er realisiert sein Vorhaben mit Hilfe metafiktionaler und intertextueller Verfahren sowie Autotextualität:

> [...] l'autobiographe ne se contente plus de renvoyer à ses propres œuvres, mais il les insère implicitement dans son autobiographie. [...] la vie de l'autobiographe est constituée, en grande partie, par son œuvre. (Toonder 1997: 113)

> [...] la recherche du *moi* se réalise à l'aide des textes que le *moi* a lui-même écrits. (ebd.: 115f.)

Die *Nouvelle Autobiographie* entwirft anstelle einer Persönlichkeitsgeschichte vielmehr die Sprache als Performanz: Semantische Vieldeutigkeit wird nicht einfach kommuniziert, sondern performativ "in Szene gesetzt" und dem Leser als sinnliche Erfahrung vermittelt. Der Leser erlebt die Unentscheidbarkeit der Bedeutung, weil ihm der "Notanker der Semantik" (Frank [2]1984: 606) aus der Hand geschlagen wird. Der Autor wiederum kommuniziert damit seine Auffassung von der Undeutbarkeit der Wirklichkeit. Durch den Einsatz von 'maskierten' Erzählern führt der Autor diese Problematik

---

125 Dieser Begriff bezieht sich bei de Man (1988: 91-117) auf eine spezifische Vorstellung des Lesens, die das Scheitern bzw. permanente Zerfallen von Sinnstrukturen einschließt, mithin nicht mehr Ergebnisse, sondern nurmehr "Allegorien des Lesens" hervorbringt und damit sowohl die Uneinholbarkeit der Bedeutung wie auch die Unabschließbarkeit der Lektüre postuliert.

126 Vgl. auch Houppermans (1993: 138), der von einem "discours auctorial organisateur" spricht.

vor. Die Masken des Textes vollziehen die permanente Verwandlung sowie den Entzug dieses textuellen Ich und erfassen seine sprachliche Beschaffenheit. Die Zeichen bilden kein vorgängiges, außersprachliches Ich ab und erscheinen damit als dessen Stellvertreter, sondern sie verkörpern das Ich im (Sprach-)Prozess. Die Performanz der Sprache wird betont, indem sie nicht mehr einen ihr vorausliegenden Sinn wiedergibt, sondern den sprachlichen Akt als Handlung, nämlich den Schreibprozess plastisch-körperlich quasi *in actu* vorführt. Ihre einzige Bedeutung besteht in der Tätigkeit, den Bedeutungsprozess als unabschließbar und Aussagen als unmöglich erscheinen zu lassen. Im Zentrum dieser Performanz steht die *Herstellung* sprachlicher Konstrukte, die sich als Tätigkeit des sprachlichen Bildens und damit als Fiktionalisierung versteht.

Mit dem Bekenntnis zur Fiktionalität des Textes und damit zu seiner sprachlichen Verfasstheit überträgt Robbe-Grillet den Anspruch der Authentizität von der Ebene der Darstellung (Kriterium der Referenzialität) auf die poetologische Ebene. Glaubwürdigkeit heißt für ihn, die Versprachlichung seiner Biographie und damit die Transformation und Entsubstanzialisierung des Ich in seinem Text kenntlich zu machen, anstatt eine Wahrheit des Ich zu postulieren. Im Text gibt es nichts Faktisches, weil Fakten nur über den Umweg der Fiktion, d.h. über die Sprache zugänglich werden und dabei eine Transformation erfahren. Um diese Verwandlung nicht zu verdecken, sondern vielmehr offen zu legen und sie dem Leser sogar vor Augen zu führen, nennt Robbe-Grillet das Resultat seiner Inszenierung *Romanesques*. Konsistent, anwesend und bedeutsam sind allein die Buchstaben der Schrift, während die Signifikate unaufhörlich gleiten.

Robbe-Grillet erhebt demzufolge keinen Anspruch auf Wahrheit mehr und kündigt eine zentrale Bedingung autobiographischen Schreibens. Dennoch kann man in seinem Vorgehen den Wunsch nach Glaubwürdigkeit erkennen, der sich in der Offenlegung der Subjektkonstitution als einem sprachlichen Akt artikuliert. Die Fiktionalität seiner autobiographischen Darstellung offen einzuräumen, das macht den Schriftsteller Robbe-Grillet – obgleich der Anspruch nur auf der poetologischen Ebene erkennbar ist – authentisch:

> La patiente écriture des fragments qui demeurent (provisoirement, je le sais) ne peut en aucun cas considérer mon passé comme producteur de signification (un sens à ma vie), mais au contraire comme PRODUCTEUR DE RÉCIT: un devenir à mon PROJET D'ÉCRIVAIN. Ce qui est à la fois PLUS HONNÊTE et plus exaltant. (*Angélique*: 68, m.H.)

Der neue Autobiograph schafft sich seine Identität demzufolge nicht mehr über die Deutung seines Lebens, sondern knüpft sie an sein "literarisches Projekt". Angesichts undeutbarer Erfahrungen verheißt nur der Akt des Schreibens und seine Enthüllung als stetes Schaffen von Bedeutung eine 'Authentizität' der Schrift, die das (identitäts-)leere "Zentrum" kompensiert:

> Seul le travail créateur de l'écriture peut échapper à ce vide central, car il construit autour du néant le cadre d'un "anti-monde" imaginaire, "sur lequel l'angoisse fondamentale ne pourra plus jamais avoir de prise". (E. Ruhe 1992: 51; *Angélique*: 126)

Der Autor Robbe-Grillet macht – ähnlich wie Doubrovsky – seine Existenz und die autobiographische Relevanz seines Textes an einer Performanz der Schreibtätigkeit fest. Gerade der Verzicht auf die Darstellung von Wahrheit und die Kritik des Anspruchs auf Wahrheit lösen diese Glaubwürdigkeit ein. 'Authentisch-Sein' im Sinne des Robbe-Grillet'schen Realitätsbegriffs bedeutet paradoxerweise, das Unverstehbare zu kommunizieren.

Die Opposition zwischen Realität und Fiktion wird dabei aufgelöst. Die Autobiographie als referenzielles Genre ist von der Fiktion nicht mehr abgrenzbar. Die Betonung der sprachlichen Verfasstheit von Autobiographien rückt diese eher in die Nähe der Fiktion als in die Nähe des Realen und Faktischen. Durch die Kohärenz seines poetologischen Konzeptes sind alle Texte Robbe-Grillets auch von autobiographischer Relevanz (Houppermans 1993: 137), da sie den Schriftsteller Robbe-Grillet in spezifischer Weise zeigen. Dies entspricht der bereits erwähnten These de Mans, "that any book with a readable titlepage is, to some extent, autobiographical" (1979: 922). Robbe-Grillets *Nouvelle Autobiographie* erscheint im Horizont dieser Neubestimmung von Sinngebungsprozessen und damit auch des Autobiographischen, das nunmehr an die Inszenierung des Schreibakts und damit Fiktionalität geknüpft wird. Dies manifestiert sich linguistisch in der hierfür charakteristischen Ambiguität der Aussagesituation: "l'ambiguïté d'une double situation énonciative: celle de l'écri*vant*, sujet réel, rapporteur des péripéties de la vie, et celle de l'écri*vain*, sujet poétique, transcripteur de l'activité imaginative" (van den Heuvel 1992: 203).

Die Originalität des "neo-autobiographischen" Diskurses, meint van den Heuvel, bestehe in der Spaltung des Ich in écri*vant* und écri*vain* sowie der daraus resultierenden konstitutiven Ambiguität der Sprechsituation. Die Doppeldeutigkeit der Sprechsituation macht den Text wiederum von einem fiktionalen Text ununterscheidbar. Damit überschreitet die *Nouvelle Autobiographie* die Grenzen eines im traditionellen Sinne autobiographischen Genres. Sie löst sich vom referenziellen Pakt, kündigt konventionelle Vereinbarungen über Bedeutung auf und situiert sich gattungstheoretisch in einem unentscheidbaren Zwischenbereich, welcher sich mit Derridas Umformulierung des Genrebegriffs gut umschreiben lässt. In seinem Aufsatz "La loi du genre" (1986) entwickelt Derrida ein Genre-Konzept jenseits binärer Oppositionen. Etymologisch bezeichnet der Begriff dem Autor zufolge eine Spaltung der Geschlechter und basiert auf ihrer Abgrenzbarkeit bzw. Binarität. Dieses Geschlechterverständnis wird umformuliert und der Genre-Begriff neu bestimmt, so dass sich Robbe-Grillets Schreiben damit fassen ließe: Man könnte es in diesem Kontext auch autofiktional nennen, weil es die referenzielle Dimension der Sprache diskreditiert, den Schreibakt wie die Versprachlichung ins Zentrum stellt und somit das Autobiographische und das Fiktionale als ineinander übergehende Sprachfunktionen verbindet und die traditionelle Opposition zugunsten eines gewandelten Literaturbegriffs aufkündigt:

> Aussi, je vois très peu de différences entre mon travail de romancier et celui-ci, plus récent, d'autobiographe. Les éléments constitutifs, tout d'abord, sont bien de même nature, puisés dans le même trésor opaque. N'avais-je pas déjà introduit dans mes romans, dès le début, le décor vrai de mon enfance [...]. (*Angélique*: 68)

Der "imposteur" Robbe-Grillet bleibt sich treu und konstruiert nun aus dem Material seiner Vita einen Text, in dem der Sinn schwankt. Die Verfahren der Sinnkonfusion betonen den Sprachakt und stellen das Schreiben als Tätigkeit ins Zentrum der literarischen Auseinandersetzung. Die durch Versprachlichung eintretende Fiktionalisierung wird hervorgehoben und durch spezifische Verfahren kenntlich gemacht. Dabei wandeln sich beispielsweise biographische Elemente in Biographeme (durch *thèmes générateurs*) und führen die "Labilität" der Bedeutung *in actu* vor. Der Schreibakt selbst und das schreibende, stets durch Sprache dezentrierte Ich werden zum Hauptthema der autobiographischen Auseinandersetzung. Die 'Wahrheit' besteht einzig und allein in der Vielfältigkeit, Unfassbarkeit und Unabschließbarkeit der Bedeutung, was Robbe-Grillet anhand disseminaler Bedeutungskonzepte inszeniert. Im Textverlauf wird das Ich dezentriert und gleitet zwischen den Masken des Textes wie beispielsweise Jean Robin, Robbe-Grillet, Corinthe, Angélique u.a. und macht seine "Nichtidentität" zum Prinzip. Kurioserweise macht es sich genau in dieser durchgängigen und konsequenten Identitätsverweigerung (wieder)erkennbar, nämlich als multiples und an die Schrift gebundenes Ich, dessen einzige Konsistenz in der Materialität der Buchstaben liegt.

Das als Corinthe u.a. maskierte Ich besitzt keine vorgängige Identität, die auf eine außersprachliche Persönlichkeit rückführbar wäre. Die Deutung der Episoden um Corinthe als "eine phantastische Erzählung" (Grüter 1994: 92f.) bzw. die Kategorie des Phantastischen überhaupt im Zusammenhang mit der *Nouvelle Autobiographie* scheint daher problematisch:

> C'est là un projet tout à fait nouveau, une gageure peut-être impossible à tenir: introduire dans le texte le plus réaliste et le plus assertif qui soit l'effet de doute, de trouble, d'hésitation propre jusqu'à présent aux textes de fiction 'fantastique' (au sens où T. Todorov l'a définie). (Lejeune 1991b: 65)

Phantastik scheint hier ein irreführender Begriff, weil sie ein mimetisches Prinzip und eine Trennung von Realität und Imagination voraussetzt. Die Etablierung einer Ebene des Realen ist die konstitutive Bedingung für deren phantastische Überschreitung, die sich nach Todorov in der sog. "Unschlüssigkeit" manifestiert (Todorov 1992: 26f.). Dafür wird jedoch eine prinzipielle Möglichkeit der Unterscheidung vorausgesetzt, die Robbe-Grillets Texte offenbar unterlaufen. Die Ebene der Realität wird bei Robbe-Grillet m. E. von Beginn an unterwandert und nicht wirklich etabliert, wie es für einen phantastischen Text Voraussetzung wäre.[127] Die Objektebene wird im Rahmen der Metafiktionalität stets unterwandert und dabei zerstört, so dass sie als Ausgangsbasis für das "Einbrechen" des Phantastischen wenig taugt. Eine Unterscheidung von phantastischen und nichtphantastischen Elementen scheint auf dieser Grundlage unmöglich. Vielmehr sind die *Romanesques* nur in dem Sinne phantastisch, wie nach Borges alle

---

127 Hierzu A. de Toro: "Ohne die Gegenüberstellung des Unerklärlichen und des Wirklichen kann die Textsorte 'Fantastik' nicht definiert werden. Dabei betrachtet man jegliche Verletzung der in einer bestimmten Welt geltenden Gesetzmäßigkeiten [...] als fantastisch" (1998: 15).

Literatur in ihrer Zeichenhaftigkeit phantastisch ist.[128]

Robbe-Grillets Trilogie stellt demzufolge "einen neuen Typus von Autobiographie" dar, der die traditionelle Autobiographie zum "Vorwand" einer metanarrativen Auseinandersetzung nimmt und aus der Offenlegung autobiographischer Vertextungsverfahren eine 'neue' Form der Autobiographie schafft. Anders formuliert, das Nachdenken über die narrative Konstitution einer Autobiographie fällt mit deren Konstitutionsprozess zusammen und führt zu einem metafiktionalen Schreiben, wie es der Autor als "construire en détruisant" umschrieb (Robbe-Grillet 1963: 130).

Robbe-Grillets Text ist insofern autobiographisch, als er die Frage nach der Existenzweise von Sinn in eine Auseinandersetzung des Autors mit dem Sinn seines Lebens überführt. Ein konstruktiver Rückgriff auf das autobiographische Muster kann jedoch durch die konsequente Subversion von Sinn nicht gelingen. Robbe-Grillet negiert das an Sinngebung gebundene Projekt der Autobiographie und erneuert die in seinem früheren Programm belegte Kritik an der Existenz von Wahrheit und Sinn:

> Like the forms of *Nouveau Roman*, the narrative forms of the new autobiographies generate multiple and contradictory decentered selves, self-consciously products of language and no longer present to themselves. (Ramsay 1996: 46f.)

Während Doubrovsky die Unkontrollierbarkeit der Bedeutung über den Text hinaus und im Rahmen der Rezeption in Kauf nimmt, indem er seine Person (un-)möglichen Deutungen aussetzt, sich selbst im Rahmen seiner Literatur "aus Fleisch und Blut" tabulos exhibitioniert und einen universalen Deutungsanspruch aufgibt, bindet Robbe-Grillet m. E. sein unendliches Spiel der Bedeutungen strikt an seine eigene poetologische Konzeption und entzieht sich damit seinem eigenen Anspruch, dass ein Text vieldeutig und unabschließbar interpretiert werden kann. Vielmehr scheint er über seinen Anspruch poetologischer Konsistenz und Authentizität die Rezeption immer noch kontrollieren zu wollen. So spricht der Autor beispielsweise im Film von Compain davon, stets missverstanden worden zu sein[129] und wehrt sich gegen bestimmte negative Deutungen seines Œuvres als Sadismus oder Pornographie. Zugleich unterstellt er aber unbewusst damit eine Möglichkeit, seine Texte "richtig" zu verstehen, d.h. er weist auf eine implizite, im Text angelegte Strategie, Bedeutungen zu zerstören – immerhin räumt

---

128 Vgl. hierzu die Interpretation der Borges'schen Literatur als "Anti-Phantastik", die in ähnlicher Form auch für Robbe-Grillet gelten könnte. A. de Toro (1998: 12) schreibt, "[...] daß das, was manche Texte bei Borges als fantastisch erscheinen läßt, auf einem theoretischen Mißverständnis beruht, denn Borges entledigt sich der Mimesis und damit sowohl der Wirklichkeit als auch der Fantastik".

129 Was in der Tat so scheint, liest man Kritiken wie die vom damaligen Feuilleton-Chef der *Zeit*, Fritz J. Raddatz, zum letzten Teil der *Romanesques*: "Wenn es zu zwingenden dichterischen Bildern nicht mehr reicht, dann wäre der pure Memoiren-Bericht eine lesenswerte Möglichkeit gewesen, an den Autor [...] zu erinnern" (*Die Zeit* 11, 5.3.98).

er damit aber eine Intention ein.[130]

Während Doubrovsky keinerlei Privileg für die Deutung seiner Autofiktionen beansprucht und sein Schreiben als schmerzliche und sogar tragische Selbsterfahrung konzedieren muss, geht der Robbe-Grillet'schen *Nouvelle Autobiographie* ein poetologisches Programm voraus, mit dessen Hilfe der Autor seine Sprache zu kontrollieren meint. Während Robbe-Grillet die referenzielle Funktion der Zeichen von Beginn an *ad acta* legt, versucht Doubrovsky immerhin noch, einen Pakt mit "Ilse" zu schließen. Mitten im Schreibakt erlebt er jedoch das Scheitern seines Anspruchs und muss das "Zerbrechen" seines Buches, die tragischen Konsequenzen der Wahrheitssuche eingestehen. Mit Fortschreiten des Schreibens räumt er seine Machtlosigkeit gegenüber der Deutung ein und gibt seine Autorität über Sinn und Bedeutung auf. Damit ist Doubrovskys Autofiktion – "jamais été dictée ni guidée par une théorie, mais éprouvée comme une envie et un besoin" (Doubrovsky 1979: 100) – weniger Produkt einer theoretischen Reflexion als gelebte Erfahrung: "Je ne l'ai point choisie, elle s'est imposée à moi, de façon irrésistible" (ebd.: 102).

Robbe-Grillet hingegen erhebt gar keinen Anspruch auf Referenzialität, weil er diese für generell unrealisierbar hält und von vornherein an ihre Textualität (sprich: Fiktionalität) bindet. Ausgehend von seinem Realitätskonzept hat er sich mit der Unerfüllbarkeit des Anspruchs und der Zugänglichkeit/Eindeutigkeit konkreter Referenzen – was freilich nicht einmal die traditionelle Autobiographietheorie behauptet – abgefunden und inszeniert das Ich als textuelles Konstrukt. Die Trilogie *Romanesques* ist vor diesem Hintergrund keine Relativierung, sondern eine Fortführung des unverändert programmatischen Anspruchs.[131] Die fiktional-autobiographische Trilogie Robbe-Grillets ist unübersehbar von den Theoremen des *Nouveau Roman* geprägt, und man könnte sogar behaupten präfiguriert (A. de Toro 1999: 1427), indem sie bekannte Positionen des Autors nachhaltig manifestiert und ein weiteres Beispiel für die "Produktivität" dieser Theorie abgibt.[132] Als "postmodern destructive autobiographer who decodes autobiographical forms while writing them anew" (Spear 1994: 55) dekonstruiert er das Genre der Autobiographie.

Autobiographische Identität resultiert hierbei nicht wie in traditionellen Autobiographien aus der Deutung einer Persönlichkeitsgeschichte, sondern entfaltet sich mit dem Schreibprozess in der Schrift des Autors. Die textuelle Identität ist instabil und "slides, elusively and ultimately, into the realm of fabrication" (Spear 1994: 55). Identität entsteht nicht durch die Ähnlichkeit der textuellen mit der außertextuellen Welt, sondern in der *écriture,* die konkurrenzlos zum Gegenstand des Textes erhoben

---

130 Vgl. dazu das Interview, in dem Robbe-Grillet erklärt, er habe aufgehört Kommentare zu seinen Texten zu verfassen, weil die von ihnen ausgelösten Missverständnisse zu erheblich wurden. Das Publikum sei zu humorlos, so dass er seine Reflexionen im literarischen Diskurs nunmehr Corinthe u.a. zuschreibe (Brochier 1988: 97).

131 Vgl. hierzu die Angaben von Grüter (1994: 70, Fn.8) oder Blüher (1992: 13).

132 Robbe-Grillet sagt dazu im Interview, er glaube zwar nicht an die Theorie selbst, hingegen an ihre Produktivität bzw. Wirksamkeit (Brochier 1988: 97).

wird, so wie der Autor den ersten Band seiner Trilogie – Distanz zu Sartre und Leiris markierend – beschreibt als "Un livre mobile qui serait non pas moi, mais en tout cas une image de moi qui correspondrait un peu à mon travail" (Salgas 1985: 6). Grüter spricht treffend von Robbe-Grillets "Bekenntnis zu einem theoretischen Postulat" (1994: 106) der Autonomie von Sprache und der Nichtidentität von Bedeutungen. Die Neue Autobiographie befasst sich wie der Neue Roman mit den Möglichkeiten sprachlicher Darstellung und lotet – im Zuge der Problematisierung literarischer Rahmenbedingungen – deren Grenzen aus. Robbe-Grillets autobiographisches Projekt ist zugleich ein "projet d'écrivain". Es besteht darin, Bedeutungen nicht mittels Zeichen zu stiften, sondern die Grenzen der Bedeutung und die Zeichenhaftigkeit von Texten *erfahrbar* zu machen. So gesehen könnte man mit Grüter einen gewandelten Begriff des Narzissmus entwerfen: Die "Selbstaffirmation des Künstlers" (Grüter 1994a: 212f.) besteht gerade darin, dass er nicht die "Wirklichkeit" seines Lebens, sondern vielmehr dessen Vertextung (sprich: Fiktionalisierung) nachahmt und somit die Autoreferenzialität der Zeichen aktualisiert. So nennt Stoltzfus diese Form der Katharsis einen der Hauptaspekte von Robbe-Grillets Diskurs (Stoltzfus 1996: 158).

Allerdings scheint das eigene poetologische Verständnis und der Literaturbegriff, den der Autor Robbe-Grillet zugrunde legt, ganz und gar unhinterfragt zu bleiben: An keiner Stelle, so scheint es, zweifelt der Autor, und er behält die Kontrolle über den Akt der Dekonstruktion. Während Doubrovsky in Anbetracht der fatalen Überschneidung von Biographie und Literatur seine Verzweiflung zu erkennen gibt, bezieht Robbe-Grillet seine Konzeption nicht mit letzter Konsequenz auf sich selbst:

> Bei seinem Spiel [der Erzähler, A.d.V.] mit den Gattungskonventionen der Autobiographie etwa entsteht der Eindruck, er selbst könne ganz gut zwischen Realem und Fiktivem unterscheiden und wolle durch eine Vermischung der semantischen Ebenen nur den Leser in die Irre führen. (Grüter 1994a: 213)

Damit, so scheint es zumindest, ist die Trilogie (anders als Doubrovskys *Autofiction*, die sich zunehmend als unbeherrschbar und unabtrennbar vom Leben des Autors erweist) noch immer ein autonomer Text, d.h. eine Trennung von Text- und Lebenswelt scheint hier noch möglich. Eine Erkenntnis lässt sich daraus, wenn auch nur *ex negativo*, als Substrat der Robbe-Grillet'schen Poetik formulieren. Sie besteht darin, dass der Leser nicht über das Leben des Autors, sondern über dessen Bedeutungs- und demnach auch Literaturvorstellung aufgeklärt wird (der Rest einer Intention bleibt darin erkennbar, dass der Autor, zumindest poetologisch gesehen, eine gewisse Konsistenz besitzt und sich an seinem Textbegriff erkennbar macht). Welche Vorstellung Robbe-Grillet vermittelt, umschreibt Allemand: "L'absence fondamentale de signification des souvenirs et de l'*être-là* révèle donc la consistance de l'être, dans toute sa profondeur" (Allemand 1991: 96), wobei man dies genau genommen noch in "non-profondeur" umwandeln müsste.

Die Mechanismen der Sinnproduktion zumindest, so ist zu vermuten, glaubt der Autor immerhin kommunizieren zu können. Gewissermaßen gelangt damit auch ein Rest des Wahren ("Das Wahre ist das, was ich verstehe" 1987a: 26) wieder in den Text, der Autor möchte immerhin sein Verständnis des Bedeutungsprozesses und auch den eigenen Literaturbegriff vermitteln. Damit bleibt er jedoch das "*Subjekt* der Dekonstruktion" (Grüter 1994a: 214) und bewahrt sich eine letzte minimale Autorität über den Deutungsprozess seines Textes, während beispielsweise Doubrovsky vorführt, wie dem Ich der letzte Funke an Souveränität über die Deutung des eigenen Lebens verloren geht.

5. AUTOBIOGRAPHISCHE ASPEKTE DER MAGHREBINISCHEN LITERATUR

Die in den beiden vorangegangenen Kapiteln vorgenommene Analyse zeitgenössischer autobiographischer Techniken innerhalb der französischen Literatur wie der *Autofiction* von Serge Doubrovsky und der *Nouvelle Autobiographie* von Alain Robbe-Grillet hat gezeigt, dass beide Autoren ihre Konzepte mit Bezug auf die traditionelle Autobiographie entwerfen. Dabei werden konventionelle Vertextungsverfahren nicht nur problematisiert, sondern im Rahmen eines Metadiskurses über das Genre der Autobiographie hinterfragt. Die Autobiographie als Diskursform bildet hier die Referenz für eine dekonstruktivistische Auseinandersetzung mit dem Genre, welches im Rahmen beider Konzepte als metaphysische Konstruktion interpretiert wird. Die Strategien der *Autofiction* und der *Nouvelle Autobiographie* zielen somit weniger auf den Entwurf einer Vita und die Darstellung eines Ich als auf die Frage, wie sich das Ich im Text überhaupt entfalten kann. Die dabei aufgeworfene grundlegende theoretische Frage nach dem Verhältnis von Referenzialität und Fiktionalität bzw. die nach dem grundlegenden Verständnis von Text(ualität), welches in unserem Zusammenhang anhand der Frage nach der Subjektkonstitution untersucht wird, manifestiert sich jedoch in allen literarischen Texten, ob sie nun im Rahmen europäischer Genretraditionen stehen oder jenseits davon.

Wenn wir – wie im ersten Teil der Arbeit – die literarische Dekonstruktion des autobiographischen Genres im europäischen Kontext beschreiben, bietet sich ein Blick auf die außereuropäische Praxis autobiographischen Schreibens zur Erweiterung dieser Perspektive an, nicht zuletzt, um der Schlussfolgerung entgegenzutreten, diese Textpraxis sei eine komplette Negation traditioneller Genres, mithin nicht innovativ und biete keinerlei alternative Denk- oder Schreibansätze. Dekonstruktivistische Bedeutungskonzepte, die die derzeitige Praxis autobiographischen Schreibens als Auseinandersetzung mit dem Genre in der französischen Literatur bestimmen, finden sich ebenso in den sog. marginalen oder postkolonialen Literaturen wieder und haben dort einen genuinen Platz, weil damit nicht zuletzt die Problematik eines Schreibens in der ehemals kolonialen Sprache exemplarisch vorgeführt werden kann. Abschließende Bedeutung nicht zuzulassen und Sinnstrukturen immer wieder aufzubrechen, ja die Prozesshaftigkeit der semantischen Produktion sichtbar zu machen, diese Verfahren ermöglichen es den AutorInnen, sich einer 'fremden' Schrift zu bedienen und zugleich Distanz zu dieser Schriftsprache zu artikulieren (s.u. 5.3). In derartigen literarischen Äußerungen – nachfolgend am Beispiel der maghrebinischen Literatur in französischer Sprache gezeigt – wird der Zusammenhang zwischen der Konstitution von Subjektivität und der Textproduktion explizit sichtbar, die sprachabhängige Formung des Ich wird besonders gut sichtbar.

Die autobiographische Äußerung maghrebinischer AutorInnen, die auf Französisch schreiben, wird durch die Verwendung einer anderen als der Muttersprache zunächst zu einem Problem der Artikulation und nicht in erster Linie zu einem Problem des literarischen Genres. Die Ausweitung unserer Fragestellung auf einen anderen kulturellen Kontext, in dem das autobiographische Genre zwar rezipiert wird, in dessen Diskurstraditionen aber eigene autobiographische Manifestationsformen vorhanden sind, ermöglicht eine Ablösung der gemeinhin von Gattungsfragen geprägten und damit ethnozentrischen Sicht auf das Problem des autobiographischen Textes. Mit der Erweiterung des Untersuchungsbereiches wird zudem gezeigt, dass die "Auflösungstendenzen" nur mit Blick auf europäische Genrevorstellungen und ein spezifisches Subjektverständnis formuliert werden können, diese aber nicht ohne weiteres auf andere Formen autobiographischer Praxis übertragbar sind. Darüber hinaus wird die in der Arbeit vertretene These einer mit dem Schreiben einsetzenden literarischen Konstitution von Subjektivität, d.h. auch der Zusammenhang zwischen der Herausbildung von Identität und Sprache, im postkolonialen Zusammenhang evident: Da die gewählten maghrebinischen Autoren jenseits ihrer Muttersprache schreiben, ist ihnen die Autobiographie, verstanden als literarische "Rückgewinnung" des Ich, von vornherein unmöglich. Sie finden sich sämtlicher präfigurierter Identitätsvorstellungen beraubt und müssen sich in jener Sprache erst konstituieren. Das Selbst muss hier zuerst einmal in der Sprache *gewonnen* werden, womit freilich das traditionelle Konzept von Identität problematisch wird.

Der mit dem Übergang vom arabischen oder berberischen Dialekt zur französischen Schrift verbundene Medienwechsel ist jedoch weit mehr, als das, was man gemeinhin – verstanden unter der Bedingung einer konfliktfreien Übersetzbarkeit – unter einem Wechsel des sprachlichen Kodes verstanden hat, etwa den Austausch einer Form ohne wesentliche Auswirkung auf den Inhalt, das Gesprochene oder Geschriebene. Das generelle Problem der Artikulation in postkolonialen Literaturen erweist sich damit nicht als formales oder sprachliches Problem, sondern als fundamentaler Konflikt: die Existenz und Konsistenz des zu Beschreibenden (z.B. des Ich) steht auf dem Spiel. Mit der Wahl eines anderen Ausdrucksmediums gerät das Ich in einen Konflikt zu den gewohnten, muttersprachlich oder vorsprachlichen Bezügen. Die Frage der Identität rückt ins Zentrum des Schreibakts selbst und findet in der *écriture* immer neue Formulierungen. Noch virulenter stellt sich damit die Frage, ob es ein homogenes, dem Text vorgängiges Ich überhaupt gibt oder geben kann, oder ob dies vielmehr bereits eine sprachlich (vor)konzipierte Deutung dieses Ich ist. Daran schließt sich die Frage der Identität und ihrer Konstitution an: Ermöglicht es ein bestimmtes, als postkolonial verstandenes Schreiben, die Abwesenheit der Muttersprache und ihres Identifikationspotentials zu kompensieren?

So könnte der literarische Text für die gewählten maghrebinischen Autoren zu einem Raum für die Ausbreitung eines (primär sprachlichen) Identifikationsprozesses werden, verbunden mit einem textuellen Konzept, welches jene typischen Diskursformen aufzeigt, in denen sich Subjekte und Geschichte(n) konstituieren. Subjektivität und Textualität könnten damit als Kontinuum, nicht als disparate Räume gedacht werden. Während die hier vorgestellten französischen Autoren die Frage der Subjektkonstitution konkret an Formen des traditionellen autobiographischen Diskurses koppeln, entfaltet sich die Frage der Subjektivität bei den ausgewählten Autoren des Maghreb aus der (sprachlich bedingten) Erfahrung, die verspürte kulturelle Differenz nicht artikulieren zu können, ohne ipso facto in bereits bestehende Diskurse einzutreten und die zugrunde liegenden Muster ungewollt übernehmen zu müssen. Die postkoloniale Schrift ist damit nicht in erster Linie Projektionsraum für einen problematisch gewordenen Literatur- und Autobiographiebegriff, sondern vielmehr der einzige Ort, an dem sich ein kultureller Zwischenstatus (Bhabhas "in-between", 1994: 1f.), ein transkulturelles (Bewusst-)Sein überhaupt artikulieren lässt: nämlich als unaufhebbare Distanz zwischen zwei Sprachsystemen und deren simultaner Manifestation im Text. Das Problem der Autobiographie wird im transkulturellen Kontext, in dem sich die französischsprachige Literatur des Maghreb konstituiert, zu einem Problem der Sprache und zwar der Artikulation des Ich in einer 'fremden' Sprache, deren besonderem Status ich in den folgenden Abschnitten auch nachgehen werde.

5.1 Die Problematik der Autobiographie in der maghrebinischen Literatur

Die Frage nach der Existenz der Autobiographie in der maghrebinischen Literatur, insbesondere in der ab den 50er Jahren massiv einsetzenden französischsprachigen Produktion, fördert unterschiedliche Auffassungen des Autobiographischen zutage, die auf je spezifische und teilweise unvereinbare Literaturkonzeptionen verweisen. Zumeist werden theoretische Prämissen nicht explizit offen gelegt, so dass sich divergente Positionen hinsichtlich der Existenz der Autobiographie in außereuropäischen Kontexten ergeben. Daran erweist sich erneut die Relevanz der Frage nach dem Verständnis der Autobiographie. Einige Beispiele aus der Forschung sollen nun exemplarisch für die Auseinandersetzung mit der Autobiographe im außereuropäischen afrikanischen Kontext genannt sein.

Während einerseits die autobiographische Dimension afrikanischer Literaturen in europäischen Sprachen generell unbestritten scheint, weil allen Literaturen in der ehemals kolonialen Schrift ein Kultur- und Identitätskonflikt von Beginn an eingeschrieben ist (Riesz 1993, 1996; Bonn 1996; Déjeux 1991, 1996; van den Heuvel 1993 u.a.), wird die Existenz des literarischen Genres außerhalb Europas – sicher zu Recht – bestritten. Problematisch daran ist lediglich, dass das europäische Genre damit im Prinzip zu einer Norm erhoben wird, die den Blick auf die Originalität gattungsabweichender autobiographischer Äußerungsformen versperrt. In der Regel werden außereuropäische Formen an der westlichen Konvention gemessen, von "echter Autobiographie" wird gesprochen und von "Mischungen" aus Roman/ Erzählung und Autobiographie, ohne dass die Adäquatheit derartiger Kategorien hinterfragt würde (z.B. El Maouhal 1999: 111).

Es gibt jedoch auch Arbeiten (u.a. Riesz 1993: 9-32; 1996: 265-288), die den Begriff der "autobiographie véritable" hinsichtlich seiner kulturellen Gültigkeit hinterfragen und ihn korrekterweise in Anführungszeichen verwenden.[133] Damit wird bewußt vermieden, dass der Begriff des literarischen Genres und dessen – einem bestimmten metaphysischen Denken verpflichtete – Kategorien unreflektiert zur Norm, d.h. zum Maßstab für alle Kulturen und Literaturen erhoben und universalisiert werden. Der viel-

---

133 Beide Arbeiten von Riesz beziehen sich auf Literaturen im subsaharischen Afrika.

fach artikulierte Befund, es gäbe keine echten Autobiographien in der Literatur Afrikas, reduziert und ignoriert genau genommen all jene Formen in der afrikanischen wie auch der europäischen Literatur, die sich als "je spezifische Formen des literarischen Über-das-eigene-Leben-Sprechen entwickelt haben" (Riesz 1993: 266). Nimmt man die europäische Ausprägung des Genres zum Dreh- und Angelpunkt der Auseinandersetzung mit autobiographischen Texten und deren Spezifik, wird man anstelle der Spezifik der jeweiligen Schreibstrategie lediglich eine Abweichung von der Norm konstatieren können, "qu'il n'y aurait pas de véritable autobiographie en Afrique", wie Riesz jene These umschreibt (1996: 9).

Bei der Übertragung und Universalisierung westlicher Gattungskonventionen erscheint die Begründung des Nichtvorhandenseins der Gattung Autobiographie in anderen kulturellen Kontexten genau genommen tautologisch: Es wird unterstellt, dass die andere Kultur nicht über einen entsprechend entfalteten Subjektbegriff verfüge, d.h. auch dieser wird verabsolutiert. Stellvertretend für eine eurozentrisch argumentierende Richtung sei hier mit Gusdorf einer der bedeutendsten Autobiographie-Theoretiker der zweiten Jahrhunderthälfte genannt (vgl. 2.1), dessen Aufwertung der literarischen Dimension der europäischen Autobiographie leider – vielleicht sogar notwendigerweise – mit einer Abgrenzung und impliziten Entwertung aller nichteuropäischen Formen einher ging. Einen eigenständigen Umgang mit kulturellen Gegenständen scheint der Autor dem kulturellen Anderen kaum zuzutrauen:

> Des weiteren sieht es nicht so aus, als sei die Autobiographie jemals außerhalb unseres Kulturkreises aufgetreten; man könnte behaupten, daß sie ein spezielles Anliegen des abendländischen Menschen ausdrückt – ein Anliegen, das er auf seiner systematischen Eroberung der Welt mitgenommen und das er Menschen anderer Kulturen übermittelt haben kann; aber diese Menschen wurden damit auch durch eine Art geistiger Kolonisation an eine Mentalität angeschlossen, die nicht ihre eigene war. (Gusdorf 1989: 122)

Auch wenn diese Einschätzung bezüglich der Einhaltung von formalen Genrekonventionen stimmen mag, so verdeutlicht sie gleichermaßen eine enorm einseitige Perspektive auf die autobiographische Manifestation. Das europäische Genre wird genau in dem Moment zur Norm, in dem man es unhinterfragt in andere kulturelle Kontexte übertragen zu können glaubt, wobei Gusdorf den kolonialen Aspekt einer derartigen Übertragung sogar unterstreicht.

Doch eine weitere Ausgrenzung hat innerhalb der Kanonisierung des Genres der Autobiographie stattgefunden: Die auf ein männliches, weißes und bürgerliches Ich hin ausgerichtete Tradition spricht auch dem anderen Geschlecht Autobiographie-Tauglichkeit ab, was mit Blick auf die Berücksichtigung weiblicher Formen der Autobiographik sinnfällig wird.[134] Finck spricht sogar von einem "Androzentrismus der Gattung" (1999:

---

134 Vgl. hierzu die exzellente Auseinandersetzung bei Finck (1999: 109-131), die zeigt, dass es hierbei nicht nur um eine Frage der Selektion und des Kanons geht, die sich mit Berücksichtigung weiblicher Formen ohne weiteres beheben ließe, sondern um ein epistemologisches Problem und die bisherige Erfassung des Autobiographischen.

126f.) in dem Sinne, dass hier eine Universalisierung männlicher Kategorien stellvertretend für das 'Wesen' des Menschen stattfindet. Problematisch an derartigen Normierungsversuchen ist nicht nur die daraus hervorgehende Hierarchisierung und Abwertung unkonventioneller literarischer und sonstiger Manifestationen, sondern dass damit eine grundlegende Nichtanerkennung anderer Repräsentationen des Ich, faktisch deren Nichtexistenz verbunden ist. Mit anderen Worten: Das Konzept der Gattung sollte den Blick auf andere Formen der autobiographischen Äußerung und auf Texte in einer spezifischen kulturellen Konstituiertheit nicht verstellen.

Den Ausprägungen der autobiographischen Dimension beispielsweise in afrikanischen Literaturen vermag man demzufolge ausgehend vom Gattungskonzept kaum gerecht zu werden. Die Schwierigkeit liegt vor allem darin, dass wir uns jenseits westlicher Terminologie jedoch kaum darüber zu verständigen vermögen. Um so wichtiger erscheint es daher, gerade die Reduktion, die mit dem europäischen Genredenken verbunden ist, stets mit zu reflektieren. So sind – mangels alternativer Begrifflichkeiten – beispielsweise alle in der Debatte um die maghrebinische Literatur auffindbaren Begriffe wie "récit de vie", "témoignage" (Chaulet-Achour 1996: 291), "roman autobiographique", "récit autobiographique", "écriture intimiste" (El Maouhal 1999: 111), "autobiographie plurielle" (Gafaiti 1998) oder "collective autobiography" (Geesey 1996) vor der Folie des traditionellen Genres der Autobiographie und entsprechender Gattungsoppositionen entworfen, d.h. hier werden Gattungsvorstellungen in einen kulturellen Kontext hineingetragen. Dabei wird jedoch der autobiographischen Äußerung in außereuropäischen Literaturen kaum eine eigene Motivation und selbständige Bedeutung beigemessen, vielmehr wird diese entweder als 'Abweichung' oder 'Anleihe' beim europäischen Genre beschrieben und damit – sicher ungewollt – abgewertet. So versteht beispielsweise Bounfour (1995) die maghrebinische (arabisch- und französischsprachige) Autobiographik unkritisch als 'Anleihe' beim europäischen Genre der Autobiographie und er verrät den (eurozentrischen) Ort seines Denkens, wenn er einräumt, es handle sich dabei immerhin nicht um eine "reine Nachahmung":

> [...] la thèse de L'EMPRUNT de la forme autobiographique, suggérée par une demande étrangère à la société, est la plus raisonnable même si les études en détail nous montrent que la pratique arabe ou francophone de cette forme n'est pas de la pure IMITATION. (Bounfour 1995: 76, m.H.)

Ohne Reflexion auf die Problematik des Genres beschreibt er damit maghrebinische Formen des autobiographischen Ausdrucks als 'Umformungen' und 'Abweichungen' von der europäischen Tradition, was ihnen – wie die Arbeit verdeutlichen möchte – nicht gerecht wird. Das Genre der Autobiographie sollte nicht unreflektiert zur Norm erhoben werden, sondern vielmehr als eine unter anderen möglichen Formen des autobiographischen Schreibens verstanden werden. Im gleichen Text behauptet Bounfour andererseits, "La littérature francophone est fondée sur l'autobiographie" (ebd.: 73), wobei er mit "Autobiographie" nun offenbar doch etwas anderes als die europäische Gattung meint, dies jedoch nicht als Konflikt formuliert, den es zu thematisieren gilt.

Besonders deutlich werden die Schwierigkeiten einer Definition der autobiographischen Literatur im Maghreb im Beitrag von El Maouhal (1999) nicht zuletzt aufgrund einer höchst fragwürdigen Typologie. Zunächst stellt der Autor verschiedene Definitionsansätze vor, so beispielsweise Memmes, der einerseits den Lejeune'schen Paktbegriff aktualisiert, andererseits aber auch die kollektive Dimension maghrebinischer Texte hervorhebt (zit. in El Maouhal 1999: 108), oder problematische Behauptungen wie die von Nisbet, "le texte se raccroche à la réalité" (ebd.: 108). Aus unserer Sicht bleibt El Maouhals Entwurf hinter seinen kritischen Bemerkungen zur Forschung zurück. Er übernimmt nicht nur die Theorie Lejeunes und setzt die Etablierung des Paktes unreflektiert voraus, sondern macht – über Lejeune hinausgehend – die chronologische Struktur eines Textes zum Kriterium einer fragwürdigen Unterscheidung von Autobiographien diachronen und synchronen Typs.

Wiederum dient die Gattungstheorie als Folie der Beschreibung, und die Definitionsprobleme ergeben sich aus den Abweichungen maghrebinischer Formen von gattungsimmanenten Mustern, ohne dass gerade darin ihre Spezifik erkannt würde. Die Ausrichtung einiger autobiographischer Texte nicht nur auf die individuelle, sondern vor allem auf die kollektive Geschichte scheint für El Maouhal ein Grund, den Begriff "témoignage" zu bemühen (ebd.: 111), womit er die den maghrebinischen Texten zugestandene autobiographische Dimension auf einen bloßen Widerspiegelungsaspekt reduziert. Die autobiographische Dimension wird damit um die literarische reduziert und auf die Darstellung einer vermeintlich unmittelbaren (kolonialen) Erfahrungswelt sowie des daraus hervorgehenden Emanzipationsprozesses begrenzt.

Der kulturelle Hintergrund einer Ich-Konstitution im Rahmen der Gemeinschaft bleibt unerwähnt, obgleich dies für die Spezifik des Autobiographischen im Maghreb wichtig ist, sind doch, wie Arend (1995: 28) zu Recht meint, "weite Teile dieser Literatur als fiktive, kollektive Autobiographie eines kulturellen Raumes zu lesen". Zum literaturtheoretischen Problem wird bei El Maouhal (1999: 109) schließlich die Bestimmung des Fiktionsbegriffs einer von autobiographischen Texten dominierten Maghreb-Literatur: Das Merkmal der Fiktionalität wird dieser schlicht abgesprochen und damit der literarische Status: "que la fiction n'existe quasiment pas en littérature maghrébine". Diese Beispiele zeigen deutlich, dass mit Hilfe eines generischen Bezugs die Spezifik autobiographischer Texte im Maghreb kaum fassbar werden kann. Vielmehr könnte die Infragestellung der Prämissen einer Theorie des literarischen Genres Autobiographie, wie sie im ersten Teil der Arbeit erläutert wird, möglicher Hintergrund für die Beschreibung postkolonialer Strategien des Autobiographischen in der maghrebinischen Literatur sein. Nicht die maghrebinische Literatur würde damit als Abweichung vom Genre vorgestellt, sondern das Genre und dessen binäre Konzeptionen wie Fiktion-Fakt, Individuum-Kollektiv, Roman-Autobiographie würden hinterfragt, woraus sich eine vergleichbare epistemologische Basis französischer und maghrebinischer Schreibweisen skizzieren ließe.

Die autobiographische Spezifik der französischsprachigen Literatur des Maghreb soll nicht am Kriterium der Abweichung von der traditionellen autobiographischen Spezifik festgemacht werden, sondern vielmehr anhand des Zusammenhangs von Identitäts- und Subjektkonstitution resultierend aus der Verwendung einer 'fremden'

Sprache. Erst unter den epistemologischen Bedingungen dieses Schreibens in der Sprache des Anderen erfolgt eine Umformulierung traditioneller Kategorien des Autobiographischen. Ist nicht ein mehrsprachiges, d.h. sich zwischen den Sprachen bewegendes Schreiben, ja die *"sprachliche*[n] Situation des schreibenden Subjekts" (van den Heuvel 1993: 47, H.d.A.) vielmehr die eigentliche Ursache für den Identitätskonflikt, den die Maghreb-Literatur in französischer Sprache ebenso wie andere Literaturen in kolonialer Sprache gewissermaßen *sui generis* prägt? Stoßen Autoren nicht erst mit dem Schreiben in der französischen Sprache auf die darin universalisierten Identitätsvorstellungen, in denen sie sich selbst nicht mehr verorten können? Wenn Hornung und Ruhe von einer spezifischen Erfahrung sprechen, die sich in postkolonialen Formen der Autobiographie niederschlägt, –

> Si l'on y trouve la même concentration sur le Moi, celle-ci est pourtant déterminée par des impulsions tout autres, qui sont dues aux expériences spécifiques respectives dans le contexte du colonialisme et du postcolonialisme. (Ruhe/Hornung 1998: 1),

– so ist dies vielleicht ein Motiv, das dem Schreiben vorausgeht. Ein anderes besteht möglicherweise darin, dass die Autoren durch ihre Erfahrung mit einer anderen Sprache und der daraus hervorgehenden spezifischen Sprachwirklichkeit erst gezwungen sind, sich eine Identität zuzulegen und sich auf die Suche nach alternativen Formen zu begeben.

Ich möchte mich nun mit Hilfe eines postkolonialen Ansatzes der Frage des Autobiographischen in der maghrebinischen Literatur widmen. Postkolonial wird jedoch hier nicht zeitlich als historische Epochenbezeichnung verstanden, obwohl der Begriff vielfach diachron zur Bezeichnung der auf die Unabhängigkeit folgenden Phase verwendet wird, sondern er bezieht sich im vorliegenden Kontext auf einen systematischen Aspekt.[135] Gemeint ist ein spezifischer Diskurs der Auseinandersetzung mit dem kolonialen Denken, wie er von zahlreichen Theoretikern beschrieben wurde,[136] der in eine Subversion kolonialer Muster mündet, so dass das Präfix *post* weniger als *danach*, sondern vielmehr als *jenseits* von kolonialen Mustern zu deuten ist. In unserem Falle geht es dabei insbesondere um die Frage, ob und wie narrative Techniken in der maghrebinischen Literatur in subversive Strategien überführt werden.

5.2 Exkurs in die Geschichte der maghrebinischen Kultur

Im Rahmen dieses kurzen historischen Exkurses soll die kulturelle Spezifik des Maghreb als wesentliche Voraussetzung für die Herausbildung einer Literatur skizziert werden, die sich zwischen den Kulturen und in einem transkulturellen Raum verortet,

---

135 Zu den Unschärfen des Begriffs vgl. Kreutzer (1998: 199-200) sowie zur Bedeutung des Präfixes *post* Bhabha (1994: 1) sowie Kadir (1995).

136 Vgl. Spivak (in: Landry/MacLean 1990), Mishra/Hodge (1991), McClintock (1992), Shohat (1992), Bhabha (1994), A. de Toro (1999a) u.a.

die somit nicht mehr auf der Basis eines homogenen, sondern vielmehr eines transgressiven Kulturbegriffs, wie ihn die postkoloniale Literaturbetrachtung zugrunde legt, darstellbar ist. Die moderne französischsprachige Literatur im Maghreb entfaltet sich unter gänzlich anderen Bedingungen als die europäischen Nationalliteraturen, wobei sie ihre (postkoloniale) Spezifik gerade aus einer Auseinandersetzung mit den aus dem Kolonialprozess hervorgehenden Diskursen erhält und zugleich zum Ort einer einzigartigen Verschmelzung kultureller Kodes wird.

Obgleich sich die kulturellen Spuren der europäischen Hegemonie in der gegenwärtigen Literatur des Maghreb unübersehbar manifestieren, unterscheidet sich die Form der kulturellen Aneignung des Anderen ganz entscheidend von der kolonialen Besitzergreifung. Aus der kulturellen Vereinnahmung durch die Kolonialmächte hat sich – dies wird oft als Paradoxon gedeutet – heute eine spezifische Form der kulturellen Wahrnehmung des Anderen und der Identitätsausformung entfaltet, "die weder auf die eigene Identität verzichtet noch die Identität des Anderen, die sie zu assimilieren wusste, mit den gleichen Waffen bekämpft" (Dubost 1994: 9). Um die konstitutive Ambivalenz dieser kulturellen Prozesse darstellen und deuten zu können, soll ein kurzer Überblick über die historische Entstehung der kulturellen Vielfalt im Maghreb gegeben werden.

Der maghrebinische Raum wird nicht erst mit dem europäischen Kolonialprozess – der französischen Eroberung Algeriens 1830 – einem tiefgreifenden kulturellen Wandel unterworfen, sondern ist seit jeher von einer wechselvollen Geschichte der Eroberungen, Migrationen und kulturellen Assimilierungen geprägt. Das Territorium des Maghreb, welches heute aus den Nationalstaaten Marokko, Algerien und Tunesien besteht,[137] war bereits in der Frühzeit von sesshaften und nomadischen Stämmen besiedelt. Im 4. Jahrhundert v. Chr. wird der nordafrikanische Raum erobert und von Alexander dem Großen besetzt. Nach der phönizischen Annektierung im 1. Jahrhundert v. Chr. folgt im 3. Jahrhundert die römische Besetzung durch Kaiser Claudius und die Christianisierung der Region. Es folgen Vandalen und Byzantiner, ehe sich mit der Arabisierung im 7. Jahrhundert die bis heute für den Maghreb im Nordwesten Afrikas prägende Kultur des Islam entfaltet. Der heutige Name stammt aus dieser Epoche und wird von *al-maghreb* (Westen) abgeleitet.[138] Die Benennung des Territoriums als Westen impliziert dabei die Perspektive der Besatzer vom heiligen Zentrum der islamischen Welt aus.

Mit dem Islam und der Auswanderung des Propheten Mohammed von Mekka nach Medina setzt die islamische Zeitrechnung und eine neue Geschichtsschreibung ein,[139] die die eigene Religion selbstmächtig zum Ursprung und die gesamte Vorge-

---

137 Im Zuge moderner ökonomischer und politischer Vereinheitlichung werden heute zum "Vereinten" bzw. "Großen Maghreb" auch Mauretanien und Libyen gezählt.

138 Der Begriff hat eine Vielzahl abgeleiteter Bedeutungen u.a. (Sonnen-)Untergang, Okzident, Gebet bei Sonnenuntergang (s. Krahl 1986).

139 Mit der Hedschra beginnt das Jahr 1 der islamischen Zeitrechnung, in unserer Zeit ist es das Jahr 622.

schichte zur Periode der "Unwissenheit" (*Dschahiliya*) erklärt.[140] Nach dem Tod des Propheten beginnt eine umfangreiche Islamisierung entlang der Mittelmeerküste (647 Tunesien, 680 Algerien, 683 Marokko) parallel zur Arabisierung des von heidnischen Berbern bewohnten Gebietes. Vom Maghreb ausgehend breitet sich die arabische Kultur dann zu Beginn des 8. Jahrhunderts bis nach Andalusien aus und ist später maßgeblich auch an der Entfaltung von Kultur, Kunst und Wissenschaft im Mittelalter beteiligt. Mit der französischen Kolonialzeit, die die Zwischenstellung des Maghreb zwischen östlichem und westlichem Kulturkreis untermauert, enden die kulturellen Hegemoniebestrebungen über den maghrebinischen Raum, dem aufgrund dieser wechselhaften Geschichte und zahlreicher kultureller Überlagerungen – nicht zuletzt bis heute durch die Berberkultur – eine spezifische Hybridität hinsichtlich der kulturellen Identität eigen ist.

Bis in die Gegenwart koexistieren und verschmelzen im Maghreb drei kulturelle Prägungen miteinander, die berberische, arabische und französische,[141] die eine spezifische Situation der Mehrsprachigkeit sowie der Überlagerung kultureller Kodes zur Folge haben. Die Berber, die als eine der frühen Volksgruppen im Maghreb gelten, leben heute vor allem in Gebieten Algeriens und Marokkos (Atlas, Sahara u.a.). Ihre Sprache zählt zu den Minderheitensprachen; der afro-asiatischen Sprachgruppe angehörend hat das Sprachsystem – von späteren Einflüssen abgesehen – keinerlei Ähnlichkeit mit dem Arabischen. Obgleich in Nordafrika sprachliche Dokumente mit berberischen Wörtern gefunden wurden und ein Schriftgebrauch bis in das 1. Jahrhundert n. Chr. angenommen wird, ist das Berberische heute in der Regel nicht verschriftet, und die Kultur der Berber gilt als älteste, primär orale Tradition des Maghreb.

Die Schrifttradition des Maghreb bildet sich erst mit der Islamisierung heraus. Im 7. Jahrhundert wird die Vielzahl mündlicher Versionen des Offenbarungstextes unter dem Kalifen Utman vereinheitlicht und zugleich fixiert, um die gewaltsamen Auseinandersetzungen hinsichtlich ihrer Deutung zu verhindern. Mit dem Islam beginnt auch eine kulturelle Homogenisierung des Maghreb, den von da an vor allem das Band der islamischen Religion (lat.: *religere*) zusammenhält und der nunmehr zur arabischen Welt gehört. Die großflächige, durchaus mit politischen Vorteilen verbundene Assimilierung überlagerte jedoch zahlreiche regionale Traditionen, die heute zum großen Teil verloren sind, wie die Kultur der Berber belegt.

Neben der normierten Koranschrift existieren regional ausdifferenzierte und nichtverschriftete Dialekte (arabisch, berberisch sowie deren Mischung), so dass sich zwischen mündlichem und schriftlichem Arabisch eine Diglossie entfaltet. Beide Varietäten ergänzen sich durch ihre unterschiedliche Funktionalisierung und werden in verschiedenen Kommunikationssituationen gesprochen. So bilden die Dialekte beispielsweise noch heute eine wichtige soziale Basis und prägen die Alltagskommunikation,

---

140 Vgl. dazu auch Heller/Mosbahi (1997: 17f.).

141 Der Begriff des Arabisch-Berberischen wird vielfach verallgemeinernd zur Bezeichnung der maghrebinischen Kultur verwendet: "The term 'Arabo-Berber' therefore, expresses a certain tension but serves to designate the Maghreb culture as a whole" (McNeece 1995: 73, Fn.6).

während das Schriftarabisch des Koran nur in der religiösen Praxis eine Rolle spielt. Es gilt darüber hinaus auch als literarisch überlegene Sprache und unerreichbares Vorbild, weshalb die arabische Literatur gewissermaßen in permanenter Konkurrenz zum Ideal des Koranarabischen steht. Das Koranarabisch – im übrigen die einzige vokalisierte Schriftform der ansonsten konsonantischen Schrift des Arabischen – stellt auch wegen seiner Resistenz gegenüber Sprachwandel eine unantastbare Norm dar, vermag aber andererseits den Bedürfnissen einer modernen Kommunikation nicht mehr gerecht zu werden.

Seit dem 19. Jahrhundert bildet sich eine Form des Arabischen als *lingua franca* der islamischen Welt heraus, die als modernes Arabisch bezeichnet und heute vor allem in den Medien sowie den Institutionen verwendet wird. Das Arabische besitzt heute also mehrere Existenzformen, neben dem Koranarabisch, das moderne oder Neuhocharabisch, die Regionaldialekte sowie darin ausgeprägte Mischsprachen.[142]

Neben der diglossischen Situation des Arabischen und der Minderheitensprache des Berberischen prägt die maghrebinische Kultur vor allem eine bilinguale und digraphische Beziehung zwischen Arabisch und Französisch, die die Spezifik der maghrebinischen Literatur bewirkt und insbesondere zur Entstehung einer postkolonialen französischsprachigen Literatur beiträgt. Das frühere koloniale Französisch ist zumeist aktive Zweitsprache. Es dient neben dem Arabischen als offizielle Verkehrssprache und wird in ganz spezifischen Bereichen verwendet wie beispielsweise der modernen Wissenschaft, der Politik und auch den Medien. Vor allem zwei Aspekte bestimmen den Gebrauch der französischen Sprache: zum einen ihre Verschriftung und Normierung, die sie gegenüber den Muttersprachen aufwerten und darüber hinaus ihr säkularer Aspekt, welche auch ihre literarische Verwendung bedingen. Das Französische bietet in zweierlei Hinsicht die Möglichkeit zu einer Kommunikation jenseits traditioneller religiöser Vorstellungen, sowohl im alltäglichen Bereich wie auch im literarischen Bereich. Dennoch birgt auch der Verzicht auf die Muttersprache in der Literatur vielfältige Probleme und Nachteile. So hat die mündliche Existenzweise der Dialekte entscheidende Wirkung auf die Formen der Tradierung und prägt ein an die Oralität gebundenes kulturelles Gedächtnis, welches sich bis heute in der maghrebinischen Literatur niederschlägt (s.u. 6.5).

Die europäische, durch den modernen Kolonialprozess nach Afrika vorgedrungene Sprache des Französischen hat heute – fast ein halbes Jahrhundert nach der Unabhängigkeit (Tunesien/Marokko 1954; Algerien 1962) – noch immer eine zentrale Verständigungsfunktion und wurde entgegen den Arabisierungstendenzen nicht verdrängt. Weder das "museale Koranarabisch" (Keil 1989: XVIII) noch die Dialekte vermochten das Französische und seine Funktionen zu ersetzen. Vor allem durch den gesellschaftlichen Modernisierungsprozess scheint das Französische als "Fenster zur Welt" (ebd.: XIX) unentbehrlich und die an die Sprache geknüpften Verbreitungsmöglichkeiten verschaffen der ehemaligen Kolonialsprache eine zwar problematische, aber zugleich lebendige Gegenwart, die poetisch außergewöhnlich fruchtbar ist.

---

142 Eine Form ist beispielsweise das *Frarabe,* in dem französische Elemente in den Dialekt einfließen (Pleines 1990: 189).

Beispielsweise in Algerien ist die Zweisprachigkeit in Folge einer lang anhaltenden und massiven französischen Vorherrschaft noch heute ein Politikum und kann selten ohne ideologische Aspekte betrachtet werden. Trotz zahlreicher Versuche konnte sich in Algerien im Verlauf der Geschichte keine der beiden Sprachen als Nationalsprache durchsetzen. Von französischer Seite wurde nicht nur ein Schulwesen installiert, in dessen Geschichtsbüchern es hieß: "nos ancêtres, les Gauloises", sondern 1938 sogar ein Dekret verabschiedet, welches das Arabische zur Fremdsprache erklärte. Die Umkehrung einer derart endoglossischen Sprachpolitik wird von algerischer Seite durch Rearabisierungen versucht – die jüngste zu Beginn der 90er Jahre mit der Folge gewaltsamer Auseinandersetzungen. Allein in Tunesien, wo die französische Schule die arabische Bildung nicht ersetzt hat, ist die Wahl der kolonialen Sprache weniger eine kulturpolitische Notwendigkeit als vielmehr eine freie Entscheidung des Einzelnen.

Es scheint heute ein Faktum, dass sich beide Sprachsysteme, mit ihnen eine Transkulturalität sowie eine an spezifische Kommunikationskontexte gebundene Sprachverwendung in allen Ländern des Maghreb etabliert haben und sich – wenn überhaupt – nurmehr gewaltsam zurückdrängen ließen. Obwohl man vermuten könnte, dass die französische Sprache wegen ihrer kolonialen Muster und kulturhegemonialen Implikationen "abgewählt" wird, besinnen sich maghrebinische Autoren aus unterschiedlichen Motiven – von besseren Buchmarktchancen bis zur Umgehung traditioneller Tabus oder einfach besonderer literarischer Wertschätzung des Französischen – ihrer Option, in der fremden Sprache zu schreiben und gerade mittels der Distanz zur Muttersprache subversive Strategien der Bedeutung zu entfalten. Der Fortbestand des Französischen im Maghreb stellt aufgrund dieses Gebrauchs keine Fortführung des Kolonialprozesses dar, sondern wird zur Triebkraft einer beispiellosen literarischen Entfaltung, für die die ambivalente Haltung gegenüber dieser Sprache und der daraus hervorgehende Identitätskonflikt konstitutiv wird. Spätestens mit Erreichen der politischen Unabhängigkeit in allen maghrebinischen Staaten erfolgt eine Neubestimmung der Beziehung zur französischen Sprache, die nicht mehr nur Sprache des Feindes ist, sondern als Beute ("butin", Djebar 1985) aus dem Kolonialprozess gewissermaßen erobert wird. Sie wird in den Dienst einer literarischen Auseinandersetzung mit dem kolonialen Denken einerseits sowie mit den Beschränkungen der eigenen Tradition andererseits gestellt und vermag als Sprache des Anderen gleich einen doppelten Zweck zu erfüllen: "the language of the Other can serve as double purpose: it may be the arena for confrontation, for resistance to the Other, but it may also be a means of self-liberation" (Mehrez 1992: 123).

Die mehrsprachige Situation bildet damit die Basis einer als postkolonial verstandenen Literatur, die mit jedem geschriebenen Wort einen Sprach- und Identitätskonflikt aufzeigt und ihre Spezifik dadurch erhält, dass sie sich auf zwei Referenzsysteme gleichzeitig bezieht und sich sozusagen in einem Raum zwischen diesen zwei Bezugsebenen artikuliert (vgl. 5.3).[143] Durch das Zusammentreffen mehrerer Bedeu-

---

143 Die Auseinandersetzung mit der Wahl einer Sprache tangiert die literarischen Manifestationen in entscheidendem Maße. So kehren zahlreiche Autoren wie beispielsweise der Algerier Rachid Boudjedra (seit 1982) zur arabischen Schrift zurück.

tungssysteme entfaltet sich eine semantische Instabilität und die traditionelle Identität der Bedeutungen gerät ins Wanken. Diese Unentscheidbarkeit hinsichtlich der Referenzen – einer Vielzahl irreduzibler kultureller Kodes – prägt einen postkolonialen Diskurs innerhalb der maghrebinischen Literatur aus und macht sie für unseren Zusammenhang autobiographischer Manifestationen relevant.

Nicht zuletzt die Frage, wer überhaupt als maghrebinischer Autor bezeichnet werden kann, markiert den (trans-)kulturellen Kontext, in den der Text – auch der autobiographische – gestellt werden muss. Sowohl die Arabisch als auch die Französisch Schreibenden verfassen "maghrebinische" Literatur, ebenso wie die Autoren der zweiten, in Frankreich geborenen Generation (*beurs*), die im Exil lebenden Maghrebiner und die im Maghreb lebenden Franzosen. Ebenso wenig wie die Gruppe der Autoren lässt sich die Geschichte dieser Literatur als homogener und linear verlaufender Prozess erschließen. Allenfalls lassen sich die verschiedenen Diskurse als Geflecht und im Rahmen ihrer vielfältigen Verknüpfungen beschreiben, wie Arend (1995: 27) erläutert:

> Die Vorstellung der *einen* Maghrebliteratur ist ein pures Konstrukt, ist diese bereits in ihrem Entstehen plural – die Geschichtsschreibung ist dies um so mehr. Keine Literaturgeschichtsschreibung bildet eine *tel quel* vorhandene Wirklichkeit ab: Bezüge und Beziehungen entstehen erst durch den Diskurs.

Vor diesem Hintergrund wird zugleich deutlich, dass sich auch die autobiographischen Manifestationen dieser Literatur kaum mehr vor der Folie traditioneller Genrekonzepte erfassen lassen.[144] Das Problem des Autobiographischen scheint hier weniger durch generische Konventionen beschreibbar als vielmehr durch eine subversive Aneignung der vormals kolonialen Sprache, womit jedem Text eine Auseinandersetzung mit Fragen der Identität und eine autobiographische Dimension eingeschrieben wird. Das Autobiographische in postkolonialen Texten kann fortan nicht am Gegenstand der Darstellung wie beispielsweise einer Lebensgeschichte festgemacht werden, sondern zeigt sich vor allem durch eine auf die transkulturelle Situation des schreibenden Subjekts rekurrierende Sprachverwendung.

Anstatt die postkolonialen Manifestationen der Autobiographie an generischen Kategorien zu messen, möchte ich vielmehr umgekehrt – ausgehend von den praktizierten Textstrategien – die Herkunft der traditionellen Kategorien Autobiographie und Fiktion problematisieren und die transgressive Praxis eines postkolonialen Schreibens analysieren, in dem Fiktionalität und Textualität mit Referenzialität nicht länger ein Oppositionspaar bilden, sondern vielmehr als Kontinuum gedacht werden. Die generischen Gegensätze, so die These, werden durch jene Strategien der Subversion bewußt ausgeschaltet. Im Unterschied zur traditionellen Definition des europäischen Genres der Autobiographie, die auf der Binarität von Realität-Fiktion, Roman-Autobiographie,

---

[144] Beispielhaft für eine eher transversale und auf Schnittpunkte hin orientierte Betrachtung maghrebinischer Literatur ist der Ausstellungskatalog von Dubost/Trost (1994), dessen Konzipierung bereits die Vernetzung der kulturellen Kodes anzeigt, ohne dass die historisch-chronologische Achse vernachlässigt wird.

Referenzialität-Textualität fußt und durch diese erst fassbar wird, reflektieren postkoloniale Texte – ausgehend von einem poststrukturalen Textverständnis – statt generischer Grenzen vielmehr die Transgressivität sprachlicher Erscheinungen, ihr "Hineinreichen" in die Konstitution von Wirklichkeit(en), und thematisieren anstelle einer Trennung die Kontinuität und Übergängigkeit von Realität und Text. Im Unterschied zum traditionellen Genre-Konzept schlägt sich in postkolonialen autobiographischen Äußerungen die transkulturelle Kondition in einer Verdoppelung der Referenzsysteme nieder und lässt traditionelle Subjekt- und Wirklichkeitsbegriffe problematisch werden.

5.3 Schreiben in der Sprache des Anderen: Französisch als *belle et maléfique étrangère*, Bedeutung als *traduction permanente*

> [...] toute cette littérature maghrébine dite d'expression française est un récit de traduction.
> (Khatibi 1983: 186)

Die moderne maghrebinische Literatur in französischer Sprache entfaltet sich massiv – obgleich es auch frühe Manifestationen gibt – mit Beginn der 50er Jahre des 20. Jahrhunderts im Kontext der Unabhängigkeitsbewegungen und des zunehmenden Nationalbewusstseins. Zeitgleich wird auch das Einsetzen von Ich-Erzählern bei den Autoren der ersten Generation wie Mouloud Feraoun,[145] Driss Chraïbi (*Le passé simple*, 1954),[146] Mohammed Dib und Albert Memmi (*La statue de sel*, 1953) angesetzt (Déjeux 1991: 24), wobei eine "émergence du 'Je'", von der Déjeux spricht, bereits auf die autobiographische Dimension dieser Literatur verweist: "Cette question de l'apparition de l'autobiographie est primordiale au regard des écrits maghrébins" (ebd.: 23). Déjeux sieht die Geburt des 'Ich' in der französischen Sprache – während es in einer traditionellen arabisch-islamischen Kultur normalerweise in der Gemeinschaft aufgeht – als Synonym für die der Literatur inhärente Dimension (vgl. 5.4). Aufgrund dieser unmittelbaren Verschränkung des literarischen Ich-Sagens mit dem Ende der Kolonialzeit werden die autobiographischen Manifestationen der maghrebinischen Literatur auch heute oftmals einseitig auf ihren politisch-historischen Entstehungskontext bezogen. Dies hat zur Folge, dass sie im Rahmen einer Widerspiegelungsästhetik als Ausdruck konkreter historischer Wirklichkeit und damit einseitig als referenzielle Literatur (miss-)verstanden sowie offenbar unbeabsichtigt auf eine emanzipatorische Funktion reduziert werden. Die Deterritorialisierung der französischen Sprache, die angeeignet und in ein Medium der literarischen Subversion, d.h. mit kritischem Impetus geschrieben wird, rückt dabei in den Hintergrund. Dabei scheint für die Beziehung von Referenzialität und Fiktionalität in postkolonialen Texten gerade

---

145 In dem Roman *Le fils du pauvre* (1950) geht der Erzähler erst im dritten Kapitel von der ersten Person Plural zur Ich-Form über.

146 Über Roman und Autobiographie in der marokkanischen Literatur vgl. Rothe (1989).

die subversive Transformation – unter Rückbezug auf eigene Traditionen (z.B. die mündliche Vermittlung) – der kolonialen Sprache ausschlaggebend, im Maghreb beispielsweise, wo "das Erzählen als Ursprung der Fiktion ebenso wie die Berichterstattung des Realen als Erkenntnismöglichkeit betrachtet wird" (van den Heuvel 1993: 49).

Noch einmal zu den Motiven der Wahl des Französischen: Die Sprache wird zu einem privilegierten literarischen Medium, weil sie die Desakralisierung und Säkularisierung der Literatur fortsetzt und die Ablösung der literarischen Produktion vom religiösen Kontext ermöglicht. Damit wird ein Schreiben ohne Sanktionen durch islamische Tabus möglich. In französischer Sprache können sich die Autoren jenseits von Gottessignifikanten artikulieren und leichter über religiöse Tabus hinwegsetzen. Zugleich vermeiden sie es, in Konkurrenz zum Koran treten zu müssen,[147] denn in arabischer Schrift wird beinahe "jeder Text ein Kommentar zur heiligen Schrift oder höfische Dichtung" (Mimouni 1994: 19). Der Vorteil des Mediums besteht darin, dass sich die Autoren mit der kolonialen europäischen Sprache Gehör verschaffen und den eigenen Sprach- und Identitätskonflikt vermitteln oder zumindest als Problem thematisieren können. Sie können jenseits traditioneller Beschränkungen in bis dato unzugängliche tabuisierte Bereiche vordringen und auch sich selbst, mit Hilfe einer sprachlich eingeschriebenen Distanz, entgegen dem bildlichen Repräsentationsverbot als Ich entwerfen. Vor allem den arabischen Frauen bietet das Französische damit die Gelegenheit, das ihnen von der Tradition auferlegte Schweigen zu brechen (Kap. 6).

Zugleich bringt das Schreiben in französischer Sprache auch Nachteile mit sich. Die maghrebinischen Autoren verlieren mit der Muttersprache ein entscheidendes Bindeglied zu ihren Traditionen und deren identifikatorischem Potential. Sie werden vom zeitübergreifenden und identitätsbildenden Gedächtnis abgeschnitten und müssen durch das fremde Medium, dessen Insuffizienz dabei deutlich wird, einen neuen Zugang zur Tradition schaffen. Anders formuliert, die eigenen Traditionen müssen – um dem Verlust entgegen zu wirken – im französischen Medium neu gefasst, d.h. rekodifiziert werden, wobei sie ebenso wie das Medium selbst von der Umwandlung affiziert werden, so dass sich die vormaligen Grenzen zwischen "fremdem" Medium und "eigener" Tradition, zwischen Zentrum und Peripherie, zwischen dem Selbst und dem Anderen auflösen. Diese transformierende Rückerschließung gelingt jedoch nur dort, wo auch die Ambivalenz der fremden Schrift zum Ausdruck gebracht und reflexiv in die Darstellung einbezogen werden kann. Dass sich das Eigene in der anderen Sprache kaum formulieren lässt, ist der Grund für die Dominanz der metasprachlichen Reflexion, in der sich zugleich das Problem der Unbenennbarkeit des Selbst in der anderen

---

147 Diese Konkurrenz illustriert ein Zitat des algerischen Autors Rachid Mimouni: "Als mein erster Roman veröffentlicht wurde, betasteten mein Vater und meine Mutter, die beide nicht lesen konnten, mein Buch. Sie hielten es lange in der Hand und bewunderten es, von der Bewunderung erfüllt, zu der sich auch ein gewisser Schrecken gesellte. Für sie gibt es nur ein Buch. Hatte ich möglicherweise den ketzerischen Versuch unternommen, mit dem Propheten rivalisieren zu wollen? Ihr Verdacht wurde noch leibhaftiger, als sie gewahr wurden, daß die Buchstaben meines Buches anders als die des Korans waren" (Mimouni zit. in: Dubost/Trost 1994: 9).

Sprache manifestiert.

Der marokkanische Autor und Theoretiker Abdelkébir Khatibi fasst diesen Vorgang in das Bild eines permanenten Übersetzungsvorgangs, eines steten Hin- und Hersetzens zwischen zwei sprachlichen Kodes:

> La langue 'maternelle' est à l'œuvre dans la langue étrangère. De l'une à l'autre se déroulent une TRADUCTION PERMANENTE et un entretien en abyme, extrêmement difficile à mettre au jour [...]. (Khatibi 1983: 179, Großbuchstaben m.H.)

Der Text wird zu einem Palimpsest,[148] er trägt neben dem der französischen Schrift auch ein arabisches Substrat, welches im Rahmen des Übersetzens permanent be- und überschrieben wird, somit als Spur, als Abwesendes in der aufgetragenen Schrift sichtbar gemacht werden kann. Zugleich verdeutlichen die Spuren der Muttersprache, d.h. die "Evokation des Abwesenden", dass die Übersetzung sozialer Realität in textuelle nicht ohne Transformation erfolgen kann und demnach die Vorstellung, ein Autor könne im Text sein Abbild entwerfen, *ad acta* gelegt werden muss. Vielmehr verdeutlicht die Palimpsest-Metapher, dass mit jedem Schreiben auch ein Überschreiben von Bedeutungen einhergeht, dass sich kein Bild "jungfräulich" entwerfen lässt, sondern vielmehr immer schon Produkt vorhandener Bedeutungen ist und der Prozess selbst damit unabschließbar. Dies entspricht auch genau dem, was Derrida als Schrift im Sinne einer Grammatologie bezeichnet hat (vgl. 2.5.). Diese Gleichzeitigkeit von Schreiben und Überschreiben, von Hervorbringen und Auslöschen entspricht in gewisser Weise der Struktur des menschlichen Gedächtnisses.[149] Die französische Sprache als literarisches Medium wird zum materiellen Träger eines arabischen Substrats, welches umgekehrt die französischen Signifikate affiziert. In dieser Ambivalenz wird die französische Sprache für maghrebinische Autoren zu einer "belle et maléfique étrangère" (Khatibi ²1979: 13): Während sie ihnen als schöne Fremde willkommen ist, weil sie eine Stimme verleiht und das Sprechen jenseits traditioneller Tabus, ja das Zur-Sprache-Bringen des Konflikts erst ermöglicht, impliziert dies zugleich den "unheilvollen" Verlust der Muttersprache und damit jenen Ausgangspunkt der profunden (kulturellen) Zerrissenheit. Sie ist zugleich Ursache und Kompensation eines Identitätskonflikts, der sich mit jedem geschriebenen französischen Wort im Text niederschlägt und postkolonialen Literaturen quasi inhärent ist. Damit ist die Sprache mehr als nur ein Medium der Vermittlung von – wie auch immer strukturierten – Botschaften: Sie ist vielmehr ein kultureller Raum, in dem die Bedeutungen in steter Übersetzung begriffen sind und diesen Prozess nicht mehr mit dem Resultat von Sinn-

---

148 Der Begriff Palimpsest (gr. *palimpsestos*: wieder abgekratzt) steht für ein zumeist antikes oder mittelalterliches Schriftstück, dessen ursprünglicher Text abgeschabt und durch einen anderen ersetzt wurde, wobei die Spuren des Urtextes sichtbar sind. Djebar (Kap. 6) und Meddeb (Kap. 7) beziehen ihre Texte allegorisch auf diese Technik.

149 Aleida Assmann verweist in ihrem Artikel zur Gedächtnis-Metaphorik auf De Quinceys Modell hin, in dem das Palimpsest als Gehirnmetapher gedeutet wird (A. Assmann 1991: 21), zum Palimpsest als Schriftmetapher (ebd.: 18).

gebung (vorläufig) abschließen, sondern die Bewegung und Unabgeschlossenheit des Bedeutens als palimpsestische Spur, als Schnittpunkt vielfältiger kultureller Kodes sichtbar machen.

Postkoloniale Texte – wie ich sie hier verstehen möchte – beschreiben eine Auseinandersetzung mit dem Schreiben jenseits der Muttersprache, die die vorhandenen Signifikationssysteme nurmehr subversiv (rück-)aneignen und damit die traditionelle Vorstellung der Identität von Bedeutungen sowie deren koloniale Implikationen problematisieren. Die damit entstehende Struktur von Subversivität, simultaner Mehrsprachigkeit und semantischer Unentscheidbarkeit bietet zugleich ein alternatives Konzept von Bedeutung, in welchem sich die postkoloniale Vorstellung von Identität – jenseits einer traditionell entworfenen Übereinstimmung von Bedeutungsformen – artikulieren lässt: Die transkulturelle Form von Identität als wechselnde Zuschreibung – Identität als Positionalität oder besser "Nichtidentität" (Kap.8) – ist nicht mehr als Resultat einer Sinn-stiftung oder Signifikat fassbar, sondern nurmehr räumlich als Zeichenspur oder Signifikantenkette, in welcher der Vorgang des Bedeutens als stetes Übersetzen vom Leser nachvollzogen werden kann.

Die Mehrsprachigkeit postkolonialer Texte entsteht dadurch, dass mit der angeeigneten (kolonialen) Sprache der Verlust der eigenen Sprache markiert wird und sich die abwesende Sprache in den Text mit einschreibt, d.h. dort als das Abwesende nurmehr evoziert wird (Kap. 6). Im Fall der beiden hier analysierten maghrebinischen Autoren ist es die arabische (und berberische) Sprache, deren Struktur mit Hilfe verschiedener Techniken im Französischen durchscheint und damit im Text wieder sichtbar gemacht wird. Mit dem Bedeutungskonzept der unabschließbaren Übersetzung illustriert Khatibi zugleich das Prinzip postkolonialer Aneignung, welches sich von kolonialen Strategien des Bedeutens abhebt: Während diese auf ein Anhalten der Signifikation sowie einen vorläufigen Abschluss gerichtet sind und sich damit das jeweils Andere begrifflich und deutungsmäßig aneignen können, wird die Vereinnahmung des zu Benennenden im prozessualen Akt des Bedeutens verhindert. Diese subversive Aneignungsform ermöglicht erst den Rückgriff auf eine andere Sprache, ohne in deren Signifikationssystem aufgehen zu müssen. Nur über den Umweg der Subversion kann die Sprache des "Feindes" zur Darstellung des Eigenen verwendet werden. Sie wird jedoch gerade nicht aus ihren kolonialen Bezügen gerissen – was eine Umkehrung des Kolonialprinzips darstellte –, sondern gewissermaßen im Bewusstsein ihrer kolonialen Herkunft aufgegriffen und subversiv um-, aber auch fortgeschrieben. Eine so verstandene postkoloniale Literatur ist demnach kein Gegendiskurs, der die kolonialen Muster der Sprache auszulöschen versucht, sondern vielmehr bezieht sie koloniale Verstehensmuster in die eigene Deutung ein, oder mit anderen Worten, die eigenen Deutungen werden ergänzend angefügt und entideologisieren die koloniale Sprache, wandeln sie in einen postkolonialen Diskurs um. Man könnte dies im Anschluss an van den Heuvel als eine Re-Invention der französischen Sprache (1993: 53) oder als Rekodifizierung der Geschichte (A. de Toro 1999a: 34) bzw. der Geschichte des Ich deuten. Die Aneignung erfolgt deshalb in spezifischer Form, weil sie das "Fremde" – die mit Verwendung der französischen Schrift verbundene Entfremdung – nicht vollständig aneignet, gleichmacht und auslöscht, sondern es stattdessen als das Fremde erkennbar lässt und damit kulturelle Differenzen nicht aufhebt. So vermag die französische Sprache auf ihr Anderes, das von ihr Ausgeschlossene zu verweisen, ohne die Differenz auszulöschen: "le français se substitue à la diglossie en se *traduisant lui-même du français en français*" (Khatibi 1983: 188). In der französischen Sprache kann damit das Andere (etwa die arabische Diglossie, die berberischen Dialekte) als das Differente und zugleich als eine unaufhebbare Bedingung des eigenen Sprechens sichtbar werden.

Diese Mehrsprachigkeit, verstanden als unendliches Hin- und Hersetzen zwischen den Sprachen, deutet auf die Vorstellung von Sprache als Nichtbesitz, wie es Derrida in einem Essay beschreibt: Jede Sprache ist gewissermaßen einsprachig (*monolingue*) und zugleich auch Sprache des Anderen, auf welches sie verweist (Derrida 1996). Innerhalb der maghrebinischen Sprachsituation wird die hier von Derrida formulierte, auf den ersten Blick paradoxe Vorstellung eines "monolinguisme de l'autre" signifikant und verdeutlicht darüber hinaus ein Problem jeder Sprachaneignung:

> [...] cette situation exceptionnelle est en même temps exemplaire, certes, d'une structure universelle; elle représente ou réfléchit une sorte 'd'aliénation' originaire qui institue toute langue en langue de l'autre: l'impossible propriété d'une langue. (Derrida 1996: 121)

Diese ursprüngliche, mit der Sprache einsetzende Entfremdung, die jeden Besitz, jede vollkommene Beherrschung einer Sprache verhindert, lässt sich mit Lacans Konzeption des Ich vergleichen, welches mit dem Eintritt in die symbolische Ordnung der Sprache eine Dezentrierung erfährt. Sowohl Lacan wie auch Derrida definieren – letzterer im Anschluss an Lacan – die Sprache als den genuinen Ort der Entfremdung des Ich, welches in der Sprache sein Anderes erkennt. Erst dieses Andere macht die "wesenhafte Entfremdung" wieder sichtbar.[150] Das Ich vermag sich erst durch die Beziehung zur Sprache zu denken, andererseits ist diese Sprache aber immer schon auf ein Anderes hin konstituiert und bezieht auch das Ich in diese Relation ein. Jede Sprache evoziert damit immer schon ihr Anderes, entweder verdeckt sie es oder sie bezieht es ein und produziert damit eine Mehrdeutigkeit, wie es die postkoloniale Praxis zeigt. So rekurrieren maghrebinische Texte beispielsweise auf die "verstummten" dialektalen Muttersprachen und binden diese in die französische Schrift ein, indem sie deren spezifische Medialität, so etwa ihre Körpergebundenheit reflektieren.

Zunächst resultiert aus dem Verlust der Muttersprache und dem Übergang zur französischen Schrift ein Identitätskonflikt aufgrund der muttersprachlichen Strukturierung von Denken und Fühlen, was zumeist eine affektive Beziehung zur Erstsprache, die Ausdruck von Intimität und Einbindung in ein kulturelles Gedächtnis signalisiert, mit sich bringt. Diese muttersprachliche Identifikation, so ließe sich Derridas Konzeption weiterdenken, gelingt nur durch eine Abgrenzung von anderen Sprachen und eine Beschränkung der Perspektive, die durchaus ambivalent bleibt: "Muttersprache ist das Organ unserer primären Welterfahrung und -beheimatung, aber sie führt

---

150 Auch Derridas Biographie ist von kultureller Hybridität gekennzeichnet: Als Jude in Algerien geboren, beginnt er seine Karriere als Philosoph in Frankreich. Die Sprache empfindet er stets als den Entwurf eines Anderswo (Derrida 1997: 32).

nicht weit und hält uns auf engstem Raum fest" (A. Assmann 1991a: 14). Erst mit dem Spracherwerb setzt demnach auch die Identifizierung ein. Die Konstitution eines Anderen führt zur Konturierung des Eigenen, zur Abgrenzung und Konstitution des Selbst.

Beziehen wir diesen Gedanken auf die Entfaltung des autobiographischen Subjekts in der Literatur: Bringt nicht das schreibende Subjekt sein Anderes erst hervor, um sich deuten und konstituieren zu können? Erfährt sich das Ich nicht erst innerhalb der Bezüge einer Sprache und deren identifikatorischem Potential, "[e]n tout cas *la modalité identificatrice* doit être déjà ou désormais assurée: assurée de la langue et dans sa langue" (Derrida 1996: 53) als durch den außersprachlichen Bezug? Diese Identifikation als Abgrenzung wird mit dem Wechsel in eine fremde Sprache ohne den präfigurierten Identitätsmodus der Muttersprache durchbrochen, wobei die Überlappung beider Sprachen eine Identität in traditionellem Sinne unmöglich werden lässt, weil jede Abgrenzung scheitert. Der einzige Ort der Identifizierung wird vielmehr in die "Übersetzung" zwischen beiden Sprachen verlagert und befindet sich in den Übergängen, Verflechtungen und Grenzbereichen zuvor stabiler und abgrenzbarer kultureller Kodes. Dieser Zwischenbereich ist vielfach und mit unterschiedlichen Terminologien beschrieben worden, so u.a. als Heterotopie im Sinne Foucaults (vgl. Préface, *Les mots et les choses*, 1966, die das heterogene Nebeneinander von Dingen als "non-lieu" bezeichnet, oder, im Anschluss daran, Görling 1997), als "in-between" oder "third space" (Bhabha 1994: 9-18), als transkultureller Raum oder mit Deleuze/Guattari als *littérature mineure*,[151] die das Signifikationssystem einer hegemonialen Sprache deterritorialisiert.

Die französische Sprache als Medium der permanenten Übersetzung von Bedeutungen wird zum Gegenstand postkolonialer Texte, in denen konkurrierende Kodes miteinander verschmelzen, ohne ineinander aufgehoben zu werden:

> Diese Literatur pflegt eine Unverständlichkeit, eine irreführende Unleserlichkeit wie eine notwendige Maske, die verhindert, in der Falle der Sprache des Anderen erkannt zu werden. (Romeru/Dubuisson 1994: 98)[152]

Die Auseinandersetzung mit dem Schreiben jenseits der Muttersprache in der Sprache des Kolonialherren steht im Zentrum einer postkolonialen Literatur, die ihre kulturelle Hybridität als Zeichen einer spezifischen Identität im Prozess diskursiver Bewegungen inszeniert. Die Sprache ist weder transparent noch vermag der Autor intentional über sie zu verfügen. Das sprachliche Zeichen verstellt eher die Referenz, als dass es den Blick auf sie freigäbe.

---

151 Das Konzept einer kleinen Literatur, die eine andere ('große') Sprache deterritorialisiert, entwickeln Deleuze/Guattari ausgehend von Kafkas Schriften in *Kafka. Pour une littérature mineure*. Paris: Seuil 1975.

152 Dieses Zitat belegt die Transformation ("Maske") der kolonialen Sprache und widerspricht genau genommen dem Titel des Beitrags von Romeru/Dubuisson: "Aneignung und Übertragung europäischer Schreibweisen", in dem sehr überzeugend argumentiert wird.

Autobiographisches Schreiben verstanden als Widerspiegelung einer Persönlichkeitsentwicklung setzt einen sprachlichen Identifikationsmodus voraus. Artikuliert sich das Ich in einer anderen Sprache, verzichtet es auf eine im Konzept der Sprache präfigurierte Identität:

> For decolonized autobiographers, the nature of this symbiosis [zwischen Selbst und Sprache, A.d.V.] is rendered even more ambivalent by the fact that the bilingual self actually depends upon both languages to achieve self-expression. (Geesey 1991: 330)

Aus dieser gewandelten Perspektive auf den Zusammenhang von Ich-Konstitution und Fremdsprache ist auch der Begriff der Fiktion neu zu bestimmen: Fiktionalität markiert hier nicht mehr eine Abgrenzung vom Modus der Referenzialität, der aufgrund des "permanenten Übersetzens" unentscheidbar geworden ist, quasi nicht an sich existiert, sondern verweist auf den Ausdruck in einer zwischen verschiedenen kulturellen Referenzsystemen hin- und hergehenden Sprache. Fiktionalität kann hier kein textdistinktives Merkmal mehr sein, vielmehr wird die Textkonstitution selbst als Form der Fiktionalisierung zum Zentrum der literarischen Auseinandersetzung erhoben. Die innerhalb der maghrebinischen Literatur seit den 50er Jahren dominierende Identitätsproblematik ist demnach nicht an das autobiographische Genre sowie dessen europäische Diskurstradition gebunden, sondern entfaltet sich aus einem unlösbaren Sprachkonflikt sowie einer unaufhebbaren Ambivalenz des Französischen als vormals kolonialer Sprache. Damit kann man sagen, dass die moderne Literatur des Maghreb auf der Ebene der Äußerung selbst autobiographisch ist, weil sie stets von einem unlösbaren Identitätsproblem handelt. Zugleich ist diese Literatur auch fiktional, weil sie sich in einer "unsituierbaren" Sprache als permanente Übersetzung mehrerer kultureller Referenzsysteme entfaltet. Sie wird als "fiktional" tituliert, weil sie sich nicht jeweils *in* diesen referenziellen Räumen, sondern stets *dazwischen* bewegt.

Inwiefern nun diese angeeignete und zugleich "unzulängliche" Sprache ein Ich zu konstituieren vermag, d.h. den maghrebinischen Autoren erst die Artikulation des Selbst ermöglicht und ein autobiographisches Konzept zur Verfügung stellt, soll im folgenden Abschnitt erläutert werden.

5.4 Die französische Schrift als *langue natale du Je*

Die für europäische Autobiographien seit der Aufklärung zentrale Vorstellung von Individualität weicht von der gewissermaßen negativen Konnotation des Individuums in arabisch-islamischen Gesellschaften entscheidend ab. Während Individualität mit Herausbildung des bürgerlichen Bewusstseins im Horizont der Moderne die höchste Stufe der Persönlichkeitsentwicklung ausmacht, stellt die bis heute den Maghreb prägende islamische Religion stattdessen die Glaubensgemeinschaft (*Umma*) ins gesellschaftliche Zentrum. Individualität stellt hingegen eine Verletzung der kollektiven Harmonie dar und wird daher negativ bewertet:

> Celui qui se singularise paraît oublier le 'nous', donne l'impression de se séparer du groupe, ou encore de la *Oumma*, de la matrice islamique; il sort de la fusion maternelle là où se trouve le salut collectif et individuel. (Déjeux 1991: 26)

Der Einzelne definiert sich im Islam durch seine Unterordnung unter den Willen Allahs (*aslama*: sich unterwerfen, sich Gott hingeben) sowie die damit verbundene Eingliederung in eine religiöse Gemeinschaft. Seine Identität ist entworfen als die eines Gläubigen innerhalb dieser Gemeinschaft, so dass die arabische Sprache keine begriffliche Konzipierung des Individuums benötigt (Mernissi [2]1992: 31). Lediglich die Vorstellungen der Sufis weichen von diesem Prinzip ab,[153] indem sie einen individuellen Glaubensweg einschlagen und im Unterschied zur kollektiven Gebetspraxis religiöse Verinnerlichung mit dem Ziel praktizieren, zu einem absoluten Einsseins mit Gott zu gelangen.[154] In der Regel steht jedoch die Individualisierung einer religiösen Identifikation im Wege und wird tabuisiert. So ordnet der Islam reflexiven Selbstbezug oder Darstellungen des Persönlichen stets den kollektiven Bezügen unter, so auch in der Autobiographie arabischer Sprache, wie Rosenthal konstatiert: "Das autobiographische Schaffen im Islam ist weniger an die Persönlichkeit als an die Sache gebunden" (Rosenthal 1937: 11):

> Keine der Autobiographien ist aus dem Bewußtsein eines Eigenwertes des einmalig Persönlichen entstanden; sondern alle [...] verfolgen sachliche Zwecke, die dem gesamten übrigen Schaffen der Verfasser weitestgehend kongruent sind. (Rosenthal 1937: 40)

Die moderne europäische Praxis der Autobiographie und das in ihr als unverwechselbar gezeigte Ich stellt eine Übertretung des Islam dar und wird teilweise als Verrat an islamischen Traditionen gedeutet. Das Sprechen über sich selbst wie das Heraustreten aus der Anonymität der Gruppe sind bereits ein Tabubruch. Wenn der Gläubige, so die Vorschrift, das Sprechen über sich nicht vermeiden kann, sollte er zumindest anonym und niemals in der 1. Person von sich sprechen.

Es mutet paradox an, dass erst mit der französischen Sprache ein Konzept literarischer Selbstdarstellung in den islamisch geprägten Maghreb gelangt und eine Möglichkeit der Umgehung dieses Repräsentationsverbotes offeriert, indem es – die Überschreitung hinter einer anderen Sprache verbergend – den religiösen Tabubruch legitimiert und den Schreibakt, zumindest in dieser ambivalenten Form, ermöglicht. Déjeux vergleicht das mit der Sprache erscheinende Ich sogar mit jener *fitna*, die aufgrund der islamisch-männlichen Urangst vor einer weiblichen Verführung zutiefst mehrdeutig ist

---

153 Die Bezeichnung wird von arab. *sūf* (Wollrock), *safa* (rein sein) oder griech. *sophia* (Weisheit) abgeleitet und bezeichnet islamische Mystiker, die Wissenschaft mit spiritueller Erfahrung verbinden und in der geistigen Begegnung mit Gott ihr Heil sehen (Mayer 1994: 72, Fn. 7).

154 Der Weg zur Erleuchtung des Sufi wird als eine spirituelle Reise (*tariqa*) aufgefasst (Kap. 7). Die Mystik stellt den Menschen in den Mittelpunkt des Universums: Gott ist nicht mehr übernatürlich, sondern erscheint im Menschen (Mayer 1994: 72; sowie Steiner 1994: 76).

(fitna: Verführung – Revolte):[155]

> L'émergence du 'je' est somme toute une *fitna*, une épreuve; dissension dans le tissu unitaire de l'identité nationale, surtout autrefois durant le temps de la colonisation et du combat contre celle-ci. (Déjeux 1994: 66)

Mit der Muttersprache entledigen sich die Autoren einer Sprache der Gottesattribute und verleihen ihrem Ich eine zwar fremde, zumindest jedoch säkulare Stimme. Die Sprache des Anderen "gebiert" gewissermaßen das literarische Ich maghrebinischer Autoren und wird ergänzt mit der abwesenden Muttersprache. Somit ist das Französische nicht nur Geburtsstunde neuer autobiographischer Ausdrucksformen in der maghrebinischen Literatur, sondern markiert die Geburt einer postkolonialen Literatur, die sich als ursprungslose Spur (im Sinne Derridas) verschiedener kultureller und sprachlicher Formen sowie als ständige Suche nach dem Ich manifestiert. Mit der Entstehung postkolonialer Ausdrucksformen verwischt zugleich der "Ursprung" und es entsteht eine Vielzahl von Spuren verschiedener kultureller Kodes. Der algerische Autor Mohammed Kacimi beschreibt diese Überlagerung von *quête de l'Occident* und *quête du moi* treffend:

> La langue française est devenue pour moi la langue natale du 'Je', langue de l'émergence pénible du Moi. [...] A ma langue d'origine je donne l'au-delà et le ciel; à la langue française, le désir, le doute, la chair. En elle je suis né en tant qu'individu. Ecrire en français c'est oublier le regard de Dieu et de la tribu [...] C'est nier le dogme pour célébrer toute transgression. Je n'écris pas en français. J'écris en moi-même. (Zit. nach Déjeux 1996: 189)

Das aus einer arabisch-islamischen Tradition hervorgehende Ich konstituiert sich literarisch nur durch Hinzufügung des Anderen und damit in dem Anderen, der französischen, ehemals kolonialen Sprache und ihrer Kultur. Die Identität dieses 'Je' ist demzufolge weder ganz französisch noch ganz arabisch, sondern liegt in einem Zwischenraum vormals eigener und fremder Positionen und generiert sich in der postkolonialen literarischen Schrift selbst, die man mit Bhabha als *in-between-space* (1994: 38) bezeichnen kann, ein dritter Raum gewissermaßen, in dem die teilhabenden kulturellen Kontexte weder unterschieden, d.h. auf einen Ursprung zurückgeführt werden können noch ineinander aufgehen:

> It was crucial for the postcolonial text to challenge both its own indigenous, conventional models as well as the dominant structures and institutions of the colonizer in a newly forged language that would accomplish this double mouvement. Indeed, the ultimate goal of such literature was to subvert hierarchies by bringing together the 'dominant' and the 'underdeveloped', by exploding and confounding different symbolic worlds and separate

---

155 Dazu Erdmute Heller (2000) über die "im Islam allgegenwärtige Urangst vor der Verführungskunst der Frau, vor ihrer listenreichen Tücke und den verheerenden Folgen, die dem Mann drohen, der dieser satanischen Versuchung erliegt. Es ist kein Zufall, dass im Arabischen das Wort *fitna* (Verführung) gleichbedeutend mit Aufruhr, Revolte und Chaos ist.

> systems of signification in order to create a mutual interdependence and intersignification. (Mehrez 1992: 122)

Das literarische Subjekt konstituiert sich am Ort dieser Schrift und in ihren überlagernden Schichten und kann keiner Homogenität mehr unterstellt werden. Es scheint als Hybrid in einer *écriture métissée* auf. Dieses Ich vermag keinen Ursprung und kein Ziel zu beanspruchen, sondern manifestiert sich allein in Form einer an die Schrift gebundenen Spur, die stets auf den abwesenden Ursprung, die entzogene Wirklichkeit, verweist und nicht mehr in binärer Logik fassbar oder auflösbar ist.

Durch jenen Verweis auf das immer schon entzogene Abwesende entsteht eine sinnstreuende, d.h. irreduzible Bedeutungskette, die sich nicht monosemieren lässt. Hier entfaltet sich eine neue Form von Identität als Kompositum aus Eigenem und Fremdem, in dem beides noch sichtbar, aber zugleich auch in eine neue Form überführt ist. In den autobiographischen Formen der zeitgenössischen französischsprachigen Literatur im Maghreb manifestieren sich derart Vorstellungen von Individualität wie auch Kollektivität, treffen mündliche und schriftliche Strukturen aufeinander und begegnen sich unterschiedliche Wahrheitsbegriffe, die nicht gegeneinander aufgehoben, sondern vielmehr thematisiert werden.

Während das traditionelle Genre der Autobiographie die Herausbildung einer Persönlichkeit durch Gestaltung einer kontinuierlichen, linearen und plausiblen Entwicklungsgeschichte aus der Perspektive eines überlegenen Bewusstseins formuliert, manifestiert sich Subjektivität in dem erläuterten postkolonialen Sinne anhand einer Einbettung in verschiedene kulturelle Bezüge, die nicht mehr in Sinneinheiten münden, sondern im Rahmen alternativer Bedeutungskonzepte in ihrer unaufhebbaren Widersprüchlichkeit aufgezeigt werden. Die französische Sprache stellt damit eine Alternative zum Identifikationsmodus der Muttersprache dar, indem sie sowohl das Eigene wie das Fremde aufnimmt und damit autoritäre Benennungs- und Reduktionsstrategien kolonialer Provenienz vermeidet. Im 19. Jahrhundert durch den Kolonialprozess in die islamische Welt versetzt, bewirkt sie eine Art Befreiung in zweierlei Hinsicht: Sie ermöglicht eine Emanzipation sowohl von traditionellen (religiösen, patriarchalen) wie auch von kolonialen Mechanismen der Unterdrückung. Postkoloniale Texte in der Sprache des Eroberers ermöglichen demnach eine Dekolonisierung in zweierlei Hinsicht:

> [...] namely the western ex-colonizer who naively boasts of their existence and ultimately recuperates them and the 'traditional', 'national' cultures which shortsightedly deny their importance and consequently marginalize them. (Mehrez 1992: 121)

Auch mediale Gründe sprechen für eine Verwendung der Schriftform, in der sich das Selbst qua Artikulation entfaltet und darüber hinaus die mündlichen Strukturen der verlorenen Muttersprache wieder einschreibt. Nach dem islamischen Verbot der Selbstdarstellung entschleiert sich jeder Autobiograph, weil er notwendig ein Tabu bricht, sich exhibitioniert und vor den Augen der anderen als "nackt" erscheint.[156] Aus

---

156 Im arabischen Dialekt bedeutet 'entschleiern' auch 'Nacktsein' (Djebar 1980: 152).

Rücksichtnahme auf diese traditionelle Vorstellung haben zahlreiche maghrebinische Autoren in der Vergangenheit von einer unverdeckten autobiographischen Darstellung Abstand genommen. Erst mit einem postkolonialen *Sprach*bewusstsein entsteht die Möglichkeit einer Überschreitung dieses Gebots.

6. ASSIA DJEBARS *DOUBLE AUTOBIOGRAPHIE* ALS POST-KOLONIALER TEXT

6.1 Zur Autorin

Die Schriftstellerin, Historikerin und Filmemacherin Assia Djebar (eigentlich: Fatima-Zohra Imalayen) gilt als bedeutendste Autorin des Maghreb und gehört neben Kateb Yacine, Mohammed Dib, Albert Memmi, Driss Chraibi u.a. der ersten Generation moderner Autoren an. Nach dem renommierten amerikanischen Neustadt-Literaturpreis (1996)[157] erhielt die in zahlreiche Sprachen übersetzte Autorin im Jahr 2000 den Friedenspreis des deutschen Buchhandels und wird seit einiger Zeit auch als Kandidatin für den Nobelpreis gehandelt.

In Algerien geboren und in einer moslemischen Familie aufgewachsen, durchläuft Djebar einen außergewöhnlichen Bildungsweg. Ihr Vater, ein algerischer Französischlehrer, schickt sie auf eine französische Schule, wo sie sich als einziges arabisches Mädchen bilden und außerhalb des Hauses bewegen kann. Djebar geht 1955 nach Frankreich und besucht als erste Algerierin die französische Eliteuniversität *École Normale Supérieure* in Sèvres. Im Jahr der Unabhängigkeit Algeriens 1962 kehrt sie in die Heimat zurück und lebt seither an wechselnden Orten, überwiegend jedoch in Paris.

Ihr erstes Buch *La Soif* (1957) schreibt sie zwanzigjährig während der Pariser Studentenstreiks gegen den Algerienkrieg.[158] Der Text zeigt den Konflikt einer jungen arabischen Frau zwischen Tradition und Moderne. Wegen der im Buch beschriebenen weiblichen Lust veröffentlicht sie den Roman unter Pseudonym.[159] In dieser Frühphase entstehen außerdem die Romane *Les impatients* (1958), *Les enfants du nouveau monde* (1962) und *Les alouettes naïves* (1967), die sich in traditionellem Erzählstil mit der Selbstfindung arabischer Frauen und dem algerischen Unabhängigkeitskampf auseinandersetzen.

Die öffentliche Äußerung einer Frau, noch dazu in der kolonialen Sprache, bringt Djebar in einen für sie unlösbaren Konflikt: Mit dem Schreiben in der fremden Sprache entblößt sie das eigene Ich und bricht ein islamisches Tabu. Die Folge ist eine zehnjährige Schreibpause (vgl. 6.2). Nachdem sie den Sprach- und Identitätskonflikt anerkennt, findet sie ab 1980 zur französischen Sprache zurück. Auslöser dafür sind die Filme *La Nouba des Femmes du Mont Chenoua* (1978) und *La Zerda et les chants de l'oubli* (1982), in denen sie Arabisch sprechende Frauen zeigt. Djebar stellt hier nicht nur ihr

---

157 Anlässlich dieser Preisverleihung erscheint ein Sonderheft der Zeitschrift *World Literature Today* (79: 4, Herbst 1996) über Assia Djebar.

158 Aus Solidarität mit den Streikenden hat sie kein Examen abgelegt: "Je me sentais d'abord Algérienne avant d'être normalienne; donc je n'ai pas passé mes examens" (Djebar 1990c: 74).

159 "Djebar" ist einer der 90 Namen des Propheten und bedeutet im arabischen "der Unbeugsame" (vgl. Djebar 1990e: 89).

kulturelles Erbe dar, sondern beginnt seither, in ihrem Umgang mit dem Französischen einen arabischen Rhythmus sichtbar zu machen. Mit Erscheinen des Erzählbandes *Femmes d'Alger dans leur appartement* (1980) wird die Verschmelzung von Mutter- und "Vater"-sprache zu einem charakteristischen Merkmal ihrer Texte.

In den drei Romanen der als "Arabisches Quartett" angelegten Serie bekennt sich Djebar offen zur autobiographischen Dimension ihres Schreibens und tritt in eine entscheidende Schaffensphase ein. Der erste Band *L'amour, la fantasia* (1985), im Mittelpunkt unserer Auseinandersetzung, beschreibt den Weg der französischen Sprache in den Maghreb und deutet die koloniale Eroberung Algeriens auf kultureller Ebene als Akt der Verführung. Djebar entwirft damit auch ihr persönliches Verhältnis zur kolonialen Sprache, die sie zum "Nessusgewand" erklärt: Das Französische als "Beute" der Kolonisation verleiht ihr eine Stimme, zugleich schafft es aber eine Distanz zur eigenen Kultur. Djebar verwebt individuelle und kollektive Geschichte zu einer "doppelten Autobiographie", die die koloniale Perspektive nicht nur ergänzt, sondern der maghrebinischen Kultur ein Gedächtnis schafft. Während der zweite Band, *Ombre sultane* (1987, verfasst 1981), zwei gegensätzliche Frauen eines Mannes porträtiert (*co-épouses*) und mit ihnen die Widersprüchlichkeit moderner und traditioneller Lebensformen aufzeigt, führt der dritte Band, *Vaste est la prison* (1995), wieder stärker autobiographische, historische und sprachliche Aspekte zusammen.

Ihr Buch *Loin de Médine. Filles d'Ismaël* (1991) geht zu den Anfängen des Islam zurück und rekonstruiert – aus den Randnotizen offizieller Chroniken – Leben und Wirken der Frauen um Mohammed. Inmitten Europas angesiedelt, verbindet Djebars jüngster Roman *Les nuits de Strasbourg* (1997) wiederum Kulturen und Sprachen am Beispiel der Geschichte der Stadt Straßburg (die Autorin richtet ihren Blick gewissermaßen "okzidentalisierend" nach Europa) und dort in der Gegenwart gelebten Beziehungen unterschiedlicher Menschen. Indem sie geographische, kulturelle und literarische Grenzen überwindet, gehört die Autorin Djebar sowohl zum Zentrum wie zur Peripherie und macht deren Unterscheidung – zumindest als Basis von Klassifizierungen – eigentlich überflüssig.

In *Le blanc de l'Algérie* (1995) entwirft Djebar ein Requiem für die während des Bürgerkriegs der 90er Jahre ermordeten Freunde, deren Sterbeumstände sie rekonstruiert und den Augenblick des Todes (re-)imaginiert. In einer Art literarischen Prozession lässt sie die Reihe der Verstorbenen (erweitert um zahlreiche Intellektuelle und Schriftstellern der algerischen Geschichte) – mit Bezug auf die Jenseitsbegegnungen in der Danteschen *Divina commedia* – im Bewusstsein der Ich-Erzählerin auftreten und vergegenwärtigt ein weiteres Mal verschüttete Stimmen der algerischen Tradition. Obwohl sich Djebar hier auf höchst aktuelle, historisch konkrete Ereignisse bezieht, deren referenzieller Bezug gewissermaßen ins Auge springt, betont sie selbst die Poetizität ihrer Texte, jenseits deren Vertextung sie keinerlei Sendungsbewusstsein beansprucht:

> Je ne crois pas à une littérature porte-parole, j'ai horreur d'une littérature porteuse de message. Je pense que la littérature d'abord, c'est une authenticité de la voix, une sincérité de l'expérience. (Djebar 1990c: 77)

Ihr Credo als Historikerin, Filmemacherin und Literatin besteht vielmehr darin, das Verborgene der Geschichte, und zwar der individuellen wie kollektiven, sichtbar zu machen.

6.2 Die autobiographische Wende

Als arabische Frau, Moslemin und zugleich französisch-schreibende Autorin ergreift Djebar das Wort aus einer mehrfach marginalen Position, sie selbst spricht sogar von einer Peripherie der Peripherie (zit. in Keil 1996: 177). Sie ist Frau in einer islamischen, patriarchalen Gesellschaft, die den Geschlechtern völlig verschiedene Rollen zuweist und sie vor allem trennt.[160] In der Tradition ist demzufolge auch der gesellschaftliche Raum geschlechtsspezifisch aufgeteilt: Während das öffentliche Leben dem Mann vorbehalten ist, gebietet der Islam den Frauen Schutz, der sie faktisch von der Außenwelt abschirmt und in den Bereich des Hauses verbannt, gleichbedeutend mit dem Harem.[161] Diese Abgeschlossenheit impliziert gleichsam die Attribute einer islamischen Frau: Anonymität und Unsichtbarkeit. Jede schreibende Frau bricht mit dieser traditionellen Rolle, indem sie wie Djebar das Haus verlässt, aus dem Raum des "Verbotenen" heraustritt und spricht:

> Prendre la parole, c'est violer l'espace public, contester l'enfermement et le revendiquer publiquement, c'est violer cette loi ancestrale, bien vivante et bien partagée, qui n'autorise à la femme que deux sorties de leur vie: celle du toit paternelle pour le toit conjugal, et celle du toit conjugal pour le cimetière et le repos éternel. (Bougherara 1995: 188)

Entsprechend der traditionellen Vorstellung verlässt die Frau das Haus – außer zum Besuch des *hammam* (Bad) – nur zweimal im Leben.[162] In der Öffentlichkeit bewahrt sie der Schleier vor dem männlichen Blick, verhindert den symbolischen Ehebruch und schützt die Würde der Frau.[163] Mit der gesellschaftlichen Öffnung islamischer Länder

---

160 Laut Keil rekonstruiert die Soziologin Mernissi aus den frühen Quellen einen gleichberechtigten Islam, der erst später durch das männliche Machtstreben zum Nachteil der Frauen umformuliert wurde (Keil 1994: 142).

161 Der Begriff Harem (von "haram"/das Verbotene) steht in Opposition zu "halal" (das Erlaubte). Mit Harem werden Frau(en) und Kinder des Mannes wie auch sein Heim bezeichnet (Mernissi 1994: 79). Der Patriarch hat seinen Harem vor fremden Blicken zu schützen, weil er an Prestige verliert, vor allem wenn ein fremder Mann den Harem erblickt (ebd.: 30f.).

162 Die Soziologin Mernissi berichtet von einem traditionellen Märchen, das die Raum- und Geschlechtertrennung ins Bild setzt und vom ewigen Traum der Frauen erzählt, dass ihnen eines Tages Flügel wachsen und sie frei durch die Straßen streifen (Mernissi 1994: 32).

163 Anlass für die Sure XXIV des Korans "Das Licht" war angeblich ein Ehebruch. Den Frauen wird geraten, sich mittels Schleier zu schützen. Durch die räumliche Trennung von privatem und öffentlichem Raum sowie die der Geschlechter soll das außereheliche Begehren erschwert werden, vor dem sich laut dieser Sure beide Geschlechter gleichermaßen zu schützen haben.

wandelt sich jedoch auch die Funktion des Schleiers, da er die Frauen zwar schützt, zugleich aber auch benachteiligt, sie nicht nur für die Männerwelt, sondern auch in der Gesellschaft unsichtbar macht und ihnen den Zugang zu einem dem Wandel gemäßen modernen Rollenverständnis versperrt. Die traditionellen Normen werden anachronistisch. Beispielsweise scheint in der modernen Lebensform ein patriarchales Verfügungsrecht über die Frau undenkbar, wie das Recht eines Mannes, die eigene Frau zu verstoßen.[164]

Parallel zur Isolierung der Frauen bildet sich im Laufe der Geschichte des Islam das männliche Privileg der Schrift heraus, die Frau wird damit von Wissen und Macht ausgeschlossen. Der Frau ist Abstand von der Schrift geboten,[165] nicht nur, weil das Schreiben mit der Freiheit der Gedanken auch Bewegungsfreiheit mit sich bringt, sondern weil sie damit sichtbar und zur *fitna* (Versuchung, Betörung, Verzauberung, vgl. Keil 1994: 141) des Mannes wird:

> Oui, la femme s'absente de plus souvent de l'écriture: pour ne pas s'en servir, elle, comme individu, pour ne pas connaître ses droits dans la cité, pour ne pas redevenir mobile, pour ne pas être cause de 'fitna' (de querelle) parmi les mâles qui palabrent... (Djebar 1990b: 69)

Allein die literarische Wortmeldung Assia Djebars – noch ehe es darum geht, *wovon* sie spricht – stellt vor diesem Hintergrund einen Tabubruch in mehrerer Hinsicht dar: "nécessairement, une femme qui écrit est provocatrice" (Chaulet-Achour 1996: 291). Sie setzt sich nicht nur über die patriarchale Ordnung hinweg und eignet sich das zuvor männliche Privileg der Schrift an. Sie erhält eine Stimme und verschafft sich und ihren Themen Gehör. Bereits das Schreiben als solches stellt hier eine Selbstäußerung dar, weil sich die Autorin damit über die Gebote ihrer eigenen Tradition hinwegsetzen muss. Ihr Sprechen steht damit in einer unauflösbaren Verbindung zu seinem kulturellen Kontext, zu dem sie sich selbst mit jedem Wort in ein ambivalentes Verhältnis setzt.

Djebar stammt aus einer von den Traditionen geprägten Generation ("J'ai vécu dans mon enfance une tradition dans son harmonie", Djebar 1990d: 84), von der sie sich aber durch ihren außergewöhnlichen Bildungsweg entfernt (vgl. Djebar 1990c: 74ff.). Sie entgeht dem Harem, weil ihr Vater sie auf eine französische Schule schickt. Mit dem Bildungsprivileg genießt sie im Unterschied zu vielen gleichaltrigen Mädchen eine ungewöhnliche Bewegungsfreiheit. Sie wird weder verschleiert noch ins Haus gesperrt

---

Von den Frauen wird jedoch mehr Wachsamkeit gefordert. Ursprünglich sollte der Schleier die Frauen des Propheten weihen, die niemand nach ihm berühren sollte. Seitdem kennzeichnet das Tragen des Schleiers die "anständigen" Frauen (Meddeb 1994b: 27f.).

164 So wird die Problematik der Verstoßung beispielsweise von Rachid Boudjedra (*La Répudiation*, 1969) aufgegriffen. Ein weiteres Beispiel ist der Film *Femmes en mouvement* von Merzak Allouache (1990), der aktuelle Beispiele für die menschenunwürdige Praxis der Verstoßung aufzeigt.

165 Man beruft sich hierbei oft auf einen überlieferten Ausspruch des Propheten (Hadith), die Frauen von der Schrift fern zu halten.

und kann – damals noch ungewöhnlich für ein arabisches Mädchen – sogar Sport treiben. Das entscheidende Ereignis auf ihrem Weg zur Schriftstellerin – ihren Schulbesuch – wird sie später an den Anfang des ersten offen autobiographischen Textes, *L'amour, la fantasia* stellen. Doch bis zu diesem befreiten literarischen Umgang mit der kolonialen Sprache und der ersten autobiographischen Äußerung legt die Autorin einen schwierigen Weg zurück, der nun hinsichtlich seiner Relevanz für die postkoloniale Autobiographie skizziert werden soll.

Indem die junge arabische Autorin in französischer Sprache zu schreiben beginnt, bricht sie bereits ein religiöses Tabu, das der für Frauen untersagten öffentlichen Äußerung. Um einen weiteren Bruch mit ihrer eigenen Tradition, die Überschreitung des islamischen Repräsentationsverbots zu verhindern, versucht sie, ihre eigene Person wie ihre konkreten Erfahrungen strikt aus ihrer Darstellung auszuklammern. In den sog. "Jungmädchenromanen" (Keil 1994: 153) *La Soif* (1957) und *Les Impatients* (1958) entwirft sie fiktive Frauenfiguren und zeigt deren Entdeckung des eigenen Körpers und der weiblichen Lust. Diese Frauen dringen nicht nur zur eigenen Sinnlichkeit vor, sondern erobern auch den öffentlichen Raum, in dem sie sich als Subjekte wahrnehmen. Diese Frauenfiguren sind jedoch Verkörperungen, Trägerinnen der Erfahrung der Autorin selbst, die sich aufgrund ihrer eigenen Brüche mit der Rolle der Frauen in der isla-mischen Gesellschaft auseinandersetzt. In *Les enfants du nouveau monde* (1962) und *Les alouettes naïves* (1967) widmet sie sich den Frauen, die während des algerischen Unabhängigkeitskrieges im Untergrund gekämpft haben, wobei die damit verbundene Gleichstellung der Geschlechter nach Kriegsende problematisch wird. Beim Schreiben von *Les alouettes naïves* – sie thematisiert mit der Gleichberechtigung eines Paares zugleich autobiographische Züge – beginnt jedoch eine entscheidende Wende hinsichtlich ihrer literarischen Darstellung des Autobiographischen.

Die Autorin entdeckt schmerzlich, dass sich das eigene Ich aus den Texten nicht heraushalten und verbergen lässt: "C'est dans *Les Alouettes naïves* que j'ai senti qu'on ne peut pas continuer à écrire sans arriver à une écriture autobiographique même si on la masque" (Djebar 1990: 89). Das Schreiben selbst besitzt eine autobiographische Dimension, die man zwar mittels fiktiver Figuren verdecken kann ("des fictions extérieures à moi", Djebar 1990c: 74), die sich jedoch nicht aus dem Text verbannen lässt. Die Autorin artikuliert die Einsicht, dass sich die Intention, dem "eigenen Ich so fern wie nur irgend möglich zu bleiben" (Djebar 1994: 208),[166] nicht umsetzen lässt. Diese Erkenntnis, die einen entscheidenden Beitrag zur Diskussion um die autobiographische Dimension postkolonialer Texte leistet, stürzt die islamisch erzogene Autorin in eine tiefe schriftstellerische Krise. Da ihr Schreiben unvermeidlich Selbstdarstellung impliziert, ist die einzige Zuflucht das Schweigen. Obgleich sie den Tabubruch mit Hilfe der französischen Sprache zumindest verdecken kann, gelingt es ihr nicht, das

---

166 Vollständig und im Zusammenhang lautet das Zitat: "Was mich interessiert, ist die Beziehung zwischen Schriftstellerei und Autobiographie, denn im Gegensatz zum üblichen Schema der Frauenliteratur westlicher Tradition [...] habe ich das Schreiben anfangs als eine Art Herausforderung betrieben, mit dem Ziel, meinem eigenen Ich so fern wie nur irgend möglich zu bleiben" (Djebar 1994: 208).

eigene Ich aus den Texten zu verbannen. Sie positioniert sich, indem sie die Gebote der Tradition missachtet, ungewollt außerhalb der Tradition und der Herkunft. Der literarische Konflikt erweist sich demnach als schwerwiegender, er wirft die Frage der eigenen Identität auf:

> Prendre conscience que l'écriture devient un dévoilement cela m'a fait reculer. Je me suis remise en question: si je continue à écrire, je vais détruire ma vie car elle va être perturbée par l'écriture romanesque. (Keil 1996: 174)

In der französischen Sprache hatte sich das Ich unbemerkt enthüllt, gewissermaßen den Schleier abgelegt und die Person Djebar unfreiwillig entblößt. Die Entschleierung (*dévoilement*), vor der die Autorin zurückschreckt, wird im arabischen Dialekt als 'Nacktheit' umschrieben:

> L'arabe dialectal transcrit l'expérience d'une façon significative: 'je ne sors plus *protégée* (c'est-à-dire voilée, recouverte)' dira la femme qui se libère du drap; 'je sors *déshabillée* ou même *dénudée*'. Le voile qui soustrayait aux regards est de fait ressenti comme 'habit en soi', ne plus l'avoir, c'est être totalement exposée. (Djebar 1980: 152)

Im Bewusstsein jenes die Würde beeinträchtigenden Zustands verstummt die Autorin Djebar. Das Schreiben in der französischen Sprache selbst hat sie in einen autobiographischen Konflikt gebracht. Im Jahr 1967 beginnt ihre Schreibpause (mit Ausnahme des Gedichtbands *Poèmes pour l'Algérie heureuse*, 1969 sowie einer Theaterproduktion, *Rouge l'aube*) und die Autorin versucht in dieser Zeit, die arabische Muttersprache für sich zurückzugewinnen und literarisch fruchtbar zu machen (Djebar 1990c: 75). Während sich ihr heimatlicher Dialekt nicht schreiben lässt – obgleich es die ihr nächste und intimste Sprache ist –, scheint das neu erlernte Schriftarabisch der literarischen Darstellung allerdings wenig angemessen.

Entscheidend für die Fortsetzung ihrer schriftstellerischen Arbeit und damit zum Ausweg aus der Krise werden die Filme *La Nouba des Femmes du Mont Chenoua* (1978) und *La Zerda et les chants de l'oubli* (1982).[167] Vor allem mit *La Nouba* setzt Djebar ihrer Muttersprache ein Denkmal und beginnt – motiviert durch die gewonnene Nähe zum Arabischen und Berberischen, insbesondere zu dessen klanglicher Dimension – wieder auf Französisch zu schreiben. Der Film zeigt fast ausschließlich Frauen – traditionell aus der Öffentlichkeit verbannt – und inszeniert mit Hilfe ihrer persönlichen Erinnerungen (zu denen Kriegserlebnisse ebenso wie Mythen und Legenden der Ahnen zählen) eine weitere andere Geschichte: Die Körper dieser Frauen bilden ein jahrhunderte-umspannendes, mündlich tradiertes, lebendiges, d.h. körper- und nicht schriftgebundenes Gedächtnis. Djebar stellt hier ihr literarisches Engagement in den Dienst einer Fortschreibung dieser Traditionen im Schriftmedium. Sie rückt die Bedeu-

---

167 *La Nouba* (auch im folgenden abgekürzt) wurde 1979 auf der Biennale in Venedig mit dem *Prix de la critique internationale* ausgezeichnet. Materialgrundlage für *La Zerda* sind nichtgezeigte französische Nachrichtenfilme der Jahre 1912-42.

tung der Frauen für die Bewahrung eines kulturellen Erbes ins Zentrum ihres Films,[168] der die zuvor "unsichtbaren" Frauen sichtbar macht und zugleich eine kollektive Geschichte vergegenwärtigt. Sie wird damit zu einem Glied in der Erinnerungskette. Diese Vergewisserung der eigenen Verankerung in der Tradition erlaubt den Versuch, sich dem tabuisierten Ich wiederum zu nähern:

> On peut penser que cette identification à un sujet collectif a permis à l'auteur de se délivrer partiellement du tabou de l'expression individuelle qui pesait jusqu'alors sur son écriture. (Clerc 1997: 16f.)

Die Filmerfahrung stellt somit einen entscheidenden Schritt der Autorin auf dem Weg zum autobiographischen Schreiben dar (vgl. Clerc 1997: 17): Die wiedergefundene Nähe zum Klang des Arabischen und Berberischen ermutigt die Autorin, sich zur französischen Schrift und damit gleichsam zum "Schreiben im Spagat" (Keil 1996) zwischen Mutter- und Vatersprache zu bekennen,[169] welches sie von nun an offensiv und produktiv thematisiert, ohne die innere Zerrissenheit zu verstecken. Mit Erscheinen des den arabischen Frauen gewidmeten Erzählbandes *Femmes d'Alger dans leur appartement* (1980)[170] beginnt eine allmähliche Anerkennung des unvermeidlichen oder mit anderen Worten: nun unverzichtbar gewordenen Sprachkonflikts, in dem sich seither ihr postkoloniales Schreiben verortet. Erstmals gelingt es der Autorin, der Unmöglichkeit ihres Sprechens, ihrem unsituierbaren Ort – weder ganz in der einen noch in der anderen Sprache – Ausdruck zu verleihen (Clerc 1997: 22).

Mit dem ersten Band des "Arabischen Quartetts",[171] *L'amour, la fantasia* (1985), der im Mittelpunkt dieser Untersuchung steht, bekennt sich die Autorin erstmals offen zur autobiographischen Dimension ihrer Texte und tritt in eine entscheidende Phase ihres literarischen Schaffens ein, die sie später mit den Worten kommentiert:[172]

---

168 Dazu Djebar: "la femme [...] a contribué à sauver l'identité algérienne pendant 130 ans" (1990d: 82).

169 Zur Relation der Sprachen schreibt Thoreau: "unsere Vatersprache, eine distanzierte und gewählte Ausdrucksform, zu bedeutungsreich, um vom Ohr vernommen zu werden. Wir müssen wiedergeboren werden, bevor wir diese Sprache beherrschen können" (Thoreau zit. in A. Assmann 1991a: 14).

170 Ursprünglich war dies ein Projekt über die Frauen von Algier, das ebenfalls zur Verfilmung vorgesehen war und ähnlich wie *La Nouba* von authentischen Personen und Schauspielern dargestellt werden sollte (Clerc 1997: 18).

171 Die Konzipierung des "Arabian Quartet" (Djebar 1990: 83) – bisher bestehend aus den Bänden *L'amour, la fantasia* (1985), *Ombre sultane* (1987) und *Vaste est la prison* (1995) – evoziert Clerc zufolge (1997: 139f.) die Architektur des traditionellen Hauses: Vestibül (Eintritt des Kolonisators), Patio (Dialog der "co-épouses"), Harem (Welt der Frauen).

172 Clerc (1997: 23) zufolge wurde *Ombre sultane*, der zweite Band des autobiographischen Quartetts, bereits 1981 verfasst und wäre demnach eigentlich der erste Text, in dem sich Djebar offen zur autobiographischen Dimension ihres Werks bekennt.

Je considère que depuis 1980 (j'ai mis du temps, comme vous le voyez) je suis écrivain de langue française, réconciliée avec moi-même en assumant l'inévitable dichotomie qui consiste à vivre dans une langue, à être baignée dans la langue des mères – la langue d'origine, la langue maternelle – et pourtant à écrire dans la langue de l'autre. (Djebar 1990c: 75)

Erstmals weicht sie auch von der überwiegend konventionellen Erzähltechnik der frühen Texte ab und bezieht filmische und musikalische Prinzipien in die Strukturierung des Quartetts ein. In den Texten werden verschiedene Diskurse erkennbar. So verwebt die Autorin fiktionale, autobiographische und historische Darstellungen (sie bindet Dokumente ein) zu einem, wenngleich mehrstimmigen und mehrschichtigen (palimpsestischen) Text. Djebar erkennt an, dass sie sich als Schriftstellerin und Historikerin arabisch-islamischer und zugleich französischer Prägung stets zwischen den Sprachen und deren unterschiedlichen Deutungsmustern bewegt und vermag aus diesem – zuvor als Nachteil angesehenen – Zwischenstatus außergewöhnliche literarische Kreativität zu schöpfen.

6.3 *La tunique de Nessus*: Postkoloniale Aspekte der französischen Sprache

Als "premier livre ouvertement autobiographique" (Djebar 1993b: 15) steht der Text *L'amour, la fantasia* (*L'amour*) im Mittelpunkt der Auseinandersetzung.[173] Er markiert nicht nur die entscheidende autobiographische Wende im Schaffen der maghrebinischen Schriftstellerin, sondern einen der Höhepunkte. Djebars Bekenntnis zur autobiographischen Dimension ihrer Texte ist jedoch mit einem weiteren Eingeständnis verbunden, der Wahl des Französischen, deren Konsequenzen zunächst problematisiert werden sollen. Charakteristisch für diese zweite Schreibphase ist die erfolgte Anerkennung Djebars des für ihr Schreiben konstitutiven Sprach- und Identitätskonfliktes, d.h. auch eine Aussöhnung, nicht mit der Sprache an sich, was zur Auflösung des Konflikts geführt hätte, sondern mit dem Wunsch, diese zu schreiben: "reconciliée avec la volonté d'écrire dans une autre langue" (Djebar 1990c: 75). Da diese Versöhnung im Sinne einer Auflösung aller Widersprüche unmöglich ist, reflektiert die Autorin in ihrem literarischen Diskurs stets die Doppelrolle, welche die französische Sprache, "aliénante et liberatrice" (Clerc 1997: 79), in ihren Texten ausübt und die deren postkolonialen Status bedingt. Mit der französischen Sprache webt sich unausweichlich ein anderer Verstehenshorizont in den Text ein, bestimmt dessen Konstitution maßgeblich mit und wirft zugleich generelle Fragen nach Sinngebung und Identitätskonstitution auf. Die Widersprüchlichkeit dieser Sprache, welche der Autorin einerseits Stimme und Raum für ihre Artikulation eröffnet, damit aber andererseits den eigenen Dialekt und die damit verknüpften Ausdrücke verstummen lässt, soll näher untersucht

---

173 Djebar dazu: "une première tentative autobiographique, le besoin de dire tout haut: qui suis-je?" (1990d: 80). Der Text wurde vom Verlag als "Roman" deklariert (Zimra 1998: 135), was wiederum die Relevanz der Fragestellung nach dem Verhältnis von Autobiographie und Fiktionalität bestätigt.

werden, um in einem zweiten Schritt die daraus hervorgehenden und beide Aspekte zugleich berücksichtigenden Bedeutungsstrategien darlegen zu können (*réécriture*).

6.3.1 Eintritt in die Sprache des Anderen: Aphasie und Geburt des Ich

Wie ein Paukenschlag beginnt *L'amour* mit der folgenreichen Initiation eines arabischen Mädchens in die französische Sprache. Erzählt in der 3. Person ("FILLETTE arabe allant pour la première fois à l'école", *L'amour*: 11), erfolgt schon nach wenigen Absätzen der Übergang zu einer Ich-Erzählerin: "cette langue, que *m*'a donné le père *me* devient entremetteuse et *mon* initiation, dès lors, se place sous un signe double, contradictoire..." (ebd.: 12, m.H.).[174] Diese Kindheitserzählung, die Djebars eigene "patronage paternel" (Djebar 1990a: 68) zitiert und wie die klassische Eröffnung einer Autobiographie anmutet,[175] deutet zugleich auf das ganz eigene Programm dieses autobiographischen Textes: Für eine arabische Frau wie Djebar stellt die französische Schrift mehr als nur ein literarisches Medium ihrer Autobiographie dar, sie impliziert stattdessen einen unaufhebbaren kulturellen Konflikt, der mit der beschriebenen Initiation einsetzt und von der Autorin konsequent zum Thema des Textes erhoben wird.[176]

Die Initiation in die französische Sprache markiert eine Grenzüberschreitung: Mit dem Zugang zur Schrift wird das Mädchen vor dem Eingesperrtsein im Haus bewahrt. Der Bruch mit der Tradition ist ebenfalls unvermeidlich: "une fillette 'sort'" meint das Verlassen des Hauses, den abgeschlossenen muttersprachlichen Raum der weiblichen Stimmen, während die "Stimme" der Schrift zirkuliert: "Sa voix, en dépit du silence, circule" (*L'amour*: 11, 240). Obgleich diese Stimme nicht mehr "stumm" ist, ist ihr Sprechen ohne Gedächtnis, "coupée des mots de ma mère par une mutilation de la mémoire" (*L'amour*: 12). Das Ich, das untrennbar mit diesem Gedächtnis verbunden ist, vermag nur Ich zu sagen, indem es den Verlust zeigt: "J'ai fait éclater l'espace en moi, un espace éperdu de cris sans voix, figés depuis longtemps dans une préhistoire de l'amour" (*L'amour*: 13). Ohne diese Stimmen, die "cris sans voix" sind, scheint das Ich ebensowenig denkbar, wie es sich jenseits der französischen Schrift überhaupt darstellen lässt.

Die französische Sprache, im Maghreb gewaltsam durch die Kolonisation installiert ("par le sang et par la mort", vgl. Djebar 1990d: 81), wird plötzlich für eine Autorin im 20. Jahrhundert zur Errungenschaft, weil sie die freie Darstellung der Geschichte und des Ich jenseits von Tabuisierungen ermöglicht: "Et je pense en français j'ai pu agir dans cette espèce d'auto-inspection, de dévoilement beaucoup plus aisément

---

174 Djebar spricht in ihren Essays von den zwei Seiten ihrer Wahrheit: "cette double face de ma vérité de femme algérienne et de son encerclement" (1999: 112).

175 Nach Ruhe (1998: 166) eindeutig eine Reminiszenz an das europäische Genre.

176 Djebar dazu: "Bevor ich in mein gegenwärtiges Leben eintauchen und meinem eigenen Ich Ausdruck verleihen konnte, mußte ich deshalb die Kindheit in dieser Sprache beschreiben, die mich strukturiert" (1994: 230).

parce que c'était la langue autre" (Djebar zit. in Keil 1996: 187f.). Das Französische verhüllt die Überschreitung traditioneller Gebote, macht das Schreiben gewissermaßen unsichtbar vor dem überwachenden patriarchalen Auge und erlaubt nun, per Schrift, die Besetzung des äußeren, vormals allein dem Mann überlassenen Raumes:

> Comme si soudain la langue française avait des yeux, et qu'elles me les ait donné pour voir dans la liberté, comme si la langue française aveuglait les mâles voyeurs de mon clan et qu'à ce prix, je puisse circuler, dégringoler toutes les rues, annexer le dehors pour mes compagnes cloîtrées, pour mes aïeules mortes bien avant le tombeau. (*L'amour*: 204)

Zugleich ermöglicht dies der Autorin, über ihre Vorfahren zu sprechen und gerade jene zu vergegenwärtigen, denen dieser öffentliche Ort zeitlebens unzugänglich blieb und die hinter die häuslichen Mauern verbannt für andere unsichtbar, d.h. nichtexistent bleiben mussten. Die Chance einer öffentlichen Artikulation, die sich mit der französischen Sprache bietet, ist demnach nicht nur Verlust, sondern auch Gewinn: "L'écriture est découverte du monde, d'une vie autre" (Gafaiti 1998: 151). Sie ermöglicht das Sprechen, gebiert das Ich einer Autorin, der die Formulierung persönlicher Erfahrungen aus religiösen Gründen verwehrt ist und die in einer Tradition von Frauen steht, die nicht zu sprechen wagen und sich weniger als Einzelne, sondern als Glieder in einer langen Kette von Generationen begreifen:

> Comment une femme pourrait parler haut, même en langue arabe, autrement que dans l'attente du grand âge? Comment dire 'je', puisque ce serait dédaigner les formules-couvertures qui maintiennent le trajet individuel dans la résignation collective? (*L'amour*: 177)

Doch das Schreiben in französischer Sprache, selbst über die verstummten Vorfahren, entfernt die Autorin unfreiwillig vom Klang, von Erzählungen, Gesängen, Flüstern und Schreien arabischer Frauen sowie den Emotionen und Vorstellungen ihrer Muttersprache. Mit dem arabischen Dialekt, "l'arabe dans lequel je sens, dans lequel j'ai ma vie affective" (Keil 1996: 178), verliert sie nicht nur vertraute Ausdrücke, sondern mit ihnen einen Teil ihrer Identität und die in der Sprache überlieferten Traditionen. So entbehrt die Schule, in der die Ich-Erzählerin von *L'amour* Französisch lernt, jedes referenziellen Bezugs und die französischen Begriffe sind ohne zugehörige "Realität", so dass sie gewissermaßen Französisch von einem anderen Ort aus spricht:

> J'écris et je parle français au-dehors: mes mots ne se chargent pas de réalité charnelle. J'apprends des noms d'oiseaux que je n'ai jamais vus [...] Ainsi, le monde de l'école est expurgé du quotidien de ma ville natale tout comme celui de ma famille. A ce dernier est dénié tout rôle référentiel. (*L'amour*: 208)

Mit der gewonnenen "Langue natale du Je" amputiert die Autorin demnach sowohl Privates wie auch kulturelle Traditionen, die sich in der Muttersprache am besten beschreiben, jedoch nicht literarisch vermitteln lassen. Dafür bleibt nur die "Vater"-Sprache, die sie ungewollt aus der mündlich-weiblichen Gedächtniskultur herausstößt, diese paradoxerweise aber gerade damit für Andere sichtbar macht: "Sortir d'un silence, d'un héritage de plusieurs siècles, j'ai peut-être pu le faire grâce à la langue de l'autre, le français" (Djebar 1990: 77). Diese Darstellung impliziert zugleich gesehen zu werden, d.h. die schreibende Frau selbst wird sichtbar, ist unverhüllt und setzt damit den Schutz innerhalb der traditionellen Gemeinschaft aufs Spiel. Die Gefahr eines mit der Schrift verknüpften Tabubruchs geht vor allem von der sprachlichen Darstellung der Liebe, dem unsittlichen Sprechen darüber aus. Jede Repräsentation ist tabu. So deutet Djebar im Kapitel über die Initiation bereits auf jene mit der französischen Schrift verbundenen Gefahren. Die Hand des Vaters, die sie in die Schule führt, zerreißt auch den ersten Liebesbrief, den das arabische Mädchen erhält. Bereits das Aussprechen von Zuneigung deutet eine Eroberung an: "Indécence de la demande aux yeux du pére, comme si les préparatifs d'un rapt inévitable s'amorçaient dans cette invite" (*L'amour*: 12).[177] Die Ich-Erzählerin erinnert sich an ihre Rekonstitution des Briefes, dessen Teile sie trotzig aus dem Papierkorb zurückholt und zusammensetzt (ebd.: 75). Trotz der Gefahr des Französischen bleibt ihr keine andere Wahl als die zwischen Reden und Schweigen:

> [...] moi, je suis bilingue, mais avec un arabe oral et un français écrit. Je n'ai pas le choix d'une autre écriture. Sinon je ne me serais peut-être pas attaqué à chercher à effacer en partie ou à corriger ou à entrer dans les détails de la source française. (zit. in: Hornung/Ruhe 1998: 180)

Sie hat keine andere Schrift zur Verfügung, sondern kann nurmehr die Problematik der Sprache aufzeigen, die sie unter diesen Umständen gewählt hat. Die einzig mögliche Darstellung dieser Situation ("enracinée dans un ailleurs de la parole", vgl. Clerc 1997: 33) besteht darin, den Ort des eigenen Sprechens – d.h. im postkolonialen Sinne zu fragen *From where to speak?* – im literarischen Diskurs aufzuzeigen und zuallererst über die gewählte Sprache zu sprechen. Für Djebar liegt *ailleurs* jenseits der Muttersprache und der häuslichen Atmosphäre in einer davon abgetrennten Schrift(welt):

> Ailleurs se trouve l'aire de l'école; ailleurs s'ancrent ma recherche, mon regard. Je ne m'aperçois pas, nul autour de moi ne s'en aperçoit, que, dans cet écartèlement, s'introduit un début de vertige. (*L'amour*: 209)

In jenem "écartèlement" oder "vertige" der beiden Sprachen zeichnet sich die autobiographische Dimension der Texte Assia Djebars ab, die sich weniger als Lebensbeschreibung, sondern in erster Linie als Beschreibung und Problematisierung eines Mediums darbietet, aus dessen Vor- und Nachteilen in der Darstellung sich die eigentliche "Geschichte" erst als eine der Sprache entfalten lässt.

So artikuliert die Autorin, wie sie sich mit Hilfe des Französischen zwar über die Einschränkungen der eigenen Traditionen hinwegzusetzen vermag, wie sie zugleich aber auch die Kehrseite dieses Bruchs erlebt. In ihren ersten autobiographischen Text schreibt sich eine eigenartige Aphasie ein, die mit der französischen Sprache in den Text gelangt. Die Ich-Erzählerin beschreibt in einer der Kindheitsepisoden, wie sich die

---

177 Diese Gefahr manifestiert sich auch in der Ambivalenz von "raptus": Verzückung, Raub.

arabischen Mädchen über eine der französischen Nachbarinnen lustig machen, die ihren Verlobten "pilou chéri" nennt. Zugleich bemerkt sie dabei eine unüberbrückbare Kluft zwischen den beiden Sprachen: "la langue française pouvait m'offrir de ses trésors inépuisables, mais pas un, pas le moindre de ses mots d'amour me serait réservés..." (*L'amour*: 38). In einem Diskussionsbeitrag beschreibt Djebar, dass die Frage nach dem Ausdruck von Liebe ("comment dire l'amour", vgl. Hornung/Ruhe 1998: 182), also die Frage der Sprache, am Ausgangspunkt ihres autobiographischen Projektes stand:

> [...] c'était d'abord un problème de langue et de rapport de la langue avec l'affectivité. Le projet de *L'amour, la fantasia* ce n'était donc pas un projet historique au départ, c'était de l'impossibilité ou de la difficulté à commencer une autobiographie dans la langue de l'autre, et du coup, je voulais comprendre, cette fois pas seulement comme écrivain mais comme femme, pourquoi je n'arrivais pas à dire des mots d'amour en français. (ebd: 182)

Die postkoloniale Autobiographie, so könnte eine erste Annäherung lauten, befasst sich mit der unmöglichen Repräsentation von Subjektivität, welche sich erst über den Umweg einer anderen Sprache, d.h. im Verlauf der geschriebenen Auseinandersetzung mit dieser Sprache zu konstituieren vermag. In diesem Prozess vollzieht sich keine Übertragung dieses Ich in eine andere Sprache, sondern eine Verhüllung, deren Ambivalenz Djebar in die Metapher eines Nessusgewandes kleidet. So vermittelt die Erzählerin in *L'amour* einen dialektalen Bericht und umschreibt ihre Darstellung als verhüllende, aber nicht perfekt sitzende und bekleidende (will sagen: das Abwesende nicht konfliktfrei Repräsentierende): "ma parole française la déguise [die Worte Chérifas, A.d.V.] sans l'habiller" (*L'amour*: 161). Ähnlich wirkt das Nessusgewand als Geschenk und Gift zugleich.[178] Da der Autorin eine Rückkehr zum Arabischen – zumindest schreibend – verwehrt ist, hat sie nurmehr eine Sprache, die zugleich fremd, "Haus und Gefängnis", "aufgeschlossener oder feindseliger Gastgeber" (Keil 1996: 191-196) in einem ist. Diesen für postkoloniale Texte gewissermaßen konstitutiven Umgang mit der Sprache, die mit dem Sprechen einhergehende Aphasie (Finck 1999: 177) als Ausdruck des abwesenden Anderen, lässt sich konkret mit dem Prinzip des "monolinguisme de l'autre" umschreiben:

> Le monolingue dont je parle, il parle une langue dont il est *privé*. Ce n'est pas la sienne, le français. Parce qu'il est donc privé de *toute* langue, et qu'il n'a plus d'autre recours [...] parce que ce monolingue est en quelque sorte *aphasique* (peut-être écrit-il parce qu'il est aphasique), il est jeté dans la traduction absolue, une traduction sans pôle de référence, sans langue originaire, sans langue de départ. (Derrida 1996: 117)

Das Schreiben in der Sprache des Anderen bedeutet demnach, eine stete Übersetzung von Bedeutungen vorzunehmen (Khatibis "traduction permanente") und damit das Ich zwischen den Sprachen als Ausdruck eines sozusagen "aphatischen" Sprechens zu

---

178 Der sterbende Nessos schenkt es Deianeira, es soll ihr die Liebe des Gatten ewig erhalten. Für Herakles ist dieses Geschenk tödlich, es erweist sich als vergiftet und ist die tödliche Rache des Kentauren an seinem Mörder Herakles.

etablieren. Was die Autorin als "aphasie amoureuse" – im gleichnamigen Kapitel von *L'amour* – umschreibt, kann demnach nicht nur auf die Liebe bezogen werden, sondern ist eine ihrem Sprechen generell inhärente Sprachlosigkeit als Rekodifizierung der abwesenden Muttersprache: "Seule éloquence possible, seule arme qui pouvait m'atteindre: le silence, non pas tant par respect ou par timidité, de celui qui risquait, à tout moment, de se déclarer; le silence, parce qu'ainsi seulement il se déclare" (*L'amour*: 144f.). So spricht Clerc von einer "silence de l'écriture" (1997: 34) und bestätigt die These, dass erst die Erfahrung des Films eine Artikulation des Abwesenden ermöglicht.

Djebars Sprechen ist mehrdeutig und mehrstimmig, weil ihr Schreiben reflektiert, dass die Stimme des Französischen nur zum Sprechen geliehen ist und den muttersprachlichen Identifikationsmodus überlagert: "tout vocabulaire me devient absence" (ebd.: 208). Jedes französische Wort Djebars evoziert auch das, was sie damit *nicht* sagen kann, weil sie die eigene Kultur als abwesend, nur gebrochen in der Optik einer anderen Sprache sprechen lassen kann. Subjektivität in einem postkolonialen Verständnis entfaltet sich in der Simultanität von An- und Abwesenheit kultureller Kodes als eine unreduzierbare Spur individueller und kollektiver Geschichte(n).

Anders als die auf Sinnstiftung ausgerichtete Sprache, die dem Konzept traditioneller Autobiographien zugrunde liegt, kann in postkolonialen Situationen nicht auf eine derart konzipierte Sprache zurückgegriffen werden. Vielmehr handelt es sich hier um eine Sprache, die sich gegenüber eindeutiger Repräsentation verschließt und als Nessusgewand erweist ("donne d'une main et retire de l'autre", vgl. Khatibi 1983: 186). Selbst der Versuch einer autobiographischen Darstellung im mimetischen Sinne scheitert an der mangelnden Transparenz der Sprache, d.h. an der Unmöglichkeit, zwei oder mehrere Referenzsysteme ineinander aufzulösen. Um dennoch einen gewissen autobiographischen Anspruch, d.h. Anspruch auf Authentizität hinsichtlich der Sprache erheben zu können, werden im Umgang mit der kolonialen Sprache und deren Signifikationssystem subversive Strategien entfaltet, die zwar keine Repräsentation im Sinne des Reflexionsmodells ermöglichen, zumindest aber die widersprüchliche Situation kommunizieren. Nur in der Auseinandersetzung mit dem, was verstummt ist, vermag die Autorin den Mangel an sprachlicher Identität zu kompensieren. So geht sie auf der Suche nach ihrer Sprache wie die Figur Lila (*La Nouba*) vor, "progresser en reculant dans le temps" (Djebar 1990e: 87), und begibt sich an den Beginn dieser Sprache im Maghreb, von dem ausgehend sie in *L'amour* die Überlagerung von individueller und kollektiver Geschichte, von zwei und mehr Kulturen sichtbar macht. Djebar verfasst damit ihre Autobiographie als eine das Genre sprengende und widersprüchliche *Double Autobiographie* (Djebar 1993: 23; 1999: 109). Die stets auf eine einzelne Person gerichtete Autobiographie wird in dem postkolonialen Bewusstsein in eine kollektive umformuliert, weil die Geschichte des Einzelnen von der der Gemeinschaft nicht trennbar ist und gerade diese Abspaltung sie weniger authentisch erscheinen ließe.

6.4 Subjektkonstitution als *réécriture* einer kollektiven Geschichte

> Au fond: ce livre répond à la question: qu'est-ce que je suis en tant que femme, en tant qu'algérienne, entant qu'écrivain? Forcément, par cette question, tout le pays ... que je porte en moi, même si je ne suis pas au pays, revient. (Djebar 1990d: 81)

Die Auseinandersetzung mit der Schrift deckt die Einbettung des sprechenden Ich – in einer anderen Sprache wohlgemerkt – in einer kollektiven Vergangenheit auf, aus der die Begegnung zweier Kulturen im Maghreb hervorgeht. Im ersten Teil von *L'amour* (LA PRISE DE LA VILLE ou *L'amour s'écrit*) verwebt Djebar die eigene Initiation in die französische Sprache mit der kollektiven: dem Beginn der französischen Sprache im Maghreb. Anhand paralleler Erzählstränge, alternierend autobiographischer und historischer Episoden, stellt sie die koloniale Eroberung im 19. Jahrhundert der eigenen Kindheit etwa einhundert Jahre danach gegenüber:

> Ceux qui m'ont précédé dans cette langue et ont apporté cette langue dans mon pays [...] ce sont des hommes de guerre [...] j'écris dans une langue qui est pleine du sang de mes ancêtres. Et cette langue raconte comment mes ancêtres sont morts. (Djebar 1990d: 80)

Die französische Sprache verbindet unterschiedliche Kulturen, Epochen und Menschen, die wie Djebars Protagonisten Beziehungen miteinander eingehen. Das Schreiben in französischer Sprache bindet die Autorin unweigerlich an die kollektive Vergangenheit und ermöglicht so die Verwebung individueller und kollektiver ebenso wie gegenwärtiger und vergangener Elemente: "écrire par cet alphabet devient poser son coude bien loin devant soi" (*L'amour*: 241).

Das Eindringen der französischen Eroberer in das Gebiet des Maghreb beschreibt (die Historikerin) Djebar anhand einer Relektüre der Berichte von drei Franzosen (Amable Matterer 26f., Baron Barchou de Penhoën, J.T. Merle, 39f.) und einem algerischen Beobachter (Hadj Ahmed Effendi, 1850, in türkischer Sprache). Sie greift beispielsweise auf den Bericht des Offiziers Matterer zurück, der die Landung der französischen Flotte in Algier am Morgen des 13. Juni 1830 beschreibt, und re-imaginiert ("suspendant mon souffle pour tenter de tout réentendre", vgl. *L'amour*: 16) mehr als 150 Jahre danach die möglichen Beobachter dieser Besetzung auf algerischer Seite:

> Je m'imagine, moi, que la femme de Hussein a négligé sa prière de l'aube et est montée sur la terrasse. Que les autres femmes, pour lesquelles les terrasses demeuraient royaume des fins de journée, se sont retrouvées là, elles aussi, pour saisir d'un même regard l'imposante, l'éblouissante flotte française. (*L'amour*: 16)

Mit der Evokation dieses neugierigen Blicks der (umgekehrt) den Blicken der Eroberer verborgenen Frauen fügt die Autorin der von Gewalt dominierten Kolonialgeschichte ein weiteres Kapitel, das einer doppelten und gegenseitigen Entdeckung, "double découverte" (ebd.) hinzu, welches sie als Schauspiel erotischer Gesten und Blickwechsel inszeniert:[179] "comme avant une ouverture d'opéra" (14); "Amable Matterer regarde la ville qui regarde" (15); "La ville barbaresque ne bouge pas" und umgekehrt "Des milliers de spectateurs, là-bas, dénombrent sans doute les vaisseaux" (15). Die Reziprozität des Schauens und die Wahrnehmung des jeweils Anderen verhindern eine einseitige Aneignung, eine asymmetrische Wahrnehmung als Objekt und Subjekt des Geschehens: "Qui dès lors constitue le spectacle, de quel côté se trouve vraiment le public?" (14). Das erste Aufeinandertreffen beider Kulturen entwirft Djebar – anders als die Geschichtsschreibung – als einen "coup de foudre mutuel" (17), in dessen Folge sich die vielen Toten auf den Schlachtfeldern symbolisch zu einem Liebesakt – verstanden als irreversible kulturelle Verschmelzung – vereinigen: "Mais pourquoi, au-dessus des cadavres qui vont pourrir sur les successifs champs de bataille, cette première campagne d'Algérie fait-elle entendre les bruits d'une copulation obscène?" (29). Die Autorin entdeckt in der gewaltsamen Unterwerfung der algerischen, später auch marokkanischen und tunesischen Bevölkerung, einen bis dato verborgenen Aspekt: Mit der kolonialen Begegnung verschmelzen und überlagern sich die Kulturen unweigerlich. Diese Erfahrung ergänzt die Kolonialgeschichte und schreibt sie in Form einer *réécriture* fort.

Djebars Interpretation der Geschichte ist mit einem spezifischen Kulturbegriff verbunden, der bei den postkolonialen Theoretikern wie Bhabha u.a.[180] zu finden ist und den ich anhand des Begriffs *métissage* bei Djebar kurz umreißen möchte. In der kriegerischen Unterwerfung der maghrebinischen Stämme erkennt Djebar einen Akt der gegenseitigen Aneignung und der Zeugung einer kulturellen Hybridität, an der sie selbst heute teilhat. Insofern besitzt ihre *réécriture* von Geschichte eine autobiographische Dimension: Die in der Vergangenheit begonnene Mestizisierung der kulturellen Kodes manifestiert sich in der Schrift Djebars als Kopräsenz ebenjener Kulturen und deren Sprachen. Beide Kulturen begreift die Autorin, wie ihre gewissermaßen "geliehene" Schrift, nicht als einen Besitz, sondern als eine Form von Aneignung, die sich stets reziprok und niemals nur einseitig vollziehen kann:

> [...] qu'on ait écrit en grec, en latin, en arabe ou en français, on écrivait toujours dans la langue de l'autre [...] Cela me rappelle, quel que soit le statut de la langue, quel que soit le contexte guerrier ou meurtrier dans lequel une langue s'installe dans un pays, que la culture est là, en fait, comme un terme à cette confrontation. Ce métissage est l'acte d'amour le plus intéressant à mes yeux. (Djebar 1993a: 14)

---

179 Der Auslegung des Koran zufolge stellt bereits der Anblick des Weiblichen einen sexuellen Akt, mithin eine Sünde dar (Mernissi 1994: 53). Das Auge – synonym für das weibliche Geschlecht – gilt als erogen und jeder Blick in die Augen ist eine Form der körperlichen Vereinigung (Djebar 1980: 150ff.). Sämtliche Bereiche des weiblichen Körpers gelten als erogen, so dass der Koran etwa den Frauen empfiehlt, nicht die Augen aufzureißen und leise zu sprechen (Hadj-Moussa 1994: 37).

180 Bei Bhabha heißt es, dass "[...] alle essentialistischen Einforderungen einer inhärenten Authentizität oder Reinheit von Kulturen unhaltbar werden, die, wenn sie einmal dem 'naturalistischen' Zeichen symbolischen Bewußtseins eingeschrieben sind, oft zu rationalistischen politischen Argumenten für die Hierarchie und den Aufstieg mächtiger Kulturen werden" (Bhabha 1997: 116).

Der Beginn der französischen Sprache im Maghreb markiert gleichsam auch für die Autorin den Anfang einer ambivalenten Verschmelzung mit einer Sprache, die ihr eine gewisse Freiheit des Ausdrucks ermöglicht und die zugleich auch Sprache des Feindes ist: "j'écris dans une langue qui est pleine du sang de mes ancêtres" (1990d: 80). Die Geschichten ehemaliger Kolonien und Kolonialstaaten müssen stets, so Arend, im Sinne eines "erwiderten Blicks" aufeinander bezogen werden (Arend 1998: 143). Diese Widersprüchlichkeit versucht Djebar durch eine Verdoppelung ihres eigenen Gebrauchs des Französischen, durch eine Verschmelzung zweier Signifikationssysteme kenntlich zu machen, deren jeweilige Bedeutungskonzepte nicht aufgehoben werden. In ihre Schrift schreiben sich damit stets beide Seiten des Bedeutens ein: das Ich und sein Anderes in diversen kulturellen Formen. So ist das Ich ebenso mit der Hand des Vaters als Mittler verbunden wie mit den Texten der französischen Eroberer oder den (weiblichen) Stimmen der arabischen Tradition. Dieses Ich ist nur in der Vielfalt seiner Bezüge zugänglich und lässt sich nur durch eine Reduktion seiner Kontexte eindeutig machen. Die "Autobiographie" entfaltet sich gleichsam als Geschichte einer Sprache (Hornung/Ruhe 1998: 182), in der sich die Bezüge des Subjekts manifestieren, wobei sich diese Geschichte nicht linear, sondern als Fortschreibung vorhandener Diskurse entfaltet: "attempting to wave together the warp and the woof of conflicting cultural codes rather than remaining subject to the exigencies of their separation" (Murdoch 1993: 87).

Derart verbinden sich in *L'amour* zweierlei Formen der Verwendung des Französischen. Während es für die arabischen Mädchen – die dank einer für die Eltern unverständlichen Sprache einen heimlichen Briefwechsel pflegen – Sprache der Liebe ist, scheint das Französische für die Eroberer ein Mittel der Legitimation. Djebar liest jene Briefe der Eroberer gegen deren Intention, sich für das gewaltsame Vorgehen zu rechtfertigen und sich dafür Anerkennung zu verschaffen, und kehrt deren Subtexte hervor. Die Erzählerin reflektiert und kommentiert Angst und Unsicherheit der Militärs, die sich ebenso textuell manifestieren wie eine Form von verbaler Gewalt gegenüber den Eroberten, welche ein weiteres Mal symbolisch unterworfen werden: "Le mot lui-même, ornement pour les officiers qui le brandissent comme ils porteraient un œillet à la boutonnière, le mot deviendra l'arme par excellence" (56).[181] Die Erzählerin stellt sich die Eroberung als einen Versuch der Verführung vor, der – obgleich die formale Besetzung des Territoriums gelingt – letzten Endes daran scheitert, dass den Kolonialisten Anerkennung und "Hingabe" seitens der Begehrten versagt bleibt: "Les lettres de ces capitaines oubliés [...] parlent, dans le fond, d'une Algérie-femme impossible à apprivoiser" (69). Auf dieses Begehren und die damit verbundene Interrelation von Liebe und Gewalt lässt sich zugleich der Titel *L'amour, la fantasia* beziehen: Die *Fantasia* als arabisches Reiterspiel und Demonstration männlicher kriegerischer Tugenden (Keil 1989: 415) symbolisiert das Prinzip der Macht, welches ebenso von einem Begehren ausgeht wie die Liebe. Djebar betont die fließenden Übergänge von

---

181 Djebar hierzu: "Mais ce qui me frappe, c'est qu'à l'époque, on écrivait cette guerre" (1990d: 80).

einer gewaltsamen zu einer erotischen Aneignung und umgekehrt. Sie führt das Motiv für die koloniale Besitzergreifung auf ein zweideutiges Begehren zurück, welches sich in dem mehrdeutigen Begriff *raptus* (s.o.) manifestiert: "Il y a eu familiarité dans l'opposition, et il y a eu fascination dans la haine mutuelle; il y a eu probablement amour non-avoué ou amour coupable d'une façon ou d'une autre" (Djebar 1990d: 82).[182]

Diese Transgressivität und die Überschneidung von Diskursen, wie das Beispiel Macht-Liebe zeigt, inszeniert Djebar auch auf der diachronen Ebene, indem sie das Vergangene nicht von der Gegenwart abtrennt, sondern vielmehr dessen Fortschreibung in der Gegenwart fokussiert. So entwirft sie einen Zusammenhang zwischen den an die Heimat adressierten Briefen der Eroberer und den Liebesbriefen arabischer Mädchen 100 Jahre später, die in ein und derselben Sprache geschrieben wurden. Im Bewusstsein der Erzählerin entfaltet sich eine Kontinuität zwischen den unterschiedlichen Darstellungen:

> Une fièvre scripturaire a saisi en particulier les officiers supérieurs [...] Une telle démangeaison de l'écriture me rappelle la graphorrhée des jeunes filles enfermées de mon enfance: écrire vers l'inconnu devenait pour elles une manière de respirer un nouvel oxygène. Elles trouvaient là une issue provisoire de leur claustration... (*L'amour*: 56)

Auch im zweiten Teil des Textes (LES CRIS DE LA FANTASIA) setzt sich das Prinzip von zwei Erzählsträngen ebenso wie die damit verbundene Polyphonie der Erzählstimmen fort: es geht alternierend um die sich an die Eroberung anschließenden Kämpfe (nach 1840) und die Erfahrungen einer jungen muslimischen Frau. Wiederum sind es die kolonialen Berichte selbst, die der Autorin ein Bild von der Eroberung ermöglichen, indem sie u.a. die grausame Vernichtung einzelner Stämme festhalten und damit unbewusst auch deren erbitterten Widerstand gegen die Besetzung in die Geschichte eingehen lassen. So bedient sich Djebar der Exaktheit eines französischen Augenzeugenberichts über die grauenhafte Ausräucherung des Stammes der Ouled Riah, um die Opfer in ihrem Text zu vergegenwärtigen und die Geschichte jener Vorfahren fortzuschreiben. Ausgerechnet der für ihren Erstickungstod verantwortliche Offizier verfasst den Bericht und vergisst angesichts des Grauens die "angemessene" Distanz:

> Après avoir tué avec l'ostentation de la brutale naïveté, envahi par le remords, il écrit sur le trépas qu'il a organisé. J'oserais presque le remercier d'avoir fait face aux cadavres, d'avoir cédé au désir de les immortaliser, dans les figures de leurs corps raidis, de leurs étreintes paralysées, de leur ultime contorsion. D'avoir regardé l'ennemi autrement qu'en multitude fanatisée, en armée d'ombres omniprésentes. (*L'amour*: 92)

---

182 Dazu Murdoch (1993. 76): "[...] inscribing through the double reading of the *fantasia* [Improvisation und Gewalt, A.d.V.] not only the opposition between cultures, but also the desire for autonomy as well as the very paradox of love as forcible appropriation whose intricacy the text will seek to explore". Ähnlich beschreibt Djebar den Zusammenhang von Sprache und Begehren: "Me parcourir par le désir de l'ennemi d'hier, celui dont j'ai volé la langue..." (*L'amour*: 243).

Die mit der Ausräucherung quasi abgebrochene Geschichte des Stammes wird hierdurch aber gerade tradiert, in der Relektüre dieses Berichts literarisch fortgeschrieben und in Form der *réécriture*, verstanden als poetische Geschichtsschreibung (Bhabha 1997: 108), bewahrt.

> Pélissier, pris par le remords, empêche cette mort de sécher au soleil, et ses mots, ceux d'un compte-rendu de routine, préservent de l'oubli ces morts islamiques, frustrés des cérémonies rituelles. Un siècle de silence les a simplement congelés. (*L'amour*: 89)

Der wegen seiner Detailgenauigkeit von den Empfängern in französischen Behörden kritisierte Bericht Pélissiers impliziert demzufolge gleich mehrere Interpretationen: Er manifestiert die Gewalt der Unterwerfung einerseits und setzt den Toten andererseits ein Denkmal, zu dessen Vermittlung wiederum Djebar ihre Schrift als Medium leiht. Während die Überbringer der französischen Sprache jene Vorfahren einst töteten, die Sprache sie gewissermaßen wie ein Sarg einschloss ("sarcophage des miens", s.u.), dient die Schrift nun der Vergegenwärtigung der Opfer, stiftet ein Gedächtnis und schafft ihnen einen Ort in der Geschichte:

> Cette langue était autrefois sarcophage des miens, je la porte aujourd'hui comme un messager transporterait le pli fermé ordonnant sa condamnation au silence, ou au cachot. Me mettre à nu dans cette langue me fait entretenir un danger permanent de déflagration. De l'exercice de l'autobiographie dans la langue de l'adversaire d'hier... (*L'amour*: 241)

Die Sprache der Autorin wird gleichsam materielle Trägerin und damit genuiner Ort eines kulturellen Gedächtnisses. Sie wird zum Palimpsest, indem sie den Bericht eines der Eroberer überschreibt und zugleich dessen unsichtbare Schichten aufzeigt:

> Pélissier, bourreau-greffier, porte dans les mains le flambeau de mort et en éclaire ces martyrs [...] me tend son rapport et je reçois ce palimpseste pour y inscrire à mon tour la passion calcinée des ancêtres. (*L'amour*: 92, 93)

Eine in diesem Sinne begriffene *réécriture de l'histoire* entfaltet sich folglich als symbolisch-imaginative Wiederaneignung (oder Re-Imagination) des Vergangenen im literarischen Diskurs ("Prolonger l'héritage", Clerc 1997: 153). Im Unterschied zu den Verfahren der Geschichtsschreibung ist dabei nicht ein von der Exaktheit der Referenzen abgeleiteter Wahrheitsanspruch ausschlaggebend, sondern vielmehr das Sichtbarmachen dessen, was in den vorhandenen Diskursen abwesend, d.h. auch in der Geschichte bis dato verborgen war.[183] Dieses Verfahren stellt trotz seiner Subversivität jedoch keine reine Gegendarstellung zur etablierten Geschichte dar, sondern versteht sich vielmehr als deren ergänzende, auf das stets Ausgelassene und Unsichtbare fokussierte Fortschreibung. Damit setzt sich Djebar bewusst von der Kolonialgeschichte

---

183 Dieses Verfahren ist etwa vergleichbar denen des neuen historischen Romans in Lateinamerika (vgl. A. de Toro 2000: bes. 161-166).

ab, die den Kolonisierten *"außerhalb der Geschichte"* plazierte und dessen Werte schlicht negierte (Memmi 1994: 90).

Das autobiographische Schreiben Djebars lotet also zunächst das Fundament einer Schrift aus, zu der sie mehr als 100 Jahre nach der Kolonialisierung ihres Herkunftsortes gelangt. Ihr Ich entfaltet sich somit erst aus den vielfältigen Bezügen zu dieser Sprache. Dabei dienen ihr die vorhandenen Diskurse als Palimpsest, auf den sie ihre Deutung aufträgt:

> Parce que l'Algérienne [...] doit se réapproprier sa propre histoire qui n'a traces que par le regard de l'Autre, dominateur-colon, et qu'il faut rechercher les témoins, les textes – ou l'absences des textes – pour se réinventer, se réécrire, à partir de ses bribes. (Calle-Gruber 1990: 67)

Aus der Fortschreibung vorhandener Zeitzeugenberichte und anhand einer Problematisierung von Sprache und Schreibakt konstituiert Djebar ihre Identität als Positionalität (Finck 1999), als Ein- und Fortschreibung vorhandener Deutungen.

6.5 *'L'amour, ses cris' ('s'écrit')*: Rekodifizierungen des Körpers und transmedialer Text

> Je tente d'ancrer cette langue française dans *l'oralité* des femmes traditionnelles. Je l'enracine ainsi. (Djebar 1988: 201)

Ein weiterer autobiographischer Aspekt im Text Djebars ist die Beziehung zwischen Körperlichkeit und Schrift, die vor dem Hintergrund des kolonialen Aufeinandertreffens von Schrift- und Wortkultur rekodifiziert wird.[184] Der damit einhergehende mediale Wandel affiziert nicht nur kollektive, sondern auch individuelle Selbstentwürfe, was Djebar anhand einer Verknüpfung ihrer französischen Schrift mit oralen Gedächtnisformen vorführt. Sie beschreibt den Übergang vom arabischen Dialekt zur französischen Schrift auch als körperlichen, sozusagen am "eigenen Leib" erfahrenen Akt: "j'expérimentais tôt le partage: bien plus, la concurrence des langues se faisait à mon insu, et insidieusement, À TRAVERS MON PROPRE CORPS" (Djebar 1990b: 68, m.H.).

Im dritten Teil von *L'amour* (LES VOIX ENSEVELIES) greift die Autorin erstmals auf mündliche Berichte von Frauen über den Algerienkrieg zurück und führt in einer Art Finale alle Stimmen des Textes – die Ich-Erzählerin der autobiographischen Episoden, die Berichterstatter und Reisenden aus dem 19. Jahrhundert, das poetische Ich der Zwischenspiele und die Stimmen der Frauen – in fünf Sätzen (*mouvements*)

---

184 Im Maghreb gibt es vorkoloniale Schriftformen; eine der ältesten Schriften ist das Berber-Alphabet (*tamazigh*) der Touareg (Djebar 1990a: 69; 1995: 161-164) sowie – im Unterschied zum subsaharischen Afrika – die Schrift des Koran, wobei erst die Islamisierung den Frauen Zugang zu Schrift und Bildung verwehrt (Clerc 1997: 66). Djebar bezieht sich in ihren Texten auch auf Zoraide, die erste schreibende Algerierin, die in Cervantes *Don Quijote* auftaucht.

zusammen. Einige Auszüge aus den im Dialekt aufgezeichneten Fraueninterviews aus dem Film *La Nouba* werden fast wortwörtlich – übertragen in ein arabisiertes Französisch (Mehrez 1992: 125) – in den Text *L'amour* aufgenommen: "reprise quasi mot à mot des paroles mises en scène par le film" (Clerc 1997: 153). Wie bereits erwähnt, hatte Djebar erst mit der Filmarbeit einen neuen Zugang zum Arabischen gewonnen, der ihr das Schreiben auf Französisch ganz anders ermöglicht: Sie erfindet ein Französisch, in dem sich auch arabische Elemente evozieren lassen.[185] Während es im Film noch eine "neutrale" Kamera ist, die den heimatlichen Dialekt einfängt,

> La caméra devenait mon corps, quand il se met à regarder de tous ses pores, et chaque image obtenue, terme de chacun de mes espoirs. Je me découvrais visuellement étonnée de l'existence des autres, de la couleur des êtres et de choses qui flottent sans crier, qui s'enracinent sans m'étouffer. (Djebar 1990b: 71),

entdeckt die Autorin wenig später die Vorzüge der kolonialen Sprache und richtet diese wie ein Vergrößerungsglas auf die eigene Kultur: "Französisch wurde meine Kamera" (Djebar 1994: 216). Die Sprache des Feindes dient nunmehr als Medium, um die eigene Tradition bzw. das in der fremden Sprache stets Verborgene sichtbar zu machen und wie einen Palimpsest abzukratzen. Heute sagt Djebar selbstbewusst darüber:

> Über die filmische Auseinandersetzung mit meiner Muttersprache habe ich gelernt, aus der Sprache der anderen, der Franzosen, ein Instrument zu machen, um die Identität meines Landes auszugraben – mit meiner Sprache, mit meinem eigenen Französisch. Ich habe die Sprache der Franzosen, aber meine eigenen Erinnerungen; in diese sind die aller meiner Vorfahren eingeschlossen. Den Sprachkomplex, den ich damals hatte, habe ich hinter mir gelassen. (Leitgeb/Weingart 2000: 43)

So übernimmt die Autorin die Frauenstimmen und deren mündliche Struktur in ihren Text (van den Heuvel 1993: 48) und etabliert eine für die Oralität der Kultur typische Polyphonie, die sich zudem als eine Rekodifizierung der maghrebinischen Tradition erweist. Anstelle einer zentralen Erzählinstanz – die bereits im ersten Kapitel suspendiert wurde – treten zu den vorhandenen Erzählern noch einmal diverse Ich-Erzählerinnen (Chérifa, Lla Zohra, Witwen) hinzu, deren Berichte jeweils ohne Kontextualisierung eingefügt sind. Die Autorin bemüht sich vor allem in den mit "Voix" überschriebenen (insgesamt acht) Abschnitten, die mündliche Struktur des Dialekts, vor allem die Art und Weise des Sprechens nachzuempfinden, d.h. in ihrem Französisch hörbar zu machen und die Gebundenheit des arabischen Dialekts an die Sprechsituation nachzuvollziehen: "Ce qui importait pour moi, c'était de transmettre en langue française ces récits qui j'ai écoutés dans la langue maternelle" (Djebar 1990d: 81).

Typische Kennzeichen der mündlichen Kommunikation wie Satzabbrüche, starke Empathielenkung, gedächtnisstützende Formeln und Wiederholungen, arabische Wörter sowie der Verzicht auf eine situative Kontextualisierung des Gesagten werden in den

---

[185] Djebar spricht nicht über/für die Frauen, sondern "'près' des femmes" (Clerc 1997: 24).

transkribierten Berichten beibehalten. Derart verbindet Djebar Wort- und Schriftkultur, evoziert weibliche Körper als Träger des kulturellen Gedächtnisses in ihre französische Schrift:

> Certes, l'écriture littéraire, parce qu'elle se fait sur un autre registre linguistique (ici le français) peut tenter d'être un retour, par translation, à la parole traditionnelle comme parole plurielle (parole des autres femmes), mais aussi parole perdue, ou plutôt, son de parole perdue. (1990a: 70)

Die auf die eigene kulturelle Tradition der Autorin rückbezogene orale Struktur spiegelt sich auch auf der makrotextuellen Ebene, auf der refrainartig wiederkehrende Stimmen eine Vielstimmigkeit (Ich-Erzählerin, männliche Berichterstatter, Frauenstimmen) entfalten und die Zentralperspektive suspendieren. Mit Hilfe dieser gleichgeordneten Stimmen gelingt darüber hinaus die Verflechtung von Diskursen aus dem 19. und 20. Jahrhundert, ohne dass sich eine zentrale Instanz für deren Deutung verantwortlich zeichnet. Vor allem in den "Corps enlacés" überschriebenen Abschnitten erreicht die Polyphonie ihren Höhepunkt. So beschreibt die Erzählerin, wie die verschiedenen Kulturen bei der Überlieferung eines Berichts zusammenwirken. Ein französischer Offizier berichtet im 19. Jahrhundert dem bekannten Maler und Algerienreisenden Eugène Fromentin von der Ermordung zweier algerischer Tänzerinnen und Prostituierten. Die Erzählerin von *L'amour* greift Fromentins Bericht davon wiederum auf und gibt ihn für Zohra, eine der interviewten Frauen, im Dialekt weiter. Diese Überlieferungskette beschreibt sie in ihrem literarischen Text, der damit selbst zu einem Glied der Tradition wird und auf Djebars Palimpsestvorstellung verweist: Jeder Text ist eingebettet in ein umfassenderes Deutungs- und Bezugsgefüge, hier symbolisiert im Bericht des Offiziers, der von Fromentin zur Ich-Erzählerin, von dort zu Zohra und zum Leser weitergereicht und dabei jedes Mal transformiert und fortgeschrieben wird. Die Episode lässt sich auch als *mise en abyme* der Vertextung von *L'amour* selbst lesen. Das menschliche Gedächtnis verkörpernd, kreisen zahlreiche Erzählstimmen und vergegenwärtigen das Vergangene immer wieder anders, schreiben und deuten es gemäß einer *réécriture* und deren poetologischen Verfahren (*recréer, ressusciter*) fort:

> Je t'IMAGINE, toi, l'inconnue, dont on parle encore de conteuse à conteuse, au cours de ce siècle qui aboutit à mes années d'enfance. Car je prends place à mon tour dans le cercle d'écoute immuable [...] je te RECRÉE, toi, l'invisible [...] Je te RESSUSCITE [...] (*L'amour*: 214, m.H.)

Dieser Textbegriff wird in *L'amour* aus einer Auseinandersetzung mit den kulturspezifischen Formen der Medialisierung gewonnen, wobei Aspekte der französischen und arabischen Schrift ebenso wie die mündliche Überlieferung einbezogen werden. Der Zusammenhang zwischen Bedeutungsprozessen und deren Medialisierung in Stimme und Schrift bzw. in körper- oder schriftgebundenen Memorierungsformen wird dabei sichtbar.

Wie bereits dargestellt, hat Djebar – mit dem arabischen Dialekt als Muttersprache – einen anderen Zugang zur französischen Sprache und insbesondere zu deren Schrift, in der der Körper anders als in der mündlichen Tradierung zurücktritt. Diese mit der Schrift verlorene Körpergebundenheit wird daher von Djebar rekodifiziert, sowohl über die Darstellung von Frauenkörpern wie auch des Schreibakts als einer Körpertechnik selbst: Einerseits inszeniert die Autorin den eigenen körperbetonten Schriftumgang, andererseits werden die weiblichen Körper, mediale Träger des kulturellen Gedächtnisses, als Schrift entworfen.

In der mündlichen Überlieferung konstituiert sich Geschichte nicht durch eine materielle Fixierung, sondern durch die stete Wiederholung und Vergegenwärtigung eines Geschehens – sei es in Form von Bericht oder Legende –, welches dabei freilich stets variiert und immer wieder neu geschaffen wird. Die stimmliche Form der Tradierung bewirkt aufgrund mangelnder Fixierbarkeit eine stets andere, lebendige und nie identische Schöpfung des Gegenstandes. Während die Sinnstiftung als Körpertechnik, der Akt des Schreibens als Bewegung des Körpers in Schriftkulturen zumeist hinter den Träger zurücktritt, sind mündliche Kulturen körpergebunden,[186] wobei die Körperlichkeit den Bedeutungs- und Identifizierungsprozess unmittelbar bedingt: Das Überlieferte muss verständlich und für die Gemeinschaft relevant sein. Vom jeweiligen Gelingen der Vergegenwärtigung hängt auch seine Haltbarkeit und Speicherung im kollektiven Gedächtnis ab.

So rückt das letzte Kapitel von *L'amour* mit den Berichterstatterinnen des 20. Jahrhunderts (Berichte über den Unabhängigkeitskrieg) und den Stimmen der Vorfahren eine "polyphonie féminine" (Djebar 1990a: 68) ins Zentrum, deren mehrstimmige Struktur sich im gesamten Text niederschlägt. Während die männlichen Diskurse in einer gewissen Monotonie verharren und durch die geschlechtliche Raumaufteilung strikt vom weiblichen Raum abgetrennt sind, "le 'public' masculin opposé à l'intime et au familial, au féminin, le discours monotone ou plutôt monotonal en lieux d'hommes" (ebd.), sind es vor allem die Frauen, die Erzählungen, Mythen und Legenden in den Familien weitergeben und über Jahrhunderte lebendig halten. Anders als das zeitresistente Speichermedium der Schrift ist die Memorierung hier durch Stimmen an eine ephemere Zeitlichkeit, an den lebendigen Körper wie das menschliche Gedächtnis gebunden. Dennoch sind gerade diese Körper der Frauen, die eigentlichen Medien der Überlieferung, für andere unsichtbar und anonym. Daher "exhumiert" Djebar diese Stimmen,[187] greift deren Überlieferungstechniken auf und privilegiert eine über den Körper stattfindende sinnliche Wahrnehmung der Schrift: "cris", "chuchotements d'aïeules", "sons d'enfance" (*L'amour*: 12). Anders als in der Kultur der Eroberer vermag sie dabei nicht auf Texte zurückzugreifen. Sie inszeniert – anstelle der nicht vorhandenen Texte – die weiblichen Körper und vollzieht deren Bewegungen wie einen Schriftverlauf nach: "femme analphabète se sert de son propre corps pour

---

186 Das Sprechen setzt eine räumliche Kopräsenz der Beteiligten, d.h. ihre körperliche Präsenz voraus und verläuft mithin stets körpergebunden und kollektiv. Das Dargestellte wird an die unmittelbare Sprechsituation angepasst.

187 "L'amour, si je parvenais à l'écrire, s'approcherait d'un point nodal: là gît le risque d'exhumer des cris, ceux d'hier comme ceux du siècle dernier. Mais je n'aspire qu'à une écriture de transhumance, tandis que, voyageuse, je remplis mes outres d'un silence inépuisable" (*L'amour*: 76).

écrire" (Djebar 1990c: 73). Damit umgeht sie eine cartesianische Trennung von *res extensa* und *res cogitans*, die sich in der Distanz von Körper und Schrift manifestiert. Djebar hingegen inszeniert die Übergänge von der Buchstaben- zur Körperschrift, von Stimme und Körper zur Schrift. Mit der Inszenierung der Körper jener vergessenen arabischen Vorfahren revidiert Djebar die in der französischen Schrift vollzogene Auslöschung von Körperlichkeit. Ihre Schrift evoziert das verlorene orale Gedächtnis, aus dem die Autorin seit ihrem Gebrauch der französischen Schrift verbannt ist:

> Laminage de ma culture orale en perdition: expulsée à onze, douze de ce théâtre des aveux féminin, ai-je par là même été épargnée du silence de la mortification? Écrire les plus anodins des souvenirs enfance renvoie donc au corps dépouillé de voix. Tenter l'autobiographie par les seuls mots français, c'est sous le lent scalpel de l'autopsie à vif, montrer plus que sa peau. Sa chair desquame, semble-t-il, en lambeaux du parler d'enfance qui ne s'écrit plus. Les blessures s'ouvrent, les veines pleurent, coule le sang de soi et des autres, qui n'a jamais séché. (*L'amour*: 177f.)

Die von der Erzählerin in der französischen Schrift erfahrene Fremdheit, die sie von der eigenen zwar einschränkenden, aber zugleich identitätsstiftenden Tradition ausschließt, wird anhand einer körperlichen Bewegung sichtbar gemacht bzw. in die fremde Schrift eingetragen: "mon corps s'est trouvé en mouvement dès la pratique de l'écriture étrangère" (*L'amour*: 204). Mit der französischen Schrift beginnt im Falle Djebars nicht nur symbolisch eine Bewegung, als arabische Frau ermöglicht sie ihr Bildung und eine tatsächliche Bewegungsfreiheit bzw. sie entkommt der traditionellen Isolierung. In *L'amour* erzählt sie davon, wie die Mutter das unverschleierte Mädchen vor den Nachbarinnen verteidigt. Ihre Mutter bezieht sich dabei geschickt auf das erste Wort des Korans, den Beginn der Offenbarung "Lies"!:

> 'Elle lit', c'est-à-dire, en langue arabe, 'elle étudie'. Maintenant je me dis que ce verbe 'lire' ne fut pas hasard l'ordre lancé par l'archange Gabriel, dans la grotte, pour la révélation coranique... 'Elle lit', autant dire que l'écriture à lire, y compris celles des mécréants, est toujours source de révélation: de la mobilité du corps dans mon cas, et donc de ma future liberté. (*L'amour*: 203)

Die mit der fremden Schrift erlangte körperliche Freiheit reflektiert Djebar, indem sie den Schreibakt selbst anknüpfend an das Erlernen der Koranschrift als körperliche Bewegung darstellt (*L'amour*: 202-209) und das Hin- und Hergleiten des Körpers beim Schreiben. Sie inszeniert die körperliche Bewegung beim Lesen, Aufschreiben, Memorieren und Wegwischen der Koranverse von den Holztafeln: "Le savoir retournait aux doigts, aux bras, à l'effort physique. Effacer la tablette, c'était comme si, après coup, l'on ingérait une portion du texte coranique" (ebd.: 207). Die Schrift des Koran wird in dieser Form über den Körper aufgenommen. Es werden nicht nur Bedeutungen, sondern auch die geschwungenen Linien der Schriftzeichen und der Klang der Wörter wahr- und aufgenommen: "Quand la main trace l'écriture-liane, la bouche s'ouvre pour la scansion et la répétition, pour la tension mnémonique autant que musculaire..." (*L'amour*: 207). Die Sprache wird – ähnlich wie es auch Meddeb in seinen Texten vorführt (Kap. 7) –

quasi beim Lesen erweckt, wird als Rhythmus und Gesang wahrgenommen, mit dem Körper geschrieben und auch rezipiert:

> Anonner en se balançant, veiller à l'accent tonique, à l'observance des voyelles longues et brèves, à la rythmique du chant; les muscles du larynx autant que du torse se meuvent et se soumettent à la fois [...] Cette langue que j'apprends nécessite un corps en posture, une mémoire qui y prend appui. La main enfantine, comme dans en entraînement sportif, se met, par volonté quasi adulte, à inscrire. (*L'amour*: 207f.)

Der Körper als Medium der oralen Kultur schreibt sich damit in die französische Schrift ein, wird mit Hilfe des französischen Vokabulars – sozusagen der "Kamera" – wieder sichtbar gemacht. Immer wieder nimmt Djebar Bezug auf die Hand und setzt sie als Körperteil der Vermittlung und als Träger diverser Schreibgeräte in Szene: Die Hand des Vaters, der das arabische Mädchen zur französischen Schule begleitet; oder eine abgehackte Frauenhand, die der französische Maler Fromentin im Staub einer Oase der Sahel entdeckt (die Hand ist Relikt eines Massakers im Juni 1853). Die Erzählerin knüpft ihrerseits an diesen Bericht an, ergreift die Hand, von der Fromentin erzählt, ohne sie je gemalt zu haben, um den eigenen Text fortzuschreiben: "Plus tard, je me saisis de cette main vivante, main de la mutilation et du souvenir et je tente de lui faire porter le 'qalam'" (*L'amour*: 255).[188] Symbolisch reicht die Erzählerin dieser Hand das zum Schreiben benutzte Schilfrohr und verbindet metonymisch Körper und Schrift. Sie lässt die Hand einer anonymen Toten erzählen, diese Hand verkörpert die "Schrift" zahlreicher vergessener Toter auf den Schlachtfeldern: "Les corps exposés au soleil; les voici devenus mots. Les mots voyagent" (ebd.: 89). Das Symbol der Hand markiert die mit der Schrift-Initiation des arabischen Mädchens beginnende Fortschreibung maghrebinischer Vergangenheit, sowohl des mündlichen wie des durch französische Hände schriftfixierten Erbes in den Texten Djebars, die gegen die Anonymität, das Verstummen und Vergessen der Stimmen ihrer Vorfahren, denen keine Schrift zur Artikulation ihrer Leiden zur Verfügung stand, anschreibt.

> Écrire une langue étrangère, hors de l'oralité des deux langues de ma région natale – le berbère des montagnes du Dahra et l'arabe de ma ville -, écrire m'a ramenée aux cris des femmes sourdement révoltées de mon enfance, à ma seule origine. ÉCRIRE NE TUE PAS LA VOIX, MAIS LA RÉVEILLE, SURTOUT POUR RESSUSCITER TANT DE SŒURS DISPARUES. (*L'amour*: 229, m.H.)

Djebars Schreiben evoziert die unhörbaren Stimmen der Frauen und Toten und wird selbst ein Medium für eine verlorene Kultur. Ihre französische Sprache ist ein Echo des Vergangenen, es ersetzt den Stimmverlust des dialektalen Wortes durch graphische Zeichen als "son de parole perdue" (Djebar 1990a: 70). Die mit dem Französischen begangene "Amputation" des kulturellen Gedächtnisses wird damit zugleich kompensiert. Erst mit der "Entblößung" des Körpers im Schreiben gewinnt die Autorin die Abwesenden zurück, vermag sie deren Körper zu evozieren:

---

188 Arab. bezeichnet es u.a. die Wissenschaft des Wortes und das Schreibwerkzeug Schilfrohr.

> 'L'amour, ses cris' ('s'écrit'): ma main qui écrit établit le jeu de mots français sur les amours qui s'exhalent; mon corps qui, lui, simplement s'avance, mais dénudé, lorsqu'il retrouve le hululement des aïeules sur les champs de bataille d'autrefois, devient lui-même enjeu: il ne s'agit plus d'écrire que pour survivre. (*L'amour*: 240)

Mit der Reflexion auf die Übergänge von Körper und Schrift markiert Djebars Text einen Akt der Transgression von Sprache in rein linguistischem Verständnis, wobei sie die Überlagerung von französischer Schrift und den Körpermedien einer mündlichen Kultur zum Ausdruck bringt. In dieser Form von Transmedialität schreibt die Autorin die algerische Geschichte, d.h. die "Sprache" der Körper ihrer Vorfahren in den Text ein. Im Text verschmelzen die zuvor getrennten Räume von Körper und Schrift zu einem transmedialen Raum.[189] Djebars Betonung der Transgressivität von Text und Physis bzw. ihre "Lektüre" der weiblichen Körper resultiert aus einer Verflechtung unterschiedlicher Schriftmodelle: auf ein Nebeneinander von Wort- und Schriftkultur ebenso wie die Gleichzeitigkeit von Körper- und Buchstabenschrift:

> Dans nos villes, la première réalité-femme est la VOIX, un dard s'envolant dans l'espace, une flèche qui s'alanguit avant la chute; puis vient l'écriture dont les LETTRES LIANES forment entrelacs amoureux, sous la griffure du ROSEAU en pointe. [...] Quand la main écrit, lente posture du bras, précautionneuse pliure du flanc en avant ou sur le côté, le CORPS ACCROUPI se balance comme dans un acte d'amour. Pour lire, le REGARD prend son temps, aime caresser les courbes, au moment où l'inscription lève en nous le rythme de la scansion: comme si l'écriture marquait le début et le terme d'une possession. (*L'amour*: 203f., m.H.)

Der mediale Aspekt der Kommunikation rückt in den Vordergrund und anstelle einer autobiographischen Geschichte werden Körperlichkeit und Prozessualität des Bedeutens im Sprechen, Hören, Lesen und Schreiben inszeniert. Das Ich entfaltet sich in den "Maschen", dem Gefüge einer transmedialen und transkulturellen Schrift, die die Übergänge zwischen individueller und kollektiver Geschichte ebenso wie die zwischen schriftlicher und mündlicher Kultur thematisiert. Ein Selbstentwurf jenseits der kollektiven Geschichte und deren medialen Formen bzw. deren kulturellen Manifestationen, jenseits der vielfältigen Bezüge eines transmedialen und transkulturellen Textes scheint für die Autorin undenkbar. Autorsein bedeutet nicht Neuschöpfung, sondern den eigenen Text auf das Vorhandene auftragen, sich selbst in die Vergangenheit einschreiben:[190]

---

[189] Den transmedialen Text könnte man mit dem Begriff *oraliture* bezeichnen, der von haitianischen Linguisten für die Literatur kreolischer Sprache entworfen wurde (Glissant 1994: 36). Orale Techniken führen, wie es Djebar zeigt, "auf neue Art die Hand beim Schreiben" (ebd.), so dass sich die Wahrnehmungsweisen "Hören" und "Lesen" im Text überlagern.

[190] Djebar (1999: 112) hierzu: "Dans ce cas, le terme 'auteur' devrait signifier celui qui réveille les morts, celui qui remet debout les cadavres!".

Ainsi, l'écriture autobiographique s'inscrit dans un 'déjà-là' de la mémoire collective des femmes, où le sujet parlant ne repère son identité que dans sa communauté avec l'Autre et avec leur commun silence imposé. (Clerc 1997: 75)

Mit der literarischen Wiedervergegenwärtigung (Rekodifizierung) des mit den mündlichen Überlieferungen verlorenen Körperbewusstseins unterläuft Djebar zugleich das abendländische, körperentrückte Schriftmodell. Sie gewinnt in jener rekodifizierten Mündlichkeit den verlorenen Körper zurück, macht ihn sichtbar und kompensiert die von der Schriftkultur ausgelöste "Exteriorisierung des Gedächtnisses und der Stimme" (A. Assmann 1994): "Et l'écriture devient pure preuve de l'innommable, de l'invisible, la concurrence s'établit entre la langue écrite et le corps" (Djebar 1990b: 73). Diese Rekodifizierung sowohl traditioneller wie kolonialer Bezüge ermöglicht Djebar, den Reichtum ihrer Tradition und deren Verlust gleichermaßen aufzuzeigen und einen neuen Diskurs zu etablieren. Sie erfindet das Französische neu und macht es für die Darstellung des Undarstellbaren (Übergängigkeit der Kulturen und Medien) fruchtbar. Sie entfaltet dabei eine Mischform, die nicht nur die Spaltung des Ich ("écartèlement" zwischen Dialekt und Schrift) und dessen Passage von Kultur zu Kultur illustriert, sondern auch die Widersprüchlichkeit verschiedener kultureller Kontexte: "transmettre son expérience des contradictions et je dirais presque du mystère" (Djebar 1990c: 79).

6.6 Die Re-Invention der anderen Sprache: Zur Fiktionalität eines postkolonialen Textes

Mit Hilfe des Rückbezuges auf die Tradition einerseits und den kolonialen Diskurs der Geschichtsschreibung andererseits (Erobererberichte) sowie deren Rekodifizierung bzw. Fortschreibung (*réécriture*) suspendiert Assia Djebar auch das traditionellen Autobiographien zugrunde liegende Wahrheits- und Wirklichkeitsverständnis. Vor allem die Auseinandersetzung mit den mündlichen Tradierungsformen ermöglicht dabei eine Umformulierung der Vorstellung vom authentischen Text und verdeutlicht zugleich, dass Wahrheitsansprüche erst mit dem Entstehen von Schrift an Texte herangetragen werden können. Mit ihren Fixierungsmöglichkeiten stellt sich erstmals die Frage nach Wahrheit und Authentizität eines Textes, der man sich dann mittels Fiktionalitätskonzepten (vgl. Rösler 1983) wieder entledigen kann. Diese Wandlung der Kommunikationsbedingungen mit der antiken Entstehung von Schrift und Fiktionalität sowie dem Ende primärer Mündlichkeit manifestiert sich im Text Djebars quasi in umgekehrter Richtung.[191] Die an Schrift und Autobiographie geknüpfte Wahrheitsvorstellung wird durch eine Vergegenwärtigung von körpergebundener Mündlichkeit unterlaufen. Ebenso wird der Wahrheitsanspruch der männlichen Erobererschrift durch eine Rekodifizierung der dargestellten Körper und eine imaginative Ergänzung der kolonialen

---

191 Erst die Schriftform, so Röslers These (1980; 1983: 114f.), bedinge eine zunehmende Unvereinbarkeit von Dichtung und Wahrheit, was Platons Topos der Dichterlüge negativ umschreibt, während Aristoteles dagegen die Fiktionalität zur "Wahrheit der Dichtung" erhebt.

Geschichtsversion suspendiert. So verweist die Re-Imagination der Eroberungsgeschichte ausgehend von den Berichten französischer Militärs auf einen eher traditionellen Fiktionsbegriff, der den imaginären Charakter des Dargestellten betont, d.h. dessen Fiktivität als Vorstellung bzw. Erfindung der Erzählerin. Auf diese Form der expliziten Fiktionalisierung nimmt Djebar metafiktional Bezug. Die Erzählerin entfaltet mittels ihrer Äußerungen über den eigenen Diskurs eine Poetik der Re-Imagination: "la fiction, ma fiction, serait-ce d'imaginer si vainement la motivation des bourreaux?" (*L'amour*: 87). Sie verwendet vielfach Begriffe wie "reconstituer", "remémorer", "restituer", "ré-inventer" oder "ressusciter", die auf ein poetologisches Konzept, auf einen "auteur ressusciteur", "Auteur qui réveille, et ranime" (Djebar 1999: 113) verweisen.

Darüber hinaus findet sich bei Djebar auch Fiktionalität, verstanden in einem postkolonialen Sinne als "Fiktion einer Sprache", die sich auf zwei Referenzsysteme gleichzeitig bezieht, d.h. zwischen verschiedenen Signifikationssystemen angesiedelt ist.[192] Mit dieser sprichwörtlich gewordenen "deuxième rupture du cordon ombilical"[193] ist eine Unterscheidung zwischen autobiographischer und fiktionaler Darstellung schlicht unmöglich geworden. So beschreibt Djebar eine für das Schreiben in der fremden Sprache konstitutive Fiktionalität, die darauf verweist, dass sie von einem Ort außerhalb der Bezüge dieser Sprache, "privée de son ombre", spricht und damit, zumal als arabische Frau, eine Vertreibung erfährt:

> Ce que je voudrais faire sentir ici, c'est combien cette parole française – apparemment mariée sans heurt à une écriture française de fiction – devient pour moi parole privée de son ombre. De sa source. De sa terre. Et cette expropriation de fait me devient expérience plus douloureuse précisément parce que je suis femme... (Djebar 1990a: 69)

Um *sich* in der Sprache des Anderen – einer gewissermaßen "sprachlosen" Sprache, deren fremdes Referenzsystem sich auf das eigene Ich nicht beziehen lässt – überhaupt noch artikulieren zu können, muss deren Unzulänglichkeit umschrieben, muss die Fraktur des Sprechens zwischen dialektalem und fremdem Bezug sichtbar gemacht werden. Aufgrund dieser sprachlichen Situation deklariert Djebar ihre "Autobiographie" als Fiktion, "L'autobiographie pratiquée dans la langue adverse se tisse comme fiction" (*L'amour*: 243), deren konstitutive Bedingung das Sprechen von einem anderen Ort, einem *ailleurs*, darstellt ("la vérité a surgi d'une fracture de ma parole balbutiante", vgl. *L'amour*: 13) und ein anderes Sein und Bewusstsein bedingt:

> Comment être dans la langue donc quand c'est forcément la langue de l'autre mais qui est devenue la mienne, en tout cas qui est mon espace, et comment retrouver dans cette langue l'anonymat comme quand j'étais sous le voile pour qu'on me distingue pas des autres femmes?[194]

---

192 Gafaiti (1998: 150) spricht diesbezüglich von "deux lectorats" und "deux horizons d'attente".

193 Kateb Yacine in *Le Polygone étoilé*.

194 Djebar über diesen Konflikt im Film *Entre l'ombre et le soleil* (Algier 1991-1992).

Zur Darstellung dieses Konflikts, der sich mit jedem Wort in den postkolonialen Text Djebars einschreibt, sowie ihrer außergewöhnlichen Sprechsituation unternimmt sie eine Re-Invention dieser Sprache, wobei die neue Form Sprechen und Schweigen parallel, als stete Übersetzung auszudrücken vermag, wie es Derrida umschreibt:

> Traduction d'une langue qui n'existe pas encore, et qui n'aura jamais existé, dans une langue à l'arrivée donnée. Cette traduction se traduit dans une traduction interne (franco-française) jouant de la non-identité à soi de toute langue. En jouant et en jouissant. (Derrida 1996: 123)

Diese Neu-Erfindung der Sprache des Anderen wird vor allem in den kursiv gedruckten Passagen durch eine besondere Nähe zum Dialekt auffällig. Das Arabische wird hier in der französischen Schrift gewissermaßen erfahrbar:

> *Je tâtonne, mon odorat troublé, mes oreilles ouvertes en huîtres, dans la crue de la douleur ancienne. Seule, dépouillé, sans voile, je fais face aux images du noir... Hors du puits des siècles de hier, comment affronter les sons du passé?...* (L'amour: 58)

Die zwischen den Erzählsträngen eingeordneten Monologe entfalten ein quasi emphatisches Sprechen,[195] welches die Autorin offenbar aus der Sprechweise des Dialekts herleitet und im Französischen imitiert. An jenen Textstellen scheint förmlich der Verzicht auf die Muttersprache, der ansonsten im Text abwesende Klang hörbar zu werden:

> Ce qui est sûr, c'est que plus j'écris dans la langue française, plus la langue maternelle me redevient proche; elle fonctionne comme un SILENCE, qui alimente cette parole et la construction des fictions romanesques que je fais. (Djebar 1990c: 79, m.H.)

Darüber hinaus rekodifiziert Djebar auch die arabischen Schriftzüge in ihrer Artikulation des Französischen und empfindet in deren Linien und Schwüngen vor allem weibliche Körperlichkeit nach:

> Inscrite partout en luxe de dorures, jusqu'à nettoyer autour d'elle toute autre image animale ou végétale, l'écriture, se mirant en elle-même par ses courbes, se perçoit femme [...] Elle souligne par sa seule présence où commencer et où se perdre; elle propose par le chant qui y couve, aire pour la danse et silice pour l'ascèse, je parle de l'écriture arabe dont je m'absente, comme d'un grand amour. [...] – dès lors, les autres (la française, l'anglaise ou la grecque) ne peuvent me sembler que bavardes, jamais cautérisantes, carènes de vérité certes, mais d'une vérité ébréchée. (L'amour: 204)

---

195 An anderer Stelle geht ihr die Fiktionalität jenes Sprechens nicht weit genug: "Surmonter le lyrisme, tourner le dos à l'emphase; toute métaphore me paraît ruse misérable, approximative faiblesse" (L'amour: 76).

Dennoch kann die eigene Kultur nicht präsent werden, sondern lässt sich nurmehr in der Fiktion der anderen Sprache rekodifizieren. Dies deutet auf ein postkoloniales Verständnis der Fiktion: Die Autorin ist den Zeichen nicht mehr enthoben und über ihre Bedeutung souverän, diese geben den Blick auf Außersprachliches nicht frei, sondern das Ich selbst konstituiert sich erst im Schriftverlauf der "erfundenen" Sprache. Die Herausbildung postkolonialer Subjektivität ist unauflösbar mit dem Prozess der Sprache, genauer gesagt, mehrerer Sprachen verknüpft. Anders als der repräsentationslogischen Vorstellung zufolge, kann das Ich nicht mehr in Sprache und Text übersetzt werden, sondern erweist sich einmal mehr als Produkt eines Diskurses, d.h. ein dem Bedeutungsprozess stets inhärenter Entwurf. Das Ich, jenseits von Diskursen unzugänglich, ist nur in Sprache auffindbar und vermag diese nicht mehr als Spiegel seiner selbst oder Träger eines Abbilds zu verwenden:

> L'autobiographie pratiquée dans la langue adverse se tisse comme fiction du moins tant que l'oubli des morts charriés par l'écriture n'opère pas son anesthésie. Croyant 'me parcourir', je ne fais que choisir un autre voile. Voulant, à chaque pas, parvenir à la transparence, je m'engloutis davantage dans l'anonymat des aïeules! (*L'amour*: 243)

Die Worte der interviewten Frauen werden im französischen Text evoziert und beschreiben das Abwesende, welches sich als Bruch einschreibt: "transmettre une parole brisée, une voix cassée, des paroles de multitude de femmes que j'ai entrevues" (Djebar 1990c: 77). So bleibt die Brechung in Djebars "fiktionalem" Französisch stets sichtbar als "parole brisée" und umschreibt – ähnlich wie bei Doubrovsky – ihre Abgrenzung vom Repräsentationsmodell und der Transparenz von Sprache. Die "mestizisierte" Sprache (*métissage*) reflektiert ihre eigene Insuffizienz, indem sie beim Sprechen ihr Anderes evoziert und als abwesend kennzeichnet. Dieses Andere – die verschütteten weiblichen Stimmen, die koloniale Schrift, die Erinnerungen an die eigene Kindheit – kann nicht ausgedrückt, aber in Form eines sprachlichen Widerstandes im Text spürbar gemacht werden, der ein mimetisches Sprechen verhindert und sich daher als Fiktion beschreiben ließe: "une RÉSISTANCE fondamentale que l'on traduit dans des fictions" (Djebar 1990c: 79, m.H.).

Die Körperpräsenz im mündlichen Überlieferungsakt macht eine explizite Formulierung von Wahrheits- und Authentizitätsansprüchen überflüssig: "Für eine orale Kultur gilt somit ein hoher Grad an gemeinschaftlicher Akzeptanz im Hinblick auf das Tradierte; es ist [...] eben 'wahr'" (Rösler 1983: 115). Demnach impliziert Körperlichkeit eine Präsenz und mithin eine Authentizität, die in der Schrift erst formuliert werden muss. Die Authentizität der Darstellung ist an den Sprechakt selbst gebunden, d.h. die Bewertung der Aussagen hängt stärker von der Situation des Sprechens, d.h. der Anwesenheit des Sprechers als von tatsächlichen Bezügen ab. Die Sprecherpräsenz bringt generell einen "persuasiven Effekt" mit sich (Rösler 1983: 118). Die mit der Schrift einsetzende Herauslösung aus der ursprünglichen Situation macht zudem eine Kontextualisierung des Dargestellten erst notwendig. Bei Djebar hingegen findet man eher einen Bezugsrahmen mündlicher Kommunikation: Sie verzichtet überwiegend auf Kontextualisierung, auf Kommentare oder inquit-Formeln und suggeriert dem Leser durch wechselnd auftretende Ich-Erzähler, er sei in das Geschehen eingebunden. Damit dekonstruiert Djebar den an die Schrift gebundenen Fiktionsbegriff und siedelt ihren Text außerhalb der traditionellen Opposition wahr/falsch an. Rösler beschreibt die mit der "Fiktion der Schrift" einsetzenden verschiedenen Interaktionsarten von Hören und Lesen (1983: 118f.), die die Konstitution der Bedeutung maßgeblich mitbestimmen. So rekodifiziert Djebars Text mit dem Körper und der Stimme auch den Akt des Hörens und aktualisiert damit mündliche Tradierungsformen (114f.): Sie reiht Texte in Form von Briefen, Erinnerungsberichten, Überlieferungen aneinander und entwirft das eigene Ich als einzelnes Glied in dieser genealogischen Tradierungskette, welche Djebar sowohl als textuelle wie auch aus menschlichen Körpern bestehende Reihe beschreibt:[196]

> Chaîne de souvenirs: n'est-elle pas justement 'chaîne' qui entrave autant qu'elle enracine? Pour chaque passant, la parleuse stationne debout, dissimulée derrière le seuil. Il n'est pas séant de soulever le rideau et de s'exposer au soleil. (*L'amour*: 201)

Der menschliche Körper als materieller Träger von Gedächtnis und Bewusstsein bildet den genuinen Ort der Erinnerung und schafft somit einen Raum für die Projektion der Identität.

6.7 Der postkoloniale Text als Evokationsort der vermissten Identität

Wenn der Zugang zum Vergangenen, wie Djebar über ihre *réécriture* kollektiver und individueller Geschichten vorführt, lediglich als Fortdeutung bereits vorhandener Deutungen und Diskurse möglich ist, der Verlauf von Ereignissen nicht mehr in chronologischer Abfolge, sondern durch permanente Überschreibung und Ergänzung zugänglich wird, steht damit eine entwicklungsgeschichtlich fundierte Identität in Frage. Während sich Identität der Bewusstseinsphilosophie zufolge in einem Prozess der Selbstreflexion ausprägt, also die Existenz eines sich selbst bewussten Ich einschließlich einer Möglichkeit der textuellen Repräsentation voraussetzt, bleibt das postkoloniale Ich unzugänglich, weil die psychische und soziale Realität nicht mehr in den Text übersetzt werden kann. Das Ich entfaltet sich eher als Effekt einer palimpsestischen Textstruktur aufeinander bezogener Diskurse, deren Bedeutungsschichten permanent überschrieben werden. In dieser Form liegt das Ich dem Text nicht mehr zugrunde oder voraus, sondern lässt sich erst durch den Verlauf seiner narrativen Konstituierung nachvollziehen. Abgelöst von jeglicher dem Text vorgängigen Substanz, verschwindet es nicht vollständig, sondern "überlebt" in den Maschen des Textes als bedeutungstragende Lücke der Textur (vgl. 2.4).

Ein Beispiel dafür ist die von Djebar evozierte Aphasie: Das Ich ist sprachlos im Hinblick auf die abwesende Muttersprache, evoziert diese in der kolonialen Sprache *ex*

---

196 In *La Nouba* wird diese Kette visualisiert als unendliche Reihe von Frauen und Kindern, die sich in einer Grotte das Wasser reichen.

negativo als das, was entzogen ist. Die völlige Aphasie wird im Moment des Benennens verhindert, d.h. die Autorin beginnt zu sprechen:

> [...] on peut écrire dans l'aphasie, parce qu'on a perdu sa voix, qu'on espère, au bout des mots, la retrouver, être content de percevoir non seulement les chuchotements, mais les hurlements et les cris qui viennent enfin à la place. (Djebar 1999: 113)

Das Ich artikuliert sich quasi in einer Verdoppelung, oder anders gesagt, es entwirft sich nicht mehr in einer binären Subjekt-Objekt-Struktur, sondern verschmilzt imaginäres und grammatikalisches, darstellendes und dargestelltes Ich zu einer irreduziblen Instanz.

Damit lässt sich jedoch Identität, verstanden als prädiskursive Größe, die sich durch eine Übereinstimmung beider Ich-Formen artikulieren lässt, nicht mehr eindeutig bestimmen. Vielmehr konstituiert sich "Identität" nur in jener Verdoppelung von Mangel und Begehren, die Bhabha als zentrales artikulatorisches Prinzip des postkolonialen Diskurses ausmacht. Dieser negiert Bhabha zufolge die Möglichkeit einer substanziellen Abgrenzung vom Anderen und die ontologische Bestimmung kultureller Differenz:

> Das Begehren des Anderen wird durch das versprachlichte Begehren 'verdoppelt', was zur *Spaltung der Differenz* zwischen Selbst und Anderem führt, so daß beide Positionen zu partiellen werden. (Bhabha 1997: 106)

Die Verdoppelung markiert den zeitlichen Aufschub zwischen der abwesenden Identität und dem Zeichen anstatt ihn im Rahmen einer gelingenden Identität künstlich zu überbrücken.[197] Mit anderen Worten: Die kulturelle Differenz ist ein primär diskursives, artikulatorisches Moment und nicht essenzialisierbar.

Djebar zeigt dieses Moment anhand einer Vielzahl von metonymischen Figuren des Vermissten auf: "Quelle est ma langue mère disparue, qui m'a abandonnée sur le trottoir et s'est enfui?..." (*L'amour*: 240). Jene Abwesenheit verdeutlicht auch die Problematik einer sich stets erst (in je spezifischen Diskursen) konstituierenden Identität: Gerade die Vorstellung, dass diese niemals apriorisch gegeben ist, fordert immer neue Entwürfe heraus und eröffnet dem Ich im postkolonialen Kontext gänzlich alternative Artikulationsmöglichkeiten jenseits eines traditionellen Identitätsverständnisses. Djebar schafft sich diesen artikulatorischen Raum für eine Identität mit der Evokation des Verborgenen, ihre Identität wird von einem doppelten Zeichen verkörpert, dem mehrere Diskurse bereits eingeschrieben sind:

> Pour ma part, tandis que j'inscris la plus banale des phrases, aussitôt la guerre anciennes entre deux peuples entrecroise ses signes aux creux de mon écriture. Celle-ci, tel un

---

197 Bhabha spricht von einer "transgressiven Mimikry des Vermißten" (1997: 118), wobei die Grenzen zwischen Selbst und Anderem ebenso überschritten werden wie die zwischen Wirklichkeit und Text.

oscillographe, va des images de guerre – conquête ou libération, mais toujours d'hier – à la formulation d'un amour contradictoire, équivoque. (*L'amour*: 242)

Derart entwirft sich das autobiographische Ich in der kolonialen Sprache als das Andere dieser Sprache im Rahmen eines sprachlichen Widerstands. Um als Anderes erkennbar zu werden, kann es nicht in den Begriffen der Sprache aufgehen und mit sich identisch werden, sondern muss sich zuerst von jenem Konzept absetzen.

Während Identität in der traditionellen Autobiographie dem Repräsentationsmodell folgend durch eine sprachlich herbeigeführte Übereinstimmung von textuellem und textenthobenem Autor-Ich dargestellt werden kann, ist eine Abgrenzung dieser Kategorien im postkolonialen Text unmöglich. Die in einer gelingenden Identität demonstrierte Übereinstimmung beider Instanzen impliziert, dass deren Trennung, d.h. eine Unterscheidung der Bereiche von Text und Wirklichkeit möglich sei. Doch wo beginnt und wo endet ein Ich, welches seine Erfahrungen, seine Identität mit der textuellen Auseinandersetzung erst hervorzubringen vermag? Es beginnt und endet im Text selbst und bleibt damit stets an dessen Zeichen gebunden.

In Djebars *réécriture de l'histoire*, wohlgemerkt einer vorrangig kollektiven Geschichte, in die das Autobiographische untrennbar verwoben ist, lässt sich eine Identität in traditionellem Sinne nicht mehr darstellen. Statt eine Einheit ohnehin nicht klar voneinander abgrenzbarer Instanzen zu generieren (in diesem Sinne eine Pseudo-Einheit), problematisiert die Autorin mögliche Konfigurationen einer Identität und nimmt wechselnde Positionen in einem Raum potenzieller Identitäten ein. Sie ist Teil einer Vielzahl von Identitätsdiskursen, die sich nicht ineinander auflösen und zu einer Einheit verknüpfen lassen: Sie ist eine arabische Frau, Algerierin, Schriftstellerin, in Frankreich ausgebildete Akademikerin und gleichermaßen von arabisch-islamischen Traditionen wie von der französischen Kultur und den jeweiligen Medien Stimme und Schrift geprägt. "Identität" geht nicht aus einem essenziellen Grund – etwa einem kulturellen Ursprung – hervor, sondern entspringt erst daraus, dass sich das Ich zu den konfliktgeladenen, in ständiger Transformation befindlichen kulturellen Kodes und den jeweils angeschlossenen Identitätsdiskursen in Beziehung setzt. Die Autorin Djebar hat teil an mehreren Identitätsmustern, deren Irreduzibilität ihr literarischer Diskurs vermittelt. Indem sie die Prozessualität dieser Deutungen sichtbar macht, vermag sie ihr Ich als transkulturelle Größe gewissermaßen "authentisch" wiederzugeben. Im Rahmen ihres poetischen Sprechens jenseits eingefahrener Sprach- und Identitätsspuren verdeutlicht sie die – hier mit dem Verlust der Muttersprache einhergehende – symbolische Spaltung des Selbst und die Unmöglichkeit einer Identifikation qua sprachlicher Transparenz. Diese vielfältigen Relationen gehen dem Ich nicht voraus, sondern bilden den Ort, an dem es sich durch ein In-Beziehung-Setzen zu ihnen erst konstituieren kann. Das Ich existiert demnach nirgendwo außerhalb oder zeitlich vor den genannten Bezügen, sondern es entfaltet sich in und mit ihnen, ohne auf einen wie auch immer gearteten Ursprung rekurrieren zu können. Es wird quasi gezwungen, sich bzw. seine Identität zu erfinden:

> Où *se trouve-t-on* alors? Où se trouver? À qui peut-on encore *s'identifier* pour affirmer sa propre identité et se raconter sa propre histoire? A qui la raconter, d'abord? Il faudrait se constituer soi-même, il faudrait pouvoir *s'inventer* sans modèle et sans destinataire assuré. (Derrida 1996: 95f.)

Diese Unmöglichkeit lässt sich demnach nur kompensieren, wenn es gelingt, stattdessen die Erfahrungen des Ich, den "vertige" zwischen zwei Welten (vgl. *L'amour*: 209) nach außen sichtbar und als Fiktion erkennbar, d.h. durch Kreation von Fiktionen nacherlebbar zu machen und zu zeigen, dass sich kulturelle Phänomene nicht – ohne ipso facto vom Kontext affiziert zu werden – in andere Kontexte übertragen lassen. "Identität" entfaltet sich auf der diskursiven Ebene des Textes als Sprechen über ihre Konstitution. Die Fortschreibung kollektiver und individueller Geschichte demonstriert zugleich die Unmöglichkeit, in der Sprache des Anderen eine Autobiographie zu verfassen.

Erst mit der Erstellung einer sprachlichen Fiktion bzw. einer nicht primär wirklichkeitsbezogenen Sprache entfalten sich postkoloniale Formen der Identität als Verdoppelung im Schreibakt. In dieser Verdoppelung manifestiert sich die Gleichzeitigkeit von Auslöschung und Wiedereinschreibung bzw. Rekodifizierung des Ich in einer anderen Sprache:

> The primary issue faced by postcolonial novelists, that of writing the subject into being through fictive discourse, makes the colonial subject doubly subject to the writingact, since the erasure of identity which is the primary product of subjection to the colonizer's discourse is eventually countered by the effort to rewrite and to recodifie historical experience on its own terms. (Murdoch 1993: 73)

Diese diskursive Strategie der Verdoppelung entfaltet zugleich das, was Bhabha "postkoloniale Identität" nennt, obgleich dies eher eine Inszenierung der Suche nach Identität darstellt, die sich als textuelle Spur in ihrer kulturellen Widersprüchlichkeit einschreibt und ebenso "paradoxal" wie die postkoloniale Erfahrung ist (Murdoch 1993: 87):

> Corps nu – puisque je me dépouille des souvenirs d'enfance –, je me veux porteuse d'offrandes, mains tendues vers qui, vers les Seigneurs de la guerre d'hier, ou vers les fillettes rôdeuses qui habitent le silence succédant aux batailles... Et j'offre quoi, sinon nœuds d'écorce de la mémoire griffée, je cherche quoi, peut-être la douve où se noient les mots de meurtrissure... (*L'amour*: 161)

Mit der Einschreibung der eigenen "Geschichte" in vorhandene kollektive Bezüge entfaltet Djebar keine substanzielle, sondern eine "diskursive Identität" (Murdoch 1993: 71) gleichsam als "Gegenpol zur tiefverwurzelten monistischen Identität der Araber [...], die sich in der Zugehörigkeit zur islamischen Umma, der 'Volksgemeinschaft' der Gläubigen im Koran, erschöpft" (Romeru/Dubuisson 1994: 105). Zugleich verweist ihr Diskurs auf ein Ich, welches anderswo (*ailleurs*) spricht: "a separation not only from self, from country, but from language itself, from a singular discourse within and through which one can inscribe for the subject a valid and coherent sense of identity"

(Murdoch 1993: 90). Als postkoloniales Subjekt rekurriert die Autorin gleich auf mehrere Identitätsdiskurse, ohne einen davon als kulturelle Konstruktion zu essenzialisieren. Ihre "Identität" speist sich aus wechselnd eingenommenen Positionen – in ihrer Relektüre der Eroberer-Berichte nimmt Djebar ebenso die Perspektive der Schreibenden (Kolonisatoren) wie die der Beschriebenen (Algerier) ein –, die sich im Bewusstsein der Erzählerin begegnen und miteinander verschmelzen (insbes. die Kapitel *Corps enlacés*). Djebar greift hier auf Verfahrensweisen des kulturellen Gedächtnisses zurück, indem ihr Text jenen Ton der mündlichen Überlieferungen anschlägt. So übersetzt die Erzählerin Fromentins Bericht über den Tod der beiden algerischen Tänzerinnen für ihre Verwandte zurück in den Dialekt und sorgt für deren Tradierung: "Je traduis la relation dans la langue maternelle et je te les rapporte, moi, ta cousine. Ainsi je m'essaie, en éphémère diseuse" (*L'amour*: 189). Ihr Text rekodifiziert mündliche Formen der Tradierung, auf die sie – mangels Schriftverständnis der Zuhörerin – angewiesen ist. Zugleich weist sie auf die Charakteristik eines oralen Gedächtnisses, welches seine Authentizität weniger durch einen exakten zeitlichen Bezug, sondern vielmehr durch die Beziehung des Sprechers zum Dargestellten bezieht, weil es nicht um die Fixierung, sondern um stete Wiederholung bzw. Transformation und Vergegenwärtigung identitätsstiftender Überlieferungen geht. Derart entfaltet sich eine entsprechende kulturelle Identität erst durch Herstellung eines zeitlichen Kontinuums zwischen Vergangenem und Gegenwärtigem, zwischen den Vorfahren und dem Einzelnen, wird exakte Temporalität durch eine Zeit des Bewusstseins unterminiert: "Kulturelle Identitäten sind Konstruktionen, deren Authentizität durch Prozesse der Transformation nicht zerstört, sondern erst hergestellt werden" (Finck 1999: 190). "Identität" entfaltet sich dergestalt nicht mehr entwicklungsgeschichtlich im Abschluss einer Persönlichkeitsentwicklung, sondern ihr Konstitutionsprozess über kulturelle Deutungsgewebe wird auf dem Schauplatz der Schrift exponiert. So überschreibt Djebar traditionelle Identitätsdiskurse, den kolonialen wie den stammes- oder religionsgeschichtlichen. Die Stimme der Erzählerin ist das Echo der Tradition, in welchem weibliche Polyphonie einer männlichen Schrift begegnet. In dieser mehrdeutigen Schrift entfaltet Djebar Identität, indem sie die Konstituierung der autobiographischen Referenzen reflektiert und zum zentralen Thema ihres Textes erhebt. In dieser räumlichen Spur überlagernder, d.h. stets überschriebener Signifikationen und Diskurse artikuliert die Autorin gleichsam die Verfasstheit von Subjekt und Identität als infinite Überschreibung vorhandener kolonialer wie traditioneller Deutungsmuster (Murdoch 1993: 74). So ist Gafaiti zuzustimmen, wenn er fragt, ob anstelle einer Identitätsaffirmation die Inszenierung ihrer Diskursivität tritt: "l'être vient-il à son histoire et l'affirmation de son identité se fait elle par la vision qu'il peut avoir de lui-même ou par le discours que l'on développe à son propos?" (Gafaiti 1998: 149).

Indem sich die Autorin den in der französischen Sprache präfigurierten Deutungsmustern subversiv entzieht, vermeidet sie eine Vereinnahmung, welche sie als Anderes *ipso facto* auslöschen würde. Die sinnsubversive Textstrategie der *métissage* stellt damit eine Art Überlebenstaktik postkolonialer Subjekte dar, die Lionnet beschreibt:

> [...] the Greek art of *metis* is an art of transformation and transmutation, an aesthetics of the ruse that allows the weak to survive by escaping through duplicitous means the very system of power intent on destroying them [...] (Lionnet 1989: 18)

Diese Strategie zielt auf eine Aufhebung von Binarität, die sich in der Logik von Sprache niederschlägt und Voraussetzung für die koloniale Herrschaftsideologie war. In gleicher Weise übt die Autorin Kritik am patriarchalen Denken, das auf einem binären Geschlechtermodell beruht: Indem sie sich als Frau der Schrift bedient, unterläuft sie die männliche Zuschreibung der Schrift. Ihr Text artikuliert keine "Wahrheit" im Sinne einer Sinnstiftung, sondern greift vorhandene Deutungen auf und schreibt sie, deren Sinnstiftung ergänzend, fort. Djebars Bedeutungskonzept wird in einer *mise en abyme* der Vertextung umschrieben: Bedeutung ist wie ein Muster, das sich aus dem Staub eines Schmetterlingsflügels entfaltet und unfassbar, weil es mit jeder Berührung zerfällt:

> Petite sœur étrange qu'en langue étrangère j'inscris désormais, ou que je voile. La trame de son histoire murmurée, tandis que l'ombre réengloutit son corps et son visage, s'étire comme papillon fiché, poussière d'aile écrasée maculant le doigt. (*L'amour*: 160)

Der Zugang zum Selbst, der für eine Autobiographie im klassischen Sinne Voraussetzung wäre, wird hier ersetzt durch immer neue Versionen der Bedeutung des Ich. Der Autorin bleibt nur das Bekenntnis zur gewählten Sprache, deren ambivalente Geschichte sie in ihrem Text nachzeichnet und damit zugleich die Unmöglichkeit des Ich-Sagens reflektiert. Obgleich die Sprache des Anderen eine Möglichkeit der Artikulation eröffnet, bleibt das Ich auch in jener Sprache unzugänglich: "L'écriture comme *dévoilement* fragilise alors celle qui écrit, la dénonce aux regards des autres" (Djebar 1990a: 70). Dieses Ich ist dem Text nicht enthoben und sich selbst bewusst, sondern ein geschriebenes, an der Irreduzibilität der Zeichen teilhabendes Ich:

> Language, reflecting here the dual inscription of the colonized subject, marks the construction of the subject through discourse as well as the double bind of cultural alienation [...] Language thus becomes the place of inscription of a paradoxical colonial subjectivity. (Murdoch 1993: 91f.)

Somit ist Djebars autobiographischer Text keine "[r]ückblickende Prosaerzählung einer tatsächlichen Person über ihre eigene Existenz" mit Akzent auf dem persönlichen Leben (Lejeune 1994: 14), sondern vielmehr ein Metatext über die spezifischen kulturellen Konstitutionsformen des Subjekts und der Geschichte. Die 'mestizisierende' Schrift inszeniert das Fließen von Grenzen und löst sie im sprachlichen Prozess der Konstitution von Geschichte und Geschichten auf: "*Ma fiction est cette autobiographie qui s'esquisse, alourdie par l'héritage qui m'encombre*" (*L'amour*: 244). Anders als die traditionelle Autobiographie, die den Versuch unternimmt, einen Lebenszusammenhang zu finden und damit zugleich die Möglichkeit unterstellt, die Geschichte einer Persönlichkeit sei vermittelbar, chiffriert die postkoloniale Autobiographie zahlreiche Versionen eines Ich und inszeniert dessen unmögliche "Identität". Anstelle einer Ich-

Geschichte wird die kollektive Vergangenheit fortgeschrieben, in deren kulturellem Gefüge sich das postkoloniale Ich verortet. So artikuliert Djebar mit Blick auf ihr "Arabisches Quartett" nicht in erster Linie die Suche nach sich selbst, sondern die Frage nach dem Ort ihrer Kultur im französischen Diskurs: "Mes vraies questions sont de savoir ce qu'est l'Algérie" (Djebar 1990e: 87). Die eigene "Geschichte" entfaltet Sinn lediglich mit Bezug auf die in der Geschichte Algeriens nachgewiesenen transkulturellen Bezüge, in deren Irreduzibilität sich das postkoloniale Ich reflektiert. Die postkoloniale mehrdeutige Schrift wird zum Träger dieser Erfahrung der Unaufhebbarkeit kultureller Kodes. Die Botschaft des Textes liegt allein in jenem – auch vom Leser – zu durchquerenden Erfahrungsraum und wird nicht länger in Form von Wissen oder Sinnstiftung vermittelt, sondern im Leseakt nachvollziehbar, d.h. erfahrbar gemacht. Der Text entfaltet Sinn nicht mehr in Bezug auf eine jenseits der Zeichen als Referenz gedachte Wirklichkeit in einer abbildenden Ästhetik, sondern fasst "Wirklichkeit" als eine dem Text inhärente, also ausschließlich im Text erfahrbare Größe. Der Text lässt sich an keiner außertextuellen Größe messen – wie auch immer diese beschaffen sei – und ist damit nicht mehr einer Mimesis verpflichtet, sondern vollzieht vielmehr im Schreiben eine Art der Mimikry, d.h. die Bereiche Text und Welt werden derart transgressiv, dass eine Möglichkeit der Unterscheidung – Voraussetzung für jede Nachahmung – nicht mehr gegeben ist.

Das Unsagbare wird sichtbar in einer Lücke, der "silence de l'écriture" (Clerc 1997) und untergräbt Mimesis. Stattdessen wird das Schreiben selbst als körperliche Geste sichtbar gemacht und – darin die orale, körpergebundene Tradierung aufgreifend – zur Performanz: Stimme und Körper(-teile) werden nicht nur als Konstituenten eines mündlichen Gedächtnisses, sondern auch in ihrer Beteiligung am Schreibakt inszeniert. Die Autorin selbst bezeichnet *L'amour* als *Double Autobiographie* – Mortimer nennt es *collective autoficton* (Mortimer 1996: 865) – und markiert damit sowohl einen intertextuellen Bezug wie auch eine Distanz zum Genre. Anstelle einer klassischen autobiographischen Revue des eigenen Lebensverlaufes findet Djebar gewissermaßen zu einer autobiographischen Artikulation der sie prägenden Mehrdeutigkeit, der sie bewohnenden Stimmen – *Ces voix qui m'assiègent* (1999) lautet der Titel ihres jüngst zusammengestellten Essaybandes:

> C'est une autobiographie de ma formation d'écrivain [...] Mon hérédité, c'est d'une part les femmes de mon pays, de ma région, de ma famille, dont je partage la voix et l'oralité, que je dois amener dans mon livre. Et d'autre part, j'ai une autre hérédité qui est trouble, métissée, c'est la langue française, cette langue des hommes occupants qui ont amené la mort. (Djebar 1990d: 81)

Djebars *L'amour* ist ein postkolonialer Text *par excellence*, d.h. auf der Basis eines spezifischen Sprachbegriffs ist er autobiographisch *und* romanesk zugleich: Fiktionalität und Referenzialität werden als untrennbare Seiten des Zeichens inszeniert und ein rein referenzieller Zugang – ohne den Umweg über die Fiktion/Ambivalenz der Sprache – zur Vergangenheit negiert: "écrire tout en restant 'voilée', écrire donc de la fiction" (Djebar 1999: 100).

Die Bezeichnung "postkoloniale Autobiographie" ist vor diesem Hintergrund genau genommen tautologisch, da jeder postkoloniale Text ausgehend von seinem Sprach- und Wirklichkeitsverständnis Referenzialität nicht ohne ihre konstitutive Verflechtung in Textualität zu denken vermag. Die generische Abgrenzung von Roman und Autobiographie ist dann, zumindest substanziell, nicht mehr möglich und jene für die Bestimmung des Genres zugrunde gelegten Kriterien werden ungültig. Die autobiographische Dimension des postkolonialen Textes entfaltet sich vielmehr über einen spezifischen Umgang der Autorin mit der Sprache: Ähnlich wie Doubrovsky und Robbe-Grillet verwendet Djebar – freilich mit dem Motiv der Subversion kolonialer Diskurse – die französische Sprache nicht als transparentes, auf eine vorsprachliche Wirklichkeit verweisendes Medium, sondern als erfahrungskonstitutives Medium.

7. *AFFOLEMENT DE QUI SE DÉCOUVRE ÉCRIVANT*: ABDELWAHAB MEDDEBS POSTKOLONIALE AUTOBIOGRAPHIE ALS ABENTEUER DES SCHREIBENS

7.1 Zum Autor

Ähnlich wie die Algerierin Assia Djebar steht auch der tunesische Autor Abdelwahab Meddeb zwischen den Kulturen von Orient und Okzident, denen er sich gleichermaßen zugehörig fühlt. Er sagt über sich: "J'appartiens tout autant à la tradition islamique qu'à la culture européenne, occidentale" (Meddeb 1989a: 13). Geboren am 17. Januar 1946 in Tunis in einer Familie von Islamwissenschaftlern und Theologen,[198] verlässt er seine Heimat – fasziniert von der europäischen Kultur – zwanzigjährig. Er geht nach Paris, studiert Kunstgeschichte, Literaturwissenschaft und Archäologie an der Sorbonne. Seine universitäre Ausbildung erhält er ebenso wie die Historikerin Djebar in Frankreich, wo er 1970 eine Maîtrise ablegt. Er wird zunächst Lektor im Verlagshaus Robert und wechselt später zu Seuil. Seine Dissertation zu einem postkolonialen Thema, "Écriture et double généalogie", beendet er 1991. Danach hat er Gastprofessuren inne, u.a. in Yale.

Meddebs Bildung ist kulturübergreifend: Die klassische arabische Literatur prägt ihn ebenso wie die europäische, die islamische Kunst ebenso wie die europäische Kunstgeschichte. Literatur und Kunst werden zu den zentralen Polen seiner Arbeit, die sich auch in seinem literarischen Werk widerspiegeln. Seit 1967 lebt der Autor in Paris als Schriftsteller und Publizist.

Obgleich Meddeb durch Vater und Großvater frühzeitig mit der arabischen Schrift in Berührung kommt und bereits mit vier Jahren vom Vater Koranunterricht erhält, wählt er die französische Sprache, die er mit sechs Jahren in einer französischen Schule erlernt, als literarisches Medium. Die Prosatexte *Talismano* (1979)[199] und *Phantasia* (1986) in französischer Sprache nehmen eine Sonderstellung in seinem Œuvre ein,[200] da sie sich, jenseits der generischen Grenzen von Autobiographie und Roman ange-siedelt, als reine Schreibabenteuer im Sinne Ricardous erweisen (1971: 143). *Talismano* beispielsweise wird mal als Autobiographie, mal als Roman oder gar als "étrange roman

---

198 Vater und Großvater waren Professoren für islamische Theologie an der bekannten Zitouna-Universität in Tunis.

199 Im Folgenden abgekürzt *Tal.*

200 Meddeb widmet sich später verstärkt der islamischen Mystik, veröffentlicht Übersetzungen, Artikel und Gedichte: über den Mystiker Hallâj (1984), Ibn Arabi (*Tombeau d'Ibn Arabi*, 1987), vgl. Meddeb (1994: 34f.). Mit *Les dits de Bistami* (²1991) folgt die Übersetzung und Neubearbeitung der Texte des Sufis Bistami; weitere Arbeiten wie *Le Bâton de Moïse* (1989), *La gazelle et l'enfant* (1992), *Récit de l'exil occidental par Sohrawardi* (1993) erscheinen. Sein Ziel ist es, den Islam, sufistische Mystik und klassische arabische Literatur zu bewahren und auch in Europa zugänglich zu machen (Heller-Goldenberg 1995: 193).

d'autobiographie" (Ollier /Roche 1993: 12) bezeichnet. Ähnlich wie bei Djebar nimmt auch Meddeb eine Rekodifizierung von Diskursen und kulturellen Kodes vor, die seinen Text als postkolonialen erkennbar machen. So integriert er ein arabisches Substrat in seine französische Schrift und entfaltet die Redestruktur des Arabischen, in dem er die französische Syntax bricht. Im folgenden Kapitel soll die Frage der Überschneidung von Referenzialität und Fiktionalität am Beispiel des Textes *Talismano* aufgegriffen werden.[201] Aufgrund eines radikal auf die Dimension der Sprache gerichteten Schreibens demonstriert gerade dieses Werk Meddebs die Unmöglichkeit generischer Grenzziehungen. Darüber hinaus wird die Vorstellung einer autobiographischen, einer textuellen Wahrheit – wie in den hier bereits analysierten Texten – in Frage gestellt. Subversiver als die zuvor dargestellten Schreibkonzepte unterläuft Meddeb die Pakte der Signifikation und inszeniert die Textualität. Der Leseakt bewirkt im wahrsten Sinne des Wortes eine neue, vor allem sinnliche Erfahrung des Textes. Meddeb bricht radikal mit der Vorstellung der Identität von Bedeutungen und inszeniert Sprache als eine unendlich fortsetzbare Transformation, als infiniten Verweisungszusammenhang, etwa im Sinne von Kristevas Konzept der Intertextualität: Die "Produktivität des Textes" (Kristeva 1968) verhindert eine intentionale Sinnstiftung durch den Autor, d.h. eine dem Schreiben vorausgehende, vom Text unabhängige Kategorie des Subjekts wird negiert (Gronemann 2000). Die folgende Analyse des postkolonialen Textes von Meddeb, die den Analyseteil der Arbeit abschließt, dient als Ausblick auf das breite Spektrum autobiographischer Literatur jenseits des europäischen Genrebegriffs.

7.2 Die Sprache des Anderen als "Talisman"

Die französischsprachigen Texte Meddebs, *Talismano* und *Phantasia*, entstehen vor dem Hintergrund einer spezifisch maghrebinischen Form der Mehrsprachigkeit (van den Heuvel 1992a bzw. 1993). Typisch hierfür ist zum einen die Diglossie zwischen dialektalem und schriftlichem Arabisch, zum anderen die bilinguale Relation von arabischer und französischer Sprache. Meddeb beherrscht die genannten Sprachen und Varietäten: Der Tuniser Dialekt gilt als seine Muttersprache ("langue maternelle"), das Koranarabisch, welches ihm von Vater und Großvater beigebracht wird, als "langue paternelle". Schon in frühester Kindheit wird Meddeb in den Text des Koran eingeführt. Der Kontrast zwischen dialektalem und schriftlichem Arabisch regt bei Meddeb einen spielerisch-experimentellen Umgang mit Sprache an (Meddeb 1993: 16). Mit Schulbeginn kommt die französische Schrift hinzu, die dem Autor Zugang zur europäischen Geschichte und Kultur verschafft und zugleich eine Faszination auslöst. Diese ebenso fremde wie inspirierende Sprache wird für den Autor zu einem privilegierten literarischen Medium, in dem er nicht nur die Spuren der Muttersprache rekodifizieren, sondern damit zugleich einen "eigenen", nämlich mehrsprachigen Kode "erfinden"

---

201 Im Unterschied zum Text *Phantasia*, der bewusst als Schreib- und Sprachabenteuer konzipiert wurde, geht *Talismano* Meddeb zufolge nicht auf eine vorgefasste Strategie zurück (Meddeb 1989b: 21).

kann: "Puisque c'est dans cette langue que furent portée à l'extrême l'obscurité et la capacité d'invention qu'elle accompagne" (Meddeb 1993: 17). Die koloniale Sprache wird von Meddeb zum Ausdruck der transkulturellen Befindlichkeit angeeignet und zugleich umfunktioniert. Ähnlich wie bei Djebar kennzeichnet sein Französisch stets ein Sprechen vom anderen Ort, von anderswo (*ailleurs*): "j'écris en français, mais je me situe dans la culture arabe classique" (Meddeb 1987b: 88). So vollzieht auch Meddeb die für den postkolonialen Diskurs charakteristische permanente Übersetzung kultureller Kodes, ein "entretien en abyme" (Khatibi 1983: 179) zwischen den genannten Sprachen und Varietäten. Dabei entfaltet sich ein dritter Kode aus arabischen und französischen Elementen, dessen Träger die französische Schrift ist: "Situation éminemment complexe, car langue tierce, le français se substitue à la diglossie en se *traduisant du français en français*" (Khatibi 1983: 188). Es handelt sich jedoch hier nicht um eine Übertragung des Arabischen, sondern um eine paradox anmutende Übersetzung "du français en français", deren Prinzip auf jener von Lacan bzw. Derrida entworfenen Bedeutungsvorstellung als Prozessualität beruht. Nicht das einzelne Zeichen besitzt semantische Konsistenz, sondern erst die Differenzialität der – in einer Kette befindlichen – Signifikanten ermöglicht den Bedeutungsprozess etwa im Sinne von Lacans *glissement du signifié sous la chaîne des signifiants* (vgl. 2.4). In Meddebs Texten wird jenes Gleiten der Signifikate bis zu einer gewissen Perfektion imitiert, was zur Folge hat, dass der Wirklichkeitsbezug der Zeichen in den Hintergrund tritt und seine Sprache quasi antimimetisch wird. Während diese Strategie etwa bei Robbe-Grillet die Subversion des Realen und den Entwurf eines spezifischen Wirklichkeitsverständnisses zum Ziel hat (Kap. 4), tritt bei Meddeb ein weiteres Motiv hinzu.

"Wirklichkeit" ist für den Autor allein schon deshalb nicht darstellbar, weil die Muttersprache als (vermeintlich) transparentes Medium dafür nicht mehr zur Verfügung steht. Sein Schreiben vermag sich daher nicht auf eine dem Text vorausliegende Wirklichkeit zu beziehen, sondern rekurriert auf die verlorene Sprache, deren Abwesenheit er vor allem im Text sichtbar zu machen sucht. Obgleich der Autor also auf Französisch schreibt, spricht er immer auch eine andere Sprache, die verlorene Muttersprache. So wird die arabische Redestruktur zum einen durch ein ekstatisches Sprechen (vgl. 7.4) und die Verletzung der französischen Syntax remarkiert (vgl. 7.5), zum anderen werden Bildlichkeit der arabischen Schrift und islamische Kalligraphie rekodifiziert (vgl. 7.6). Damit gelingt es Meddeb, seine postkoloniale Redesituation, sein Schreiben an einem anderen Ort, zu inszenieren. Es wird gleichsam deutlich, dass ihn diese Sprache nicht wirklich repräsentiert, sondern vor allem zur Konstatierung der Abwesenheit seiner arabischen Muttersprache dient. So spricht Meddeb ähnlich wie Djebar mit "doppelter Zunge", die sprachlichen Zeichen beziehen sich nicht auf eine gesetzte Wirklichkeit, sondern vielmehr auf eine *Sprach*wirklichkeit. Der Autor vermag sein Ich vor diesem Hintergrund nicht mehr mimetisch darzustellen, d.h. eine Geschichte seines Lebens zu entwerfen, sondern er kann sich selbst, d.h. das entzogene Ich, erst mittels eines artikulatorischen Momentes (Bhabha 1997: 114), d.h. auf der Ebene des Diskurses, sichtbar machen:

> Anstelle des 'Ich' [...] tritt die Herausforderung, das zu sehen, was unsichtbar ist; der Blick, der mich 'nicht sehen' kann, ein gewissermaßen problematisches Objekt des Blickes, das für die Sprache des Selbst zu einem problematischen 'Referenten' wird. (Bhabha 1997: 100)

Da sich die Referenz dieses Ich nicht ausmachen lässt, kann das Französische nur der Artikulation dieses Verlusts und damit zugleich der Markierung einer Redesituation dienen. Diese Erfahrung eines stets abwesenden Ich wird mittels semantischer Unentscheidbarkeit als Schwanken zwischen den Signifikationssystemen und als unendlicher Übersetzungsprozess gestaltet. Das Aufeinandertreffen zweier derart unvereinbarer Signifikations- und Referenzsysteme bewirkt einen semantischen Widerstand, eine Unentscheidbarkeit, die sich als "violence du texte" (Khatibi 1983: 179) einschreibt.[202] Eine derart irreduzible Schrift, die im Sinne von Derridas *dissémination* zugleich ihr Anderes, d.h. das stets Abwesende mit artikuliert, kompensiert den Verlust des "ursprünglichen" sprachlichen Identifikationsmodus, der der Muttersprache zugeschrieben wird.

Trotz der genannten Gemeinsamkeiten beider maghrebinischer Autoren in der Verwendung der ehemals kolonialen Sprache, die für beide gleichermaßen einen Ort der Rekodifizierung für das mit der Muttersprache entzogene Ich darstellt, gibt es auch Unterschiede. So muss sich Assia Djebar als arabische Frau zunächst über islamische Tabus hinwegsetzen, ehe sie sich überhaupt artikulieren kann. Wie oben dargestellt (vgl. 6.2.), macht es sie angreifbar und die Autorin verstummt, als sie bemerkt, dass sie über sich selbst spricht und sprechen muss. Ihr steht allein die französische Schrift zur Verfügung, die sie erst nach etwa 10jähriger Unterbrechung wieder schreiben kann. Diesmal ist ihr Zugang anders, sie entscheidet sich bewusst für die französische Sprache und markiert den Ort ihres postkolonialen Sprechens deutlich.

Mit Meddebs Entscheidung ist kein derartiger Konflikt verbunden (Mehrez 1992: 123), er wählt das Französische von Beginn an frei und stets aus literarischen Motiven: "Je signale simplement la découverte d'une langue, l'amour pour cette langue" (Meddeb 1993: 15). Darüber hinaus steht ihm die arabische Schrift zur Verfügung und er publiziert, anders als Djebar, auch auf Arabisch. Meddeb fühlt sich in der französischen und arabischen Kultur gleichermaßen heimisch und trauert im Unterschied zu Djebar nicht um die abwesende Sprache. Seine enorme Affinität zur europäischen Kultur erleichtert ihm den Verzicht auf die Muttersprache und eröffnet eine Vielzahl alternativer Identifikationsmöglichkeiten. Anders als für eine arabische Frau ist die französische Sprache für Meddeb kein alternativloses literarisches Medium, er wählt sie freiwillig. Während sich die sakrale Schrift "in der Illusion [wiege], die Schnur, die sie an die Szene des Ursprungs zurückbindet, sei nie durchtrennt worden" (Meddeb 1994: 32), ist das Französische "capable d'hospitalité" (Meddeb 1993: 20). Im Unterschied zum Schreiben der Autorin Djebar, welches stets einen Tabubruch vor Augen führt, ist Meddeb in erster Linie fasziniert von jenem symbolischen Ort "séparé de sa conven-

---

[202] Khatibi bezieht sich hier auf die Arbeit von Marc Gontard: *Violence du Texte. La Littérature marocaine de langue française.* Paris: L'Harmattan 1981.

tion" (*Tal*: 126), er findet andere Wege, religiöse Tabus zu umgehen. Beispielsweise thematisiert Djebar wesentlich deutlicher als Meddeb die Möglichkeiten und Grenzen des Sprechens.

Diese Gegensätzlichkeit im Umgang mit der Sprache hat zweifellos auch ihre Ursachen in der unterschiedlichen historischen Entwicklung der Länder, denen die Autoren angehören. So wurde die französische Sprache der algerischen Bevölkerung gewaltsam aufgezwungen und ungleich radikaler als beispielsweise in Tunesien oder Marokko durchgesetzt (vgl. 5.2).

Wie bereits erwähnt war das Arabische in Algerien noch 1938 per Dekret zur Fremdsprache erklärt worden, während das Arabische in Tunesien und Marokko nicht durch ein französisches Schulwesen verdrängt wurde (Romeru/Dubuisson 1994: 92). Die koloniale Sprache ist demzufolge für Meddeb nicht nur in sprachpolitischer, sondern auch religiöser Hinsicht weniger ideologisch belastet als für die Algerierin Djebar. Der Autor vermag sich also leichter von ihrem literarischen Potential verführen zu lassen. So muss der tunesische Autor nicht erst islamische Traditionen ausschalten, um schreiben zu dürfen. Als Mann muss er sich weniger dezidiert als Djebar von patriarchalen und kolonialen Mechanismen absetzen. Sein Schreiben setzt sich in erster Linie literarisch mit der vielfachen kulturellen Zugehörigkeit auseinander, die als Faszination begriffen und im Text nachvollziehbar gemacht wird.[203] Die Zweitsprache Französisch, für Djebar ein zutiefst ambivalentes "Nessusgewand", ist für Meddeb nur positiv konnotiert und ein glücksbringender Talisman, welcher die postkoloniale Artikulation seines Ich ermöglicht: "On ne choisit pas une langue, on est choisi par elle" (Meddeb 1987b: 88). Die Ungreifbarkeit der eigenen Erfahrung wird – ähnlich dem metafiktionalen Schreiben Robbe-Grillets – eher spielerisch umgesetzt und spricht für ein verändertes Selbstbewusstsein im Umgang mit der ehemals kolonialen Sprache:

> [...] si j'écris en français, le problème de la trace arabe, de la trace islamique est, pour moi, central. Et, dans la mémoire, comme dans le corpus de la littérature française, on peut dire qu'une telle attitude est inaugurale, qu'elle augure peut-être de l'avenir de la littérature française... (Meddeb 1987: 88)

7.3 Das autobiographische Ich als *siège de parole*

Der Text *Talismano*, Meddeb (1986c: 8) zufolge das "livre d'apprentissage et de l'initiation", entfaltet ähnlich wie *Phantasia* eine raum- und zeitenthobene Semiose,[204]

---

203 Dass daraus eine "Internationalisierung des Französischen" entsteht, wie van den Heuvel bemerkt (1993: 52), scheint eher Effekt, als Ursache von Meddebs Bedeutungskonzept.

204 Der Titel – ähnlich auch in Djebars doppeldeutiger "fantasia" – lässt sich als Hinweis auf Phantasie und Imagination als Raum der Wirklichkeitskonstitution deuten.

die sich als imaginäre Reise durch eine Welt von Zeichen lesen lässt.[205] An die Stelle der traditionellen Erzählinstanz tritt ein sprechendes, delirierendes Ich (vgl. 7.4),[206] dessen Bewusstsein zum Projektionsraum für einen transkulturellen und transtextuellen *parcours* wird: "Être corps marchant, moulant les distances tout en étant parsemé par tous les chemins qui relient la maison à la lointaine école: à mesurer mon audace d'enfant" (*Tal*: 17). Das Ich bewegt sich durch urbane Landschaften – Paris, Tunis, Bologna, Venedig, Rom, Kairo, Istanbul, Essauria, Fes, Sefrou u.a. – und assoziiert Literatur- und Kunstgeschichte, Architektur, Mystik, Religion und Philosophie, streift Malerei (Donatello, Uccello, Klee u.a.), Literatur (Dante, Novalis, Pound, Nerval, Hesse) und Musik (Strawinsky u.a.), verbindet biblische und mythische Stoffe und rekurriert auf orientale wie okzidentale Vorstellungen. Sein Gedächtnis gleicht einer "modern *Encyclopedia Arabicus*" (Abdeljaouad 1985: 9) ohne systematische Ordnung. Keine als außertextuell begriffene Wirklichkeit, sondern Diskurse bilden demzufolge die Referenz des Textes (Roche 1985: 27-30; Abdeljaouad 1985: 8).

Die vorhandenen biographischen Bezüge, die unschwer aus dem wenigen Wissen über Meddeb zu erschließen sind, werden diesen intertextuellen Bezügen gleichgeordnet und erlangen nicht mehr und nicht weniger Realitätswert als diese. Die Städte Tunis (Geburtstadt) und Paris (Wahlheimat des Autors) erweisen sich als rein textuelle, d.h. imaginäre Koordinaten des Erzählerbewusstseins (*ici-ailleurs*, vgl. Bonn 1999: 127-129) und stehen nicht für reale Schauplätze. In der Schrift selbst werden sie zum Schauplatz einer lediglich über eine symbolische Ordnung erfahrbaren Wirklichkeit. Damit entwirft Meddeb das Reale als etwas, das in der Schrift transfiguriert und dort zugänglich wird, jenseits davon hingegen nur etwas vermeintlich Reales darstellt.[207] Meddebs Sprache bezieht sich nicht auf Städte, Bücher, Bilder, Figuren und Stoffe als Elemente einer jenseits von Texten angesiedelten Vergangenheit, sondern entfaltet diese Referenzen als bereits in diskursiven Ordnungen bestehende Texte, als Diskursformen, in denen sich das Wirkliche als solches erst konstituieren kann. Somit kann "Wirklichkeit" immer nur im Rahmen spezifischer Ordnungen bzw. Vertextungen wahrgenommen und von einem menschlichen Bewusstsein erfahren werden.

Vor diesem Hintergrund setzt Meddeb den Text – hier über einen literarischen Diskurs – als genuinen Ort der Wirklichkeitserfahrung in Szene. Sprache wird als erfahrungskonstitutives Medium konzipiert, in dem das Ich erst einen Zugang zu sich erhält. Das autobiographische Ich entwirft Meddeb nicht mehr in den Figuren von Erzähler und Protagonist bzw. von Subjekt und Objekt einer Lebensgeschichte, sondern als "siège de parole", an dem sich beide unauflösbar verbinden:

---

205 Zum Konzept der Inszenierung von Wirklichkeit als "Reise durch die Zeichen" ausgehend von Foucaults "retour du langage" vgl. A. de Toro (1994).

206 Ähnliche Formen einer "delirierenden Praxis des Schreibens" finden sich bei Ben Jelloun (*Harrouda*) oder Boudjedra (*La répudiation*) vgl. u.a. Mayer (1994: 83), Spiller (1995).

207 Meddeb spricht von einem "réel transfiguré" (1984: 392).

> Par le je, siège de la parole, et par-delà les raisons ludiques, s'assume le narcissisme intrinsèque, sustenté par la fabulation maternelle [...]. En ce je, les idées poussent mauvaises, j'entends d'une négativité qui ne participe pas au perfectionnement, sont à chasser; la cure du dire n'appelle pas à t'accepter comme tel, mais à t'admettre énigme irréductible au sens, à la loi, à la mesure; le je engage avec lui l'histoire: ces ans qui ont imprégné ma naissance, mon origine, mon enfance pénètrent les fondements ébranlés d'une classe à trahir moribonde; je représentatif d'une génération arabe qui a á se débattre, image fêlée, marquée monstrueuse par Europe et France, à vivre d'expérience l'exil [...]. (*Tal*: 56f.)

Erst an jenem Ort in der Sprache, welche noch dazu ein mehrsprachiger Kode ist, erfährt sich das autobiographische und zugleich postkoloniale Ich. Nicht nur für Meddebs Schreiben gilt: "Le sujet ne préexiste pas au texte" (Jegham 1999: 90), im postmodernen wie postkolonialen Diskurs wird das Ich als Sitz der Rede vorgestellt, es ist nirgendwo sonst fass- bzw. auf etwas ihm Zugrundeliegendes beziehbar. Subjektivität entfaltet sich nach diesem Modell in/mit dem Text und nicht in einer außertextuellen, dem Text raum-zeitlich enthobenen Wirklichkeit.

Meddeb vermag nur dort seine doppelte Herkunft zu artikulieren,[208] nur im symbolischen Raum kann die Überlagerung der ihn prägenden Sprach- und Denkkonzepte und die Transgressivität seines Sprechens spürbar gemacht werden. Die postkoloniale Schrift einer irreduziblen Verdoppelung wird Zufluchtsort des Ich ("j'émigre par l'écrit", *Tal*: 126), welches in keinem der zur Verfügung stehenden Sprachsysteme völlig aufgeht. Vielmehr kann es diese Erfahrung nur in einer transkulturellen und trans-textuellen Schrift als *Aventure du texte* vermitteln, in dem das Ich nicht mehr als intentionales Bewusstsein und Souverän über die Zeichen figuriert, sondern sich als Teil der Textur selbst, als ihre "sinngebende Lücke" (vgl. 2.4) erweist:

> Cette langue qui me prête un corps sur quoi j'appose la marque de l'appropriation, cette langue à symboliser métropole et attirance historique vers ce qui récemment participa à la domination du monde, langue que je ne saurai exécuter en simulant, sacristie de meurtre, les petites infamies des transgressions mineures. A me retrouver en butte avec l'instrument qui véhicule mon dire, à m'accommoder écrivant dans un lieu séparé de sa convention. (*Tal*: 126)

Wenn die Sprache das Ich abbildet, verschwindet es im Grunde hinter der Benennung. Anders verhält es sich, wenn Sprache, verstanden als primärer Ort eines Ich zu sich selbst, das Subjekt verkörpert ("Être corps marchant", *Tal*: 17). Das sprechende Subjekt vermag dann zumindest den Ort seines Sprechens, bei Meddeb "séparé de sa convention", aufzuzeigen und sich selbst – anstelle einer mimetischen Repräsentation – artikulatorisch im Text zu markieren. Die transkulturelle Erfahrung wird damit nicht *be*-schrieben, sondern im Text erst *ge*-schrieben. Sie wird dann vom Leser selbst im Rahmen einer sinnproduktiven Lektüre nachvollzogen und der Text wird als semiotisches Abenteuer erlebt, welches in einem *regressus ad infinitum* auf das anderswo (*ailleurs*) des (postkolonialen) Sprechens verweist. Mit welchen Mitteln Meddeb diese *Aventure du texte* gestaltet, wie er Sprechen und Schrift sinnlich inszeniert, um das

---

208 Wie erwähnt trägt Meddebs Dissertation den Titel "Ecriture et double généalogie".

autobiographische Ich vor einer Vereinnahmung durch die andere Sprache zu bewahren, soll nun dargelegt werden.

7.4 Autobiographisches Schreiben und Ekstase

Mit der Evokation von Körperflüssigkeiten, "Injecter sang, déverser pleurs" (*Tal*: 11) stimmt der Prolog von *Talismano* auf das sinnliche Erleben eines textuellen Abenteuers ein, bei dem Lesen und Schreiben zu körperlichen Bewegungen werden und sich der Sinn des Textes in physischem Erleben entfaltet. Von Bedeutung ist dafür, wie erwähnt, nicht die Abbildung, sondern die Artikulation eines als "siège de parole" installierten Ich, dessen Stimme Meddeb unter Rückgriff auf die Technik der Ekstase hörbar macht. Die Artikulationssituation, d.h. der Körper des Sprechers selbst wird – ganz im Sinne von Bhabhas Einschreibung des artikulatorischen Moments – im Text sichtbar gemacht. Atmung, Bewegung und Klang werden durch die Lexik, durch Parataxe, Infinitiv- und Partizipialkonstruktionen sowie grammatikalische Brüche (vgl. 7.5) evoziert, so dass der Bezug des Gesagten auf eine außertextuelle Welt im Sprecherbewusstsein verwischt wird:

> Besoin de me respirer passant [...] par le courant qui charrie portraits de villes, hommes et femmes fugaces instants d'une vie où me mêlent SANS FRONTIÈRE RÉEL ET PROJECTION, nuée de qui si peu s'imagine pensant, fantasme et récidive: moi le récitant d'une tendance FIÈVREUSE m'emparant de l'écrit pour m'épargner absolu sauvage menacé par l'irrémédiable, intense illisibilité, opacité qui concerne le corps. (*Tal*: 156, m.H.)

In einem dergestalt ekstatischen Sprechen verleiht der Körper des Sprechenden "dem, was auf der Ebene des Realen nicht gesagt werden konnte, Gestalt" (van den Heuvel 1993: 55) und bewirkt eine Entgrenzung der repräsentationslogisch geteilten Räume des Realen und Imaginären, die in der Ekstase nicht mehr unterscheidbar sind.

Das Prinzip einer ekstatischen Rede, welche die Transgression des Realen zum Ziel hat, findet sich in mystischen und lyrischen Diskursen vor allem orientalischer Prägung wieder, beispielsweise in der persischen und arabischen Literatur (van den Heuvel 1993: 54). Meddeb, der sich intensiv mit der islamischen Mystik beschäftigt hat (s.o.), bezieht sich in *Talismano* explizit auf die Tradition des Sufismus und die Praxis von Askese und Selbstauslöschung:

> [...] je ne pus par référence à la spécificité du corps et de la culture, me séparer du rappel de l'expérience soufie, pensée et vécue, à la gloire de l'extinction du je, matérialisé corps très subsidiairement ascétique. (*Tal*: 58)

Während die sufistische Praxis der Ekstase auf eine Vereinigung mit dem Göttlichen abzielt, inszeniert Meddeb die Auflösung der Grenzen zwischen Subjekt und Objekt der Rede und verabschiedet damit auch die Instanzen der traditionellen Autobiographie.

Bereits das erste Kapitel von *Talismano*, "Retour prostitution", verweist auf die Verschmelzung des Sprechers mit dem Protagonisten bzw. deren Untrennbarkeit. Zu Beginn des Textes kommt die Rückkehr des Schreibenden nach Tunis sowie die Erinnerung an die Kindheit zur Sprache.[209] Ähnlich wie bei Doubrovsky oder Djebar wird hierdurch ein impliziter Bezug zur traditionellen Autobiographie geschaffen, deren Erzählung zumeist mit Kindheitserinnerungen einsetzt: "Me voici de retour exprimé ville à dédale, ému à me distraire d'enfance: à RETROUVER des saveurs anciennes à travers les déduits de Tunis" (*Tal*: 15, m.H.). Doch anstatt das Vergangene vergegenwärtigen zu können, erfährt das Ich im Textverlauf eine Dezentrierung. Es entäußert sich in der Ekstase an eine Sprache, die die Vergangenheit nicht einholt, aber in den Zeichen erfahrbar macht. Der Begriff "prostitution" verweist auf dieses dezentrierte, im Sinne Lacans in der Signifikantenkette insistierende Ich.[210] Durch die Ekstase tritt das Ich aus sich heraus und durchläuft im Erleben der Zeichen eine autobiographische Erfarung (van den Heuvel 1993: 56). Die Kapiteleinteilung strukturiert demnach nicht die Geschichte, sondern den Diskurs im Sinne von Todorovs Unterscheidung, und bezieht sich damit zugleich auf den Prozess des Texterlebens. Die drei Kapitel können als Steigerung der Ekstase in psychologischen Etappen gedeutet werden (*maqâmât*, van den Heuvel 1993: 57), die Verfasser und Leser gleichermaßen durchlaufen müssen, um "den langsamen Aufstieg und schließlich den Eintritt in ein immer intensiver erlebtes Universum, wo das Subjekt sich mit dem erstrebten Objekt vereint" (van den Heuvel 1993: 57) erleben zu können.[211] Die Lektüre wird zu einem spirituellen Erlebnis – angelehnt an die sufistische Auffassung von dem in Form einer spirituellen Reise zurückzulegenden Leben als Pfad –,[212] welches im Sufismus als imaginäre Reise (*tariqa*, vgl. Steinert 1994: 76) dargestellt wird,[213] in deren Verlauf die physische Wirkung des Erlebens zu einer Transgression des Ich führt. Der Körper löst sich in der Verschmelzung mit dem Göttlichen auf, was in Meddebs Text durch den Eingang des

---

209 Vgl. hierzu den Film von Raul Ruiz über die Rückkehr Meddebs nach Tunis (Meddeb 1993a).

210 Bei Friedrich (1956: 27) wird der von den französischen Illuminaten entlehnte Begriff "prostitution" im Kontext der Lyrik Baudelaires als Gegenkonzept zur Ich-Zentrierung und als Form der "Selbstpreisgabe" genannt.

211 Die Triade des Aufstiegs scheint für Meddeb ein universales Prinzip, er bezieht sie ebenfalls auf Sexualität (*Tal*: 103), Gelehrsamkeit (ebd.: 104) und aktualisiert Dantes *La Divina Commedia* (Hölle, Fegefeuer bzw. Läuterungsberg und Paradies).

212 Vgl. Spiller (1995: 250f.), der die Aufhebung des Gegensatzes von Fiktion und "Echtheit" in sufistischen Lebensberichten und deren Verständnis als Manifestationen radikalisierter Subjektivität unterstreicht.

213 Der Sufismus strebt die reine Gottesliebe durch Askese und Verinnerlichung des Islam an und versucht dadurch die Kluft zwischen Mensch und Gott zu überwinden, weshalb viele Sufis verfolgt wurden. So wurde 922 Hallâj hingerichtet, weil er die intuitive Gotteserkenntnis über Transzendenz und religiöses Gesetz gestellt habe. In der sufistischen Mystik wird eine Gleichstellung durch die spirituelle Liebesvereinigung erfolgen. Dies wird jedoch als Kritik an göttlicher Offenbarung in Sprache und als Kritik an Welterkenntnis des Wortes verstanden.

Körpers in die Zeichen, die Vereinigung von Körper und Schrift artikuliert wird. Die Körpergebundenheit seines Sprechens markiert der Autor im Text durch eine Evokation der Schreibbewegungen (Gehen, Schreiben, Atmen), die in der Regel vom Wirklichkeitsbezug der Zeichen verdeckt werden. Der Neologismus "médiner" steht für eine derart transgressive Bewegung zwischen Körper und Schrift bzw. Welt und Text (*Tal*: 214). Bei einer Lesung Meddebs in Köln, so berichtet Heller-Goldenberg (1995: 192), habe dieser in Anspielung auf Rezitationen des Korans den Rhythmus der Sprache durch Hin- und Herbewegen auf dem Stuhl nachvollzogen. Die Dominanz parataktischer Verknüpfungen (vgl. 7.5) scheint darüber hinaus einen spezifischen Atemrhythmus vorzugeben, den der Leser bei der Lektüre oder beim Vorlesen förmlich verspüren kann. Meddebs Text lässt sich – ähnlich wie lyrische Texte – mit dem Körper "lesen" und sinnlich erfahren. Die Inszenierung des Körpers rekodifiziert die mit dem Schreibakt verbundene Nähe zum Körper und verweist zugleich auf die Tradition der Lyrik als körpergebundenen Akt des Sprechens (Stimme). Authentizität wird über die Stimme des Sprechers beansprucht. *Talismano* erfordert eine Lektürebewegung, die "die Bewegung und den Rhythmus des niedergeschriebenen Mündlichen wieder herstellt" (van den Heuvel 1993: 48, 58).

Die Sprache wird durch die ekstatische Inszenierung primär sinnlich, d.h. über ihre äußere Form, die Struktur der Signifikanten erfahrbar gemacht. Sie teilt sich nicht allein über Denotate, sondern die Art ihres Gesprochenwerdens mit, so dass ihre Medialität im Lesen oder beim Vortrag sichtbar werden kann. Im ekstatischen Sprechen beziehen sich die Zeichen nicht mehr primär auf Außertextuelles, sie sind nicht referenziell, sondern primär in ihrer materiellen Äußerlichkeit erfahrbar. Sie sind nicht mehr sekundäre Manifestationen außertextueller Größen – etwa Subjektivität, Geschichte oder Wahrheit –, sondern genuiner Ort ihrer Konstitution. Die Signifikanten, die mit Meddebs Schriftinszenierung in den Vordergrund rücken, verkörpern ein zeichenhaftes, im Text erst hervorgebrachtes Subjekt. *Talismano* ist demzufolge nicht die Selbstreflexion eines autobiographischen Ich, sondern vielmehr die Meditation über einen Schreibprozess, in dessen Verlauf das Ich dezentriert und aus seiner textenthobenen Position in den Text selbst verlagert wird. In der ekstatischen Schrift wird das Ich gewissermaßen verdoppelt, es ist – seines außertextuellen Bezugs beraubt – gleichermaßen imaginäre und reale Größe und kann sich nicht mehr in eine außertextuelle Welt projizieren. Im Körper des Schreibenden findet diese Verdoppelung statt, er signalisiert die Übergängigkeit der Räume, verknüpft Objekt und Subjekt des Diskurses, so dass jedes autobiographische Wahrheitspostulat systematisch unterlaufen wird:

> Écrire, c'est mentir en jubilant de son propre mensonge; c'est ordonner le réel par l'imaginaire, son fidèle transcripteur, s'émerveiller et glisser vers les territoires du fabuleux: faire chronique de ses voyages ajoute confusion entre imaginer et vivre: ça instaure une juste entrée dans l'écriture pour se réconcilier avec ce qui se trame enfer du corps. (*Tal*: 214f.)

Erst mit dem Text wird dem Realen eine symbolische Ordnung verliehen, in der es zugänglich wird. In gleicher Weise entfaltet sich das autobiographische ("reale") Ich erst mit seiner Entäußerung (*ecstasis*) an die Zeichen. Die Trennung von Text und

Körper wird aufgehoben, Körper- und Textgrenzen werden fließend (vgl. 7.7). Schreiber wie Leser erfahren die unmittelbar physische Dimension der Zeichen, noch bevor ihnen Bedeutung zugeschrieben werden kann. Der *Sinn* des ekstatischen Textes, der etwas die Erfahrung Übersteigendes artikuliert (van den Heuvel 1993: 57), entfaltet sich im Akt der sinnlichen Wahrnehmung selbst und lässt sich nicht – wie in einem traditionellen autobiographischen Text – aus Referenzen des Textes rekonstruieren. Damit eröffnet das ekstatische Sprechen eine Möglichkeit, Subjektivität jenseits repräsentationslogischer Vorstellungen und islamischer Repräsentationsverbote als Diskurs eines Subjekts und als Effekt einer Redestruktur zu entwerfen. Somit rekodifiziert der Text die sufistische Ekstase-Praxis im Dienste eines poststrukturalen Textverständnisses: In der Ekstase figuriert das Subjekt nicht mehr als textenthobene Instanz.

"Authentizität" kann unter poststrukturalen (und postkolonialen) Bedingungen nurmehr darin bestehen, die Sprechsituation eines doppelten Ich (als Subjekt und als Objekt des Diskurses) sichtbar zu machen. Die im Text hervorgehobene Präsenz des (autobiographischen) Sprechers verweist darauf, dass dieser "stets integraler Bestandteil der von ihm geschaffenen Fiktion" ist (van den Heuvel 1993: 48). Fiktionales und autobiographisches Sprechen fallen zusammen und können im anti-mimetischen Diskurs der Ekstase nicht voneinander abgekoppelt werden. In dieser Irreduzibilität erscheint der Autobiograph als "l'homme-texte" (Jegham 1999), als Zeichenkörper und eine auf dem Papier hinterlassene Textspur, die als "personal itinerary" (Abdeljaouad 1985: 8, 10) nicht mit den Merkmalen einer Person, sondern vielmehr einer spezifischen Textvorstellung ausgestattet ist. Die ekstatische, physisch erlebbare Schrift hat einen kathartischen Effekt zur Folge:

> Ekstatisches Schreiben ist folglich ein *Medium*, das das Subjekt – und den Leser – in Zustände der Trance führt, wo er die profane Welt vergessen und sich dem freien Lauf seiner überschäumenden Phantasie hingeben kann. (van den Heuvel 1993: 54)

7.5 *Signe[s] du dérangement*: Infinitiv, Parataxe, Paragrammatismus

Den entscheidenden Auslöser seiner Schreibaktivität sieht Meddeb im früh erlernten Sprechen, welches bei ihm einen Hang zur Dyslexie, eine Faszination für Wortverdrehungen, Analogiebildungen und Verwechslungen auslöste (Meddeb 1993: 16). Die Kopräsenz zweier unterschiedlicher Sprachsysteme bewirkte grammatikalische Regelverletzungen, die der Autor später bewusst in seine literarischen Texte integriert. So wird in *Talismano* offenbar auf ein Ereignis der Kindheit Bezug genommen: Der Erzähler widersetzt sich dem vom Vater angeordneten Koranstudium durch die paragrammatische Verdrehung der Verse:[214]

---

[214] Mit Paragramm bezeichnet man eine Sinnverdrehung, die durch die Änderung von Buchstaben in einem Wort entsteht. Paragrammatismus ist somit im engeren Sinne eine erworbene Sprachstörung (vgl. Roche 1985).

> Ma première querelle avec le père éclata mélange des mots pendant la transmission récitative du texte: je ne supportais pas, rebelle, reproduire par cœur les versets coraniques; je boudais et me laissais aller aphasique, brouillant les mots et les phrases; parfois, prétention de l'appropriation ou SIGNE DE DÉRANGEMENT, un mot résonnait bizarre à en perdre la tête; JE ME COMPLAISAIS À LE CHANGER, À EN DÉTOURNER LE SENS PAR INVERSION DE PHONÈMES. Cassure sémantique, pleurs, colère du père. (*Tal*: 105, m.H.)

Die "Rebellion" mit syntaktischen Mitteln richtet sich gegen blindes Auswendiglernen, welches als "mnémonique fruste" (ebd.) sowie als unfreiwillige Unterwerfung unter den Text ("soumission par devoir", *Tal*: 106) empfunden wird. Anhand derartiger syntaktischer Brüche manifestiert sich die Sprecherpräsenz im Text, mit der zugleich die Autorität des Textes (und stellvertretend die des Vaters) unterlaufen wird. Alliterationen, Phonemvarianten und Paragramme führen zu extremer semantischer Heterogenität (Roche 1985: 24f.).[215]

Die syntaktische Struktur von *Talismano* fällt besonders durch die Prädominanz von Infinitiv- und Partizipialkonstruktionen auf, die die Verben temporal und modal neutralisieren. Darüber hinaus wird die Subjektposition abgeschwächt und die Erzähler-Figur wandelt sich zur reinen Sprechinstanz: "A me retrouver [...]. A descendre [...]. A m'approcher [...]. A dormir [...]. Les yeux s'ouvraient [...]." (*Tal*: 132). Die Häufung der Präposition "à" führt zu einer extrem parataktischen Struktur und reicht an die Grenzen des Verständnisses der französischen Sprache: "*Talismano* excédait la forme en bruta-lisant la langue française, en jouant la parataxe" (Meddeb 1986c: 9). Die Wahrnehmung von Sinnzusammenhängen wird erschwert und teilweise durch die Unbestimmtheit verhindert, was zu semantischer Vagheit und schemenhaften Sprachbildern führt, die gleichsam zu *mises en abyme* der Vertextung werden:

> A voir en ces heures silencieuses, torrides et solitaires, les cercles des bassins s'apprêter figures de courte durée, à magnifier la noyade, à approfondir [...] à me rassembler [...]. À réparer frégates [...] à en refuser la monumentale prestance [...]. (*Tal*: 179f.)

Die Parataxe ist auf das untergründige Wirken der dialektalen Muttersprache zurückzuführen, welches sich in die französische Syntax einschreibt und sich als Widerstand – gewissermaßen das, was sich nicht in den Text übersetzen lässt und abwesend ist – gegen dessen Bedeutung bzw. das Anhalten des Bedeutungsprozesses stemmt. Die Sprache erweist sich als Palimpsest, wobei das arabische Substrat als "dehors" in der Syntax des Französischen aufscheint:

> Car, la langue étrangère, dès lors qu'elle est intériorisée comme écriture effective, comme parole en acte, transforme la langue première, elle la structure et la déporte vers l'intraduisible. [...] chacune *fait signe* à l'autre, l'appelle à se maintenir comme dehors. (Khatibi 1983: 186)

---

[215] Ob diese Mehrdeutigkeit jedoch im Zeichen einer Utopie steht, wie Roche meint (ebd.: 26), scheint m. E. fraglich. Meddeb inszeniert gerade den Text als Schauplatz einer Erfahrung, die sich mithin gar nicht auf einen anderen Ort bzw. "Nicht-Ort" projizieren lässt.

An jener palimpsestischen Struktur hat auch das postkoloniale Subjekt teil, welches sich im Text nicht abbilden lässt, sondern lediglich subversiv mittels syntaktischer Widerstände manifestiert und sich damit der Mimesis widersetzt:

> Elle [l'écriture, A.d.V.] n'est pas la transcription seconde (mimesis) d'un déjà là, d'un logos premier. Elle ne redouble pas une vérité, n'inscrit pas, emprisonné dans le fil de la graphie, le sens originel, l'Un, Dieu, signifié ultime et premier qui en assurerait la signification. (Montaut 1982: 16)

Dem abendländischen Schriftmodell einer "immateriellen Geist-Schrift" (A. Assmann 1994: 333) stellt Meddeb eine Schriftfaszination gegenüber, die er als grenzloses Textabenteuer gestaltet.

7.6 Kalligraphie des Textes: Linie, Ornament, Arabeske

Im Rahmen eines raum-zeitenthobenen, anti-mimetischen Schreibens inszeniert Meddeb vor allem visuelle Aspekte der sprachlichen Zeichen, beispielsweise indem er die islamische Kalligraphie in seinem Text *Talismano* rekodifiziert.

Obgleich vorislamischen Ursprungs, gewinnt die Kalligraphie als Form der künstlerischen Gestaltung des Wortes erst mit dem Islam an Bedeutung. Ausgerichtet auf Arabeske, d.h. die abstrakte Gestaltung geometrischer, pflanzlicher oder tierischer Formen, Ornament und abstrakte Linien, folgt die Kalligraphie einem anti-mimetischen Darstellungsprinzip. Die künstlerische Verzierung der Schrift lenkt die Aufmerksamkeit des Betrachters weg vom Denotat auf die Sprache der Form. Während eine logozentrische Schrift Derrida zufolge die Signifikanten eskamotiert und "auslöscht" (Derrida 1967: 405), rückt ihn die kalligraphische Technik ins Zentrum der Betrachtung. Sie provoziert damit eine sinnlich-ästhetische Wahrnehmung der Buchstaben. Mit dem Rekurs auf die islamische Tradition ist zugleich eine Aufwertung des materiellen Zeichenaspektes verbunden, die wiederum die Reflexion medialer Formen in Gang setzt und den signifikanten Trägern des Bedeutungsprozesses Rechnung trägt. Meddeb reflektiert das Sinnabwendungsprinzip der Kalligraphie und greift es – postkolonial umformuliert – in seinem Text auf:

> Et l'écriture devient monumentale perte de sens, signature apparente, gravée, enchâssée plomb en marbre, repoussée, en relief: partout L'ŒIL sait que l'adhésion à la foi résonne. LA MAIN qui agit à transcrire sur la peau ou la pierre, pinceau ou marteau, calame ou burin, concentre le regard et dissout l'œil, itinéraire de la ligne, plongée des sens, abîme qui désaxe. (*Tal*: 111, m.H.)

Die kalligraphische Faszination für das Schrift-Bild überträgt Meddeb in die lineare Typographie der französischen Schrift (Abdel-Jaouad 1991: 65) und hebt den – mit der Reduktion des Formaspekts einhergehenden – Bedeutungsverlust des Zeichens auf. Das

Wort wird aus seiner logozentrischen Reduktion befreit, kehrt gewissermaßen aus dem "Exil" zurück und erlangt mit der Form seine vollständige Bedeutung zurück:

> Car si l'écrit, alphabet abstrait, envahit L'ESPACE NU DE LA REPRÉSENTATION pour y fleurir et s'y farfouiller arabesque au détriment de l'image, quant à elle, dissimulée accompagnement illustratif du mot manuscrit, n'est-ce rien que pour AIDER LE MOT À S'AFFRANCHIR DE SA RÉDUCTION ET DE SON EXIL HORS DES FORMES QUI VIDENT LE MONDE [...] l'aider à se déchaîner hors son mode de signifiance, le ramener à un procès de désignation qui unifierait mots et images [...]. (*Tal*: 111, m.H.)

Wort und Bild werden in der kalligraphischen Schrift zusammengeführt und erscheinen dort als irreduzible Pole des Bedeutens. Mit der arabesken Inszenierung von Zeichen verlieren diese ihre verweisende bzw. dienende Funktion und werden als reine Verzierungen in Szene gesetzt. Die verdrängten Signifikanten, die in der abendländischen Schrifttradition dem Diktat der Signifikate unterworfen sind, werden sichtbar:

> A nous livrer par l'écrit sans vous donner prise, à vous fatiguer l'œil par l'arabesque des mots, à vous proposer les réseaux du voyage, à vous enjoindre fêlure à tout ce qui s'offre aux yeux [...] à me dépoussiérer, à me volatiliser, à vous compénétrer par imperceptible fente: texte poussière à recevoir comme Livre à l'envers [...]. (*Tal*: 243)

Die kalligraphische Faszination für das Schriftbild richtet sich gegen das Sinnpostulat und die abendländische Reduktion der Formensprache. Mit der Visualisierung von Buchstaben erfolgt eine Sinnabwendung und eine Umwertung der Bedeutungsvorstellung, die entscheidende Folgen für das autobiographische Projekt hat und eine Sinngebung im herkömmlichen Verständnis schlicht verhindert. Die Strategie des Kalligraphen zielt auf Sinnstreuung: "Calligraphie serais tu orpheline du sens" (*Tal*: 113; 110), "l'art dissolvant du calligraphe" (*Tal*: 114), "mots, lances qui barrent le spectacle homogène par-derrière texte et le brisent plus qu'ils n'aient à le dire" (ebd.). Die Schrift ist – noch ehe sie bedeutet – Bewegung, "tanzende Linien", "zitternde Hand", in der Sinn zersetzt wird:

> J'écris dansante calligraphie; et la main séduit puis tremble; j'écarte cette langue parcourue logique par des trous où ça respire, comme ça, allant, revenant, digressant, collant au corps [...]. (*Tal*: 114)

Die kalligraphische Schrift ist sinnsubversiv und schafft Raum dafür, das Andere ihrer selbst aufzuzeigen. Der postkoloniale Text eignet sich ihr Prinzip an:

> Écriture souveraine, la calligraphie dénonce, subvertit, renverse la substance même de la langue en la transportant en un espace autre, une combinatoire autre, qui soumettent le langage à une variation surdéterminée. (Khatibi [2]1986: 177)

Die Übertragung dieses Prinzips in die französische Sprache eröffnet dem Autor die Möglichkeit, *Sinn* über die Schriftform zu entfalten. Statt die Schrift zum Medium einer autobiographischen Wahrheit zu machen, erscheint das "Autobiographische" als originelle Geste des Schreibenden in der Form der Buchstaben und der Inszenierung der Schrift:

> Nous n'écrivons pas avec l'intention de donner corps à une idée, de fondre dans une génération théorique, de formuler une vérité, de préparer les esprits à accueillir un message, mais pour mettre en vrai la possibilité à disposer d'un geste qui dans l'Un nous pérennise. (*Tal*: 111)

Der Leser vermag lediglich die in den kalligraphischen Linien evozierte Sinnsuche nachzuvollziehen, indem sein Blick dem Schriftbild folgt. Die Kalligraphie leistet einer Logik der Bedeutungen Widerstand. Ihre Originalität hängt vom Kalligraphen und dessen Kunstfertigkeit bei der Umsetzung dieses Sinn-Widerstandes ab: "Ceux qui s'islamisèrent calligraphient plus qu'ils ne peignent; ou plutôt dissolvent le sens de l'écrit par le geste ample et jubilant du calligraphe" (*Tal*: 110).

Programmatisch deutet die kalligraphische Gestaltung des Buchumschlages von *Talismano* auf jene unhintergehbare Zeichenform, die hier am Beispiel des Anfangsbuchstabens vom Namen des Autors ins Bild gesetzt wird. Dessen französische und arabische Form sind ineinander verschlungen und werden nicht in erster Linie als Buchstaben, sondern als Ornament wahrgenommen.[216] Die Grenzen zwischen den Lettern werden fließend und lösen sich im Bild auf. Der europäische Betrachter ohne Kenntnis des Arabischen sieht einen kunstvoll verzierten Buchstaben, ohne das verschlungene arabische Pendant darin zu erkennen. Für den arabischen Leser hingegen, der von rechts zu entziffern beginnt, kehrt sich die Relation der Zeichen um: Nicht das scheinbar dominante französische "M", sondern der unscheinbare arabische Buchstabe verkörpert den Anfang. Ob das Zeichen als Bild, Buchstabenform oder Spur des Autors gelesen wird, stets figuriert es also im Bewusstsein des Rezipienten und entfaltet sich erst in dessen Wahrnehmungshorizont.

Die Verschmelzung der Formen in der Kalligraphie visualisiert zugleich die in der postkolonialen Schrift vollzogene Verdoppelung, indem sie französische und arabische Elemente zu neuen Formen zusammenfügt. Das einzelne Zeichen, die ursprünglichen Grenzen des einzelnen Buchstaben werden überschritten. In gleicher Weise schreiben sich zwei und mehr aufeinander bezogene Sprachen in einen postkolonialen Text ein, der damit über die Grenzen der Einzelsprache hinausweist.[217] Dergestalt inszenieren postkoloniale Texte den unmöglichen Besitz einer Sprache und führen eine ständige Transkription der Kodes vor:

> [...] cet auteur n'écrit pas sa langue propre, il transcrit son nom propre transformé, il ne peut rien posséder (si tant soit peu on s'approprie une langue), il ne possède ni son *parler*

---

216 Für die Entschlüsselung dieser Figur danke ich Frau Dr. Regina Karachouli vom Orientalischen Institut der Universität Leipzig.

217 Meddeb integriert nicht nur englische, italienische, spanische bzw. arabische Wörter in französischer Umschrift, sondern auch Bilder und nichtfranzösische Schriftzüge. In *Phantasia* werden beispielsweise hebräische, chinesische, arabische und japanische Wörter abgedruckt.

> *maternel qui ne s'écrit pas* [...] ni la langue arabe écrite qui est aliénée et donnée à une substitution, ni cette autre langue apprise et qui lui fait signe de se désapproprier en elle et de s'y effacer [...]. (Khatibi 1983: 201)

Die mit der Kalligraphie ins Bild gesetzten Zeichen ermöglichen die Einschreibung des postkolonialen Autors in den Text. Die damit verbundene Sinnabwendung weist gewissermaßen auf das "Nicht-Französische" im Schreiben dieses Autors. Mit der Evokation der verlorenen Muttersprache wird der postkoloniale Text unweigerlich zum autobiographischen, weil er den Ort des Sprechens markiert. Der Vereinnahmung durch die französische Schriftbedeutung und der Auslieferung an ihr Anderes entgeht das Ich nur im Labyrinth einer sinnabwendenden Schrift:

> L'écriture française nous 'livre' à l'autre, mais on se défendra par l'arabesque, la subversion, le dédale, le labyrinthe, le décentrage incessant de la phrase et du langage, de manière que l'autre se perde comme dans les ruelles de la *casbah*. (Meddeb, zit. nach Mehrez 1992: 123f.)

Meddebs Spiel mit dem Material der Sprache widerspiegelt damit auch eine Auseinandersetzung mit dem repressiven, stets deutenden und besitzergreifenden Charakter der kolonialen Sprache, den der Autor obsessiv zu meiden sucht. Die französische Sprache wird vielmehr über ihre Äußerlichkeit angeeignet. Meddebs Hinwendung zur Buchstabenform evoziert die andere Seite der Bedeutung. Die magische und spielerische Funktion der Zeichen, verdrängt in der abendländischen Schrift, wird nun in Form eines postkolonialen *Aventure du texte* in Szene gesetzt, in welchem unvermittelt auch jedes autobiographische Projekt ins Leere läuft und an der ausgestellten Opazität der Buchstaben scheitert: "Die Buchstaben werden Träger dessen, was der Text verschweigt" (Lachmann 1997: 458).

7.7 Lesen und Schreiben als *plaisir corporel*

Die in *Talismano* vollzogene Inszenierung der Schrift in ihrer Äußerlichkeit und Sinnabgewandtheit zielt auf eine spezifische, über den Körper vollzogene Lektüre und ersetzt Sinngebung durch ein sinnliches Erleben des Textes. Ähnlich wie für Djebar, die die weiblichen Körper als Medien der Tradition evoziert und zugleich den Nexus von Schreiben und Körperlichkeit betont, wird der Medialität des Körpers auch in Meddebs Texten große Bedeutung zugeschrieben. Beide nehmen damit einerseits Bezug auf die von der kolonialen Kultur überlagerten mündlichen Traditionen im Maghreb und machen diese wieder sichtbar, andererseits wird dabei der Körper gleichsam zur Projektionsfläche des eigenen Sprach- und Kulturkonfliktes: Sinn, der sich stets unentscheidbar im Zwischenraum zweier Signifikationssysteme entfaltet, ist kaum mehr rational erfassbar, sondern nurmehr sinnlich-physisch über den Körper erfahrbar. Dieser ungewöhnliche Zugang zur Bedeutung wird vor allem von Meddeb praktiziert und lässt seine Texte auf den ersten Blick unverständlich erscheinen. Bei Djebar hingegen – obgleich auch sie ein körperbetontes Lesen evoziert (vgl. das Kapitel "École coranique")

– steht der historische Aspekt eines Wieder-Sichtbarmachens der körpergebundenen mündlichen Tradierungsformen im Vordergrund. In beiden Fällen wird dabei das in der abendländischen Kultur mit der Schriftfixierung unterminierte Körperbewusstsein rekodifiziert.

Meddeb bezieht sich explizit auf die christlichen Formen der Unterdrückung des Körperlichen (*Tal*: 218). Er beschreibt jedoch nicht nur Körperlichkeit im anthropologischen Sinne, sondern gestaltet die Sprachzeichen als Körper, welche in der Bewegung einer sich selbst inszenierenden Schrift physisch erfahrbar werden. Der postkoloniale Text evoziert kulturelle Praktiken des Erinnerns und Wissens gleichzeitig, zum einen die an eine Schrifttradition gebundene Kultur des Verstehens und zum anderen die primär von mündlichen Überlieferungstechniken gebildete Kultur der Präsenz, in der die Körpergebundenheit des Bedeutungsaktes im Vordergrund steht.

So trägt der ekstatische Sprecher seine Präsenz in den Text hinein, d.h. seine an einen Körper gebundene Stimme wird sichtbar: "Être corps marchant" (*Tal*: 17), "Ici, écrivant", "Ici marchant" (*Tal*: 170). Nicht das Gesagte, sondern der Akt des Sprechens als körperliche Bewegung wird in Szene gesetzt. Die Haltung des Lesers gleicht der eines Zuhörers, welcher die Geschichte des arabischen Erzählers bereits kennt und dadurch die Originalität der Darstellung ermessen kann:

> Et le lecteur a à adopter l'attitude de ces auditeurs qui se confinent tout écoute ne cherchant pas à haleter derrière le déroulement déjà familier de l'histoire, mais à dépister l'originalité du geste qui ponctue les paroles, qui s'habille souffle propre, laissant le public à l'affût, simulacre de l'intéressement [...]. (*Tal*: 124)

So wie das Gelingen der Kalligraphie vom Vermögen des Schreibenden abhängt und nicht vom Inhalt des transkribierten Textes, wirkt auch der Geschichtenerzähler durch die Spezifik seiner Darbietung, durch seine beschwörende Stimme, die dramatisch aufgebaute Spannung und die individuellen Ausschmückungen seiner Rede, die dem Zuhörer weniger etwas mitteilen, als ihn das Dargestellte erleben lassen. Meddeb zeigt damit – ähnlich wie Djebar, die stärker die weibliche Prägung herausarbeitet – ein körpergebundenes mündliches Gedächtnis, wie es für maghrebinische Traditionen typisch war. Sein literarischer Text in französischer Sprache führt Schrift und Stimme im Sinne einer postkolonialen "écriture du corps" (Meddeb 1993: 41) zusammen. Körper und Schrift bilden nicht mehr getrennte, aufeinander abbildbare Räume, sondern stellen ein Kontinuum, einen einzigen Raum dar, in dem der Körper als unverzichtbares Medium von Erinnerung und Erkenntnis figuriert: "Il est des connaissances incommunicables, il est un savoir qui ne peut être dit sans passer par l'expérience, par le corps" (*Tal*: 218).

Meddebs postkolonialer Text kodifiziert das mit der Schrift entzogene Körperbewusstsein mündlicher Kulturen, in denen der lebendige Körper (Stimme, Gedächtnis, Bewegung) – im Unterschied zur leblosen Materie der Schrift – Bedeutung hervorbringt. Diese Körperlichkeit wird in der postkolonialen Schrift evoziert, indem der Text die Bewegung des Schreibens vorführt und dem Leser gewissermaßen die Zeichen als eine Art von "Energie" vermittelt: "Écrire c'est refléter l'énergie telle qu'elle s'ouvre à toi" (*Tal*: 215). Durch die Überschreitung der Denotate werden die Zeichen gewissermaßen energetisch aufgeladen (A. Assmann 1994: 334f.), d.h. sie entfalten keine Bedeutung, sondern wirken physisch (über das Signifikat hinaus) auf den Leser. An jener Energie oder Präsenz der Buchstaben (Signifikanten) scheitert auch das Projekt der Sinngebung, wobei der Autor gerade mit diesem Scheitern eine autobiographische Erfahrung zu artikulieren vermag und sie den Leser gewissermaßen "am eigenen Leib" spüren lässt:

> [...] writing is taken out on and transmuted through the body, the writer's body being mirrored by and in the text, as corpus, a writing body and a body of writing, enacting multiple deaths and reincarnations, exiles and returns, transformations, substitutions, and translations. (Scharfman 1992: 86)

Meddebs Schriftmodell privilegiert den Körper der Schrift vor ihrem Sinn und kehrt damit das Modell einer geistbetonten Schrift (A. Assmann 1994) um bzw. integriert Geist- und Körperschriften gleichermaßen in seinen Text. Dort entfalten sie eine semantische Irreduzibilität, d.h. die mediale Affizierung des Bedeutungsprozesses wird nicht mehr verdrängt, sondern vielmehr offengelegt und verhindert Monosemierungen. Die Lektüre vollzieht sich als Durchquerung eines Raumes von Signifikanten. In dieser Prozessualität des Bedeutens ist das Subjekt nicht mehr darzustellendes Objekt, sondern konstituiert sich räumlich in der Schrift, enthüllt sich schreibend: "un je révélé parole circulant logique" (*Tal*: 57).

Meddeb inszeniert das eigene Schreiben als eine Art mystische Erfahrung der Transgression des eigenen Körpers. Schreiben wird gleichsam zum sexuellen Akt der Zeugung einer unendlichen Bedeutungsspur,[218] die nurmehr als Erfahrungsraum durchlaufen werden kann. Das Subjekt konstituiert sich in einer irreduziblen und transgressiven Schrift. Es überschreitet ihre Bedeutung und ist als schreibendes Ich zugleich deren notwendiger Bestandteil:

> Ici commence la digression du je, un je initiale du texte, à se mesurer d'envahissement méfiant, se permutant parfois tu, se neutralisant infinitif, un je, noyau affirmé ou caché, emphase de ce dire qui se déploie à la lisière du langage, de la mémoire, UN JE AUTRE SCRIPTEUR AMNÉSIQUE dans ses retombées de travail avec la langue, d'infra-mémoire, à se confondre de proche poussière! Comment le situer par rapport à l'économie du soi, par rapport à l'ombre de l'histoire, par rapport à ce MOT CORPS qui revient souvent sexe? (*Tal*: 55, m.H.)

Im dritten Teil des Textes ("Procession/Outre-monde") ist von einem Idol in weiblicher Hülle die Rede, welches aus verschiedenen, auf Friedhöfen gesammelten Körperteilen zusammengesetzt wird. Es wird von Heiden in anti-religiösem Protest durch die Straßen getragen und anschließend – in Umkehrung des Autodafés – verbrannt (Scharfman 1992: 87). Diese anarchische Zerstörung eines Idols könnte als Metapher für Meddebs postkoloniale Schrift gedeutet werden, die jedem Glauben an einen zugrunde liegenden Sinn abschwört und den Bedeutungsprozess – die Schriftinszenierung hat dies deutlich

---

218 Im Sinne von Derridas Bedeutungskonzept der *trace*.

gemacht – nicht von der Medialität der symbolischen Form abkoppelt. So wie das Auge den Linien und Bögen der Kalligraphie folgt, wie der Sufi seine religiöse Erfahrung als spirituelle Reise erlebt, wie die Arabeske in Architektur oder bildender Kunst unentschlüsselbar und nur schmückendes Beiwerk bleibt, inszeniert Meddeb seine Schrift als postkoloniales Textabenteuer. Die Zeichen geben nicht den Blick auf die Vita des Autors Meddeb frei, sondern konstituieren einen autobiographischen Erfahrungsraum, den der Leser durchqueren, dessen Sinn er sich hingegen nicht aneignen kann.

7.8 Die postkoloniale Autobiographie als *Aventure du texte*

Talismano vermittelt keine autobiographische Geschichte, sondern stellt ein – in der Tradition von Borges, Cortázar, Calvino oder Eco stehendes – Abenteuer der Zeichen dar, wobei das Subjekt in der Struktur der Sprache aufgehoben ist. Ich zitiere noch einmal aus dem Prolog, der überwiegend auf die grammatikalische Manifestation des Ich verzichtet:

> Odeur de nacres, d'océans, de mers, vibrations sonores, chotts, lagunes, cimetières à l'abandon; haletante dérive si miettes marginales il arrive au sens de m'habiller éclair évident: le corps alors ramasse d'embrun à être trace surfaite, émêchée, sauvée d'un péril proche. (*Tal*: 11)

Das literarische Ich entfaltet sich zwischen den Sprachen, gestreift von deren Sinn ("il arrive au sens de m'habiller"), im *hic et nunc* des Schreibaktes. In einer irreduziblen Bedeutungsspur wird die doppelte Genealogie (Khatibi 1983: 186) eines postkolonialen Sprechens vorgeführt, in dem Subjekt und Objekt des Diskurses unauflösbar ineinander übergehen. Meddebs Text entwirft im spielerischen Ausloten der Sprachgrenzen zugleich einen Raum postkolonialer Subjektivität und sprengt "das Gefängnis der Identität" (van den Heuvel 1993: 52). Erst in der *Aventure du texte* ist die doppelte Einschreibung jenes Ich – als an- und zugleich abwesend – und Aufhebung der textenthobenen Autorposition möglich. Damit wird eine Autobiographie, verstanden als Identifizierung von textuellem und außertextuellem Ich unmöglich. Das postkoloniale Ich, welches in der Transparenz der kolonialen Sprache *ipso facto* verschwinden würde, kann sich nur in einer intransparenten und Identität bewusst verweigernden Schrift artikulieren. In der kolonialen Schrift ist es unsichtbar, kann aber zumindest das Fehlen des eigenen Identifikationsmodus evozieren und wird damit gewissermaßen an seinem Mangel erkennbar. Subjektivität wird dabei nicht aufgehoben, sondern in den Schreibprozess verlagert und dort in Gang gesetzt, denn "[o]hne Subjekt existierte die Sprache lediglich als Ansammlung von Signifikanten" (Widmer 1990: 53). Die Absenz eines autobiographischen Ich, d.h. das Sich-Selbst-Entzogen-Sein ist damit die *conditio sine qua non* einer postkolonialen Subjektvorstellung analog zu dem im Abschnitt 2.3.1 dargestellten poststrukturalen Konzept dezentrierter Subjektivität. Meddeb erfindet sich im Labyrinth einer postkolonialen Schrift,

L'écriture vit et meure simultanément. Dès qu'elle s'inscrit définitive elle n'est plus que cadavre à donner en pâture au croque-mort [...]. L'écriture ainsi prise délivre rarement certitude ou véracité [...]. (*Tal*: 45),

die das entzogene Ich in Szene setzt und den Verlust zugleich kompensiert. Die subversive Textstrategie ist demzufolge nicht nur spielerisch zu verstehen, sondern steht im Dienste einer postkolonialen Manifestation des Subjekts als Widerstand in der französischen Schrift. Meddeb lotet deren Grenzen aus, unterminiert die Grammatik, inszeniert Bildlichkeit und Körperlichkeit der Buchstaben, um sich einer Vereinnahmung durch die Bedeutung der anderen Sprache zu entziehen und zugleich den besonderen Ort seines Sprechens – das Außen und zugleich Innen der postkolonialen Perspektive – zu evozieren:

> [...] labyrinthe inconnu où je me retrouve sans mémoire ni repères: affolement de qui se découvre écrivant alors qu'il échappait au monde, ravi, voguant là-bas sur les nuages, à danser ABSENT [...]. (*Tal*: 115, m.H.)

Der postkoloniale Text, dem das Außen immer schon eingeschrieben ist, kann nicht auf etwas verweisen, was ihm bereits inhärent ist. Die binäre Opposition von Fiktion und Wirklichkeit löst sich in der postkolonialen Artikulation gewissermaßen auf, weil das Wirkliche nicht mehr als eine dem Text vorausgehende Größe konzipiert werden kann. Postkoloniales Schreiben kann demnach weder autobiographisch noch fiktional sein bzw. ist beides gleichermaßen. "Wirklichkeit" wird erst durch Vertextung zugänglich und erfahrbar, sie erweist sich als Produkt von Diskursformen, in denen sich das Wirkliche – sei es als Subjekt, Wahrheit oder Geschichte – erst konstituieren kann. Meddebs *Aventure du texte* illustriert eine derartige textuelle als "reale" Erfahrung.

Damit ist die Erkenntnis über einen Lebenszusammenhang oder die Identität einer Person bzw. eine wie auch immer konzipierte autobiographische Wahrheit nicht mehr vermittelbar, denn sie erweist sich stets als diskursiver Entwurf einer vermeintlichen (entzogenen) Wirklichkeit, "a writing out of a subject which, once the trajectory of the reading is over, refuses itself as unity, truth, knowledge, message, totality" (Scharfmann 1986: 41). Damit kann auch Identität nicht außerhalb des Schreibaktes als biographisch-personale Identität fassbar werden, sondern entfaltet sich positional innerhalb der Diskursformen: "Je me situe entre les langues, entre les cultures, entre les territoires, entre les continents, entre les genres enfin" (Meddeb 1993: 25).

So kann in *Talismano* letztlich nur die Einsicht in die textuelle Konstitution von Wirklichkeiten als gelebte Erfahrung, als "expérience sans borne de l'aventure du texte" (*Tal*: 114) vermittelt werden. Dies geschieht durch die Wahrnehmung einer auf Fläche gebannten Zeichenkombination, die zu räumlicher Durchquerung zwingt und eine Fixierung von Sinn nicht zulässt. Im Text als dem einzig "real" erlebbaren Raum kann zwischen Realem und Fiktionalem nicht unterschieden werden:

> Le présent de l'écriture relègue la fiction en un de ses moments de suspension. Ici écrivant le texte qui s'enlace imaginaire et instants de vie, décor, contenant jours et soirées,

civilisée par le verbe, savoir qui décrit; non pas amour de la pierre, mais volonté de s'enfoncer ornière compensée charme hors latences du corps. (*Tal*: 165)

Diese Transgressivität der *Erfahrungs*räume wird als Zirkulation von Zeichen inszeniert, die den für *Talismano* kennzeichnenden Erzählfluss in Gang setzt. Der Text ist eine mystisch-esoterische Reflexion der Schrift, die Sinn als Illusion negiert und dennoch – gewissermaßen "desillusioniert" und mit sprachkritischem Impetus – die Suche danach ästhetisch fortsetzt: "à rêve et fantasme, le réel n'inscrit pas frontière; ces trois genèses constituent un espace n'écrasant pas son sujet par la broyante analyse; seule l'énergie de l'écriture en contrôle le dosage" (*Tal*: 56).

8. POSTMODERNE/POSTKOLONIALE KONZEPTE DER AUTOBIOGRAPHIE

In den Textanalysen konnte eine Verschränkung von Subjekt- und Textkonstitution nachgewiesen werden, die im Zeichen postmoderner und postkolonialer Textualität steht. Den Textstrategien ist damit – trotz unterschiedlicher Umsetzung – gemeinsam, dass sie das autobiographische Subjekt nicht als außertextuelle, dem Text enthobene und darstellbare Kategorie konzipieren. Vielmehr inszenieren die Autoren das eigene Ich jeweils als Produkt von Diskursen und legen damit einen durchaus vergleichbaren Textbegriff zugrunde: Der Text ist nicht mehr sekundärer Entwurf einer zeitlich vorausgehenden und als gegeben angenommenen Wirklichkeit, sondern stellt den primären Ort ihrer Konstitution dar. Die neuen Autobiographen scheinen sich zumindest einig, dass Wirklichkeit nur im Rahmen einer Vertextung bzw. symbolischer Ordnungen gewonnen, d.h. gedeutet werden kann. So bildet die Autobiographie keine subjektive Erfahrung ab, sondern begründet diese zuallererst im Akt des Schreibens selbst. Das autobiographische Ich ist somit unauflösbar in die Zeichen des Textes gewoben und nirgendwo sonst als in dieser Struktur auch erfahrbar.

In postmodernen und postkolonialen Konzepten der Autobiographie kann damit kein Wahrheitsanspruch mehr im Sinne des traditionellen Genres formuliert werden. Wahrhaftigkeit liegt nunmehr in der – zumeist zum poetologischen Prinzip erhobenen – Offenlegung jener sprachlichen Mechanismen, in denen sich Subjektivität und Geschichte(n) entfalten. Dabei werden, anders als in traditionellen Autobiographien, gerade die Widersprüche im Erinnerungsprozess hervorgehoben und im Zuge eines neuen Fiktionsverständnisses thematisiert, welches nicht mehr nur das Objekt der Darstellung (*bios*), sondern auch den Akt seiner sprachlichen Transformation bzw. die *graphie* erfasst. Die Einsicht in den fiktionalen Charakter jeder narrativen Konstitution von subjektiver Erfahrung führt jedoch nicht zur Aufgabe des autobiographischen Schreibens, sondern wird im Rahmen eines Metadiskurses umgesetzt und führt auf dieser Basis zur Herausbildung eines gänzlich gewandelten Konzepts der Autobiographie. Das traditionelle autobiographische Genre wird damit im Sinne eines postmodernen/postkolonialen Textprinzips umformuliert, das ich abschließend kurz umreißen möchte.

Diesem Prinzip liegt ein transgressiver, die Binarität von Welt und Text überschreitender Begriff von Literatur zugrunde. Der Autor ist dem Text nicht enthoben und kein souveräner Produzent von Bedeutung, sondern stellt ganz im poststrukturalen Sinne eine Funktion des Diskurses und einen Effekt der Bedeutungsstrategie dar. Im Unterschied zum traditionellen Modell der Autobiographie wird die Instanz des Ich-Erzählers in postmodernen und postkolonialen Texten bewusst unterlaufen und ihre zeichenhafte Entfaltung wird zum Gegenstand der literarischen Darstellung selbst erhoben.

So tritt in Serge Doubrovskys *Le Livre brisé* zum Ich ein kommentierendes Du ("Ilse") hinzu. In Robbe-Grillets *Romanesques* verschmilzt das autobiographische Ich permanent mit sog. Pseudo-Figuren (z.B. "Corinthe") und verliert an referenzieller

Konsistenz. Während die algerische Autorin Assia Djebar die Stimme der Ich-Erzählerin von *L'amour, la fantasia* in einer Polyphonie vor allem weiblicher Stimmen der Vergangenheit und der Gegenwart aufgehen lässt, inszeniert Meddeb das Ich im ekstatischen Sprechen.

Stets wird die Binärität von Objekt und Subjekt des Textes bzw. von erlebendem und berichtendem Ich im Rahmen eines Metadiskurses aufgehoben. Die Grenze zwischen dem wahrnehmenden Bewusstsein (*res cogitans*) und dem, was wahrgenommen wird (*res extensa*), erweist sich als brüchig, mithin muss auch jedes literarische Konzept, das wie die Autobiographie auf einer ontologischen Scheidung der Seinsbereiche beruht, neu, d.h. jenseits traditioneller Substanzialisierungen gefasst werden. Leben und Schreiben bilden hier einen einzigen Raum, der sich nur als Kontinuum von referenziellen und fiktionalen Diskursen darstellen lässt. Bedeutung entfaltet sich nicht im repräsentationslogischen Sinne als eine vom Autor intendierte Übereinstimmung von Text-Ich und Autor-Ich, sondern wird als Semiose, als unendliche Spur einer Über- und Fortschreibung immer schon vorhandener Sinnstrukturen dargestellt, in die das Ich eingebettet ist. Vor diesem Hintergrund setzt Doubrovsky den Kontrollverlust über die Bedeutung seines Textes literarisch in Szene; Djebar und Meddeb umschreiben ihre autobiographischen Texte jeweils als Palimpsest historisch-kultureller Schichten, während Robbe-Grillet die Verwebung des Ich-Erzählers mit dem Trugbild "Corinthe" spielerisch in immer neuer, unendlicher Variation vorführt. Die Texte fördern keine "tiefe" Bedeutung zutage, sondern entfalten Sinn als Prozessualität, die sich nur räumlich auf dem Papier manifestiert.[219] *Sinn* besteht hier nicht in einer Wahrheit hinter den Zeichen des Textes, sondern entfaltet sich mit jeder Durchquerung der Zeichenstruktur neu und anders, d.h. im Rahmen eines nie abschließbaren Prozesses:

> Eine Lektüre, die dieser prinzipiellen Nicht-Identität der Bedeutungen Rechnung trägt und darauf verzichtet, sie in einem umgreifenden Sinn-Horizont einzufrieden, wäre *disseminal*. (Frank [2]1984: 602)

Die Autoren artikulieren ihr Wirklichkeitsverständnis, indem sie dabei Fiktionalität zum obersten Textprinzip erklären und den Begriff der Fiktion aus seiner traditionellen binären Verankerung reißen. Damit verhindern sie eine Bewertung von Texten nach Wahrheitskriterien sowie die – in der Geschichte des Begriffs geläufige – Abwertung fiktionaler Strukturen:

> After all, if there is nonfiction there also is fiction, its other, its opposite. In this relation, fiction begins to take on the connotations that have given it a bad reputation with philosophers from Plato to John Searle, connotations of duplicity, dissimulation, veiling, and perhaps outright lying. (Hite 1991: XIV)

---

219 Frank umschreibt Bedeutungskonstitution im postmodernen Verständnis als unendliche, stets misslingende Rückfaltung: "Aber nun fälteln sie sich und zeigen, ohne ihre semantische Identität dabei zu erreichen, auf sich selbst; und das ist eine Erfahrung, die sie nur ästhetisch beurteilen und ästhetisch bewähren und verifizieren können" (Frank [2]1984: 600).

Auf der Basis eines postmodernen bzw. postkolonialen Textverständnisses werden Wirklichkeit und Imagination, Referenzialität und Fiktionalität nicht mehr gegeneinander ausgespielt, sondern stellen *ein* Bedingungsgefüge dar, welches nur durch eine Offenlegung der Vertextungsverfahren darstellbar ist. Die mit der Vertextung einhergehende Transformation biographischer Referenzen wird, als Fiktionalisierung umschrieben, nun ins Zentrum der literarischen Auseinandersetzung gerückt. "Fiktionalität" beinhaltet damit nicht mehr nur die intentionale Modellierung von Welt – dies implizierte weiterhin die Möglichkeit eines unverfälschten Zugangs –, sondern bezeichnet eine der Existenzweisen des Wirklichen. Die für das Genre der Autobiographie konstitutive, zumindest rhetorisch stets postulierte Referenzialität wird dabei in ihrer Einseitigkeit ebenso in Frage gestellt wie die Existenz "reiner" Fiktionalität. Realität und Text sind unaufhebbar miteinander verwoben, wobei die Textualität den Zugang zu Referenz und Welt erst schafft: Die Wirklichkeit ist nicht gegeben, sondern konstituiert sich im Blick des Betrachtenden. Dabei verwischt eine zeitliche Verschiebung die Übergänge, der Autor ist gleichermaßen Subjekt und Objekt seines Diskurses. Eine an außertextuellen Maßstäben orientierte Bewertung des Textes, seine Unterwerfung unter normative Wahrheitskriterien erscheint damit unmöglich, da die Größe Wahrheit stets dynamisch und Produkt einer bestimmten Diskursivierung ist.

Die Opposition zwischen fiktionalen und referenziellen Bezügen wird in die Sprache selbst verlegt und manifestiert sich im Prinzip der Verdoppelung von Referenzialität und rhetorischer Figuration bei de Man (vgl. 2.3.2) bzw. von An- und Abwesendem bei Bhabha (1997: 106f.). Die symbolische Ordnung wird als genuiner Ort der Wirklichkeitskonstitution markiert, in dem die Bereiche von Wirklichkeit und Fiktion ineinander übergehen. Soziale und psychische Realitäten lassen sich nicht in den Text übersetzen, sondern werden im Rahmen einer textuellen Struktur erst zugänglich, womit sich gerade die Vorstellung eines "ungestörten" transparenten Bezugs von sprachlichen Zeichen auf Wirklichkeit, etwa die Vita eines Autors, als irreal erweist.

Mit der Umformulierung des repräsentationslogischen in einen transgressiven Textbegriff erfährt auch das Konzept der Mimesis eine Umdeutung.[220] Die Struktur der auf Aristoteles zurückgehenden Vorstellung einer künstlerischen *Nach*bildung von Wirklichkeit wird nun umgekehrt: Der Autor versucht, sein Leben nicht mehr nachzubilden, sondern bekennt sich zu dessen Undeutbarkeit und verweist auf die sprachliche Produktion der jeweiligen Referenzen. Auf dieser Umkehrung beruht auch de Mans Konzept einer De*konstruktion* der Autobiographie:

> And since the mimesis here assumed to be operative is one mode of figuration among others, does the referent determine the figure, OR IS IT THE OTHER WAY AROUND: is the illusion of reference not a correlation of the structure of the figure that is to say no

---

[220] Auch andere Konzepte, die die Existenz eines Originals negieren, wie Baudrillards *Simulation* oder Deleuzes *répétitions* beschreiben Alternativen zum traditionellen Mimesis-Verständnis. Sie inszenieren die paradoxale Vorstellung einer Kopie ohne Original und verabschieden damit nicht nur die Mimesis im Sinne von *Nach*ahmung, sondern auch die binäre Unterscheidung von Kunst und Wirklichkeit.

longer clearly and simply a referent at all but something more akin to fiction which then, however, in its own turn, acquires a degree of referential productivity? (de Man 1979: 920f., m.H.)

Wenn Referenzen, wie de Man meint, überhaupt nur als Korrelate von Zeichen existieren können, muss demzufolge auch die Mimesis jenseits der traditionellen Repräsentationslogik gedacht und umformuliert werden.[221] Mimikry etwa (A. de Toro 1999a: 47f.) wäre ein derartiges Konzept, mit dem sich die Entfaltung des Realen im transgressiven Text fassen ließe.[222] Das autobiographische Ich imitiert seine eigene diskursive Beschaffenheit, indem es sich den Text gewissermaßen als tarnende Maske überstülpt und seine Unverfügbarkeit durch die Einverleibung sprachlicher Zeichen kompensiert, wobei die Grenzen zwischen den angeeigneten Symbolen und dem Ich fließend werden. Der Verlust eines dem Text vorgängigen und ursprünglichen Ich ist die Voraussetzung für Mimikry als einer Umformulierung des traditionellen Mimesisbegriffs:

> Der Abstand zwischen mimetischer und vorhergehender Welt, das Dazwischen, hört auf zu bestehen, wenn Mimesis allumfassend wird und die mimetische mit der anderen Welt zusammenfällt. Die totale Ausdehnung von Mimesis ist zugleich ihr Ende. (Gebauer/ Wulf ²1998: 437)

Mimikry negiert das mit einer binären Struktur von Wirklichkeit und Fiktion implizierte Original. Ohne Fixierung eines Bezugspunktes werden jedoch Original und Repräsentation bzw. Fälschung ununterscheidbar und die Opposition Referenzialität – Fiktionalität löst sich auf. Diesem Prinzip von Mimikry folgend, können postmoderne und postkoloniale Autobiographien weder Wahrheit noch Lüge artikulieren, sondern entfalten eine Schrift der unendlich fortlaufenden Ersetzung eines stets entzogenen, undeutbaren Ich. Die Autoren thematisieren daher den Schreibakt als den genuinen Ort ihrer Selbst-Konstitution.

Damit wird eine "komplexe[n] Wiederherstellung der Identität im Werden selbst des autobiographischen Kunstwerks" (Picard 1978: 111) unmöglich und biographische Identität vermag sich nicht mehr durch die Identifizierung einer empirischen Persönlichkeit mit dem Text-Ich zu entfalten. Eine Selbstidentität, die *wieder* hergestellt werden kann, muss jenseits des Textes ihre Begründung haben. Diese Vorstellung von Identität wird jedoch in den hier analysierten Texten negiert, "Identität" ist vielmehr eine Erfindung (Imagination, Fiktion) des Schreibenden und wird somit dekon-

---

221 Diese Umwertung widerspricht nicht unbedingt der Aristotelischen Mimesis-Konzeption, wenn man diese im weitesten Sinn auch als Erfindung des Möglichen nach Wahrscheinlichkeit und Notwendigkeit oder als eine anthropologische Konstante interpretiert (vgl. Gebauer/Wulf ²1998).

222 "Mimikry" (frz. *mimétisme*) wurde in Anlehnung an biologische Terminologie geprägt und ist vor allem in Lacans Untersuchungen zur Wahrnehmung präsent. Sie bezeichnet die motivierte Übernahme von Eigenschaften oder Verhaltensmustern (Signalfälschung), in deren Verlauf Eigenes und Fremdes ineinander übergehen.

*struiert.*²²³ Anstelle der Konsolidierung von Identität im Sinne einer Annäherung von Text-Ich und Autor-Ich, reflektieren postmoderne und postkoloniale Texte die spezifischen Diskursformen, in denen sich individuelle und kollektive Historie erst zu konstituieren vermag.

Im Unterschied zum traditionellen Autobiographen inszenieren die zeitgenössischen Autoren das unerfüllbare Begehren nach Identität, indem sie – eine reale Erfahrung fortschreibend – ihre stete Verkennung im Text vorführen. So bleibt die *écriture* das Refugium und ein letzter Versuch, zumindest das Scheitern einer deutenden Gewinnung des Selbst zu artikulieren. Derart beschreibt A. de Toro (1999a: 36f.) das Problem von Identität – im Kontext der Postkolonialismusdebatte in Lateinamerika – nicht mehr als Strategie einer Ab- und Ausgrenzung des Anderen, sondern vielmehr als Suche, sich der vereinnahmenden Repräsentation zu entziehen, "de ser re-conocido, de obtener una voz y un espacio" und lehnt einen essenzialistischen Begriff von Identität – "aquella que se define frente a otro, o mejor dicho, contra (y no ante) otro, excluyendo al otro y marcando su desigualdad", die stets mit der Ausübung von Macht und mit der Abwertung des Anderen verbunden war, folgerichtig ab.²²⁴ In postkolonialen Texten erfolgt eine Umformulierung traditioneller, auf Abgrenzung gerichteter Identitätsstrategien zu subversiven, d.h. auch Machtansprüche aushöhlenden Formen der Identitätskonstitution. Wird der Text zum genuinen Ort der Repräsentation von Identität, gibt es keine verfestigten Strukturen mehr, die die Überlegenheit bzw. den Herrschaftsanspruch über andere legitimierten. Aus dieser postkolonialen Perspektive auf das Konzept der Identität erweist sich die scheinbare Überlegenheit von Kolonisatoren und der daraus gewonnene Hegemonie-Anspruch als bloßes Konstrukt, dessen diskursive Gewinnung nicht reflektiert wird und daher eine kulturelle Differenz als Ausschluss- und Kontrastprogramm produziert.

Da das Ich jenseits von Diskursen nicht zugänglich ist, sind referenzieller und fiktionaler Zugang lediglich gradual unterscheidbare diskursive Möglichkeiten seiner Konstitution. Genau genommen muss auch Referenzialität in ihrer sprachlichen Beschaffenheit reflektiert werden, die einen "reinen" Weltzugang zur Illusion macht. Dennoch wird damit die Wirklichkeit keinesfalls ausgeschaltet: Gerade in der Textualität spiegelt sich ein unaufhebbarer und vielschichtiger Bezug zur Welt bzw. wird er dort erst hergestellt, wie Finck treffend formuliert:

> Die postmoderne Aufmerksamkeit für textuelle Phänomene hat die Wirklichkeit nicht aus den Augen verloren; sie wirft, indem sie auf der unauflösbaren Verwobenheit von Textualität und Realität besteht, gerade den Blick darauf. (Finck 1999: 15)

---

223 Die Kritik an einem unreflektierten Identitätsverständnis gilt dabei weniger den Autobiographen als vielmehr Autobiographie-Theoretikern wie Lejeune, die das Genre an die Herstellung einer Identität knüpfen und den autobiographischen Schreibakt als teleologische Suche nach einem dem Text vorausgehenden Selbst erfassen.

224 A. de Toro erwähnt das Beispiel von Taussig (1997: 134f.) der Cuna-Indianer, die ihre Identität gerade durch die Einbindung fremder Elemente über den Wandel hinweg zu bewahren verstehen.

Die Mechanismen der Vertextung sichtbar zu machen, erweist sich als letzte Möglichkeit von Aufrichtigkeit, die darin besteht, die Zeichenhaftigkeit des Wirklichen, das Wirkliche als Reise durch die Zeichen ohne semantischen End- und Zielpunkt zu vermitteln. Diese paradoxe Dimension des autobiographischen Schreibens, dass sich die Substanz des Ich stets entzieht und nur aufgrund dieser Abwesenheit eine Suche nach dem Ich überhaupt in Gang gesetzt wird, machen die dargestellten postmodernen und postkolonialen Konzepte der Autobiographie exemplarisch sichtbar.

Während die klassische Hermeneutik das Genre der Autobiographie als Gipfel der Einheit von Individuellem und Allgemeinem verstanden hat,[225] wird nunmehr deren Verlässlichkeit hinterfragt sowie die diskursive Konstitution von Wirklichkeit(en) reflektiert und zum Gegenstand der literarischen Auseinandersetzung – nicht nur der autobiographischen – erhoben. Vor dem Hintergrund einer Tradition, die zwischen Autobiographie und Roman zu unterscheiden gewohnt war, haben sich gängige Bezeichnungen wie "fiktionale Autobiographie", "fiktionalisierte Autobiographie" (u.a. Spiller 1983: 8), "autobiographischer Roman" oder "Semi-Autobiographie" (von Wiese 1989: 844) herausgebildet, die jedoch – auffällig ist ihre Häufung in Bezug auf maghrebinische Texte – vielmehr ein Indiz für die Verwischung konventioneller Genregrenzen sind. Die in den Texten angegebenen Untertitel "Roman" oder "Romanesques"[226] deuten nicht auf einen traditionellen Romandiskurs hin, sondern dienen der Inszenierung einer unauflösbaren Verquickung von Referenzialität und Fiktionalität.

Postkoloniale wie postmoderne Texte sind ausgehend von den hier problematisierten diskursiven Merkmalen autobiographisch *und* fiktional zugleich. Mit der dargestellten Umformulierung erkenntnistheoretischer Grundlagen und dem Wandel des Literaturbegriffs geht auch ein Paradigmenwechsel des autobiographischen Schreibens einher. Im Anschluß an die gewandelte Subjekt- und Sprachvorstellung werden die literarischen Konzepte Mimesis, Fiktion, Gattung und Genre jenseits binärer Opposition als transgressive Formen entworfen und neu formuliert. *Sinn*, so scheint es, ist weder in Bezug auf eine dem Text vorausgehende Wirklichkeit oder den Autor fixierbar, sondern erweist sich für den Autor selbst als immer wieder neu im Rahmen von Diskursen zu gewinnende Größe und damit immer auch als Resultat von deren jeweils spezifischen Mechanismen.

---

225 Namentlich Dilthey, für den die Autobiographie das Paradigma geisteswissenschaftlichen Verstehens schlechthin darstellte, das zugleich Zugang zur Geschichte und ihr historisches Verständnis ermöglichte (Müller 1976: 10).

226 Bei den Texten von Djebar und Meddeb ist jeweils der französische Verlag dafür verantwortlich.

9. BIBLIOGRAPHIE

Abdel-Jaouad, Hédi. (1991): "The Dialectics of the Archaic and the Postmodern in Maghrebian Literature Written in French", in: *Studies in Twentieth Century Literature* 15:1 (Winter) 59-76.
----. (1987/88): "L'amour, la fantasia: Autobiography as fiction", in: *Revue Celfan/ Celfan Review* 7:1/2, 25-29.
----. (1985): "Tradition and Modernity in Meddeb's Talismano", in: *Revue Celfan/ Celfan Review* 4:2 (Febr.) 7-10.
Allemand, Roger-Michel. (1991): *Duplications et duplicité dans les Romanesques d'Alain Robbe-Grillet*. Paris: Lettres Modernes (Archives des Lettres Modernes 250).
Arend, Elisabeth. (1998): *"translated men – récits de traduction*. Abdelkébir Khatibi und die Literaturgeschichtsschreibung der Maghrebliteratur im Zeichen des Postkolonialismus", in: dies./Fritz Peter Kirsch. (Hg.): *Der erwiderte Blick: Literarische Begegnungen und Konfrontationen zwischen den Ländern des Maghreb, Frankreich und Okzitanien/Regards sur le Maghreb, regards sur la France*. Würzburg: Königshausen & Neumann, 137-160.
Assmann, Aleida. (1991): "Zur Metaphorik der Erinnerung", in: dies./Dietrich Harth (Hg.): *Mnemosyne. Formen und Funktionen der kulturellen Erinnerung*. Frankfurt/M.: Fischer Tb, 13-35.
----. (1991a): "Kultur als Lebenswelt und Monument", in: dieselb./ Dietrich Harth (Hg.): *Kultur als Lebenswelt und Monument*. Frankfurt/M.: Fischer Tb, 11-25.
----. (1994): "Schriftkritik und Schriftfaszination. Über einige Paradoxien im abendländischen Medienbewußtsein", in: Susi Kotzinger/Gabriele Rippl (Hg.): *Zeichen zwischen Klartext und Arabeske*. Amsterdam: Rodopi, 327-336.
Barthes, Roland (1975): *Roland Barthes par Roland Barthes*. Paris: Seuil.
----. (1970): *S/Z*. Paris: Seuil.
----. (1994): "La mort de l'auteur", in: ders.: *Œuvres complètes*. Band II. Paris: Gallimard, 491-495.
Bénard, Johanne. (1991): "Le contexte de l'autobiographie", in: *Recherches sémiotiques/Semiotic Inquiry* 11: 1, 71-86.
Bengio, Abraham. (1981): "Proust y la subversión de la autobiografía", in: *Quimera* 5, 31-32.
Bhabha, Homi K. (1994): *The location of culture*. London: Routledge.
----. (1997): "Die Frage der Identität", in: Elisabeth Bronfen (Hg.): *Hybride Kulturen: Beiträge zur anglo-amerikanischen Multikulturalismusdebatte*. Tübingen: Stauffenburg, 97-122.
Blüher, Karl-Alfred. (1992) Hg.: *Robbe-Grillet zwischen Moderne und Postmoderne. 'Nouveau Roman', 'Nouveau Cinéma' und 'Nouvelle Autobiographie'*. Tübingen: Narr.

Bonn, Charles. (1999): "Le personnage décalé, l'ici et l'ailleurs dans le roman maghrébin francophone", in: Jean Bessière/Jean-Marc Moura (Hg.): *Littératures postcoloniales et représentations de l'ailleurs. Afrique, Caraïbe, Canada.* Paris: Honoré Champion, 125-138.
----. (1996): "L'Autobiographie maghrébine et immigrée entre émergence et maturité littéraire, ou l'énigme de la reconnaissance", in: Martine Mathieu (Hg.): *Littératures autobiographiques de la Francophonie. Actes du Colloque de Bordeaux 21, 22 et 23 mai 1994.* Paris: L'Harmattan, 203-222.
----./Arnold Rothe. (1995) Hg.: *Littératures maghrébine et littérature mondiale.* Würzburg: Königshausen & Neumann.
Bougherara, Nassima. (1995): "Littérature algérienne au féminin", in: *Cahier d'Etudes Maghrébines. Zeitschrift für Studien zum Maghreb* 8, 186-191.
Bounfour, Abdallah. (1995): "Forme littéraire et représentation de soi: l'autobiographie francophone du Maghreb et l'autobiographie arabe du début du siècle", in: Charles Bonn/Arnold Rothe (Hg.): *Littératures maghrébine et littérature mondiale.* Würzburg: Königshausen & Neumann, 71-79.
Brée, Germaine. (1973): "Break-up of Traditional Genres: Bataille, Leiris, Michaux", in: *Bucknell Review* 21: 2, 3-13.
Brochier, Jean-Jacques. (1988): "Conversation avec Alain Robbe-Grillet", in: *Magazine Littéraire* 250 (Februar) 91-97.
Brodzki, Bella/Celeste Schenck. (1988) Hg.: *Life/Lines: Theorizing Women's Autobiographies.* Ithaca: Cornell UP.
Brütting, Richard. (1976): *'écriture' und 'texte'. Die französische Literaturtheorie nach dem Strukturalismus.* Bonn: Bouvier.
Bruss, Elizabeth W. (1976): *Autobiographical Acts: The Changing Situation of a Literary Genre.* Baltimore: John Hopkins UP.
Buisine, Alain. (1992): "Serge Doubrovsky ou l'autobiographie postmoderne", in: Alfred Hornung/Ernstpeter Ruhe et al. (Hg.): *Autobiographie & Avantgarde.* Tübingen: Narr, 159-168.
Calle-Gruber, Mireille. (1998): "Résistances de l'écriture ou l'ombilic de l'œuvre: À propos de *Vaste est la prison* d'Assia Djebar", in: Alfred Hornung/Ernstpeter Ruhe (Hg.): *Postcolonialisme & Autobiographie. Albert Memmi, Assia Djebar, Daniel Maximim.* Amsterdam/Atlanta GA: Rodopi, 137-148 (Studies in comparative literature 20).
----. (1990): "Assia Djebar à Heidelberg", in: *Cahier d'Etudes maghrébines* 2, 66-67.
----. (1989b): "Quand le nouveau roman prend le risque du romanesque", in: dies./ Arnold Rothe (Hg.): *Autobiographie et biographie. Colloque franco-allemand de Heidelberg.* Paris: Nizet, 185-199.
Calle-Gruber, Mireille/Arnold Rothe. (1989a) Hg.: *Autobiographie et biographie. Colloque franco-allemand de Heidelberg.* Paris: Nizet.
Chaulet-Achour, Christiane. (1996): "Autobiographies d'Algériennes sur l'autre rive: se définir entre mémoire et rupture", in: Martine Mathieu (Hg.): *Littératures autobiographiques de la francophonie. Actes du Colloque de Bordeaux 21, 22 et 23 mai 1994.* Paris: L'Harmattan, 291-308.

Clerc, Jeanne-Marie. (1997): *Assia Djebar. Écrire, Transgresser, Résister*. Paris: L'Harmattan.
Coenen-Mennemeier, Brigitta. (1996): *Nouveau Roman*. Stuttgart: Metzler.
Colonna, Vincent. (1989): *Autofiction: Essai sur la fictionalisation de soi en littérature*. Thèse, Doctorat de l'E.H.E.S.S., 34-40 [Mikrofiche].
Compain, Frédéric. (1999): "Alain Robbe-Grillet", Film (AMIP-France 3).
Corbineau-Hoffmann, Angelika. (im Druck): "Manie des Bekennens: Michel Leiris, *L'age d'homme* und die neue Autobiographie", in: Alfonso de Toro/Claudia Gronemann (Hg.): *Theorie und Praxis neuer autobiographischer Formen*. Frankfurt/M.: Vervuert.
Dällenbach, Lucien. (1977): *Le récit spéculaire. Essai sur la mise en abyme*. Paris.
Darrieussecq, Marie. (1996): "L'autofiction, un genre pas sérieux", in: *Poétique* 107 (Sept.) 369-380.
de Man, Paul. (1988): *Allegorien des Lesens*. Frankfurt/M.: Suhrkamp.
----. (1979): "Autobiography as De-Facement", in: *Modern Language Notes* 94, 919-930.
Déjeux, Jean. (1996): "Au Maghreb, la langue française 'langue natale du Je'", in: Martine Mathieu (Hg.): *Littératures autobiographiques de la francophonie. Actes du Colloque de Bordeaux 21, 22 et 23 mai 1994*. Paris: L'Harmattan, 181-193.
----. (1991): "L'émergence du 'Je' dans la littérature maghrébine de langue française", in: Mouralis, Bernard (Hg.): *Autobiographies et récits de vie en Afrique*. Paris: L'Harmattan, 23-29 (Itinéraires et Contacts de cultures, 13).
----. (1984): *Assia Djebar. Romancière algérienne, cinéaste arabe*. Sherbrooke/ Québec: Ed. Naaman.
Derrida, Jacques. (1999): *D'ailleurs, Derrida*. (Film von Safaa Fathy).
----. (1996): *Le monolinguisme de l'autre ou la prothèse d'origine*. Paris: Galilée (Incises).
----. (1986): "La loi du genre", in: *Parages*. Paris: Éd. Galilée, 251-287.
----. (1980): "Nietzsches Otobiographie oder die Politik des Eigennamens", in: Manfred Frank/Friedrich A. Kittler/Samuel Weber (Hg.): *Fugen. Deutsch-Französisches Jahrbuch für Text-Analytik*. Olten/Freiburg, 64-98.
----. (1980a): *La carte postale de Socrate à Freud et au-delà*. Paris: Flammarion.
----. (1972): *La dissémination*. Paris: Seuil/Points.
----. (1972a): "Signature événement contexte", in: ders.: *Marges de la philosophie*. Paris: Minuit, 365-393.
----. (1967): *De la grammatologie*. Paris: Seuil.
----. (1967a): "La structure, le signe et le jeu", in: ders.: *L'écriture et la différence*. Paris: Seuil/Points, 409-428.
Dilthey, Wilhelm. (^{2}1958): "Das Erleben und die Selbstbiographie", in: Bernhard Groethuysen (Hg): *Wilhem Dilthey: Gesammelte Schriften*. Bd. 7, Leipzig/Berlin: Teubner, 196-204.
Djebar, Assia. (1999): *Ces voix qui m'assiègent... en marge de ma francophonie*. Paris: Albin Michel.

Djebar, Assia. (1998): "Lecture: Violence de l'autobiographie", in: Alfred Hornung/ Ernstpeter Ruhe (Hg.): *Postcolonialisme & Autobiographie. Albert Memmi, Assia Djebar, Daniel Maximim.* Amsterdam/Atlanta GA: Rodopi (Studies in comparative literature 20), 89-96.
----. (1996a): *Le Blanc de l'Algérie.* Paris: Albin Michel.
----. (1996b): "Schreibende Frauen in der maghrebinischen Literatur", in: Regina Keil (Hg.): *Der zerrissene Schleier. Das Bild der Frau in der algerischen Gegenwartsliteratur.* Protokoll der Tagung 97, 15.-17.09.1995. Evangelische Akademie Iserlohn, 191-197.
----. (1996c): "Mon besoin de cinéma", in: Sada Niang (Hg.): *Littérature et cinéma en Afrique francophone: Ousmane Sembène et Assia Djebar.* Paris: L'Harmattan, 231-237.
----. (1995): *Vaste est la prison.* Paris: Albin Michel.
----. (^{2}1995): *L'amour, la fantasia.* Paris: Albin Michel.
----. (1994): "Das Gedächtnis einer Frau umspannt Jahrhunderte. Ein Interview mit Assia Djebar", in: *Die Frauen von Algier.* München: Heyne, 207-233.
----. (1993a): "Pourquoi j'écris", in: Ernstpeter Ruhe (Hg.): *Europas islamische Nachbarn. Studien zur Literatur und Geschichte des Maghreb.* Würzburg: Königshausen & Neumann, 9-24.
----. (1993b): "La langue dans l'espace ou l'espace dans la langue", in: *Mises en scène des écrivains: Assia Djebar, Nicole Brossard, Madelaine Gagnon, France Théoret.* Sainte-Foy: Le Griffon d'argile, 15-17.
----. (1991): *Loin de Médine. Filles d'Ismaël.* Paris: Albin Michel.
----. (1990a): "Entre parole et écriture", in: *Cahier d'Etudes maghrébines* 2, 68-70.
----. (1990b): "Le risque d'écrire", in: *Cahier d'Etudes maghrébines* 2, 71-73.
----. (1990c): "Assia Djebar aux étudiants de l'Université à Cologne", in: *Cahier d'Etudes maghrébines* 2, 74-79.
----. (1990d): "Interview avec Assia Djebar à Cologne", in: *Cahier d'Etudes maghrébines* 2, 80-83.
----. (1990e): "Assia Djebar: Conversation avec Michael Heller", in: *Cahier d'Etudes maghrébines* 2, 84-90.
----. (1987): *Ombre sultane.* Paris: C. Lattès.
----. (1985): "Du français comme butin", in: *La Quinzaine littéraire* 436 (16.-31. März) 25.
----. (1980): *Femmes d'Alger dans leur appartement. Nouvelles. Préface et postface de l'auteur.* Paris: Des Femmes.
Donadey, Anne. (1998): "Elle a rallumé le vif du passé": L'écriture-palimpseste d'Assia Djebar", in: Alfred Hornung/Ernstpeter Ruhe (Hg.): *Postcolonialisme & Autobiographie. Albert Memmi, Assia Djebar, Daniel Maximim.* Amsterdam/ Atlanta GA: Rodopi, 101-115 (Studies in comparative literature 20).
----. (1993): "Assia Djebars Poetics of Subversion", in: *L'Esprit Créateur* 33:2, 107-117.
Doubrovsky, Serge/Jacques Lecarme/Philippe Lejeune. (1993) Hg.: *Autofictions & Cie.* Nanterre: Université Paris X (Centre de Recherches Interdisciplinaires sur les Textes modernes, 6).

Doubrovsky, Serge. (1999): *Laissé pour conte*. Paris: Grasset.
----. (1999a): "Entretien avec Serge Doubrovsky, à l'occasion de la parution de *Laissé pour conte*", www.artsweb.bham.ac.uk/artsFrenchStudies/sergedou/intervw.htm.
----. (1999b): "Entretien avec Serge Doubrovsky", www.chapitre.com/plus/revues/nrventre.htm.
----. (1994): *L'Après-Vivre*. Paris: Grasset.
----. (1993): "The Fact is That Writing is a Profoundly Immoral Act" (Interview), in: *Genre* XXVI, 43-49.
----. (1993a): "Textes en main", in: ders./Jacques Lecarme/Philippe Lejeune (Hg.): *Autofictions & Cie*. Nanterre: Université Paris X, 207-217 (Centre de Recherches Interdisciplinaires sur les Textes modernes, 6).
----. (1992): "Introduction à la lecture", in: Alfred Hornung/Ernstpeter Ruhe et al. (Hg.): *Autobiographie & Avantgarde*.Tübingen: Narr, 133-134.
----. (1991): "Sartre: autobiographie/autofiction", in: *Revue des Sciences Humaines* LXXXXVIII/224 (Okt.-Dez.) 17-26.
----. (1989): *Le Livre Brisé. Roman*. Paris: Grasset (Tb).
----. (1988): *Autobiographiques, de Corneille à Sartre*. Paris: PUF.
----. (1988a): "Autobiographie/vérité/psychanalyse", in: ders.: *Autobiographiques, de Corneille à Sartre*. Paris: PUF, 61-79.
----. (1986): "Sartre: Retouches à un autoportrait (une autobiographie visqueuse)", in: Claude Burgelin (Hg.): *Lectures de Sartre*. Lyon, 99-134.
----. (1985): *La vie l'instant. Roman*. Paris: Balland.
----. (1982): *Un Amour de Soi. Roman*. Paris: Hachette-Littérature (Tb).
----. (1980): "Autobiographie/Vérité/Psychanalyse", in: *Esprit créateur* 20, 3 (Herbst) 87-97.
----. (1979): "L'initiative aux maux: écrire sa psychanalyse", in: *Confrontation* 1, 95-113. [²1980 in: ders.: *Parcours critique, essais*. Paris: Galilée, 165-201].
----. (1980): *Parcours critique, essais*. Paris: Galilée.
----. (1977): *Fils. Roman*. Paris: Galilée (Tb).
----. (1974): *La Place de la Madelaine: Écriture et Fantasme chez Proust*. Paris: Mercure de France.
----. (1969): *La dispersion. Roman*. Paris: Mercure de France.
----. (1966): *Pourquoi la Nouvelle Critique*. Paris: Mercure de France.
----. (1963): *Le Jour S. Nouvelles*. Paris: Mercure de France.
----. (1963a): *Corneille et la dialectique du héros*. Paris: Gallimard.
Dubost, Jean-Pierre. (1994): "Zum Konzept der Ausstellung", in: ders./Vera Trost (Hg.): *Passagers de l'Occident. Maghrebinische Literatur in französischer Sprache*. Stuttgart: Württembergische Landesbibliothek, 9-11.
Duras, Marguérite (1984): *L'Amant*. Paris: Minuit.
Eakin, Paul John. (1990): "The referential Aesthetic of Autobiography", in: *Studies in the Literary Imagination* 23: 2 (Herbst) 129-144.
El Maouhal, Mokhtar. (1999): "Autour de l'autobiographie maghrébine", in: Charles Bonn (Hg.): *Nouvelles approches des textes littéraires maghrébins ou migrants*. Paris: L'Harmattan, 107-117.

Finck, Almut. (1999): *Autobiographisches Schreiben nach dem Ende der Autobiographie*. Berlin: Erich Schmitt Verlag.

----. (1995): "Subjektbegriff und Autorschaft: Zur Theorie und Geschichte der Autobiographie", in: Miltos Pechlivanos et al.: *Einführung in die Literaturwissenschaft*. Stuttgart: Metzler, 283-293.

Fischer-Lichte, Erika. (1999): "Für eine Ästhetik des Performativen", in: Eckart Goebel/Wolfgang Klein (Hg.): *Literaturforschung heute*. Berlin: Akademie Verlag, 221-28.

Flores, Andréa. (1999): "Rhizomes, corps et villes d'origine dans *Talismano* d'Abdelwahab Meddeb", in: Bonn, Charles (Hg.): *Nouvelles approches des textes littéraires maghrébins ou migrants*. Paris: L'Harmattan, 77-87.

Forget, Philippe. (1984) Hg.: *Text und Interpretation. Deutsch-französische Debatte von J. Derrida, Ph. Forget, M. Frank, H.-G. Gadamer, J.Greisch und F. Laruelle*. München: Fink.

Foucault, Michel. (1988): "Was ist ein Autor", in: ders.: *Schriften zur Literatur*. Frankfurt/M.: Fischer, 7-31.

----. (1981): *Archäologie des Wissens*. Übers. von Ulrich Köppen. Frankfurt/M.: Suhrkamp [*L'archéologie du savoir*. Paris: Gallimard 1969].

----. (1966): *Les mots et les choses. Une archéologie des sciences humaines*. Paris: Gallimard.

Frank, Manfred. (1989): "Das 'wahre Subjekt' und sein Doppel. Jacques Lacans Hermeneutik", in: ders.: *Das Sagbare und das Unsagbare: Studien zur deutsch-französischen Hermeneutik und Texttheorie*. Frankfurt/M.: Suhrkamp, 334-361.

----. (^{2}1984): *Was ist Neostrukturalismus?* Frankfurt/M.: Suhrkamp.

Friedrich, Hugo. (1956): *Die Struktur der modernen Lyrik. Von Baudelaire bis zur Gegenwart*. Reinbek: Rowohlt-Taschenbuch-Verlag.

Fuhrmann, Manfred. (1982) Hg.: *Aristoteles. Poetik*. Stuttgart: Reclam.

Gafaiti, Hafid. (1998): "L'autobiographie plurielle: Assia Djebar, les femmes et l'histoire", in: Alfred Hornung/Ernstpeter Ruhe (Hg.): *Postcolonialisme & Autobiographie. Albert Memmi, Assia Djebar, Daniel Maximim*. Amsterdam/ Atlanta GA: Rodopi, 149-159 (Studies in comparative literature 20).

Gebauer, Gunter/Christoph Wulf. (^{2}1998): *Mimesis: Kultur – Kunst – Gesellschaft*. Reinbek: Rowohlt-Taschenbuch-Verlag.

Geesey, Patricia. (1996): "Collective Autobiography: Algerian Women and History in Assia Djebar's *L'amour, la fantasia*", in: *Dalhousie French Studies* 35, 153-167.

----. (1991): *Writing the decolonized self: autobiographical narrative from the Maghreb*. Columbus: Ohio State University [Mikrofiches].

Gekle, Hanna. (1996): *Tod im Spiegel. Zu Lacans Theorie des Imaginären*. Frankfurt/M: Suhrkamp.

Genette, Gérard. (1993): *Palimpseste: Die Literatur auf zweiter Stufe*. Frankfurt/M.: Suhrkamp.

Glissant, Edouard. (1994): "Die Schrecken der Schrift", in: *Lettre International* 36 (Frühjahr) 36-37.

Görling, Reinhold. (1997): *Heterotopie: Lektüren einer interkulturellen Literaturwissenschaft.* München: Fink.
Gronemann, Claudia. (2000): "La langue – 'corps marchant' et protagoniste d'une autobiographie postcoloniale: La productivité et la structure nomade dans l'écriture d'Abdelwahab Meddeb", in: *Unité et diversité des écritures francophones: Quels défis pour cette fin de siècle?* Actes du Colloque International de l'AEFECO Leipzig, 30 mars-4 avril 1998. Leipziger Universitätsverlag, 467-487 (Cahiers Francophones d'Europe Centre-Orientale; 10).
----. (1999): "'Autofiction' und das Ich in der Signifikantenkette: Zur literarischen Konstitution des autobiographischen Subjekts bei Serge Doubrovsky", in: *Poetica* 31: 1/2, 237-262.
----. (1999a): "Croyant 'me parcourir', je ne fais que choisir un autre voile": Le jeu des discours dans l'autobiographie postcoloniale", in: Alfonso de Toro/Fernando de Toro (Hg.): *El debate de la postcolonialidad en Latinoamérica. Una postmodernidad periférica o cambio de paradigma en el pensamiento latinoamericano.* Frankfurt/M.: Vervuert, 363-380.
Grüter, Doris (1994): *Autobiographie und Nouveau Roman. Ein Beitrag zur literarischen Diskussion der Postmoderne.* Münster: LIT.
----. (1994a): "Autobiographie im Zeitalter des Mißtrauens: *Le miroir qui revient* von Alain Robbe-Grillet und *Livret de famille* von Patrick Modiano", in: Wolfgang Asholt (Hg.): *Intertextualität und Subversivität: Studien zur Romanliteratur der achtziger Jahre in Frankreich.* Heidelberg: Winter, 197-214.
Gusdorf, Georges. (1956): "Conditions et limites de l'autobiographie", in: Günter Reichenkron/Erich Haase (Hg.): *Formen der Selbstdarstellung. Analekten zu einer Geschichte des literarischen Selbstporträts. Festgabe für Fritz Neubert.* Berlin, 105-123.
----. (1989): "Voraussetzungen und Grenzen der Autobiographie", in: Günter Niggl (Hg.): *Die Autobiographie. Zu Form und Geschichte einer literarischen Gattung.* Darmstadt: WBG, 121-147.
Hamacher, Werner/Neil Hertz/Thomas Keenan (1988) Hg.: *Paul de Man: Wartime Journalism 1939-43.* Lincoln: University of Nebraska Press.
Havercroft, Barbara. (1995): "Le discours autobiographique: enjeux et écarts", in: Lucie Bourassa (Hg.): *La discursivité.* Québec: Nuit blanche Éditeur, 155-184 (Les Cahiers du Centre de recherche en littérature québécoise).
----. (1995a): "L'éclatement du sujet dans la nouvelle autobiographie de Robbe-Grillet", in: Claude Filteau (Hg.): *Nouveaux Horizons Littéraires.* Paris: L'Harmattan, 33-41 (Itinéraires et contacts de cultures, 18-19).
Heller, Erdmute/Hassouna Mosbahi. (1997): *Hinter den Schleiern des Islam. Erotik und Sexualität in der arabischen Kultur.* München: DTV.
Heller, Erdmute. (2000): "Halluzinationen am Toten Meer. Wo die Vergangenheit allgegenwärtig ist: Mit Aischa, Yussuf und Khaldun eintauchen in die Mythen und Legenden einer großen Geschichte", in: *Süddeutsche Zeitung* 214 (16./17. Sept. 2000) III.

Heller-Goldenberg, Lucette. (1995): *Femmes du Maghreb*. Universität Köln (Cahier d'Études Maghrébines. Zeitschrift für Studien zum Maghreb, 8).

Hempfer, Klaus W. (1973): *Poststrukturale Texttheorie und narrative Praxis. Tel Quel und die Konstitution eines Nouveau Nouveau Roman*. München: Fink.

Hite, Molly. (1991): "Foreword", in: Janice Morgan/Colette T. Hall (Hg.): *Redefining Autobiography in Twentieth-Century Women's Fiction. An Essay Collection*. New York: Garland Publishing, XIII-XVI (Gender & genre in literature, 3).

Höfner, Eckhard. (1980): *Literarität und Realität: Aspekte des Realismusbegriffs in der französischen Literatur des 19. Jahrhunderts*. Heidelberg: Winter.

Hornung, Alfred/Ernstpeter Ruhe et al. (1992) Hg.: *Autobiographie & Avantgarde*. Tübingen: Narr.

----. (1998) Hg.: *Postcolonialisme & Autobiographie. Albert Memmi, Assia Djebar, Daniel Maximim*. Amsterdam/Atlanta GA: Rodopi (Studies in comparative literature 20).

----. (1999) Hg.: *Postcolonialism & Autobiography*. Amsterdam/Atlanta GA: Rodopi.

Houppermans, Sjef. (1993): *Alain Robbe-Grillet Autobiographe*. Amsterdam: Rodopi.

Ireland, John. (1993): "Introduction: Monstrous writing", in: *Genre* XXVI (Frühjahr) 1-11.

Iser, Wolfgang. (^{2}1993): *Das Fiktive und das Imaginäre. Perspektiven literarischer Anthropologie*. Frankfurt/M.: Suhrkamp.

----. (1972): *Der implizite Leser. Kommunikationsformen des Romans von Bunyan bis Beckett*. München: Fink.

Jaccomard, Hélène. (1993): "Que brise le livre brisé de Doubrovsky?", in: *Littérature* 92, 37-51.

----. (1993a): *Lecteur et lecture dans l'autobiographie française contemporaine*. Genève: DROZ.

Jay, Paul. (1987): "What's the Use? Critical Theory and the Study of Autobiography", in: *Biography: An Interdisciplinary Quarterly* 10: 1 (Winter) 39-54.

----. (1982): "Being in the Text: Autobiography and the Problem of the Subject", in: *Modern Language Notes* 97, 1045-1063.

Jegham, Najeh. (1999): "L'homme texte dans l'écriture d'Abdelwahab Meddeb", in: Charles Bonn (Hg.): *Nouvelles approches des textes littéraires maghrébins ou migrants*. Paris: L'Harmattan, 89-103.

Jouan-Westlund, Annie. (1997): "Serge Doubrovsky's autofiction: 'De l'autobiographie considérée comme une tauromachie'", in: *Sites: The Journal of 20th Century French Studies/Revue d'études françaises* 1: 2 (Herbst) 415-431.

Kadar, Marlene. (1992) Hg.: *Essays on Life Writing: From Genre to Critical Practice*. Toronto: University of Toronto Press.

Kadir, Djelal. (1995): "Excursus: What are we after", in: Alfonso de Toro/Fernando de Toro (Hg.): *Borders and Margins: Post-Colonialism and Post-Modernism*. Frankfurt/M.: Vervuert, III-X.

Kailuweit, Rolf. (1998): "Iterum de scriptura: Sprachwissenschaftliche Überlegungen im Anschluß an die Polemik Derrida-Searle", in: *Kodikas/Code. Ars Semeiotica* 21: 3/4, 333-340.

Kaplan, Alice. (1997): "Paul de Man et l'autobiographie", in: Philippe Lejeune (Hg.): *L'Autobiographie en procès. Actes du Colloque de Nanterre (Oct. 1996).* Nanterre: Université Paris X, 129-141.
Keil, Regina. (1996): "Schreiben im Spagat: Assia Djebar", in: dies. (Hg.): *Der zerrissene Schleier. Das Bild der Frau in der algerischen Gegenwartsliteratur.* Protokoll der Tagung 97, 15.-17.09.1995. Evangelische Akademie Iserlohn, 174-190.
----. (1994): "Das Paradies zu den Füßen der Mütter...? Über Literaturfrauen und Frauenliteratur im Maghreb", in: Jean-Pierre Dubost/Vera Trost (Hg.): *Passagers de l'Occident. Maghrebinische Literatur in französischer Sprache.* Stuttgart: Württembergische Landesbibliothek, 141-158.
----. (1989): "Vorwort", in: *Hanîn. Prosa aus dem Maghreb.* Heidelberg: Wunderhorn, IX-XXXIII.
Kelly, Dorothy. (1985): "The Cracked Mirror. Roland Barthes' Anti-Autobiography", in: *Autobiography in French Literature.* Columbia UP, 34-56 (French Literature Series, 12).
Khatibi, Abdelkebir. (^{2}1986): "Le tracé calligraphique", in: ders.: *La blessure du nom propre.* Paris: Denoël, 175-209.
----. (1983): "Bilinguisme et littérature", in: ders.: *Maghreb pluriel.* Paris: Denoël, 179-207.
----. (^{2}1979): *La mémoire tatouée.* Paris: Les Lettres Nouvelles.
Kingcaid, Renée A. (1993a): "Serge Analysan...", in: *Genre* XXVI, 51-83.
Kirsch, Fritz Peter. (1992): "Literaturen des Maghreb in französischer Sprache", in: Walter Jens (Hg.): *Kindlers Neues Literaturlexikon.* Bd. 19. München: Kindler, 1046-1051.
Kohl, Stephan. (1977): *Realismus: Theorie und Geschichte.* München: Fink.
Krahl, Günther/Gharieb Mohamed Gharieb. (1986): *Wörterbuch arabisch-deutsch.* Leipzig: Verlag Enzyklopädie.
Kreutzer, Eberhard. (1998): "Theoretische Grundlagen postkolonialer Literaturkritik", in: Ansgar Nünning (Hg.): *Literaturwissenschaftliche Theorien, Modelle und Methoden: Eine Einführung.* Trier: Wissenschaftsverlag Trier, 199-213.
Kristeva, Julia. (1969): "Le mot, le dialogue et le roman", in: dies.: *Semeiotike: Recherches pour une semanalyse. Essais.* Paris: Seuil, 143-173 (Collection Tel Quel).
----. (1968): "La productivité dite texte", in: *Communications* 11, 59-83.
Lacan, Jacques. (1978): *Le Séminaire.* Livre II. Paris. Seuil.
----. (1966): *Écrits I/II.* Paris: Seuil.
Lachmann, Renate. (1997): "Kalligraphie, Arabeske, Phantasma. Zur Semantik der Schrift in Prosatexten des 19. Jahrhunderts", in: *Poetica* 29/3-4, 455-498.
Landry, Donna/Gerald MacLean. (Hg.): *The Spivak Reader.* London/N.Y.: Routledge.
Lecarme, Jacques. (1995): "Un nouvel horizon de l'autobiographie: de l'autofiction à la non-fiction", in: Claude Filteau (Hg.): *Nouveaux Horizons littéraires.* Paris: L'Harmattan, 43-50. (Itinéraires & Contacts de Cultures, 18-19).

Lecarme, Jacques. (1993): "L'autofiction: un mauvais genre?", in: Serge Doubrovsky/Jacques Lecarme/Philippe Lejeune (Hg.): *Autofictions & Cie*. Nanterre: Université Paris X, 227-249 (Centre de Recherches Interdisciplinaires sur les Textes modernes, 6).

Lecarme, Jacques/Bruno Vercier. (1989): "Premières personnes", in: *Le Débat* 54 (März-April) 54-67.

----. (1988): "La légitimation du genre", in: *Cahiers de Sémiotique Textuelle* 12, 21-39.

----. (1982): "Indécidables et autofictions", in: Bruno Vercier/Jacques Lecarme: *La littérature en France depuis 1968*. Paris: Bordas, 150-151.

Leiris, Michel. (1994): "Literatur als Stierkampf", in: ders.: *Mannesalter*. Frankfurt/M.: Suhrkamp, 7-22.

Leitgeb, Hanna/Brigitte Weingart. (2000): "Die geheime Sprache der algerischen Frauen. Ein Gespräch mit der Friedenspreisträgerin Assia Djebar", in: *Literaturen* 10, 40-44.

Lejeune, Philippe. (1997) Hg.: *L'Autobiographie en procès. Actes du Colloque de Nanterre (oct. 1996)*. Nanterre: Université Paris X (Centre de recherches interdisciplinaires sur les textes modernes 14).

----. (^{2}1996): *Le pacte autobiographique*. Paris: Seuil.

----. (1992): "Qu'est-ce qui ne va pas?", in: Madelaine Frédéric (Hg.): *Entre l'Histoire et le roman: la littérature personnelle*. Université Libre de Bruxelles, 47-75 (Centre d'Études canadiennes).

----. (1991): "Nouveau Roman et retour à l'autobiographie", in: Michel Contat: *L'Auteur et le manuscrit/ textes*. Paris: PUF, 51-70.

----. (1986): "Autobiographie, roman et nom propre", in: ders. *Moi aussi*. Paris: Seuil, 37-73.

----. (1980): *Je est un autre: l'autobiographie*. Paris: Seuil.

----. (1971): *L'Autobiographie en France*. Paris: Armand Colin.

Link-Heer, Ursula. (1988): *Prousts "A la recherche du temps perdu" und die Form der Autobiographie*. Amsterdam: Grüner (Beihefte zu Poetica, 18).

Lionnet, Françoise. (1996): "Logiques métisses: Cultural Appropriation and Postcolonial Representation", in: Mary-Jean Green/Karen Gould et al.: *Postcolonial Subjects: Francophone Women Writers*. Minneapolis: University of Minnesota Press, 321-343.

Lyotard, François. (1988): "Réécrire la modernité", in: ders.: *Réécrire la modernité. Les Cahiers de Philosophie* 5, 193-203.

Mathieu, Martine. (1996) Hg.: *Littératures autobiographiques de la francophonie. Actes du Colloque de Bordeaux 21, 22 et 23 mai 1994*. Paris: L'Harmattan.

McClintock, Anne. (1992): "The Angel of Progress: Pitfalls of the Term 'Post-Colonialism'", in: *Social Text* 10, 84-98.

McNeece, Lucy Stone. (1995): "Heterographies: Postmodernism and the crisis of the sacred in Maghreb Literature", in: *The Comparatist: Journal of the Southern Comparatist Literature Association* 19 (Mai) 60-75.

Mayer, Linda. (1994): "Darstellung des Islam in der frankophonen maghrebinischen Literatur", in: Jean-Pierre Dubost/Vera Trost (Hg.): *Passagers de l'Occident. Maghrebinische Literatur in französischer Sprache.* Stuttgart: Württembergische Landesbibliothek, 64-73.
Meddeb, Abdelwahab. (1994): "Europa als Extrem. Vom Tode Gottes im christlichen Europa und im Islam", in: *Lettre International* 25 (Sommer), 32-36.
----. (1994a): "Algerien. Hölle und Amnesie. Polyphone Vergangenheit und Verwaisung durch Islamisierung. Abdelwahab Meddeb im Gespräch mit Guy Scarpetta", in: *Lettre International* 51 (Winter) 50-52.
----. (1994b): "Schleier", in: Holger Fock et al.: *Zwischen Fundamentalismus und Moderne. Literatur aus dem Maghreb.* Reinbek: Rowohlt, 23-30 (Literaturmagazin 33).
----. (1993): "Entretien", in: Claude Ollier/Anne Roche: *Abdelwahab Meddeb.* Poitiers: Office du Livre Poitou-Charentes, 15-30.
----. (1993a): *Miroirs de Tunis.* (Filmszenarium realisiert von Paul Ruiz). Paris: Production Anabase.
----. (^{2}1991): *Les Dits de Bistami.* Paris: Fayard (Collection L'espace intérieur).
----. (1989a): "Abdelwahab Meddeb par lui-même", in: Lucette Heller-Goldenberg (Hg.): *Cahier d'études maghrébines. Zeitschrift für Studien zum Maghreb* 1, 11-16.
----. (1989b): "A bâtons rompus avec A. Meddeb", in: Lucette Heller-Goldenberg (Hg.): *Cahier d'études maghrébines. Zeitschrift für Studien zum Maghreb* 1, 17-22.
----. (1987): *Tombeau d'Ibn Arabî.* Paris: Sillages/Éd. Noël Blandin.
----. (1987a): "Je suis en retrait tout court", entretien avec Khalil Raïs, in: *L'opinion* (30. Januar) 10.
----. (1987b): " 'Je' est un autre: Comment, pourquoi transmettre en français, un message imprégné d'arabe classique", interview réalisée par P. Gardenal, in: *Arabies* 7-8 (Juli/August) 87-89.
----. (1986): *Phantasia.* Paris: Sindbad.
----. (^{2}1987): *Talismano.* Paris: Sindbad.
----. (1986a): "L'image et l'invisible: Ibn Arabî/Jean de la Croix", in: *Pleine marge* (4. Dezember) 29-42.
----. (1986b): "La quête de la modernité", in: *La Presse de Tunisie* (20. November) 11.
----. (1986c): "Surprise de l'hybridation", propos recueillis par Tahar Djaout, in: *Parcours Maghrébins. Repères* (3. Dezember) 8-9.
----. (1984): "Hallâj revisité", in: Giuliana Toso-Rodinis (Hg.): *Actes du congrès mondial des littératures de langue française.* Universität Padua, 389-392.
----. (1979): "Dans le cas maghrébin, le problème de l'identité est exacerbé", interview réalisée par Abdallah Memmes, in: *Le Temps* (17. Juli) 15.
Mehrez, Samia. (1992): "Translation and the postcolonial experience: The francophone North African Text", in: Lawrence Venuti (Hg.): *Rethinking translation: Discourse, Subjectivity, Ideology.* London/N.Y.: Routledge, 120-138.
Memmi, Albert. (1994): *Der Kolonisator und der Kolonisierte. Zwei Porträts.* Hamburg: Europäische Verlagsanstalt. [Originalausgabe: *Portrait du colonisé précédé du Portrait du colonisateur.* Paris: J.-J. Pavert 1966]

Menke, Bettine. (1997): "Dekonstruktion – Lektüre: Derrida literaturtheoretisch", in: Klaus-Michael Bogdal (Hg.): *Neue Literaturtheorien. Eine Einführung.* Opladen: Westdeutscher Verlag, 242-273.
----. (1995): "Dekonstruktion. Lesen, Schrift, Figur, Performanz", in: Miltos Pechlivanos et al.: *Einführung in die Literaturwissenschaft.* Stuttgart: Metzler, 116-137.
----. (1993): "De Mans 'Prosopopöie' der Lektüre. Die Entleerung des Monuments", in: Karl Heinz Bohrer. (Hg.): *Ästhetik und Rhetorik. Lektüren zu Paul de Man.* Frankfurt/M.: Suhrkamp, 34-78.
Mernissi, Fatima. (^{2}1992): *Der politische Harem: Mohammed und die Frauen.* Freiburg i. B.: Herder.
----. (1994): *Der Harem in uns. Die Furcht vor dem anderen und die Sehnsucht der Frauen.* Freiburg i.B.: Herder.
Miguet-Ollagnier, Marie. (1991): "'La Saveur Sartre' du Livre brisé", in: *Temps Modernes* 542 (Sept.) 132-153.
Miguet, Marie. (1989): "Critique/autocritique/autofiction", in: *Les Lettres Romanes* 43-3 (August) 195-208.
Mimouni, Rachid. (1994): "Eine andere Sprache", in: Holger Fock et al.: *Zwischen Fundamentalismus und Moderne. Literatur aus dem Maghreb.* Reinbek: Rowohlt, 18-22 (Literaturmagazin 33).
Misch, Georg. (1907): *Geschichte der Autobiographie.* 1. Bd.: *Das Altertum.* Leipzig: Teubner.
----. (1949-69): *Geschichte der Autobiographie.* Frankfurt/M.: Schulte-Bulmke.
Mishra, Vija/Bob Hodge. (1991): "What is Post (-) Colonialism?", in: *Textual Practice* 5, 3, 399-414.
Montaut, Annie. (1982): "Abdelwahab Meddeb: Un Nouveau Tournant dans la littérature Tunisienne et la 'modernité'", in: *Présence Francophone: Revue Internationale de Langue et de Littérature* 24 (Frühjahr) 9-17.
Morgan, Janice/Colette T. Hall. (1991) Hg.: *Redefining Autobiography in Twentieth-Century Women's Fiction. An Essay Collection.* N. Y./London: Garland Publ.
Mortimer, Armine Kotin. (1993): "The Death of Autobiography in Doubrovsky's Broken Novel", in: *Genre* XXVI (Frühjahr) 85-108.
Müller, Klaus-Detlev. (1976): *Autobiographie und Roman. Studien zur literarischen Autobiographie der Goethezeit.* Tübingen: Niemeyer.
Murdoch, Adlai. (1993): "Rewriting Writing: Identity, Exile and Renewal in Assia Djebar's *L'amour, la fantasia*", in: Françoise Lionnet/Ronnie Scharfman (Hg.): *Post/Colonial Conditions.* Yale UP, 71-92 (Yale French Studies, 83).
Neuman, Shirley. (1992): "Autobiography: From a Different Poetics to a Poetics of Difference", in: Marlene Kadar (Hg.): *Essays on Life Writing: From Genre to Critical Practice.* University of Toronto Press 1992, 213-230.
Niggl, Günter. (1989) Hg.: *Die Autobiographie. Zu Form und Geschichte einer literarischen Gattung.* Darmstadt: WBG.
Ollier, Claude/Anne Roche. (1993): *Abdelwahab Meddeb.* Poitiers: Office du Livre en Poitou-Charentes.

Pascal, Roy. (1965): *Die Autobiographie. Gehalt und Gestalt.* Stuttgart: Kohlhammer.
Picard, Hans Rudolf. (1989): "Die existentiell reflektierende Autobiographie im zeitgenössischen Frankreich" in: Günter Niggl (Hg.): *Die Autobiographie. Zu Form und Geschichte einer literarischen Gattung.* Darmstadt: WBG, 520-538.
----. (1978): *Autobiographie im zeitgenössischen Frankreich.* München: Fink (Theorie und Geschichte der Literatur und der schönen Künste, 44).
Pleines, Jochen. (1990) Hg.: *La linguistique au Maghreb.* Rabat: Ed. Okad.
Praeger, M. (1988/89): "Une autobiographie qui s'invente elle-même, 'Le Miroir qui revient'", in: *The French Review* 62-3, 476-482.
----. (1992): "Nouvelle autobiographie, nouvelles impostures: Quelques propositions sur certaines impostures de l'autobiographie à partir des "Romanesques" d'Alain Robbe-Grillet", in: Alfred Hornung/Ernstpeter Ruhe et al. (Hg.): *Autobiographie & Avantgarde.* Tübingen: Narr, 69-77.
Ramsay, Raylene L. (1996): *The French new autobiographies: Sarraute, Duras, and Robbe-Grillet.* Gainesville u.a.: UP of Florida.
----. (1992): *Robbe-Grillet and Modernity: Science, Sexuality, and Subversion.* Gainesville u.a.: UP of Florida.
----. (1991): "Autobiographical fictions. Duras, Sarraute, Simon, Robbe-Grillet. Rewriting history, story, self", in: *The International Fiction Review* XVIII, 25-33.
Regaïeg, Najiba. (1999): "L'Amour, La Fantasia d'Assia Djebar: de l'autobiographie à la fiction", in: Charles Bonn (Hg.): *Nouvelles approches des textes littéraires maghrébins ou migrants.* Paris: L'Harmattan, 129-135.
Ricardou, Jean. (1972): "Naissance d'une fiction", in: ders./F. van Rossum-Guyon (Hg.): *Nouveau Roman: hier, aujourd'hui.* Bd. II: Pratiques. Cerisy-la-Salle, 379-390.
----. (1971): "Esquisse d'une théorie des générateurs", in: Michel Mansuy (Hg.): *Positions et oppositions sur le roman contemporain.* Paris: Klincksieck, 143-150 (Actes et Colloques, 8).
Riesz, János. (1996): "Genres autobiographiques en Afrique et en Europe", in: ders./ Ulla Schild (Hg.): *Genres autobiographiques en Afrique/Autobiographical Genres in Africa*: actes du 6e Symposium International Janheinz Jahn. Berlin: Reimer, 9-32 (Mainzer Afrika-Studien 10).
----. (1993): "Autobiographische Gattungen in Afrika und Europa – Historische Einbindung und Vision eines anderen Lebens", ders.: *Europäisch-afrikanische Literaturbeziehungen. Koloniale Mythen – afrikanische Antworten.* Bd.1. Frankfurt/M.: Verlag für Interkulturelle Kommunikation, 265-288.
Robbe-Grillet, Alain. (1994): *Les derniers jours de Corinthe.* Paris: Minuit.
----. (1992): "Warum und für wen ich schreibe", in: Karl Alfred Blüher (Hg.): *Robbe-Grillet zwischen Moderne und Postmoderne: 'Nouveau Roman', 'Nouveau Cinéma' und 'Nouvelle Autobiographie'.* Tübingen: Narr, 17-64.
----. (1991): "Je n'ai jamais parlé d'autre chose que de moi", in: Michel Contat (Hg.): *L'auteur et le manuscrit.* Paris: PUF, 37-50.

Robbe-Grillet, Alain. (1988): Jean-Jacques Brochier: Conversation avec Alain Robbe-Grillet. "De la littérature au cinéma, de Sade à Truffaut, du roman de la chevalerie aux romans de Flaubert, de la fluidité de l'écriture à la fermeture de l'œuvre, quelques glissements progressifs chers à l'auteur des *Romanesques*", in: *Magazine littéraire* 250 (Febr.) 91-97.
----. (1987): *Angélique ou l'enchantement*. Paris: Minuit.
----. (1987a): *Neuer Roman und Autobiographie*. Universität Konstanz.
----. (1984): *Le miroir qui revient*. Paris: Minuit.
----. (1981): "Fragments pour une autobiographie imaginaire", in: *Nota bene* 2-3 (Frühjahr/Sommer) 7-20.
----. (1978): "Fragment autobiographique imaginaire", in: *Minuit* 31 (November) 2-8.
----. (1963): *Pour un nouveau roman*. Paris: Minuit.
Robin, Régine. (1997): "L'auto-théoretisation d'un romancier: Serge Doubrovsky", in: *Études françaises* 33: 1, 45-59.
----. (1992): "L'Autofiction. Le sujet toujour en défaut", in: Madelaine Frédéric (Hg.): *Entre l'Histoire et le roman: la littérature personnelle*. Brüssel: Université Libre de Bruxelles, 231-265 (Centre d'Études canadiennes).
Roche, Anne. (1985): "Intertextualite et paragrammatisme dans Talismano d'A. Meddeb: Trace d'un dialogue entre cultures?", in: *Peuples Mediterranéens* 30, 23-32.
Rösler, Wolfgang. (1980): "Die Entdeckung der Fiktionalität in der Antike", *Poetica* 12, 3-4, 283-319.
----. (1983): "Schriftkultur und Fiktionalität. Zum Funktionswandel der griechischen Literatur von Homer bis Aristoteles", in: Aleida und Jan Assmann/Christof Hardmeier (Hg.): *Schrift und Gedächtnis. Beiträge zur Archäologie der literarischen Kommunikation*. München: Fink, 109-122.
Romeru, Anne/Heidi Dubuisson: "Im Labyrinth der Schrift: Die Aneignung und Übertragung europäischer Schreibweisen in den maghrebinischen Kontext", in: Jean-Pierre Dubost/Vera Trost (Hg.): *Passagers de l'Occident. Maghrebinische Literatur in französischer Sprache*. Stuttgart: Württembergische Landesbibliothek, 91-106.
Rosenthal, Franz. (1937): "Die arabische Autobiographie", in: *Analecta Orientalia* 14, 3-40.
Rothe, Arnold (1989): "'Moi l'aigre': Roman marocain et autobiographie", in: Calle-Gruber, Mireille/ders. (Hg.): *Autobiographie et biographie. Colloque franco-allemand de Heidelberg*. Paris: Nizet, 129-147.
Ruhe, Doris. (1994): "Wie neu ist die Nouvelle Autobiographie?", in: *Romanistische Zeitschrift für Literaturgeschichte* 3-4, 353-369.
Ruhe, Ernstpeter. (1998): "Les mots, l'amour, la mort: Les mythomorphoses d'Assia Djebar", in: Alfred Hornung/ders. (Hg.): *Postcolonialisme & Autobiographie. Albert Memmi, Assia Djebar, Daniel Maximim*. Amsterdam/Atlanta GA: Rodopi, 161-77 (Studies in comparative literature 20).
----. (1992): "Centre vide, cadre plein: 'Les Romanesques' d'Alain Robbe-Grillet", in: Alfred Hornung/Ernstpeter Ruhe et al. (Hg.): *Autobiographie & Avantgarde*. Tübingen: Narr, 29-51.

Ryan, Michael. (1980): "Self-Evidence", in: *Diacritics* X, 2 (Juni) 2-16.
Rybalka, Michel. (1992): "*Angélique ou l'enchantement*: Désir et écriture chez Alain Robbe-Grillet", in: Alfred Hornung/Ernstpeter Ruhe et al. (Hg.): *Autobiographie & Avantgarde*. Tübingen: Narr, 91-99.
Saigh Bousta, Rachida. (1992): "Écriture d'une autobiographie plurielle: Ouverture du Moi éclaté sur le monde dans l'œuvre de Rachid Boudjedra et d'Alain Robbe-Grillet", in: Alfred Hornung/Ernstpeter Ruhe et al. (Hg.): *Autobiographie & Avantgarde*.Tübingen: Narr, 197-208.
Salgas, Jean-Pierre. (1985): "Robbe-Grillet: 'Je n'ai jamais parlé d'autre chose que de moi", in: *Quinzaine littéraire* 432 (16 Januar) 6-7.
Scharfman, Ronnie. (1992): "Thanatography: Writing and Death in Abdelwahab Meddeb's Talismano", in: *SubStance: A Review of Theory and Literary Criticism Madison* 21:3/69, 85-102.
----. (1986): "Starting from Talismano: Abdelwahab Meddeb's Nomadic Writing", in: *L'Esprit Créateur* 26:1 (Frühjahr) 40-49.
Schneider, Manfred. (1986): *Die erkaltete Herzensschrift. Der autobiographische Text im 20. Jahrhundert*. München: Hanser.
Schulz-Buschhaus, Ulrich. (1987): "Drei Figuren des Ich in der italienischen Renaissance-Dichtung: Berni – Bembo – Ariost", in: Alois Hahn/Volker Kapp (Hg.): *Selbstthematisierung und Selbstzeugnis: Bekenntnis und Geständnis*. Frankfurt/M.: Suhrkamp, 265-280.
Sellin, Eric. (1988): "Obsession with the White Page, the Inability to Communicate, and Surface Aesthetics in the Development of Contemporary Maghrebian Fiction: The mal de la page blanche in Khatibi, Fares, and Meddeb", in: *International Journal of Middle East Studies* 20-2 (Mai) 165-173.
Shohat, Ella. (1992): "Notes on the 'Postcolonial'", in: *Social Text* 10, 99-113.
Shumaker, Wayne. (1954): *English Autobiography: Its Emergence, Materials and Form*. Berkeley: University of California Press.
Spear, Thomas. (1994): "Staging the Elusive Self", in: Virginia Harger-Grinling/Tony Chadwick (Hg.): *Robbe-Grillet and the Fantastic*. Westport/London: Greenwood Press, 55-76.
----. (1993): "Doo-Doo in the classroom: Doubrovsky's Professional Performances", in: *Genre* 26, 1 (Frühjahr) 109-125.
Spiller, Roland. (1983): "Die französischsprachigen Gegenwartsliteraturen des Maghreb", in: Heinz Ludwig Arnold (Hg.): *Kritisches Lexikon der fremdsprachigen Gegenwartsliteratur* (KLFG). München: Ed. Text + Kritik, 1-31.
----. (1995): "Wie erzähle ich meine Lebensgeschichte? Autobiographisches Schreiben bei Tahar Ben Jelloun", in: Ernstpeter Ruhe (Hg.): *Europas islamische Nachbarn. Studien zur Literatur und Geschichte des Maghreb*. Würzburg: Königshausen & Neumann, 245-267.
Sprinker, Michael. (1980): "Fictions of the Self: The End of Autobiography", in: James Olney (Hg.): *Autobiography. Essays Theoretical and Critical*. Princeton: UP.
Stanton, Domna. (1987) Hg.: *The Female Autograph: Theory and Practice of Autobiography from the Tenth to the Twentieth Century*. University of Chicago Press.

Starobinski, Jean. (1970): "Le style de l'autobiographie", in: *Poétique* 3, 257-265.
Steinert, Anita. (1994): "Islam im Maghreb. Islamisierung und arabische Kolonisierung", in: Jean-Pierre Dubost/Vera Trost (Hg.): *Passagers de l'Occident. Maghrebinische Literatur in französischer Sprache*. Stuttgart: Württemb. Landesbibliothek, 75-79.
Stoltzfus, Ben. (1996): *Lacan & Literature: purloined pretexts*. Albany: State University of New York Press.
----. (1992): "Lacan, Robbe-Grillet, and Autofiction", in: *International Fiction Review* 19:1, 8-13.
----. (1988): "The language of Autobiography and fiction: Gide, Barthes, Robbe-Grillet", in: *The International Fiction Review* 15:1, 389-398.
----. (1988a): "Alain Robbe-Grillet's mythical biography. Reflections of La belle captive in 'Le Miroir qui revient'", in: *Stanford French Review* 12, 387-404.
Sturrock, John. (1977): "The new model autobiographer", in: *New Literary History* 9:1 (Dez.) 27-50.
Taussig, Michael. (1997): *Mimesis und Alterität*. Hamburg: Europäische Verlags-Anstalt.
Tepperberg, Eva-Maria. (im Druck): "*Laissé pour conte* oder *Laissé-pour-compte?* Zur polysemantischen Geburtsdynamik des neuesten Titels von Serge Doubrovsky im Kontext der 'entreprise autofictive': Ein Essay", in: Alfonso de Toro/Claudia Gronemann (Hg.): *Theorie und Praxis neuer autobiographischer Formen*.
----. (1997): "Die pegasische Feuerwerksschrift des gespaltenen Kentauren in den *Autofictions* von (Julien) Serge Doubrovsky (*1928). Zur Aktualität des Bild- und Motivkomplexes um Reiter, Pferd und (Im)Potenz in der Gegenwartsliteratur", in: Hinrich Hudde/Udo Schöning/Friedrich Wolfzettel (Hg.): *Literatur: Geschichte und Verstehen. Festschrift für Ulrich Mölk zum 60. Geburtstag*. Heidelberg: Winter, 517-542.
Todorov, Tzvetan. (1992): *Einführung in die fantastische Literatur*. Frankfurt/M.: Fischer Tb.
----. (1966): "Les catégories du récit littéraire", in: *Communications* 8, 125-151.
Toonder, Jeannette M.L. den. (1999): *Qui est-je? L'écriture autobiographique des nouveaux romanciers*. Berlin u.a.: Lang.
----. (1997): "'L'Écriture, c'est moi'. *Nouvelle Autobiographie* et Autotextualité", in: *Rapports. Het Franse Boek* LXVII, 112-122.
Toro, Alfonso de. (2000): "Mario Vargas Llosa: *Historia del Mayta* oder die Geschichte als Konstruktion in der Postmoderne, in: José Morales Saravia (Hg.): *Kolloquium zum literarischen Werk von Mario Vargas Llosa*. Frankfurt/M.: Vervuert, 137-172 (Bibliotheca Ibero-Americana).
----. (1999): "Die postmoderne 'neue Autobiographie' oder die Unmöglichkeit einer Ich-Geschichte am Beispiel Robbe-Grillets *Le miroir qui revient* und Doubrovskys *Livre brisé*", in: Sybille Groß/Axel Schönberger (Hg.): *Dulce et decorum est philologiam colere: Festschrift für Dietrich Briesemeister zu seinem 65. Geburtstag*. Berlin: Domus Editoria Europaea, 1407-1443.

Toro, Alfonso de. (1999a): "La postcolonialidad en Latinoamérica en la era de la globalización. ¿Cambio de paradigma en el pensamiento teórico-cultural latinoamericano?", in: Alfonso de Toro/Fernando de Toro (Hg.): *El debate de la postcolonialidad en Latinoamérica. Una postmodernidad periférica o cambio de paradigma en el pensamiento latinoamericano.* Frankfurt/M.: Vervuert, 31-77 (Teoría y crítica de la cultura y literatura, 18).

----. (1999b): "Borges/Derrida/Foucault: Pharmakeus/Heterotopia or Beyond Literature ('hors-littérature'): Writing, Phantoms, Simulacra, Masks, the Carnival and... Atlön/Tlön, Ykva/Uqbar, Hlaer, Jangr, Hrön(n)/Hrönir, Ur and Other Figures", in: Alfonso de Toro/Fernando de Toro (Hg.): *Jorge Luis Borges. Thought and Knowledge in the XXth Century.* Frankfurt/M.: Vervuert, 129-153 (Teoría y crítica de la cultura y literatura, 17).

----. (1998): "Überlegungen zur Textsorte 'Fantastik' oder Borges und die Negation des Fantastischen. Rhizomatische Simulation, 'dirigierter Zufall' und semiotisches Skandalon", in: Elmar Schenkel/Wolfgang F. Schwarz/Alfonso de Toro: *Die magische Schreibmaschine. Aufsätze zur Tradition des Phantastischen in der Literatur.* Frankfurt/M.: Vervuert, 11-74. (Leipziger Schriften zur Kultur-, Literatur-, Sprach- und Übersetzungswissenschaft, 3).

----. (1994): "Die Wirklichkeit als Reise durch die Zeichen: Cervantes, Borges und Foucault", in: *Zeitschrift für Ästhetik und Allgemeine Kunstwissenschaft* 2, 39, 243-259.

----. (1987): "*Lecture* als *Ré-écriture* oder die Widerspiegelung seriell-aleatorischer Vertextungsverfahren in *Le Voyeur* und *La maison de rendez-vous* von A. Robbe-Grillet", in: ders. (Hg.): *Texte-Kontexte-Strukturen: Beiträge zur französischen, spanischen und hispano-amerikanischen Literatur. Festschrift für Karl Alfred Blüher.* Tübingen: Narr, 31-71.

Toro, Fernando de. (1995): "From Where to Speak?" Post-modern/Post-colonial Positionalities", in: ders./Alfonso de Toro (Hg.): *Borders and Margins: Post-Colonialism and Post-Modernism.* Frankfurt/M.: Vervuert, 131-148 (Teoría y crítica de la cultura y literatura, 5).

van den Heuvel, Pierre. (1993): "Mehrsprachigkeit und Ekstase. Aktuelle Entwicklungen in der maghrebinischen Literatur", in: Ernstpeter Ruhe (Hg.): *Europas islamische Nachbarn. Studien zur Literatur und Geschichte des Maghreb.* Würzburg: Königshausen & Neumann, 47-60. [franz. Fassung 1992a].

----. (1992): "L'attitude énonciative dans la nouvelle autobiographie: Les 'Romanesques' de Robbe-Grillet", in: Walter de Mulder/Franc Schuerewegen/ Liliane Tasmowski (Hg.): *Énonciation et parti pris.* Amsterdam: Rodopi, 203-213.

----. (1992a): "Écriture d'avantgarde et autobiographique chez quelques auteurs maghrébins: Discours plurilingue et discours extatique", in: Alfred Hornung/ Ernstpeter Ruhe et al. (Hg.): *Autobiographie & Avantgarde.* Tübingen: Narr, 209-220.

van den Heuvel. (1990a): *L'espace du sujet: La 'Nouvelle Autobiographie'*. in: Roger Bauer/ Douwe Fokkema et al. (Hg.): *Proceedings of the XIIth Congress of the International Comparative Literature Association/Actes du XIIe congrès de l'Association Internationale de Littérature Comparée: München 1988*, V: *Space and Boundaries in Literary Theory and Criticism.* München: Iudicium, 85-90.
----. (1990b): "L'aide au lecteur en péril" in: A. Maynor Hardee/ Freeman G. Henry (Hg.): *Narratology and Narrative.* Columbia: University of South Carolina, 26-34.
Wagner-Egelhaaf, Martina. (2000): *Autobiographie.* Stuttgart: Metzler.
Waller, Helmut. (1994): "Serge Doubrovsky: *Le Livre brisé*", in: Wolfgang Asholt (Hg.): *Intertextualität und Subversivität: Studien zur Romanliteratur der achtziger Jahre in Frankreich.* Heidelberg: Winter, 181-195.
Warning, Rainer. (1988): "Supplementäre Individualität – Prousts 'Albertine endormie'", in: Manfred Frank/Anselm Haverkamp (Hg.): *Individualität.* München: Fink, 440-468, (Poetik und Hermeneutik, 13). [auch abgedruckt in: ders. (2000): *Proust-Studien.* München: Fink, 77-107].
Waugh, Patricia. (1984): *Metafiction.* New York: Methuen.
Welsch, Wolfgang. (1996): *Vernunft. Die zeitgenössische Vernunftkritik und das Konzept der transversalen Vernunft.* Frankfurt/M.: Suhrkamp.
White, Hayden. (1994): "Der historische Text als literarisches Kunstwerk", in: Christoph Conrad/Martina Kessel (Hg.): *Geschichte schreiben in der Postmoderne. Beiträge zur aktuellen Diskussion.* Stuttgart: Reclam, 123-157.
Whiteside, Anna. (1981): "Autobiographie ou anti-autobiographie? Le cas Barthes", in: *Neophilologus* 65, 171-184.
Widmer, Peter. (1990): *Subversion des Begehrens. Jacques Lacan oder Die zweite Revolution der Psychoanalyse.* Frankfurt/M.: Fischer Tb.
Wiese, Benno von. (1989) Hg.: *Sachwörterbuch der Literatur.* Stuttgart: Kröner.
Zimra, Clarisse. (1998): "Autographie et Je/jeux d'espace: Architecture de l'imaginaire dans le Quatuor d'Assia Djebar", in: Alfred Hornung/Ernstpeter Ruhe (Hg.): *Postcolonialisme & Autobiographie. Albert Memmi, Assia Djebar, Daniel Maximim.* Amsterdam/Atlanta GA: Rodopi, 117-135 (Studies in comparative literature 20).
----. (1995): "Disorienting the Subject in Djebar's *L'amour, la fantasia*", in: Lynne Huffer (Hg.): *Another Look, Another Woman: Retranslations of French Feminism.* New Haven: Yale UP, 149-170 (Yale French Studies, 87).
----. (1992a): "Writing woman: The Novels of Assia Djebar", in: *SubStance* 69, 68-84.
----. (1992b): "Woman's Memory Spans Centuries", in: *Women of Algiers in their Apartment.* Charlottesville: University of Virginia Press, 167-211.